Heinz J. Nowarra · Die deutsche Luftrüstung 1933–1945 · Band 1

Heinz J. Nowarra

Die deutsche Luftrüstung 1933–1945

Band 1: Flugzeugtypen AEG – Dornier

Bernard & Graefe Verlag

Das gesamte Bild- und Zeichnungsmaterial entstammt dem Archiv des Verfassers und wurde in den Jahren 1949 bis 1983 mit Unterstützung in- und ausländischer Sammler, der deutschen Luftfahrtindustrie und der Smithsonian Institution, Washington, D. C. zusammengestellt.

Die Abbildungen I–VI wurden dem Werk »Die deutschen Flugzeuge 1933–1945« von Karlheinz Kens und Heinz J. Nowarra, München 1977, entnommen.

Herstellung und Layout: Walter Amann, München
Lithos: Repro GmbH, Ergolding/Landshut
Satz: Isar-Post GmbH, Landshut
Gesamtherstellung: Graficas Estella S.A.
Printed in Spain

ISBN 3-7637-5464-4 (Gesamtwerk)
ISBN 3-7637-5465-2 (Band 1)

Inhalt

Vorbemerkung

Das Werk »Die deutsche Luftrüstung 1933 – 1945« behandelt in vier Bänden ein militär-technisches Geschehen, dessen Ursachen, dessen Gesamt- und Einzelablauf vor dem zeitgeschichtlichen Hintergrund dieser nicht nur deutschen Schicksalsjahre gesehen und verstanden werden müssen. Der »technische Vorgang« kann eigentlich nicht vom politischen Vorgang losgelöst behandelt werden. Wenn dies hier dennoch geschieht, so aus folgenden Gründen:

Die geistige, politische und militärische Bewältigung und Aufarbeitung der Jahre 1933 – 1945 ist im In- und Ausland in breitestem Umfang und mit Unterstützung aller verfügbarer Medien so vorgenommen worden, daß die Kenntnis der politischen und militärischen Hintergründe der deutschen Luftrüstung dieser Jahre beim Leser dieses Werkes vorausgesetzt werden kann.

Gegenüber der eingehenden wissenschaftlichen Verarbeitung der politischen und militärischen Ereignisse befinden sich die Darstellungen der technischen, industriellen, wirtschaftlichen und rüstungsmäßigen Vorgänge der Jahre 1933 – 1945 weit im Hintertreffen.

Deshalb wurde in diesem Werk der eindeutige Schwerpunkt auf die Darstellung der rüstungstechnischen Vorgänge gelegt. Auf die politische und militärische Bedeutung der Luftrüstungsmaßnahmen wurde zwar hingewiesen, sie haben aber aus den angegebenen Gründen hier nicht die Priorität.

Vorwort

Das erstmals im Jahre 1961 im F. J. Lehmanns Verlag in München erschienene Buch »Die deutschen Flugzeuge 1933 – 1945« ist bis zum Jahr 1977 — immer wieder erweitert und verbessert — fünfmal neu aufgelegt worden.

Die ständige Nachfrage nach dem Werk, die Fülle an neuem Material und Informationen, besonders auch nach 1977, die sich inzwischen angesammelt hatten, und Unterlagen, die uns erst jetzt aus ehemaliger Siegerhand wieder zugänglich gemacht wurden, zwangen zu der hier vorgelegten Neuausgabe.

So wurden hier neben anderem die Flugzeug- und Motorenentwicklung, die Flugzeugbewaffnung, Flugzeugausrüstung, Sondergeräte, Lenkwaffen sowie Funk- und Ortungsgeräte berücksichtigt.

Nur ein Teil des Textes der Ausgabe von 1977 wurde verwendet, der größere Teil des Textes neu geschrieben und ergänzt.

Photos und Zeichnungen sind neu, bei den letzteren handelt es sich größtenteils um Werkszeichnungen.

Die thematische Erweiterung rechtfertigte den jetzt gewählten Titel »Die deutsche Luftrüstung 1933 – 1945«, die erhebliche Umfangserweiterung zwang dazu, dieses Werk in vier Bänden vorzulegen. Der Band 1 (siehe Inhaltsverzeichnis) enthält neben den für *alle* Flugzeugtypen — also auch für die Bände 2 – 4 — notwendigen Angaben die Typen von AEG bis Dornier, der Band 2 die Flugzeugtypen von Erla bis Heinkel, der Band 3 von Henschel bis Messerschmitt und der Band 4 beinhaltet die Flugzeugtypen von MIAG bis Zeppelin, die Flugzeugschleppverfahren, die FIST- Landflugzeugschleuder KI 12, Flugkörper, Flugmotoren aller Art, Bordwaffen und Ausrüstung.

Da es sich bei den in den vier Bänden erfaßten fliegerischen Geräten um Entwicklungen ausschließlich der Jahre 1933 bis 1945 handelt, wurden hier Abmessungen, Gewichte und Leistungen in den damals gültigen Werten angegeben, die im Ausland zum Teil heute noch Gültigkeit haben. Da diese Werte in der Bundesrepublik Deutschland jedoch seit dem 31. Dezember 1977 nicht mehr gültig sind, wurde allen vier Bänden eine Umrechnungstafel beigefügt, die insbesondere jüngeren Lesern behilflich sein soll; ebenso ist ein »Appendix for english-speaking readers« Bestandteil aller Bände.

Ein Werk dieses Umfangs, zusammengefügt aus so vielen Einzelfachgebieten, wäre ohne die Hilfe anderer nicht zu bewerkstelligen gewesen. Platzgründe verbieten die Aufzählung aller, denen der Autor sich zu Dank verpflichtet weiß. Stellvertretend für die vielen seien hier genannt:

Messerschmitt-Bölkow-Blohm, Werk VFW, Bremen
Dornier-Werke, München
DFVLR, Porz-Wahn
H. P. Dabrowski, Hannover
Dr. Göers, Osnabrück
Manfred Griehl, Mainz
Armin Kerle, Böblingen (†)
Peter Petrick, Berlin
Helmuth Roosenboom, Bremen
Professor Soehne, München
Jay P. Spencer, Smithsonian Institution

Dieses Werk möchte der Autor gern auch in die Hände junger Leser gelegt wissen:
Die technischen und unternehmerischen Leistungen der Väter sind auch Teil der deutschen Geschichte und, wie ich meine, sie sind nicht ihr schlechtester Teil!

Harreshausen,   Heinz J. Nowarra

Einzelnachweis für Flugzeuge, Triebwerke, Ausrüstung und Geräte

Die deutsche Luftfahrtindustrie 1933–1945

Die Bestimmungen des Versailler Vertrages vom 28. Juni 1919 ließen einem deutschen Flugzeugbau keinerlei Spielraum mehr. Als sie 1921 etwas gelockert wurden, entfaltete sich im Rahmen der Beschränkungen ein reger und fruchtbarer Leichtflugzeugbau. Lediglich die größeren Firmen entwickelten größere Baumuster entgegen den Versailler Bestimmungen. Hierbei gingen die deutschen Flugzeugbau-Unternehmer verschiedene Wege. Einmal wurden die in Deutschland entworfenen Baumuster in den unter ausländischer Kapitalbeteiligung errichteten Tochterfirmen unter Lizenz gebaut, andererseits verkaufte man die Entwürfe mit Bauanleitung direkt an ausländische Hersteller. So wurden Rohrbach-Bomber bei Beardmore in England, Heinkel-Aufklärer in USA und Dornier-Flugboote in Spanien gebaut. Hauptabnehmer aber war Japan. Während der Rüstungskonzern Mitsubishi sich mit dem Bau von Rohrbach-Flugbooten befaßte, übernahm die Firma Kawasaki ausschließlich Dornier-Lizenzen. Der früher bei Dornier tätige und nach Japan ausgewanderte Dipl.-Ing. Richard Vogt (später Chefkonstrukteur von Blohm & Voss) verstand es, die Japaner für den Metallflugzeugbau zu interessieren. Man kann ihn praktisch als Lehrmeister Japans im Metallflugzeugbau bezeichnen. Als im Juni 1922 die Bestimmungen weiterhin gelockert wurden, schossen allenthalben neue deutsche Flugzeugwerke aus dem Boden, so 1924 Focke-Wulf, 1925 Arado. Doch hatte die deutsche Luftfahrtindustrie ohne staatliche Aufträge schwer um ihre Existenz zu ringen, was in der Wirtschaftskrise während der dreißiger Jahre zur Liquidation bedeutender Firmen führte. 1926 ging der Udet-Flugzeugbau in Liquidation und wurde von den Bayerischen Flugzeugwerken übernommen. Es entbehrt nicht der Delikatesse, daß 1931 der damals noch unbekannte Willy Messerschmitt, der ein unbedeutendes Leichtflugzeugbauwerk in Regensburg betrieb, dann 1931 plötzlich in der Lage war, die BFW aufzukaufen. Es folgten Dietrich, Raab-Katzenstein, Albatros, die LFG und Rohrbach. Andere große Firmen wie Arado, Dornier, Focke-Wulf, Junkers und Heinkel konnten sich jedoch behaupten, besonders, nachdem 1926 die »Neun Punkte« des Versailler Vertrages aufgehoben wurden, wodurch die meisten Beschränkungen entfielen.

Auf diese Werke konnte Hitler 1933 bei der Machtergreifung bauen. Sie waren alle eingearbeitet, ließen sich leicht für einen Serienbau vergrößern und verfügten über einen Stamm an Facharbeitern. Der Aufschwung in den ersten Jahren war fast unwirklich. Riesige Summen wurden für den Ausbau der Luftfahrtindustrie aufgebracht. Erhielt die deutsche Luftfahrtindustrie in den Jahren 1927 bis 1931 insgesamt Investitionen in Höhe von 84 000 000 RM, so stieg die Summe 1934 auf 211 000 000 RM, auf 500 000 000 RM im Jahre 1935 und 1936 sogar auf 980 000 000 RM. Neue und moderne Anlagen entstanden sowohl bei den alten Firmen als auch bei neuen Unternehmen wie Henschel, Messerschmitt, Blohm & Voss und Weser Flugzeugbau. Bei Ausbruch des Krieges war die Luftfahrtindustrie, soweit sie den Zellenbau betraf, vollkommen durchorganisiert. Sie besaß eine so solide Grundlage, daß die Produktionsziffern trotz Bombenangriffen, Materialschwierigkeiten und Verkehrsproblemen von Kriegsjahr zu Kriegsjahr stiegen und einen absoluten Höhepunkt 1944 erreichten. Werner Baumbach machte die untenstehende Zusammenstellung der einzelnen Jahresproduktionen, aus denen deutlich hervorgeht, daß die Industrie am Untergang der Luftwaffe keine Schuld trägt. Es waren vielmehr Fehlentscheidungen in der Auswahl der zu entwickelnden und zu bauenden Muster. Es darf aber nicht verschwiegen werden, daß einzelne führende Männer der Flugzeugindustrie das Interesse an den von ihnen geleiteten Firmen höher stellten als die Schlagkraft der Luftwaffe und in Einzelfällen es erreicht haben, daß zumindest gleichwertige Baumuster der Konkurrenz kaltgestellt wurden, andererseits eigene Baumuster noch gebaut wurden, als sie von Rechts wegen nicht mehr frontreif waren. Vergleichsweise sind hinter den deutschen Produktionsziffern die Mengen der allein in den USA während des gleichen Zeitraumes gebauten Militärflugzeuge in Klammern aufgeführt.

Jahr	Deutschland	(USA)
1939	2 518	
1940	10 247	
1941	13 005	(19 433)
1942	15 574	(47 836)
1943	24 947	(85 898)
1944	40 288	(96 318)
1945	7 570	(47 714)

Während die deutsche Zellenindustrie voll leistungsfähig war, herrschten bei der Zubehör- und Motorenindustrie nicht annähernd so günstige Zustände. Besonders die Motorenindustrie hatte unter dem Entwicklungs- und Bauverbot durch den Versailler Vertrag schwer zu leiden. Diese verlorene Zeit konnte auf dem Kolbentriebwerkssektor nicht mehr aufgeholt werden, während dieser Industriezweig sich durch die Entwicklung von Strahl- und Raketenmotoren gegenüber dem Ausland einen weiten Vorsprung verschaffen konnte. Es ist bewiesen, daß man lediglich aus Prestigegründen davon absah, fertig entwickelte Hochleistungstriebwerke im Ausland zu kaufen, die als Grundlage eigener Triebwerksent- wicklungen hätten dienen können. Daß dies möglich war, hat der aus dem amerikanischen Pratt & Whitney »Hornet SIEG« entwickelte BMW 132 bewiesen.

Die Flugzeughersteller- und Reparaturwerke*

Ago Flugzeugwerke GmbH.,
    Oschersleben, Bode

Arado Flugzeugwerke GmbH.,
    Brandenburg, Havel

Arado Flugzeugwerke GmbH.,
    Werk Warnemünde, Warnemünde

A.T.G., Seehausen über Leipzig C 2

Blohm u. Voss, Abt. Flugzeugbau,
    Hamburg 1

Buecker Flugzeugbau GmbH.,
    Rangsdorf bei Berlin

Dornier-Werke GmbH.,
    Friedrichshafen a. B.

Dornier-Werke GmbH.,
    München, Post Wessling (Obb.)

Erla Maschinenwerk GmbH., Leipzig
    N 24

Gerhard Fieseler-Werke GmbH.,
    Kassel-Bettenhausen

Focke-Wulf Bremen, Flughafen

Gothaer Waggonfabrik AG., Gotha

Ernst Heinkel Flugzeugwerke GmbH.,
    Rostock-Marienehe

Heinkel-Werke GmbH.,
    Oranienburg bei Berlin

Henschel Flugzeugwerke AG.,
    Schönefeld, Kr. Teltow
    über Berlin-Grünau

Henschel Flugzeugwerke AG.,
    Berlin-Johannisthal

Junkers Flugzeug- u. Motorenwerke AG.,
    Flugzeugbau, Dessau

Junkers Flugzeug- u. Motorenwerke AG.,
    Zweigwerk Bernburg, Bernburg

Junkers Flugzeug- u. Motorenwerke AG.,
    Flugzeugbau, Zweigwerk Aschers-
    leben, Aschersleben, Teilbau

Junkers Flugzeug- u. Motorenwerke AG.,
    Flugzeugbau, Zweigwerk Halber-
    stadt, Halberstadt, Teilbau

Junkers Flugzeug- u. Motorenwerke AG.,
    Flugzeugbau, Zweigwerk Leopolds-
    hall, Leopoldshall, Teilbau

Junkers Flugzeug- u. Motorenwerke AG.,
    Flugzeugbau, Zweigwerk Schöne-
    beck, Schönebeck, Teilbau

Hanns Klemm Flugzeugbau, Böblingen

Lutherwerke, Luther u. Co. GmbH.,
    Braunschweig, Frankfurter Str. 254

Messerschmitt AG., Augsburg

Messerschmitt GmbH., Regensburg

Norddeutsche Dornier-Werke GmbH.,
    Wismar i. Mecklbg.

Siebel Flugzeugwerke Halle GmbH.,
    Halle, Saale

Weser Flugzeugbau GmbH., Bremen 1

Weser Flugzeugbau GmbH.,
    Außenwerk Bremen 13

Weser Flugzeugbau GmbH.,
    Einswarden i. O.

Wiener-Neustädter Flugzeugwerke
    GmbH., Wiener-Neustadt,
    Wiener Str. 120

Amme-Luther-Seck-Werk, Wien
    Atzgersdorf

Bachmann, von Blumenthal u. Co.,
    Fürth, Bayern

Walther Bachmann Flugzeugbau,
    Ribnitz i. Meckl.

Badisch-Pfälzische
    Flugzeugreparaturwerft GmbH.
    Karlsruhe i. Br., Flughafen

G. Basser KG., Zwickau, Sachsen

Brinker Eisenwerk Max H. Müller,
    Werk II, Hannover

Dtsch. Lufthansa Werkstätten Echter-
    dingen, Echterdingen bei Stuttgart

Dtsch. Lufthansa Werkstätten Königs-
    berg, Königsberg-Devau, Flughafen

Dtsch. Lufthansa Werkstätten München,
    München-Flughafen-Riem

Dtsch. Lufthansa Werkstätten Schkeu-
    ditz, Schkeuditz bei Leipzig

Deutsche Lufthansa Werkstätten Staaken,
    Staaken bei Berlin

Dtsch. Lufthansa Werkstätten
    Travemünde, Travemünde,
    Flughafen

Deutsche Lufthansa Werkstätten Wien,
    Wien-Aspern, Flughafen

Dornier-Reparaturwerk GmbH.,
    Oberpaffenhofen

Espenlaub Flugzeugbau, Werk 2,
    Wuppertal-Langenfeld

Flugwerk Saarpfalz, Speyer, Flugplatz

Flugzeug- u. Metallwerke Wels GmbH.,
    Wels-Lichteneck

Flugzeugbau Max Gerner,
    Frankfurt M., Boelckestr. 45

Flugzeugreparaturwerk GmbH.,
    Braunschweig

Flugzeugreparaturwerk Alfred Friedrich,
    Strausberg

Flugzeugreparaturwerk Rudow GmbH.,
    Berlin-Adlershof

Flugzeugwerk Eger GmbH., Eger

Flugzeugwerk Gotenhafen
    Kurt Kannenberg KG., Gotenhafen

Flugzeugwerk Graudenz GmbH.,
    Graudenz, Westpr., Flughafen

Flugzeugwerk Johannisthal GmbH.,
    Bln.-Johannisthal

Flugzeugwerk Mielec, Post Mielec,
    Leitpunkt Krakau II

L. Hansen u. Co., Münster W.

L. Hansen u. Co., Schneidemühl

Industriewerk Heiligenbeil GmbH.,
    Heiligenbeil i. Ostpr.

Junkers Flugzeug- u. Motorenwerke AG.,
Werft Breslau, Breslau 17

Junkers Flugzeug- u. Motorenwerke AG.,
Werft Leipzig,

Land- und See-Leichtbau GmbH.,
Werk Neumünster, Neumünster

Max Olbrich Flugzeugbau, Wien XXII,
Flughafen Aspern

Fa. Wiener-Neustädter Flugzeugwerke.,
Wiener-Neustadt

Adam Opel AG., Rüsselsheim,
Rüsselsheim/Hessen

Peschke Flugzeugwerkstätten GmbH.,
Minden i. Westf.

Reparaturwerk Erfurt, Ferdinand Weber

Otto Schwade u. Co.,
Dtsch. Automat-Pumpenfabr. Erfurt

Volkswagenwerk GmbH.

Weser Flugzeugbau GmbH.,
Nordenham i. Oldbg.

Weser Flugzeugbau GmbH., Umbau-
werk Tempelhof, Berlin SW 29

Aero Flugzeugwerk Dr. Kabes,
Prag-Wissotschan

Avia AG. für Flugzeugindustrie,
Prag-Letnian

Böhm.-Mähr. Maschinenfabriken AG.,
Flugzeugwerk Praga,
Prag-Karolinental

Flugzeugwerke Letov AG., Prag-Letnian

Flugzeugwerke Letow AG., Olmütz

Zliner Flugzeugwerke AG., Zlin-
Otrokowitz

Avia AG. für Flugzeugindustrie,
Kunowitz bei Ung. Hradisch

Deutsche Lufthansa AG.,
Reparaturwerkstätten, Prag-Rusin

Frontreparaturwerk VII Erla, Antwerpen

Ernst Heinkel Flugzeugwerke,
Reparaturwerft Kastrup-Kopenhagen

Kjeller, Lillestroem/Norwegen

Flyfabrik Horten, Horten Norwegen

Elektron-Co. mbH., Stuttgart-Bad
Cannstatt

Robert Hartwig, Sonneberg/Thüringen

Junkersbetrieb
Fliegerhorst Fritzlar b. Kassel

Junkersbetrieb, Fliegerhorst Merseburg

Weser Flugzeugbau GmbH.,
Bremen 1

Frontreparaturbetrieb GL Werk
Junkers-Ifa, Warschau 19

Frontreparaturbetrieb Deutsche
Lufthansa, Kirowograd/Rußland

Frontreparaturbetrieb Land u. See
Leichtb., Nikolajew/Rußland

Frontreparaturbetrieb Basser,
Taganrog/Rußland

Frontreparaturbetrieb Junkers, Ifa,
Taganrog/Rußland

Frontreparaturbetrieb, Espenlaub
GL Reval-Laksberg

Frontreparaturbetrieb Asam,
Pipera, Rumänien

Frontreparaturbetrieb Junkers,
Bobruisk/Rußland

Die Flugmotorenhersteller- und Reparaturwerke*

Argus Motoren-Gesellschaft mbH.,
Berlin-Reinickendorf

BMW Flugmotorenbau Gesellschaft mbH.,
München 13

BMW Flugmotorenbau Gesellschaft mbH.,
Werk II, Allach b. München

BMW Flugmotorenwerke Brandenburg
GmbH., Berlin-Spandau

BMW Flugmotorenfabrik
Eisenach GmbH.

Büssing NAG
Flugmotorenwerke GmbH.,
Braunschweig-Querum

Daimler-Benz AG., Stuttgart-
Untertürkheim

Daimler-Benz AG., Werk 90,
Berlin-Marienfelde

Daimler-Benz GmbH., Genshagen,
Kr. Teltow

Daimler-Benz GmbH., Kolmar i. Elsaß

Dtsch. Lufthansa Werkstätten Staaken,
Staaken

Fahrzeug- und Motorenwerke GmbH.,
vorm. Linke-Hofmann, Breslau I

Flugmotoren-Reparatur-Werk Hanns
Häusler, Baierbrunn b. München

Flugmotorenwerk Reichshof GmbH.,
Reichshof, Rzeszow

Francke-Werke AG, Bremen-Neustadt

Henschel Flugmotorenbau GmbH.,
Altenbauna über Kassel 7

Hirth-Motoren GmbH.,
Stuttgart-Zuffenhausen

Hirth-Motorenbau GmbH., Zweigwerk
Waltersdorf

Industriewerk Heiligenbeil GmbH.,
Motorenbau, Heiligenbeil/Opr.

Jenbacher Berg- und Hüttenwerke
Ernst Heinkel, Jenbach/Tirol

Junkers Flugzeug- und Motorenwerke AG., Motorenbau,
Dessau

Junkers Flugzeug- und Motorenwerke AG., Werk Köthen

Junkers Flugzeug- und Motorenwerke AG., Werk Magdeburg-
Neustadt

Junkers Flugzeug- und Motorenwerke AG., Werk Kassel-Betten-
hausen

Franz Kaminski, Hameln/Weser

Steyr-Daimler-Puch AG, Steyr

Kloeckner Flugmotorenbau GmbH.,
Hamburg 27

Mitteldeutsche Motorenwerke GmbH.,
Taucha/Leipzig

Motorenwerk Varel GmbH.,
Varel/Oldenbg.

Helmut Nestler, Eilenburg/Mulde

Niederbarnimer Flugmotorenwerke GmbH., Basdorf, Kr. Nieder-
barnim

Pommersche Motorenbau-GmbH.,
Altdamm-Stettin

Wilhelm Röder, Röder-Präzision,
Frankfurt/Main

Süddeutsche Arguswerke
  Heinrich Koppenberg Komm.Ges.,
  Karlsruhe

Ver. Flugmotoren-Reparatur-
  werke GmbH., Leipzig C 1

Ver. Flugmotoren-Reparatur-
  werke GmbH., Straßburg-Meinau

H. Walter Komm.Ges., Kiel-Wik

Wiener Flugmotoren-Reparatur-
  werk GmbH., Wien-Stammersdorf

Wumag Maschinenbau AG.,
  Görlitz

Zündapp-Werke GmbH., Nürnberg 2

Avia-Motorenbau Prag-Letnian,
  Prag-Letnian

Böhmisch-Mährische
  Maschinenfabriken AG,
  Abt. Motorenbau, Prag-Lieben

Walter Automobil- u. Flugmotoren-
  fabriken AG., Prag-Ninonitz

Die Luftschrauben- und Naben-Werke*

Vereinigte Deutsche Metallwerke AG.,
  Werk I, Hamburg-Großflottbeck

Vereinigte Deutsche Metallwerke AG.,
  Werk II, Hamburg-Gr. Borstel

Vereinigte Deutsche Metallwerke AG.,
  Frankfurt M.-Heddernheim

Vereinigte Deutsche Metallwerke AG.,
  Hildesheim, Römerring 14

Vereinigte Deutsche Metallwerke AG.,
  Gr. Auheim, Kr. Hanau

B.M.A.G. vorm. L. Schwarzkopff,
  Wildau, Krs. Teltow

Feinmechanische Werke GmbH.,
  Erfurt

Propellerwerk G. Schwarz GmbH.,
  Berlin-Waidmannslust

Propellerwerk G. Schwarz GmbH.,
  Eilenburg-Ost b. Leipzig

Propellerwerk G. Schwarz GmbH.,
  Prossen b. Bad Schandau

Propellerwerk Wilh. Becker,
  Stolp/Pommern

Hugo Heine Propellerwerk, Berlin 0 34,
  Warschauer Str. 58

J. H. Schaefer u. Co., Bremen

Ringhoffer Tatra-Werke AG.,
  Wasselsdorf, Ostsudetenland

Die Hersteller von Flugzeugzubehör,
Funk- und anderen Geräten sind nicht
aufgeführt, da diese meist auch für
Heer und Marine arbeiteten.

* Entnommen aus Gesamtübersicht der Bau-Aufsichten der Luftwaffe (BAL) 1943.

Die Kennzeichen der deutschen Flugzeuge

Obwohl Deutschland einer der ersten Staaten war, die ein einheitliches Kennzeichensystem für Flugzeuge besaßen, ist wohl in keinem anderen Land dieses System so oft variiert worden, wie gerade in Deutschland. Deshalb nachfolgend einmal die Entwicklung der Kennzeichensysteme auf dem zivilen und militärischen Sektor:

Die Zivilkennzeichen von 1919 bis 1945

Im Rahmen des Versailler Vertrags wurden 1919 auch Empfehlungen zur internationalen Kennzeichnung der Zivilflugzeuge ausgearbeitet, die aus einem Nationalitätshinweis aus einem oder mehreren Buchstaben vor und drei oder vier weiteren Kennbuchstaben hinter einem Bindestrich bestehen sollte. Diese Empfehlung wurde von den meisten Staaten berücksichtigt, wesentliche Ausnahmen machten jedoch die UdSSR, USA und Deutschland. In Deutschland wurde zwar das D (für Deutschland) als Nationalitätsbuchstaben übernommen, jedoch das Buchstaben-Kennsystem durch Zahlen ersetzt. Die Nummer D-1 erhielt eine Junkers F. 13. Die Reihe wurde laufend weitergeführt, jedoch waren nach 1933 fast nur noch Flugzeuge mit vierstelligen Zahlen in Dienst.

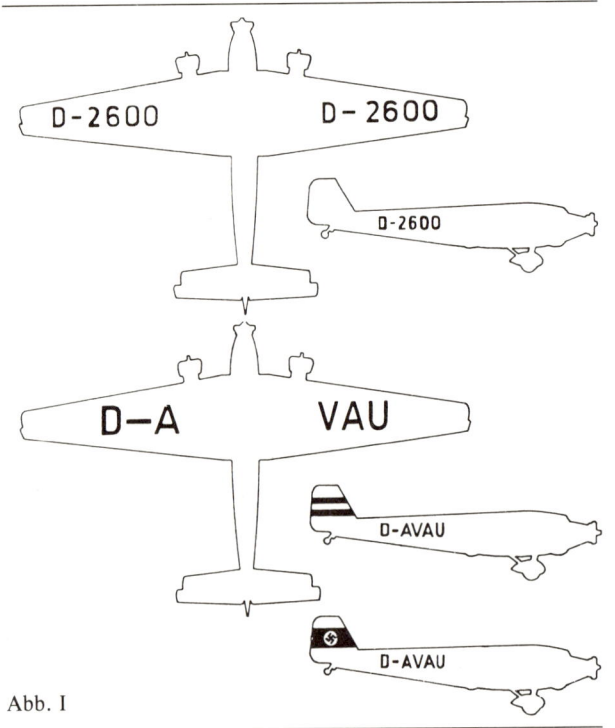

Abb. I

Kennzeichen	Führer-schein	Personen-zahl	Fluggewicht in kg	Landestrecke in m	Motoren-zahl
			Landflugzeuge		
D-YAAA — YZZZ	A 1	bis 2	bis 500	bis 300	1
D-EAAA — EZZZ	A 2	„ 3	„ 1000	450	1—2
D-IAAA — IZZZ	B 1	„ 3	„ 2500	„ 450	1—2
			„ 1000	über 450	
D-OAAA — OZZZ	B 2	„ 6	„ 2500	„ 450	1—2
D-UAAA — UZZZ	C 1	über 6	über 2500	„ 450	1
D-AAAA — AZZZ	C 2	„ 6	„ 2500	„ 450	mehrere
			Seeflugzeuge		
D-YAAA — YZZZ	A 1	bis 2	bis 600	unbegr.	1
D-EAAA — EZZZ	A 2	„ 3	„ 2000	„	1
D-IAAA — IZZZ	B 1	„ 3	„ 3500	„	1
	B 2	„ 6	„ 3500	„	1
D-UAAA — UZZZ	C 1	über 6	über 3500	„	1
D-AAAA — AZZZ	C 2	„ 6	„ 3500	„	mehrere

Diese Kennzeichen wurden auf jeder Flügelhälfte und auf den Rumpfseitenwänden voll ausgeschrieben.

Eine Änderung erfolgte 1934, als die Zahlen durch vier Buchstaben ersetzt wurden, die — getrennt — über die ganze Spannweite reichten. Die Bemalung der Rumpfseitenwände blieb erhalten. Gleichzeitig wurde in das Kennzeichenbild ein System gebracht, durch das die Flugzeugklasse aus der Kennzeichenreihe erkennbar war. Dieses System besaß den in nebenstehender Tabelle aufgeführten Schlüssel.

Als zusätzliche Kennung wurde 1933 das Seitenleitwerk bemalt, und zwar auf der rechten Seite mit einem durchlaufenden Schwarz-Weiß-Rot-Band, auf der linken Seite mit einem roten Band, welches in der Mitte ein rundes weißes Feld mit einem auf der Spitze stehenden Hakenkreuz trug. Aber noch im gleichen Jahr verschwand das Schwarz-Weiß-Rot-Band auf der rechten Seite ebenfalls zugunsten des Hakenkreuzbandes. Diese endgültige Kennung trugen deutsche Zivilflugzeuge bis zum Ende des Zweiten Weltkrieges.

Die militärischen Kennzeichen von 1914 bis 1945

Das schwarze »Eiserne Kreuz« aus der deutschen Reichskriegsflagge wurde 1913 zur Kennzeichnung der deutschen Militärflugzeuge ausgewählt und auf den Flügelunterseiten, dem Seitenleitwerk und — ab dem Frühjahr 1915 — auch auf den Rumpfseiten aufgemalt. Waren die Kurven und Proportionen des Kreuzes anfänglich willkürlich gewählt, kam im Juni 1916 ein Schema heraus, das das in Abbildung II oben links gezeigte Standardkreuz abgab. Dieses Kennzeichen, zuerst schwarz auf die Bemalung gesetzt, später in ein weißes Feld gesetzt (Abb. II oben, ganz links), danach mit einem weißen Rand umgeben (Abb. II oben, zweite von links), blieb bis zum Frühjahr 1918 lange Standardform. Zu der großen deutschen Frühjahrsoffensive an der Westfront am 21. März 1918 wurde eine radikale Änderung durchgeführt. Über Nacht erhielten alle Frontmaschinen ein schwarzes Kreuz mit geraden Kanten und umlaufendem weißem Rand (Abb. II oben, dritte von links). Kurz vor Kriegsende schließlich erfolgte noch einmal eine Umbemalung. Das nun verwendete Balkenkreuz, in den Schenkeln sehr schwach gehalten, aber über die gesamte Flügeltiefe bzw. Rumpfhöhe gehend, besaß an den jeweiligen Balkenenden keinen Abschluß durch den weißen Rand mehr (Abb. II oben, ganz rechts).

Nach 1933 erhielten die Muster der noch geheimen deutschen Luftwaffe normale Zivilkennzeichen. Nach diesem System flogen auch alle derzeit gebauten militärischen Prototypen. Nach der Enttarnung 1935 wurde ein neues militärisches Kennzeichensystem ausgearbeitet, was aber nicht ausschloß, daß bis 1938 noch militärische Prototypen mit ziviler Ken-

Abb. II

nung flogen. Ähnlich der zivilen Kennzeichnung wurde bis zu einem weit jüngeren Zeitpunkt bei Übungsflugzeugen der Luftwaffe verfahren. Bei ihnen wurde nur das D als Nationalitätskennbuchstabe durch ein WL von Luftwaffe ersetzt (als Beispiel WL-IWCY, eine Arado Ar 96 B). Das neue militärische Kennzeichen bestand wiederum aus einem Balkenkreuz, welches dem letzten des Ersten Weltkrieges ähnelte. Nur waren die Balken etwas stärker und die weiße Umrandung mit einer zusätzlichen schwarzen versehen (Abb. II unten, ganz links). Die Balkenkreuze saßen auf und unter den Außenflügeln und an den Rumpfseitenwänden. Auf den Seitenleitwerken saß wie bei den Zivilmaschinen ein rotes Band mit einem rundem weißem Feld und einem schwarzen Hakenkreuz. Diese Seitenleitwerksbemalung wurde ab 1938 durch ein schlichtes schwarzes Hakenkreuz mit einer weißen Umrandung abgelöst. Nach Kriegsbeginn erfolgte eine erneute Veränderung des Balkenkreuzes, welches stärkere weiße Umrandungsbalken erhielt (Abb. II unten, zweites von links). Gleichzeitig wurden sie in der Dimension vergrößert und rückten mehr in die Flügelmitte.

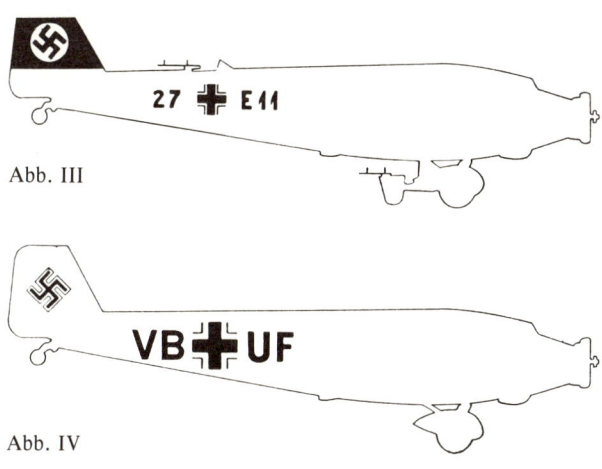

Abb. III

Abb. IV

Im letzten Kriegsjahr schließlich wurde bei vielen Maschinen das gesamte Balkenkreuzsystem stilisiert. Es bestand zu dieser Zeit nur noch aus einem Fragment von vier Winkeln, die bei dunkel gestrichenen Maschinen weiß und bei hell gestrichenen Flugzeugen schwarz waren (Abb. II unten, rechts).

Die Buchstabenkennung der Militärflugzeuge bestand nach 1935 zuerst einheitlich aus vier Zahlen und einem Buchstaben, wovon zwei Zahlen vor, Buchstabe und restliche zwei Zahlen hinter dem Balkenkreuz standen (als Beispiel 53 + A 25, eine Do 17 E). Siehe auch Abbildung III. 1940 war eine allgemeine Änderung durchgeführt worden. Die Kennzeichnung der Kampfflugzeuge erfolgte nunmehr durch vier Buchstaben, davon je zwei vor und hinter dem Balkenkreuz. Diese Praxis (siehe auch Abb. IV) wurde später bei allen Flugzeuggattungen angewandt, obwohl die Jagdflugzeuge vorher mit einer Zahl vor dem Kreuz und zwei Buchstaben dahinter gekennzeichnet worden waren.

Bei der Enttarnung der Luftwaffe 1935 existierte noch kein eigentlicher Tarnanstrich, Metallflugzeuge hatten zu dieser Zeit eine Aluminium-Bemalung, Gemischtbaukonstruktionen das gleiche oder einen hellgrauen Anstrich. Aber schon 1936 tauchten die ersten Anstriche auf. Bis Kriegsende beibehalten wurde davon, einige Spezialmuster ausgenommen, die fast weißblaue Bemalung der Unterseite. Auf der Oberseite befanden sich zackenförmig ineinanderlaufende dunkelgrüne und braune Flächen. Die Jagdflugzeuge trugen bis gegen Ende des Polenfeldzuges den für alle Militärflugzeuge ab 1939 eingeführten Einheitsanstrich: ein dunkles Blaugrün an der Oberseite und das bekannte Weißblau auf der Bauchseite. Erst Anfang 1940 wurde dann für Jäger und Zerstörer ein neuer Anstrich eingeführt. Bauchseite wie bisher weißblau, Rumpfseiten hellblau mit grauen Schattenflecken, Rumpf- und Flächenoberseiten: dunkel-grünblau. Von dieser endgültigen Bemalung machten auch in der ersten Zeit die für die verschiedenen Einsätze abgestellten Sondermuster keine Ausnahme. So erhielten die in Afrika eingesetzten Maschinen erst Wochen später auf der Oberseite einen sandfarbenen Anstrich. Ähnlich war es in den Wintereinsätzen an der Ostfront, wo die Maschinen meist behelfsmäßig mit einer grau-weißen Tarnbemalung versehen werden mußten. Erst im Winter 1942/43 wurde ein einheitlicher weißer Tarnanstrich mit grauen Schattenmustern eingeführt. Nachtbomber und Nachtjäger dagegen besaßen eine vollkommen schwarz gestrichene Unterseite und eine fleckige, grün-braungraue Bemalung auf der Oberseite. (s. auch Abb. V).

Mit Geschwader- und Staffelabzeichen und besonders mit auffallenden Unterscheidungsmerkmalen war die deutsche Luftwaffe im Gegensatz zur amerikanischen sehr sparsam. Während des Frankreich-Feldzuges wurden die Me-110-Geschwader mit Haifischmäulern und Hornissenköpfen sehr bekannt. Während das Haifischgeschwader praktisch aufgerieben wurde, flog das Hornissen-Geschwader noch 1944 mit

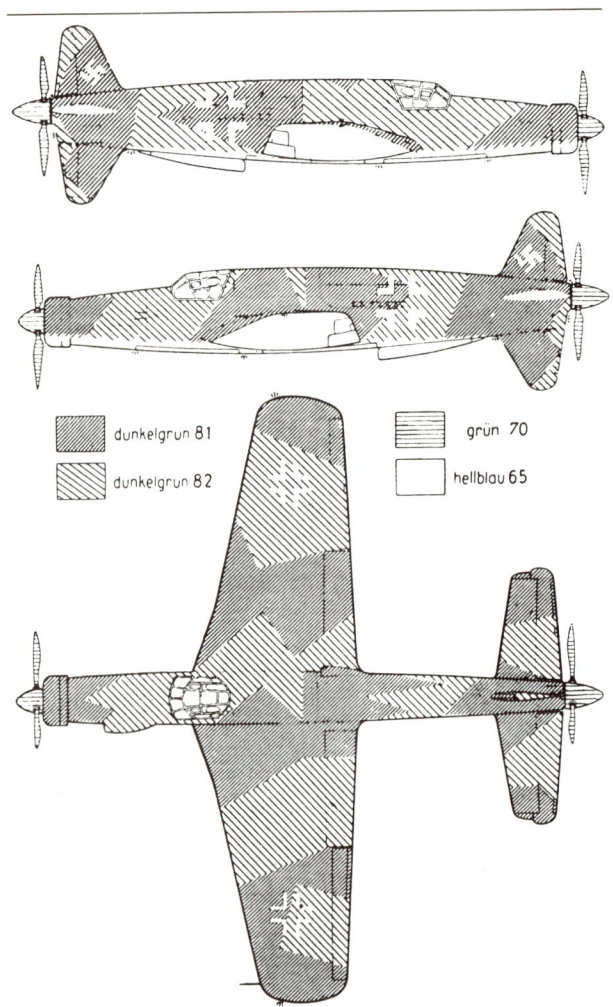

Abb. V Beispiel einer typischen Tarnbemalung bei der Do 335

der neuen Me 410. Die Vielzahl der dennoch verwendeten und teilweise recht scherzhaften Geschwaderabzeichen macht eine komplette Aufzählung unmöglich. Deshalb sollen hier nur einige der bekannteren wiedergegeben werden:

JG 2
»Richthofen«

JG 3
»Udet«

JG 26
»Schlageter«

JG 51

Abb. VI

JG 52

Weiterhin machten noch von sich reden, das Pik-As-Jagdgeschwader (JG 52), das Löwen-(Vestigium leonis-) Kampfgeschwader und das Edelweiß-Geschwader.

Luftwaffenkennungen

A1 + KG 53
A2 + I./ZG 52, Flugbereitschaft Kd. Gen. d. dt. Lw. in Finnland
A3 + KG 200, Versuchskdo 200, Versuchskdo 36
A5 + StG 1, SG 1
A6 + AufklGr 120
B1 + TrpSt I. FlKorps
B3 + KG 54
B4 + NJ-St Finnland
C1 + ErpKdo 16 (Me 163)
C2 + AufklGr 41
C3 + TrpSt II. FlKorps, TrpGr 5
C6 + KGrzbV 600, TrpFlSt 4, später I./TG 2
C8 + TG 5, I. und II./KGrzbV 323
C9 + NJG 5
D1 + SAG 126, LD-Kdo 65
D5 + NJG 3
D9 + NJ-St. Norwegen (kurzfristig), I./NJG 7
E1 + ErpStelle Rechlin
E2 + ErpStelle Rechlin
E3 + ErpStelle Rechlin
E7 + ErpStelle Rechlin
E8 + I./ZG 26
F1 + I./StG 76, KG 70, KG 76
F2 + ErgGr/NAG 5
F3 + AufklGr 12
F5 + NAG 5
F6 + AufklGr 122, AufklGr 33
F7 + LLG 2, SAG 130, SchleppGr 1
F8 + KG 40, IV. (Z)/KG 40, TrpSt Condor, KGrzbV 200
G1 + KG 55
G2 + AufklGr 124, AufklGr des OKL
G3 + JSG 2, SKG 10
G5 + TrpSt IV. FlKorps, TrpSt V. Flkorps (?)
G6 + KGrzbV 2, KGrzbV 101, KGrzbV 102, KGrzbV 103, KGrzbV 104, KGrzbV 105, TG 4, LTrGr(See) 1, (aus KGrzbV wurde III./TG 3, KGrzbV 104 wurde II./KGrzbV 323, KGrzbV 105 wurde I./TG 4 und 17./TG 4
G8 + TrpSt IV. FlKorps (?), I. AufklGr(F) 124
G9 + NJG 1, ZG 1 (Erstaufstellung), zeitweise: NJG 4
H1 + AufklGr 12
H4 + LLG 1
H7 + StG 3, später SG 3
H8 + AufklGr 33
H9 + LTrpSt(See) 7
J2 + NAG 3
J4 + LTrpSt 5, LTrpSt 290, 14./TG 4
J6 + KGrzbV 500 wurde II./TG 4
J9 + StG 5 wurde SG 5
K1 + Kurierstaffel d. Ob. d. Lw
K6 + KG 6, KüFlGr 406
K7 + AufklGr (Nacht)
K9 + AufklSt 42 (?)
L1 + NJG 3, I. und IV./(Z) LG 1, LG 1
L2 + LG 2, KurierSt OKL, 4./AufklGr d. OKL
L5 + KGrzbV 5, 7./Erg TrpG wurde 14./TG 4, TrpGr 30
M2 + KüFlGr 106, KGr 106
M7 + KüFlGr 806, KGr 806
M8 + ZG 76 (Zweitaufstellung)
N1 + GroßraumTrpSt
N3 + I./KGrzbV 172, Stab I./KG 3
N6 + Verband Maj Babekuhl
N9 + Flugbereitschaft Norwegen
P1 + KG 60
P2 + AufklGr(H) 21, AufklGr 11
P4 + Führungskette X. FlKorps, TrpSt Nord(Ost), NJG 2 (Teile)
P5 + SdSt Trans-Ozean, KGrzbV 108, Kdo d. TrpFl Chef (See)Norwegen
R4 + NJG 2 nur I. und II./NJG 2
S1 + StG 3 (Teile)
S2 + StG 77 wurde SG 77
S3 + KGrzbV 5, TrpGr 30
S4 + KüFlGr 506
S6 + AufklGr(F) 122, C-Schule Lechfeld (?)
S7 + StG 3 wurde SG 3
S9 + ErpGr 210, 2./ErgGr 210, SKG 210
T1 + AufklGr(H) 10
T3 + 1./BoFlSt 196
T5 + AufklSt d. Ob. d. Lw, 3.(E)St d. Ob. d. Lw, Kdo Rowehl
T6 + StG 2 wurde SG 2
T9 + VersVerbTrp des OKL, ErpKdo d. OKL, »Zirkus Rosarius«
U2 + Nachtrotte bei NAG 5
U5 + KG 2
U8 + ZG 26 (Erstaufstellung) bis 6.41
U9 + NSG 3
V1 + TrpSt VIII. FlKorps
V4 + KG 1
V7 + AufklGr(H) 32
W1 + Me 321-Einheit
W2 + Me 321-Einheit
W3 + Me 321-Einheit
W4 + Me 321-Einheit
W5 + Me 321-Einheit
W6 + 5. BoFlSt 196
W7 + NJG 100, Me 321-Einheit
W8 + Me 321-Einheit
W9 + We 321-Einheit
X4 + LTrpGr(See) 222, SAGr 129
X8 + Flugbereitschaft RLM Staaken
Z2 + NJG 6
Z4 + TrpSt III. FlKorps, TrpSt FlFührer 3
Z6 + KG 66
1A + Wekusta 5
1B + 10./,13./(Z)JG5, NJG 5, Wettererkundungskette d. OKL
1G + KG 27
1H + KG 26
1K + KG 27, NSG 4
1R + A-Kette AOK Lappland, F-Kette Norwegen, KurierSt AOK Finnland

1T +	KG 28, KGr 126, Stab/KG 40		6H +	FlErgGr(See) Kamp
1Z +	KGrzbV 1 wurde TG 1, Savoia-St III./KGrzbV1, TrpFlSt 4		6I +	KüFlGr 706, KGrzbV 108 wurde TG 20 od. TrpSt 20, KüFlGr 196
2B +	NJ-Schwarm LFlotte 1, Teile NJG 100		6K +	AufklGr(H) 41, 1. (H)Pz 13
2F +	KG 54 (bis 03.40), 5./KG 28		6M +	Küstenstaffel Krim, AufklGr(H,F) 11
2H +	VersSt 210		6N +	KG 100, KGr 100
2J +	ZG 1 (Zweitaufstellung)		6R +	SAG 127
2N +	ZG 76 (Zweitaufstellung)		6T +	KüFlGr 706
2S +	I./ZG 2 (Zweitaufstellung)		6U +	ZG 1 (Erstaufstellung) I./ZG 1
2Z +	NJG 6 (ab 08.43)		6W +	SAG 128
3C +	NJG 4, NJG 5 (01-07, 43)		6Z +	TrpGr Herzog (1945)
3E +	KG 6		7A +	AufklGr(F) 120
3J +	12./NJG 3		7J +	NJG 102
3K +	MinensuchGr. d. Lw		7K +	JSG 101
3M +	ZG 2 (Erstaufstellung)		7R +	SAG 125
3U +	ZG 26 (Zweitaufstellung)		7T +	KüFlGr(F) 606, KGr 606 (?)
3T +	KGrzbV 800		7U +	KGrzbV 108 wurde TrpGr 20
3U +	NSG 11		7V +	KGrzbV 700
3X +	II./KG 1		8A +	LTrpGr(See) 1, 17./TG 4
3Z +	KG 77, KG 153		8H +	AufklGr(F) 33
4A +	IV./ZG 26		8I +	3. (H)Pz NAG 16
4D +	KG 30 (ab 09.39), KG 25		8L +	KüFlGr 906
4E +	AufklGr(H) 13		8Q +	TrpGr 10
4F +	KGrzbV 400 wurde III./TG 4		8L +	KüFlGr 906
4N +	AufklGr(H) 22		8T +	KGrzbV 800 wurde TG 2
4Q +	VerbSt 7. FlDiv, AufklSt XI. FlKorps, Teile AufklGr(H) 22 (?)		8U +	Stab TrpFl Führer 2
4R +	Teile II., III., IV./NJG 2		8V +	NJG 200
4U +	AufklGr(F) 123		9K +	KG 51
4V +	KGrzbV 9, KGrzbV 106, KGrzbV 172, TG 3, KGrzbV Neapel		9P +	KGrzbV 9, KGrzbV 40, KGrzbV 50, KGrzbV 60, KGrzbV Frankfurt, KGrzbV Wittstock
4T +	Wekusta 51		9V +	FAG 5, AufklGr 5
4K +	KG 30		9W +	NJG 101
5D +	AufklGr(H, F) 31			
5F +	AufklGr(H, F) 14, NAG 14			
5J +	KG 4			
5K +	KG 3			
5M +	AufklGr(F) 122			
5T +	KG 101 (ab. 1. Februar 43), KSG 1			
5W +	SeeTrGr			
5Z +	Wekusta 26			
6A +	NSG 12			
6G +	StG 51, nur III./StG 51, II./StG 1			

Werkskennungen

FO +	Focke-Wulf (bei Lizenz Bf 109C-2)
DN +	BFW-Regensburg
HS +	Henschel
JU +	Junkers
DJ +	Heinkel
NO +	Heinkel
CE +	BFW (Messerschmitt)
HE +	Heinkel

Erklärung von Ausdrücken und Abkürzungen

Ausdrücke aus der Nachtjagd

Himmelbett	Nachtjagdverfahren, bei dem eine geschlossene Wolkendecke von unten durch Scheinwerfer angestrahlt wurde. Die feindlichen Flugzeuge erschienen den hoch fliegenden Nachtjägern wie Schattenrisse auf einer Mattglasscheibe.
Schräge Musik	Starr in den Rumpfrücken eingebaute Waffen, die in einem Winkel von etwa 70° schräg nach oben schossen. Sie ermöglichten ein Bekämpfen der feindlichen Flugzeuge durch Unterfliegen.
Wilde Sau	Freie Nachtjagd auf im Scheinwerferlicht erfaßte Feindmaschinen.

Abkürzungen im Textteil

A-Stand	Waffenstand im Bug
B-Stand	Waffenstand auf der Rumpfoberseite
B1-Stand	Bei zwei Waffenständen auf dem Rumpfrücken der vordere
B2-Stand	Bei zwei Waffenständen auf dem Rumpfrücken der hintere
C-Stand	Waffenstand unter dem Rumpf
C1-Stand	Bei zwei Waffenständen unter dem Rumpf der vordere
C2-Stand	Bei zwei Waffenständen unter dem Rumpf der hintere
DVL	Deutsche Versuchsanstalt für Luftfahrt
EDL	elektrisch betätigte Drehlafette
ETC	Bombenaufhängevorrichtung
FDL	fernbetätigte Drehlafette
FHL	fernbetätigte Drehlafette im Heck
FT	Funkentelegraphie-Einrichtung
FuG	Funkgerät
GM	Sauerstoffhaltiges Zusatzmittel (Stickstoffoxyd) für die kurzzeitige Leistungssteigerung von Flugmotoren
HD	handbetätigter Drehturm
H-Stand	Waffenstand im Heck
HZ-Anlage	Höhenladerzentrale für Höhenflugzeuge, bestehend aus einem zusätzlichen Motor, der ausschließlich Luft für die anderen Triebwerke erzeugt.
LC	Leuchtbomben
Lotfe	Lotfernrohr als Bombenzielgerät
LT	Lufttorpedo
MG	Maschinengewehr
MK	Maschinenkanone
MW	Wasser-Methanol-Einspritzanlage für die kurzzeitige Leistungssteigerung von Flugmotoren
NSFK	Nationalsozialistisches Fliegerkorps
PTL	Propellerturbine
PV	Periskop-Visier
Rb	Reihenbildgerät
REVI	Reflexvisier
RF	Rückblickfernrohr
RLM	Reichsluftfahrtministerium
SC, SD usw.	Sprengbomben
TL	Luftstrahlturbine
T-Stoff, C-Stoff usw.	Raketentreibstoffe. Sie sind im Teil der Flugkörper näher erläutert.
VDM	Vereinigte Deutsche Metallwerke
V-Muster	Versuchsmuster

Die RLM-GL/C-Liste

Bei den deutschen Flugzeugherstellern herrschte die Sitte vor, ihre Produkte mit der Zahl 1 anfangend laufend hintereinander zu numerieren (z. B. Heinkel He 1, He 2, He 3 usw.). Dadurch traten zahlreiche Doppelbelegungen auf (z. B. Heinkel He 46 und Junkers Ju 46). Um bei künftigen Entwicklungen Verwechslungen zu vermeiden, entschloß sich das RLM 1933/34, die Nummern zentral zu verteilen, so daß jede Zahl nur einmal vorkam (z. B. Messerschmitt Me 108: Me 109, Me 110, aber Heinkel He 111, He 112 usw.). Dieses System wurde bis 1945 beibehalten und reichte bis zur Zahl 635. Aus Geheimhaltungsgründen erfolgte nun die Bezeichnung der Zahl nicht mit der Firmenabkürzung, sondern ebenfalls durch eine Zahl — bei Flugzeugen war es die 8 (z. B. 8-162 ist die He 162). In der untenstehenden Zusammenstellung ist der Hersteller durch die offizielle Abkürzung hinter der Nummernbezeichnung kenntlich gemacht. Die Firmenabkürzungen hatten folgende Bedeutung:

Al = Albatros
Ao = AGO-Flugzeugwerke
Ar = Arado
Ba = Bachem
Bf = Bayerische Flugzeugwerke
Bü = Bücker
BV = Blohm & Voss
DFS = Deutsche Forschungsanstalt für Segelflug
Do = Dornier
FA = Focke-Achgelis
Fh = Flugzeugbau Halle
Fi = Fieseler
FK = Flugzeugbau Kiel
Fl = Flettner
Fw = Focke-Wulf
Go = Gothaer Waggonfabrik
Ha = Hamburger Flugzeugbau
He = Heinkel
Ho = Horten
Hs = Henschel
Hü = Hütter
Ju = Junkers
Ka = Kalkert
Kl = Klemm
Me = Messerschmitt
NR = Nagler-Rolz
Si = Siebel

Sk = Skoda-Kauba
Ta = Tank
WNF = Wiener-Neustädter-Flugzeugbau
(Wn)
ZMe = Zeppelin/Messerschmitt
ZSO = Zeppelin/SNCASO
    (Frankreich)

Während in den unteren Zahlenbereichen eine Doppelbelegung noch leicht möglich war, erfolgte sie später nur ganz selten. Es kam wohl vor, daß Nummern, die durch den Entwicklungsstopp eines Musters frei wurden, einer anderen Firma zugewiesen wurden (z. B. 162, zuerst für Messerschmitt, dann für den Heinkel »Volksjäger«). Sonderwünsche wurden allerdings in Einzelfällen berücksichtigt. So wurde die ursprünglich Focke-Wulf für ein Photo-Aufklärungsflugzeug zugewiesene Nummer 188 auf direkten Wunsch der Firma an Junkers übertragen. Dagegen ist die Vergebung der Nummer 162 von Messerschmitt an Heinkel nur aus Geheimhaltungsgründen erfolgt, da die Heinkel-Konstruktion normalerweise eine wesentlich höhere Zahl beansprucht hätte. Ähnlich dürfte die Lage bei der Me 163 gewesen sein, da ursprünglich diese Nummer für den Entwurf eines Verbindungsflugzeuges vorgesehen war.

RLM-Nummer GL/C	Hersteller	RLM-Nummer GL/C	Hersteller
8—5	Fi	8—34	Ju (W)
8—10	Do	8—35	Kl
8—11	Do	8—36	Kl
11*	Wn	8—38	Ju (G)
8—12	Do	8—39	DFS
8—13	Do	8—40	DFS
8—14	Do	8—42	He
8—15	Do	8—43	Fw
8—16	Wn	8—44	Fw
8—17	Do	8—45	He
8—18	Do	8—46	He
8—19	Do	8—47	Fw
8—20	Do	8—48	Ju (A)
8—22	Do	8—49	Ju
8—23	Do	8—50	He
8—24	Do	8—51	He
25	Kl	8—52	Ju
8—26	Do	8—53	Ju (K)
8—31	Kl	8—54	NR
8—32	Kl	55	Fw
8—33	Ju (W)	8—55	NR

20

RLM-Nummer GL/C	Hersteller	RLM-Nummer GL/C	Hersteller	RLM-Nummer GL/C	Hersteller	RLM-Nummer GL/C	Hersteller
8—56	Fw	8—118	He	8—182	Bü	8—246	BV
8—57	Fw	8—119	He	8—183	Ta	8—248	Ju
8—58	Fw	8—120	He	8—184	Fl	8—250	BV
58	He	8—121	Hs	8—185	Fl	8—252	Ju
8—59	He	8—122	Hs	8—186	Ju	8—253	Fi
8—60	He	8—123	Hs	8—187	Fw	8—254	Ta
60	Ju wurde	8—124	Hs	187	Ju	8—256	Fi
	Ju 160	8—125	Hs	8—188	Ju	8—257	Sk
8—61	Fw	8—126	Hs	8—189	Fw	8—261	Me
8—62	Fw	8—127	Hs	8—190	Fw	8—262	Me
8—63	He	8—128	Hs	8—191	Fw	8—263	Me
8—63	He	8—129	Hs	8—192	Ao	8—264	Me
8—64	He	8—130	Hs	8—193	Ao	8—265	Fl
64	Ar	8—131	Bü	8—194	DFS	265	Me
8—65	Ar	8—132	Hs	8—195	Ar	8—266	FA
8—66	Ar	8—133	Bü	8—196	Ar	8—268	Ju
8—67	Ar	8—134	Bü	8—197	Ar	8—269	FA
8—68	Ar	8—135	Ha	8—198	Ar	8—270	He
8—69	Ar	8—136	Ha	8—199	Ar	8—274	He
8—70	He	8—137	Ha	8—200	Fw	8—277	He
8—71	He	8—138	BV	8—201	Si	8—280	He
8—72	He	8—139	Ha	8—202	Si	8—282	Fl
8—74	He	8—140	Ha	8—203	Si	8—283	Ta
8—76	Ar	8—141	BV	8—204	Si	8—284	FA
8—77	Ar	8—142	Ha	8—206	Fw	8—286	Ju
8—79	Ar	8—143	BV	8—208	Me	8—287	Ju
8—80	Ar	8—144	BV	8—209	Me	8—288	Ju
8—81	Ar	8—145	Go	8—210	Me	8—290	Ju
8—85	Ju	8—146	Go	8—211	Hü	8—291	Hs
8—86	Ju	8—147	Go	8—212	Do	8—292	Hs
8—87	Ju	8—148	Go	8—214	Do	8—293	Hs
8—88	Ju	8—149	Go	8—215	Do	8—294	Hs
8—89	Ju	8—150	Go	8—216	Do	8—295	Hs
8—90	Ju	8—151	Kl	8—217	Do	8—296	Hs
8—95	Ar	8—152	Ta	8—218	Do	296	Ar
8—96	Ar	8—153	Ta	8—219	He	8—297	Hs
8—97	Fi	8—154	Ta	8—220	He	8—298	Hs
8—98	Fi	8—155	BV	8—222	BV	8—300	Fw
8—99	Fi	8—156	Fi	8—223	FA	8—309	Me
8—100	He	8—157	Fi	8—224	FA	8—310	Me
8—101	Al	8—158	Fi	8—225	FA	8—317	Do
8—102	Al	8—159	Fw	8—226	Ho	8—318	Do
8—103	Fi	8—160	Ju	8—227	Fg	8—321	Me
8—104	Fh	8—161	Bf	8—228	DrS	8—322	Ju
8—105	Kl	162	Bf	8—229	Go/Ho	8—323	Me
8—106	Kl	8—162	He	8—230	DFS	8—328	Me
8—107	Kl	8—163	Me	8—231	Ar	8—329	Me
8—108	Bf	8—164	Me	8—232	Ar	8—330	FA
8—109	Bf	8—166	FK	8—233	Ar	8—331	DFS
8—110	Bf	8—167	Fi	8—234	Ar	8—332	DFS
8—111	He	8—170	He	8—237	BV	8—333	Fi
8—112	He	8—172	He	8—238	BV	8—335	Do
8—113	He	8—176	He	8—240	Ar	8—336	FA
8—114	He	8—177	He	8—241	Go	8—339	Fl
8—115	He	8—178	He	8—242	Go	8—340	Ar
8—116	He	8—180	Bü	8—244	Go	8—341	B
8—117	Hs	8—181	Bü	8—245	Go	8—342	WNF

RLM-Nummer GL/C	Hersteller	RLM-Nummer GL/C	Hersteller
8—343	He	8—417	Do
8—344	x—4	8—430	Ar/Ka
8—345	Go	8—432	Ar
8—346	DFS	8—435	Do
8—349	Ba	8—440	Ar
8—352	Ju	8—488	Ju
8—388	Ju	8—523	ZSO
8—390	Ju	8—532	Ar
8—396	Ar	8—609	Me
8—400	Ta	8—632	Ar
8—410	Me	8—635	Do/Ju/He

Anmerkung:

Folgende Doppelbesetzungen sind wie folgt zu erklären:

Al 103 wurde nicht in Serie gebaut. Nummer wurde zur Tarnung für Fi 103 verwendet.
Bv 226 wurde Ho 226, da Bv 226 in Bv 246 umbenannt wurde.
Bf 162 wurde nicht in Serie gebaut, daher Nummer an Heinkel.
Bf 163 blieb Versuchsmuster und wurde deshalb Me 163 (Lippisch).
Ar 430 blieb Entwurf, daher Neuverwendung bei Ka 430.
DFS 40 wurde durch DFS 194 ersetzt, daher Nummer an Bv.

Die Verwendung von E.-, P.- oder EF-Nummern in der GL/C-Liste war nicht üblich. Sie waren in der GL/C-Liste, die dem Autor bis 1945 vorgelegen hat, nicht enthalten.

Appendix for English-speaking readers

Translations of the most important German aeronautical terms

Sorts of aircraft

Jagdflugzeug, Jäger	Fighter, interceptor
Aufklärer	(recco-plane), reconnaissance plane
Bombenflugzeug	Bomber
Bombenflugzeug, mittleres	Medium bomber
Bombenflugzeug, leichtes	Light bomber
Bombenflugzeug, schweres	Heavy bomber
Langstreckenflugzeug	long-range airplane
Höhenflugzeug	high-altitude airplane
Flugboot	flying boat
Seenotflugzeug	air sea rescue airplane
Jagdbomber, Jabo	fighter-bomber
Nachtjäger	nightfighter
Schwimmer-, Wasserflugzeug	sea plane
Versuchsflugzeug	experimental aircraft
Düsen- oder Turbinenflugzeug	jet aircraft
Lastensegler	cargo-glider
Transportflugzeug	transport plane
Verkehrsflugzeug	personel transport plane
Schulflugzeug	basic trainer
Übungsflugzeug	trainer
Verbindungsflugzeug	liaison airplane
Sturzbomber, Stuka	dive-bomber

Sorts of powerplants

Verbrennungs- oder Kolbenmotor	piston engine
Flugmotor	aero engine
Raketenmotor	rocket engine
Strahlturbine	turbo-jet engine
Propellerturbine	prop-jet, gas-turbine
Sternmotor	radial engine
Reihenmotor	in-line engine
Kompressor	supercharger
Turbolader	turbo-blower
Einspritzung	fuel injection
Schwerölmotor, Diesel	Heavy-oil-engine, Diesel

Parts of aircraft

Flugzeugzelle, Zelle	airframe
Rumpf	fuselage
Tragfläche, Fläche, Flügel	wing
Leitwerk	tail unit
Brennstoffbehälter	fuel tank
Kühler	radiator
Höhenflosse	horizontal fin
Höhenruder	elevator
Seitenflosse	vertical fin
Seitenruder	rudder
Fahrwerk	undercarriage
Fahrwerk, einziehbares	undercarriage, retractable
Fahrwerk, festes oder starres	undercarriage, fixed
Luftschraube	airscrew, propeller
Propellerhaube	spinner

Data of aircraft

Länge	length
Spannweite	span
Höhe	height
Flächeninhalt, Flügelfläche	wing area
Leergewicht	empty weight
Nutzlast, Zuladung	payload
Fluggewicht	gross weight
Höchstgeschwindigkeit (V/max)	maximal speed
Reisegeschwindigkeit (V/R)	cruising speed
Landegeschwindigkeit (V/L)	landing speed
Gipfelhöhe	service ceiling
Reichweite	range
Steiggeschwindigkeit	rate of climb
Bombenlast	bombload
Ausrüstung	equipment
Bewaffnung	armament
FuG, Funkgerät	W/T set, radio device
A-Stand	front gun position
B-Stand	dorsal gun position
C-Stand	ventral gun position
Bola — Bodenlafette	ventral gun mounting
Lenkbombe, Lenkgeschoß	guidet missile
Revi — Reflexvisier	reflecting gunsight
Lotfe — Lotfernrohr, Bombenvisier	bombsight
ETC — äußeres Bombengehänge	external bomb rack
Lastenraum (bei Kampfflugzeugen)	bomb-bay
R-Gerät, Startrakete	RATO, generally ATO
Minensuchgerät	mine-detector
Ballonseil-Abschneidegerät	balloon-cable-cutter
Kuto-Nase	balloon-cable-cutter in leadingedge of wing
MW und GM-Geräte	fuel injection-device for engine
DL — Drehlafette	rotating gun-mount
FDL — Ferngesteuerte Drehlafette	electrically operated rotating gunmount

Aquivalents of German Measures

Zentimeter	Inches	Meter	feet
1	0,394	1	3,281
2	0,787	2	6,562
3	1,181	3	9,843
4	1,575	4	13,123
5	1,969	5	16,404
6	2,362	6	19,685
7	2,756	7	22,966
8	3,150	8	26,247
9	3,543	9	29,528
10	3,937	10	32,808
20	7,874	20	65,617
30	11,811	30	98,425
40	15,748	40	131,233
50	19,685	50	164,042
60	23,622	60	196,850
70	27,559	70	229,658
80	31,496	80	262,467
90	35,433	90	295, 275

Quadratmeter (m²)	Square feet	Kilogramm (kg)	Pounds
1	10,76	1	2,205
2	21,53	2	4,410
3	32,29	3	6,615
4	43,06	4	8,820
5	53,82	5	11,025
6	64,58	6	13,230
7	75,35	7	15,435
8	86,11	8	17,640
9	96,88	9	19,845
10	107,64	10	22,050
20	215,28	20	44,100
30	322,92	30	66,150
40	430,56	40	88,200
50	538,20	50	110,250
60	645,84	60	132,300
70	753,48	70	154,350
80	861,11	80	176,400
90	968,75	90	198,450

Kilometer (km)	Miles statute	Miles nautical
1	0,621	0,539
2	1,243	1,079
3	1,864	1,619
4	2,486	2,158
5	3,107	2,698
6	3,728	3,238
7	4,350	3,777
8	4,971	4,317
9	5,592	4,856
10	6,214	5,396
20	12,427	10,792
30	18,641	16,188
40	24,855	21,584
50	31,069	26,980
60	37,282	32,376
70	43,496	37,772
80	49,710	43,168
90	55,924	48,564

Liter (l)	US Gallons	Imp. Gallons
1	0,264	0,220
2	0,528	0,440
3	0,793	0,660
4	1,057	0,880
5	1,321	1,100
6	1,585	1,320
7	1,849	1,541
8	2,113	1,761
9	2,378	1,981
10	2,642	2,201
20	5,284	4,402
30	7,926	6,603
40	10,567	8,804
50	13,209	11,005
60	15,851	13,206
70	18,493	15,407
80	21,135	17,608
90	23,777	19,809

Übersetzungstafel/Translation table

Deutsch	English	Français	Español
Flügelspitze	wing tip	bout d'aile, extrémité d'aile	extremo del ala
Ölbehälter, Öltank, Schmierstoffbehälter	oil tank	réservoir d'huile	depósito de aceite
Brandschott	fire-proof bulkhead	cloison-pare-feu, paroi de protection contre l'incendie	tabique parafuego
Motor	engine, motor	moteur	motor

24

Deutsch	English	Français	Español
Triebwerksgerüst, Motorträger, Motorbock	engine mounting	bâti-moteur	bancada del motor
Auspuffstutzen Auspuffrohr	exhaust pipe	pipe-d'échappement	tubo de escape
Kühlstoffbehälter Glycolbehälter	glycol tank	réservoir de glycol	depósito de glicol
Propellerhaube	spinner	casserole	caperuza (de la hélice)
Flügelmittelstück	wing center-section	section centrale d'aile	sección central del ala
Flügelanschlüsse	wing junctions	attaches de l'aile	unión del ala
Nasenleiste, Stirnleiste, vordere Randleiste	leading edge	bord d'attaque, aretier	borde de ataque
Holm	spar	longeron	larguero
a) Hauptholm	main spar	longeron principal	larguero principal
b) Hinterholm	rear (back) spar	longeron arrière	larguero posterior
c) Kastenholm	box spar	longeron caisson	larguero en cajón
d) Röhrenholm	tubular spar	longeron tubulaire	larguero tubular
Rippe	rib	nervure	nervadura
a) Hauptrippe	main rib	nervure principale	nervadura principal
b) Hilfsrippe	false rib, form rib stiffening rib	fausse nervure nervure auxiliaire	nervadura auxiliar
Torsionsnase, drehsteife Flügelnase	leading edge stiff against torsion	bord d'attaque résistant à la torsion	borde de ataque resistente a la torsión
Ölfederstrebe	oleo-leg	jambe oléo-ressort	montante amortiguador de aceite
Einziehfahrgestell, Verschwindfahrwerk	retractable undercarriage	train d'atterrissage escamotable (relevable)	tren de aterrizaje replegable
Fahrgestelleinziehschacht	undercart housing	alvéole du train rentrant	compartimiento de repliegue del tren
Verriegelung	locking device	verrouillage	enclavamiento
Landescheinwerfer	landing light	phare d'atterrissage	faro de aterrizaje
Positionslichter	wing lights, position lights	feux de position	luces de posición
Landeklappe	landing flap	volet d'atterrissage	alerón de aterrizaje
Landeklappenbetätigung	flap control	commande des ailerons	mando de los alerones
Steuerknüppel(-rad)	control-stick, control-column, joy-stick (steering wheel, control wheel)	manche à balai, levier de commande (volant de commande) manche de commande	palanca de mando (volante de mando)
Rumpfspant	former, frame	cloison, couple	armazón
Längsprofile	longitudinal stringers	lisses longitudinales	perfil longitudinal
Stoßstange (für Leitwerk)	operating rod, push rod	poussoir de commande, tige de commande	palanca intermedia
Rumpfgerüst (Spanten und Längsprofile)	fuselage frame	charpente de fuselage	armazón del fuselaje
Sanitätskasten	first-aid box, medical box	boîte médicale de secours	botiquín
Anschlußpunkte (für Motoren)	points of attachment	points d'attache	puntos de unión
Radgabel, Sporngabel	wheel fork	fourche de roue	horquilla de la rueda
Gewichtsausgleich Ausgleichsgewicht Trimmgewicht	mass balance, counterweight	compensation par contrepoids	compensación por pesos
Funkgerät	wireless apparatus W/T set	appareil radiotélégraphique, appareil de TSF	aparato radiotelegráfico
Höhenflosse	tail plane, stabilizer, horizontal fin	plan stabilisateur, plan fixe horizontal	plano fijo de cola
Seitenflosse	vertical fin	dérive, plan fixe vertical	plano de deriva
Hilfsruder Trimmklappe	trim tab, trim flap	volet de centrage	aleta de centraje
Kraftstofftank	fuel tank	réservoir à carburant	depósito de carburante

Deutsch	English	Français	Español
Gerätetafel, Instrumentenbrett	instrument board (panel) dash board	tableau de bord, planche de bord, planchette d'instruments	tablero de instrumentos
Öldruckmesser	oil pressure gauge, oil gauge	indicateur de pression d'huile, manomètre d'huile	indicador de la presión de aceite
Kraftstoffdruckmesser	fuel pressure gauge	indicateur de presoin de carburant	indicador de la presión del carburante
Ölthermometer	oil thermometer, oil temperature gauge	thermomètre d'huile	termómetro de aceite
Kraftstoffvorratsmesser	fuel contents gauge	jaugeur de carburant	indicador del carburante
Kühlertemperaturmesser	radiator temperature gauge	thermomètre de radiateur	termómetro del radiador
Seitensteuerfußhebel	rudder bar	palonnier	pedales del timón de dirección
Kompaß a) Nahkompaß b) Fernkompaß	compass direct reading compass remote compass, telecompass	compas compas à lecture directe télé-compas	compás, brújula brújula de lectura directa brújula a distancia
Hydraulische Pumpe	hydraulic pump	pompe hydraulique	bomba hidráulica
Klappenbetätigung	flap control	commande des ailerons	mando de los alerones
Fahrgestellbetätigung	undercarriage control	commande de train l'atterrissage	mando del tren aterrizaje
Trimmung	trim compensation	centrage	centraje
Gashebel	throttle lever	manette de gaz	palanca des gases
Gemischregelung	mixture control	réglage du mélange	control de la mezcla
Bremshebel	brake lever	levier de frein	palanca de freno
Fahrgestellanzeiger	undercarriage position indicator	indicateur de la position du train	indicador de la posición del tren
Navigationsinstrumente	navigation instruments	instruments de navigation	instrumentos de navegación
Sprachrohr	speaking tube	tuyau acoustique	tubo acústico
Kabinendach	cabin roof	toit de la cabine	techo de la cabina
Windschutzscheibe	wind-screen, windshield	pare-brise	parabrisas
Fahrtmesser	airspeed indicator A.S.I.	indicateur de vitesse, anémomètre	indicador de la velocidad, anemómetro
Künstlicher Horizont	artificial horizon	horizon artificiel	horizonte artificial
Steiggeschwindigkeitsmesser	Rate-of-climb indicator, climb indicator, climbing speed indicator	indicateur de vitesse ascensionelle, variomètre	indicador de la velocidad de subida
Höhenmesser a) Grobhöhenmesser b) Feinhöhenmesser	altimeter sensitive altimeter, precision altimeter	altimètre altimètre ordinaire, altimètre de service courant altimètre sensible, altimètre de précision	altímetro altímetro normal altímetro de precisión
Kurskreisel	direction gyro, directional gyro	gyroscope de direction	giroscopio de la dirección, girodirección
Wendezeiger	turn indicator	indicateur de virage	indicador de viraje
Drehzahlmesser Ferndrehzahlmesser	revolution counter, revolution indicator, tachometer, R.p.m. indicator distance revolution counter	compte-tours, tachymètre tachymètre à distance	cuentarrevoluciones cuentarrevoluciones de mando a distancia
Ladedruckmesser	boost gauge, boost pressure gauge	manomètre de suralimention	manómetro de sobrealimaciñón
Propellernabe	airscrew boss	moyeu d'hélice	ojiva de la hélice
Rollenlager	roller bearing	roulement à galet	cojinete de rodillos

Deutsch	English	Français	Español
Kurbelwelle	crankshaft	vilebrequin	cigüeñal
Triebwerksgerüst	engine mounting	bâti-moteur	bancada del motor
Ölsumpf	sump	cuvette d'huile	colector de aceite
Pleuel	connecting rod	bielle	biela
Hauptlager	main hearing	coussinet principal	cojinete principal
Ansaugrohr	suction pipe, induction pipe	pipe d'admission	tubo de admisión
Ölleitung	oil feeder line	canalisation d'huile	tubería de aceite
Zündkerze	spark plug	bougie d'allumage	bujía de encendido
Ölfilter	oil filter	filtre d'huile	filtro de aceite
Magnet	magneto	magnéto	imán
Kühlmittelleitung	coolant supply	canalisation d'agent de refroidissement	canalización del líquido refrigerante
Brennstoffpumpe	fuel pump	pompe à carburant	bomba del combustible
Vergaser	carburettor, carburetor (Am.)	carburateur	carburador
Kompressorantrieb	supercharger drive	commande du compresseur	accionamiento del compresor
Ladedruckregler	boost pressure control, boost control	régulateur de suralimentation	regulador de sobre-alimentación
Druckluftverteiler, Luftkompressor	air compressor	compresseur d'air	compresor de aire
Nockenwelle	camshaft	arbre à came	árbol de levas
Zylinderbolzen	cylinder bolt	boulon de cylindre	pasador del cilindro
Zylinder	cylinder	cylindre	cilindro
Kolbenbolzen	piston pin	axe de piston	eje del émbolo
Kompressionsring	compressing ring	segment d'étanchéité	segmento de compresión
Ventil	valve	soupape	válvula
a) Einlaßventil	intake valve	soupape d'admission	válvula de admisión
b) Auslaßventil	exhaust valve	soupape d'échappement	válvula de escape
Wassermantel	water jacket	chemise d'eau	camisa de agua
Kolben	piston	piston	émbolo, pistón
Zylinderkopf	cylinder head	culasse, tête de cylindre	culata
Luftschraubenantrieb	airsrew drive	entrainement d'hélice	accionamiento de la hélice
Kugellager	ball bearing	roulement à billes	cojinete de bolas

Umrechnungsfaktoren von Einheiten des SI-Systems

Umrechnung einiger älterer d. h. außer Kraft gesetzter
Einheiten in Einheiten des SI-Systems

Techn. Atmosphäre	at ata atü	1 at = 0,980 bar	Kilokalorie	kcal	1 kcal = 4,187 kJ
			Kilopond	kp	1 kp = 9,806 N = 0,0098 kN
Kilogramm (Kraft)	kg	1 kg = 9,806 N = 0,0098 kN	Pferdestärken	PS	1 PS = 735,5 W = 0,736 kW

Quellennachweis

Aders, Gebhard: Geschichte der deutschen Nachtjagd. Motorbuch Verlag Stuttgart. 1977

Bongartz, Heinz: Luftmacht Deutschland. Essener Verlagsanstalt. 1939

Brock, Rudolf: Taschenbuch der Flugkörper-Raketen-Satelliten. J. F. Lehmannsverlag München. 1964

Cooper, H. J./Thetford, O. G.: Aircraft of the fighting powers, Vol. I – VIII. Harborough Publications, Leicester. 1940 – 1946

Einzelberichte der Air Documents Division T-2, AMC, Wright Field USA. 1945 – 1946

Gersdorff, Kyrill von/Grasmann, Kurt: Flugmotoren und Strahltriebwerke. 2. Aufl. Bernard & Graefe Verlag. Koblenz. 1984

Gersdorff, Kyrill von/Knobling, Kurt: Hubschrauber und Tragschrauber. 2. Aufl. Bernard & Graefe Verlag. Koblenz. 1985

Hahn, Fritz: Deutsche Geheimwaffen 1939 – 1945. Hoffmann. Mainz. 1963

Jane's All the World's Aircraft 1946. Sampson Low, Marston & Co. London

Jane's All the World's Aircraft 1947. Sampson Low. Marston & Co. London

Kens, K. H./Nowarra, H. J.: Die deutschen Flugzeuge 1933 – 1945. 5. Auflage. J. F. Lehmanns Verlag. München. 1977

Köhler, H. Dieter: Ernst Heinkel – Pionier der Schnellflugzeuge. Bernard & Graefe Verlag. München. Koblenz. 1983

Kosin, Rüdiger: Die Entwicklung der deutschen Jagdflugzeuge. Bernard & Graefe Verlag. Koblenz. 1983

Lange, Bruno: Buch der deutschen Flugtechnik. Hoffmann, Mainz. 1970

Lange, Bruno: Typenhandbuch der deutschen Luftfahrttechnik. Bernard & Graefe Verlag. Koblenz. 1985

Lauck, Friedrich: Der Lufttorpedo. Technik und Entwicklung in Deutschland 1915 – 1945. Bernard & Graefe Verlag. München. 1981

Nowarra, H. J.: The Messerschmitt 109, a famous german fighter. Harleyford, Letchworth. 1963

Nowarra, H. J.: The Focke-Wulf 190, a famous german Fighter. Harleyford, Letchworth. 1965

Nowarra, H. J.: Heinkel und seine Flugzeuge. J. F. Lehmanns Verlag. München. 1975

Nowarra, H. J.: Die Ju 88 und ihre Folgemuster. Motorbuch Verlag. Stuttgart. 1978

Nowarra, H. J.: Die 109, Gesamtentwicklung eines legendären Flugzeugs. Motorbuch Verlag. Stuttgart. 1979

Nowarra, H. J.: Die He 111. Vom Verkehrsflugzeug zum Bomber. Motorbuch Verlag. Stuttgart. 1979

Nowarra, H. J.: Nahaufklärer. Motorbuch Verlag. Stuttgart. 1981

Nowarra, H. J.: Die verbotenen Flugzeuge. Motorbuch Verlag Stuttgart. 1980

Nowarra, H. J.: Fernaufklärer. Motorbuch Verlag. Stuttgart. 1982

Nowarra, H. J.: Gezielter Sturz. Geschichte der Sturzkampfbomber. Motorbuch Verlag. Stuttgart. 1982

Nowarra, H. J.: Deutsche Lastensegler. Podzun Verlag. Friedberg. 1978

Nowarra, H. J.: Fw 200 Condor. Podzun Verlag. Friedberg. 1978

Nowarra, H. J.: Bv 138, der fliegende Holzschuh. Podzun Verlag. Friedberg. 1979

Nowarra, H. J.: Fieseler Fi 156 »Storch«. Podzun Verlag. Friedberg. 1979

Nowarra, H. J.: Die ersten Strahlbomber der Welt. Podzun Verlag. Friedberg. 1980

Nowarra, H. J.: Die deutschen Hubschrauber. Podzun Verlag. Friedberg. 1980

Nowarra, H. J.: Luftgiganten über See (Bv 222, 238). Podzun Verlag. Friedberg. 1980

Nowarra, H. J.: Heinkel 219 Uhu. Podzun Verlag. Friedberg. 1982

Nowarra, H. J.: Die großen Dessauer (Ju 90-290). Podzun Verlag. Friedberg. 1983

Nowarra, H. J.: Der »Volksjäger« He 162. Podzun Verlag. Friedberg. 1984

Originalunterlagen der Firmen Heinkel, Dornier und VFW

Pabst, Otto E.: Kurzstarter und Senkrechtstarter. Bernard & Graefe Verlag. Koblenz. 1984

Polmar, N./Kennedy, F. D.: Military helicopters of the world. Arms and Armour Press. London. 1981

Schliephake, Manfred: Flugzeugbewaffnung. Motorbuch Verlag. Stuttgart. 1977

Schneider, Helmut: Flugzeugtypenbuch. 5. Aufl. Beyer. Leipzig. 1944

Schriftenreihe der Deutschen Akademie der Luftfahrtforschung 1940/41

Smith, J. R. Creek, Eddie: Jetplanes of the Third Reich. Monogram. USA. 1982

Trenkle, Fritz: Bordfunkgeräte – Vom Funkensender zum Bordradar. Bernard & Graefe Verlag. Koblenz. 1985

Trenkle, Fritz: Die deutschen Funkpeil- und Horchverfahren bis 1945. AEG-Telefunken. 1982

Turner, J./Nowarra, H. J.: Junkers. Ian Allan. London. 1971

USAF-A-I-2(G) Report No. 2383. January 1946

Veröffentlichungen der Zentrale für wissenschaftliches Berichtswesen der Luftfahrtforschung des Generalluftzeugmeisters 1936 – 1943

Veröffentlichungen in der internationalen Luftfahrtpresse

Wagner, Ray/Nowarra, H. J.: German Combat Planes. Doubleday. New York. 1971

Wagner, Wolfgang: Kurt Tank – Konstrukteur und Testpilot bei Focke-Wulf. Bernard & Graefe Verlag. München. 1980

Flugzeugtypen AEG – Dornier

AEG

Allgemeine Elektrizitätsgesellschaft

Die AEG hatte bereits 1912 mit dem Bau von Flugzeugen auf dem früheren Flugplatz Teltow bei Berlin begonnen. 1913 führte sie erstmals für Deutschland die Metallbauweise ein. Sie verwendete bei ihren Flugzeugen für das Rumpfgerüst nahtlos gezogene Rohre, die verschweißt wurden. Später wurden auch Flügelholme nach diesem System gebaut. Eine weitere Pionierleistung des AEG-Flugzeugbaues war die Einführung klappbarer Flügel. Während des Ersten Weltkrieges wurden die Fertigungsstätten nach Berlin-Henningsdorf verlegt, wo eine eigene Startbahn von drei Kilometer Länge geschaffen wurde. Gegen Ende des Krieges schließlich siedelte das Werk nach Johannisthal über. Als Kriegsmaschinen sind einige Großbomber besonders bekannt geworden, so der AEG G. IV. 1919 mußte die AEG durch die Maßnahmen des Feindbundes den Flugzeugbau schließen, die Belegschaft wurde größtenteils von der zum Werk gehörenden Lokomotivabteilung übernommen. Ein neuer Flugzeugbau wurde jedoch nicht vor 1933 aufgenommen, als ein

elektrischer Hubschrauber entwickelt wurde. Neben diesen reinen Entwicklungsarbeiten, die in Berlin stattfanden, besaß die AEG in Wildau bei Königswusterhausen eine leistungsfähige Werkanlage, in der unter anderem Leitwerke für Ju 88, 188 und 388 hergestellt und repariert wurden.

AEG-Hubschrauber

1933 entstand nach den Plänen von R. Schmidt ein Hubschrauber, der als gefesselte Beobachtungsplattform gedacht war. Er besaß zwei koaxiale Rotoren mit verschiedenen Durchmessern, von denen der obere mit 7,93 m Durchmesser der größere war. Der Antrieb erfolgte durch einen 50-PS-Elektromotor. Die Versuche zogen sich bis 1936 hin, wurden dann jedoch abgebrochen, weil das Aggregat zu schlechte Stabilitätseigenschaften zeigte. 1940 begannen neue Versuche. Diesmal besaßen beide Rotoren 7,93 m Durchmesser bei einer Motorleistung von 50 PS. Die Leistung des Elektromotors wurde später auf 100 PS bei 310 Rotorumdrehungen je Minute und zuletzt bis auf 200 PS bei 450 min^{-1} gesteigert. Dadurch konnte die ursprüngliche Hubkraft von 450 kg auf 1250 kg erhöht werden. Der

1. AEG-
Versuchs-Hubschrauber

Hubschrauber wurde auf einem Lastkraftwagen transportiert, der auch das Fesselgeschirr und die Elektroanlage (2000 Volt Spannung für den Hubschraubermotor) trug. Zum praktischen Einsatz ist der AEG-Hubschrauber nicht gekommen.

AGO

AGO (Aktien Gesellschaft Otto) Flugzeugwerke GmbH., Oscherslebe Bode

Gustav Otto, der Sohn des Schöpfers des Viertaktmotors Dr. Nicolaus Otto, erwarb 1909 drei Bleriot-Eindecker, übernahm den Alleinverkauf für Bleriot-Apparate in Deutschland und die Vertretung der Mülhausener Aviatikwerke. Noch im gleichen Jahr ging er mit Dr. Alberti an die Ausführung eigener Konstruktionsgedanken heran. Da ihm die Anzani-Motoren der Bleriot-Flugzeuge zu unzuverlässig und schwach erschienen, konstruierte er wassergekühlte Motoren von 50, 100, und 160 PS, die von ihm AGO genannt wurden*. Im Jahre 1916 gründete Otto zusammen mit Josef Schrittisser eine neue Gesellschaft in Oschersleben, die sich auf den Bau von Flugzeugteilen beschränkte und nach dem Kriege auf den Automobilbau umgestellt wurde. Otto schied jedoch aus dem Werk aus und richtete sich am Starnberger See eine Versuchswerft ein, die ihm bis zu seinem Tode 1926 unterstand. Die von ihm gegründeten AGO-Werke in Oschersleben wurden ein Opfer der Wirtschaftskrise. 1934 wurde das Werk für die Flugzeugfertigung wieder in Betrieb genommen und Betriebsleiter Ing. Johann Müller unterstellt. Zuerst wurden Heinkel-Gemischtbauflugzeuge in Lizenz gefertigt, später bis zum Kriegsende Fw 190 im Serienbau hergestellt. Im Frühjahr 1936 wurde mit der Einrichtung einer eigenen Entwicklungsabteilung begonnen. Hier entstand das Reiseflugzeug AGO 192 »Kurier«.

AGO Ao 192 »Kurier«

Die Ao 192 wurde als Gegenstück zu der zur gleichen Zeit entstandenen Fh 104 der Siebel Flugzeugwerke entworfen. Sie war ein zweimotoriges Reiseflugzeug für sechs Passagiere. Zwei Versionen wurden gebaut, die Ao 192 A und

---

* Bekannt wurde der Name AGO aber erst durch das in Berlin-Johannisthal gegründete Lizenzwerk zum Bau von Otto-Flugzeugen. Chefkonstrukteur und Chefpilot war der bekannte Vorkriegsflieger Gabriel Letsch. Der große Wurf der AGO-Werke wurde das erste deutsche bewaffnete, sogenannte C-Flugzeug AGO CI, ein Doppelrumpf-Doppeldecker, der sich auf Grund seiner vorzüglichen Flugeigenschaften größter Beliebtheit erfreute. Die Münchener Otto-Werke gingen 1916 in Liquidation und wurden von den Bayerischen Flugzeugwerken (nicht identisch mit BFW-Augsburg) übernommen.

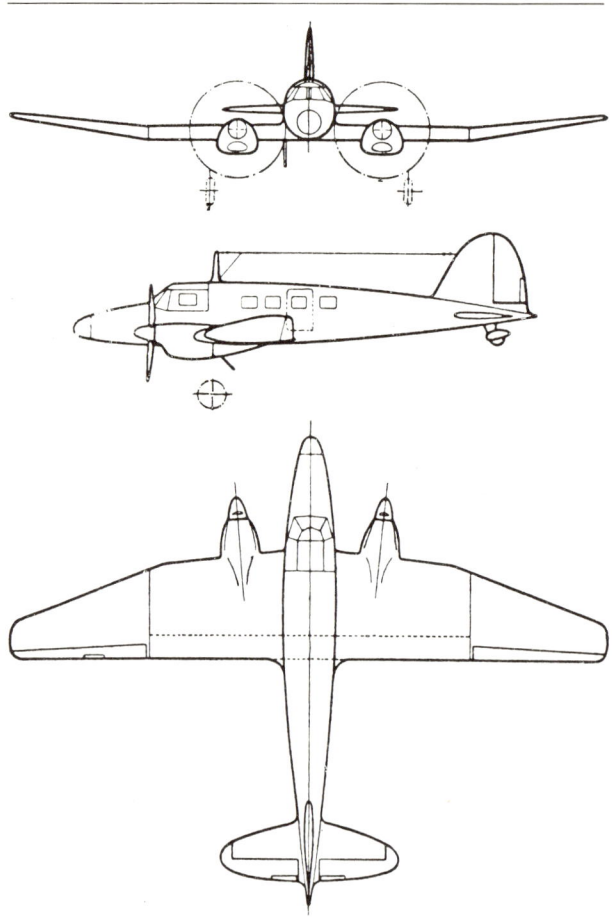

1. AGO Ao 192

Ao 192 B. Sie unterschieden sich nur durch konstruktive Details, besonders im Fahrwerk. Die Mustermaschinen beider Baureihen besaßen ein normales Leitwerk mit ovalen Flächen, von denen das Höhenleitwerk hoch an der Seitenflosse angelenkt und zum Rumpf durch I-Stiele abgefangen war. Für den Serienbau wurde das Höhenleitwerk tiefer gelegt, freitragend ausgeführt und aus fertigungstechnischen Gründen mit geraden Kanten versehen. Da jedoch das Werk zu sehr im Lizenzbau eingespannt war, wurde von der Erstellung einer größeren Serie Abstand genommen.

Ao 192 A
Typ: Zweimotoriges Reise- und Kurierflugzeug.
Flügel: Freitragender Tiefdecker, Flügel dreiteilig in Ganzmetall. Mittelteil mit durchlaufenden Spreiz-Klappen als Landehilfe, Außenteile mit durchgehenden Querrudern.
Rumpf: Ganzmetall-Schalenrumpf mit ovalem Querschnitt.
Leitwerk: Freitragend, normal. Aufbau aus Metall, Flossen blech-

2. Reiseflugzeug AGO
Ao 192 V 1

beplankt, Ruder stoffbespannt. Höhenruder gewichtlich und aerodynamisch ausgeglichen, Seitenruder nur gewichtlich. Sämtliche Ruder mit Trimmklappen.
Fahrwerk: Zwei Argus As 10 E luftgekühlte Achtzylinder-A-Motore mit 2 × 270 PS Startleitung. Zweiflügelige Holz-Verstell-Luftschrauben von 2,30 m Durchmesser. Treibstoffkapazität 410 Liter, Schmierstoff 38 Liter.
Besatzung: 2 Mann und 6 Passagiere in Kabine hinter dem Führersitz mit 4 Fenstern auf jeder Seite. Einsteigetür auf der rechten Rumpfseite.

Ao 192 B

Diese Version unterschied sich von der A durch einen etwas kürzeren Rumpf, der vorne mehr gerundet war. Die Hauptunterscheidungsmöglichkeit bestand jedoch im Fahrwerk. . Das Fahrgestell der Ao 192 B war vollkommen einziehbar, denn auch das Spornrad konnte nach hinten in den Rumpf eingefahren werden. Die Haupträder waren unter den Motorengondeln angelenkt und wurden nach hinten in die Gondeln eingefahren, die entsprechend geräumiger gehalten wurden. Ebenso besaß die Kabine an jeder Seite nur drei Fenster. Ansonsten entsprach die B-Ausführung vollkommen der Ao 192 A.

Ao 225

Über diesen Entwurf konnten nur folgende Einzelheiten ermittelt werden: Es ist heute nicht mehr festzustellen, aus welchen Gründen nicht wenigstens ein Versuchsmuster dieses vielversprechenden schweren Jägers im Wettbewerb gegen Fw 57 und Me 110 erstellt wurde. Es handelte sich um einen zweimotorigen Tiefdecker mit Jumo 210-Triebwerken. Die starre Bewaffnung sollte aus 4 MG/FF bestehen.

Akaflieg Darmstadt

Akademische Fliegergruppe
an der Technischen Hochschule Darmstadt

Die Akaflieg Darmstadt, die nach ihrer Gründung 1921 zum Schrittmacher der damaligen Segelflugzeugentwicklung wurde, nahm 1929 auch die Konstruktion von Versuchs-Motorflugzeugen mit dem freitragenden Doppeldecker D 18 auf. Als Weiterentwicklung erschien 1931 die *Darmstadt D 22.* Drei Maschinen dieses Musters gingen im Juli 1931 in die Fertigung. Die erste war für Versuchszwecke in England bestimmt, ging aber im Januar 1932 restlos zu Bruch. Die zweite erhielt das Reichsverkehrsministerium, und die dritte verblieb für Untersuchungen in der Gruppe, diente aber später dem Sportflugbetrieb bei der Akaflieg. Das Muster war als freitragender Doppeldecker mit großer Staffelung sehr interessant.

Typ: Einmotoriges Sportflugzeug.
Flügel: Freitragender Doppeldecker mit großer Staffelung. Beide Flächen einteilig durchlaufend. Oberflügel auf Stahlrohrbock. Querruder nur im Unterflügel. Aufbau in einholmiger Holzbauweise mit verdrehsteifer Sperrholznase und Stoffbespannung hinter dem Holm.
Rumpf: Ganzholz-Schalenrumpf mit ovalem Querschnitt und vier Längsgurten.
Leitwerk: Abgestrebtes Normalleitwerk. Während des Fluges verstellbare Höhenflosse, durch I-Stiele zum Rumpf hin abgestrebt. Flossen in einholmiger Ganzholzbauweise, Ruder als Holzgerüst mit Stoffbespannung.
Fahrwerk: Starres Normalfahrgestell. Achslose Haupträder, je an einem Druckgummifederbein sitzend, welches am oberen Rumpf-

4. Versuchsflugzeug ▷
Darmstadt D 29 b

3. Sportflugzeug Darmstadt
D 22

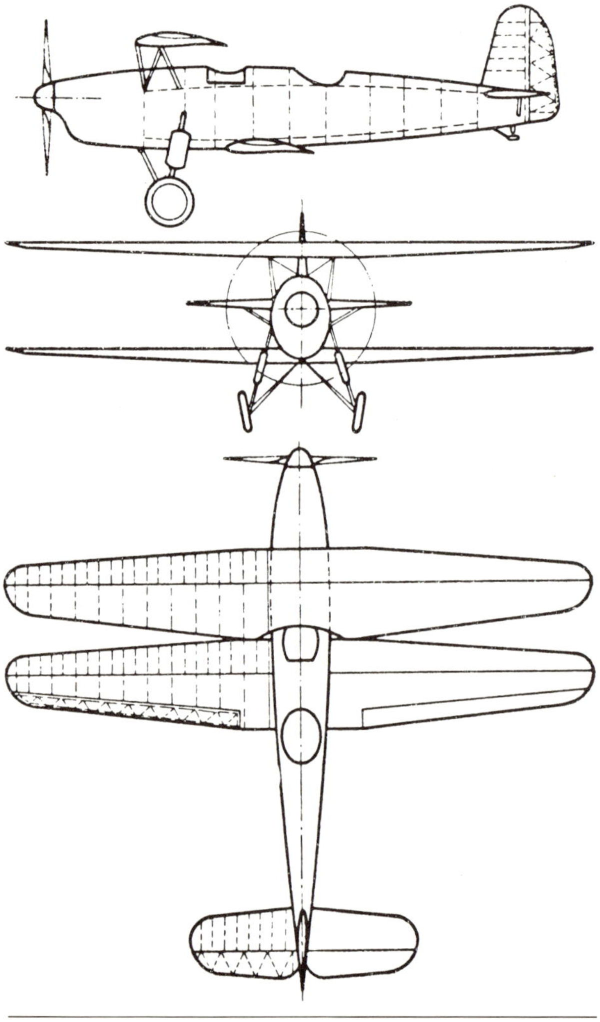

2. Darmstadt D 22

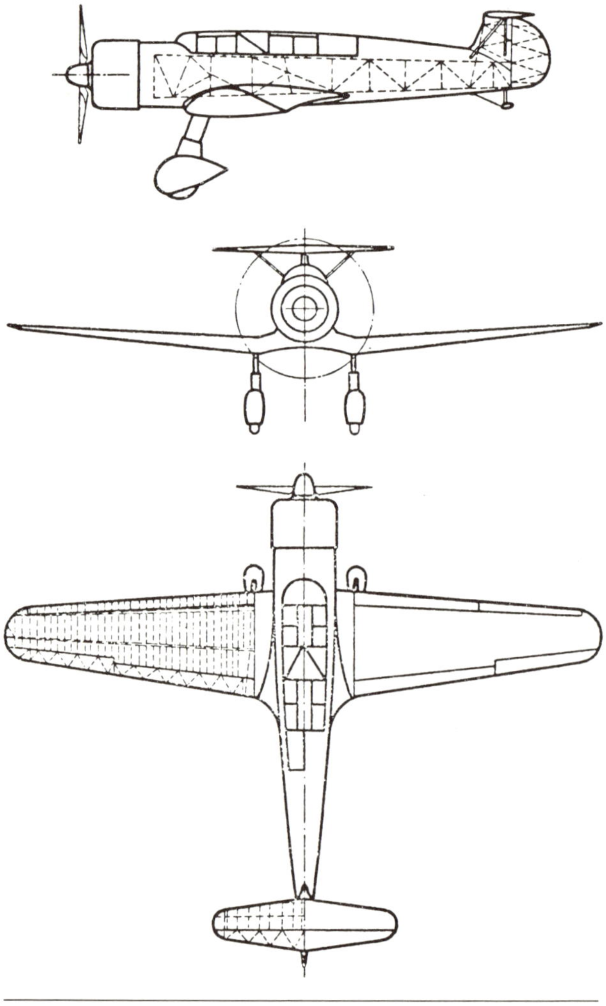

3. Darmstadt D 29 b

34

gurt angelenkt ist. Je zwei Hilfsstreben zu den Rumpfuntergurten. Haupträder bremsbar. Schleifsporn.

Triebwerk: Ein Argus As 8 R luftgekühlter hängender Vierzylinder-Reihenmotor mit 1 × 150 PS Startleistung. Starre Zweiblatt-Luftschraube aus Holz mit 1,90 m Durchmesser, Kraftstoffkapazität 140 Liter, Schmierstoff 14 Liter.

Besatzung: 2 Mann hintereinander in offenen Sitzen.

In der *Darmstadt D 29 b* (D-EILE) entstand noch ein reines Forschungsflugzeug zur Untersuchung einer neuartigen Motorhaube, des Lachmann-Schlitzflügels, der Spaltquerruder, des Einbeinfahrwerks und des hochgelegten Höhenleitwerkes.

Typ: Einmotoriges Versuchsflugzeug.

Flügel: Freitragender Tiefdecker. Zweiteiliger zweiholmiger Holzflügel mit Sperrholzbeplankung. Jede Flügelhälfte mit zweiteiligem Vorflügel und Landeklappe zwischen Querruder und Rumpf.

Rumpf: Aufbau als geschweißtes Stahlrohrgerüst mit Holz-Formgerüst und Stoffbespannung.

Leitwerk: Abgestrebtes Normalleitwerk. Höhenleitwerk T-förmig auf der Seitenflosse aufliegend und an jeder Seite durch eine V-Strebe zum Rumpfobergurt abgefangen. Seitenflosse starr im Stahlrohr-Fachverband des Rumpfes, mit Sperrholz beplankt. Alle anderen Flächen als Holzgerüste mit sperrholzbeplankter Höhenflosse und stoffbespannten Rudern.

Fahrwerk: Starres Normalfahrgestell. Hydraulisch bremsbare Haupträder an freitragenden Einbeinen, stromlinienförmig verkleidet. Gefederter Spornschuh.

Triebwerk: Ein BMW-Bramo Sh 14 A luftgekühlter Siebenzylinder-Sternmotor mit 1 × 160 PS Leistung. Neuartige widerstandsarme Verkleidung. Zweiblatt-Einstelluftschraube aus Dural mit 2,20 m

Durchmesser. Kraftstoffkapazität 120 Liter, Schmierstoff 12 Liter.

Besatzung: 2 Mann hintereinander unter langgezogener Abdeckhaube.

Akaflieg München

Akademische Fliegergruppe an der Technischen Hochschule München

Die Akaflieg München kam 1927 mit ihrem Segelflugzeug, dem »Münchner Kindl«, an die Öffentlichkeit. Nach dem fünften Muster wurde unter der konstruktiven Leitung von Egon Scheibe ein einsitziges Kleinmotorflugzeug entwickelt. Diese *München Mü 8* verließ im Dezember 1933 die Werkstätten der Akaflieg.

Typ: Einmotoriges Sportflugzeug.

Flügel: Verspannter Tiefdecker. Zweiteiliger zweiholmiger Holzflügel mit sperrholzbeplankter Nase, sonst stoffbespannt. Stoffbespannte Stahlrohr-Querruder über die ganze Spannweite eines jeden Halbflügels reichend.

Rumpf: Geschweißtes Stahlrohrgerüst mit Stoffbespannung.

Leitwerk: Freitragendes Normalleitwerk aus Stahlrohr, stoffbespannt.

Fahrwerk: Starres Normalfahrgestell. Haupträder mit durchlaufender Achse an V-Streben, zum Flügel verspannt.

Triebwerk: Ein DKW flüssigkeitsgekühlter Zweizylinder-Zweitaktmotor mit 1 × 18 PS Startleistung. Starre Zweiblatt-Luftschraube aus Holz. Kraftstoffkapazität 32 Liter in einem Rumpftank hinter dem Brandschott.

Besatzung: 1 Pilot in offenem Sitz.

Albatros

Albatros Flugzeugwerke GmbH, Berlin-Johannisthal

Die Albatros-Werke wurden am 29. Dezember 1909 von Dr. Walther Huth zusammen mit dem Ingenieur Wiener gegründet. Dr. Huth hatte im gleichen Jahr einen französischen Antoinette-Eindecker und einen Farman-Doppeldecker gekauft und die Nachbaurechte für die Albatros-Werke erworben. 1912 folgte die erste Eigenkonstruktion, der sich bis 1931 über hundert weitere anschlossen. Nach 1919 schied der erfolgreiche Chefkonstrukteur von Albatros, Robert Thelen, aus dem Werk. Unter seinem Nachfolger Schubert wurden die ersten Militärflugzeuge nach 1919 in der Firma gebaut. Diese gingen zum Teil direkt an die Rote Luftflotte, z. T. aber auch an die geheimen Ausbildungsplätze der Reichswehr in der UdSSR. Es handelte sich bei diesen Maschinen hauptsächlich um die Aufklärungsdoppeldecker L 65, L 76 und L 78. Da auf Grund nicht befriedigender Ausführung der Aufträge keine weiteren mehr erteilt wurden, die Entwürfe für Sport- und Verkehrsflugzeuge auch keinen Anklang fanden, war eine Liquidation nicht mehr zu umgehen. Focke-Wulf übernahm die Werkanlagen als Reparaturwerk. Dazu wurden noch einige fertige Muster aus der Albatros-Kollektion gleichfalls werkstattmäßig fortgeführt und teilweise sogar anfangs weitergebaut, so die L 75, die L 82 und die L 101. Die L 102 und die flügelgesteuerte L 103 befanden sich bei der Liquidation noch in der Erprobung, die bei Focke-Wulf abgeschlossen wurde. Da die Deutsche Verkehrsfliegerschule sowohl von der L 101 als auch von der L 102 eine kleinere Serie bestellte, wurden die Nummern in der RLM-Liste nicht neu belegt.

Albatros Al 101

Zweisitziges Sport- und Übungsflugzeug. Abgestrebter Hochdecker in Gemischtbauweise. Der Antrieb erfolgte durch einen 1 × 100 PS Argus As 8a. Die beiden offenen Sitze lagen hintereinander. Die Konstruktion stammte aus dem Jahre 1930.

Albatros Al 102

Dieses 1931 konstruierte Muster wurde in zwei Versionen gebaut; als *Al 102 L* mit Fahrwerk, als *Al 102 W* mit zwei Schwimmern. Bei diesem Modell handelte es sich ebenfalls um einen abgestrebten Hochdecker mit zwei hintereinanderliegenden Sitzen in Gemischtbauweise. Die Schwimmerversion besaß zusätzlich einen kleinen Unterflügel. Antrieb durch 1 × 240 PS Argus As 10 C.

Albatros Al 103

1932 entstand durch Änderungen an der Al 102 noch der Hochdecker Al 103, bei dem Bauteile seines Vorgängers verwendet wurden. Auch das Triebwerk Argus As 10c wurde beibehalten. Über Abmessungen, Leistungen und weiteres Schicksal der einzigen gebauten Al 103 D-2360 konnte nichts ermittelt werden.

5. Schul- und Sportflugzeug Albatros L 101

6. Schul- und Sportflugzeug Albatros L 102 △   7. Schul- und Sportflugzeug Albatros L 103 ▽

Arado

Arado Flugzeugwerke GmbH, Babelsberg bei Berlin

Direktorium: Prof. Dipl.-Ing. W. Blume; Dipl.-Ing. R. Heinemann und F. Wagenführ;
Technische Leitung: Prof. Dipl.-Ing. W. Blume.
Werke: Brandenburg (Havel), Warnemünde, Anklam, Rathenow, Wittenberge, Neuendorf und Babelsberg. Unter Kontrolle: S.I.P.A. und Dewoitine.

1925 entstand aus der 1917 gegründeten Werft Warnemünde der Flugzeugbau Friedrichshafen GmbH die Arado Handelsgesellschaft mbH. Das erste Muster, der Übungsdoppeldecker SI, folgte noch im gleichen Jahr. Ihm folgten eine Reihe weiterer Übungsflugzeuge, so die SC I (1926), SC II (1926), S III (1928) und der im gleichen Jahr erschienene Wasserflugzeugtrainer W 2. Ebenfalls 1928 erschien der erste Jagdeinsitzer SD I, dem 1929 SD II, SD III und das Wasserjagdflugzeug SSD I folgten. Auch ein Verkehrsflugzeug, die einmotorige V1, entstammt dieser Zeit. Mit ihm wurde der erste Postflug der Lufthansa nach Teneriffa durchgeführt. 1929 entstanden die Sportflugzeuge L 1 und L 2, erstere von Dipl.-Ing. Hoffmann konstruiert und für den Mecklenburgischen Aero-Club gebaut. Sie gab den Anstoß zur Konkurrenzentwicklung V 2 von Ing. Rethel, der bis zur Ar 66 sämtliche Konstruktionen für Arado durchführte. Rethel kam von Anthony Fokker in Schwerin. Seine bei Fokker gemachten Erfahrungen waren besonders den ersten Arado-Flugzeugen (SC I, SC II usw.) deutlich anzusehen, da er die Fokker-Schule bei keinem Flugzeug ganz verleugnen konnte. Dipl.-Ing. Walter Blume setzte in der Anfangszeit

seine erfolgreiche Reihe von Jagd- und Übungsflugzeugen fort. Sein Debut war die Verbesserung der Flugeigenschaften bei der Ar 66, seine Erstkonstruktion bei Arado die Ar 67, bei der erstmals auch das hervorstechende Merkmal seiner Flugzeuge, das trudelsichere Leitwerk (Höhenleitwerk hinter dem Seitenleitwerk) Anwendung fand.
Eine lange und erfolgreiche Reihe von Mustern entstand unter seiner Leitung, so die Ar 79, ein zweisitziges Reiseflugzeug modernster Konzeption, die Ar 96, das Standard-Übungsflugzeug der deutschen Luftwaffe, die Ar 196, das Standard-Bordflugzeug der deutschen Kriegsmarine, die Ar 234, der erste Düsenbomber der Welt und die Ar 240, der schnellste Kolbenmotorjäger seiner Zeit, um nur einige zu nennen. Walter Blume, der später seinen Professortitel erhielt, war im Ersten Weltkrieg Jagdflieger und wurde mit dem Pour le mérite ausgezeichnet. In den Nachkriegsjahren hatte er zusammen mit Hentzen als Student in Hannover verschiedene Sportflugzeuge, darunter auch die erste deutsche Konstruktion mit Einziehfahrwerk, gebaut.

Arado Ar 64

Die Jagdflugzeugentwicklung geht bei Arado auf die 1927 entstandene SD I zurück. Dieser einstielige Doppeldecker mit einem 450 PS-Bristol-Motor diente als Ausgangsmuster für den 1928 entstandenen SD II-Jagdeinsitzer, der bereits auffallende Ähnlichkeit mit der späteren Ar 64 besaß. In Gemischtbauweise erstellt, wurde die SD II von einem 530 PS Siemens »Jupiter« angetrieben. Zur Widerstandsverminderung waren die aus der Rumpfverschalung herausragenden luftgekühlten Zylinder des Sternmotors mit stromlinienför-

8. Jagdeinsitzer
Arado Ar 64

migen Ablaufblechen verkleidet. Diese Eigenart besaß auch der direkte Nachfolger der SD II, die SD III. Diese 1930 entstandene Maschine wurde ebenfalls mit einem Siemens »Jupiter« ausgerüstet, der 1 × 550 PS leistete. An Stelle der in der in der SD II verwendeten starren Dreiblatt-Holzluftschraube besaß die SD III jedoch eine starre Zweiblatt-Schraube. Die 1930 entstandene Arado 64 trug sämtliche Merkmale dieser Vorläufer, war also ebenfalls ein einsitziger Doppeldecker in Gemischtbauweise, mit einem Siemens »Jupiter« mit 1 × 530 PS ausgerüstet und mit den gleichen Ablaufblechen versehen, die der Motorenanordnung ihr charakteristisches Aussehen gab. Allerdings war man bei der Ar 64 in der aerodynamischen Durchbildung bereits einen Schritt weitergegangen, denn der Motor war so weit nach hinten gerückt, daß die vierflügelige Holzluftschraube auf einem Art Torpedokopf saß und mit einer strömungsgünstigen Luftschraubennabe versehen werden konnte. Der offene Führersitz war an den Seiten wesentlich höher gezogen, wodurch die Widerstandsverluste auch hier auf ein Minimum verringert werden konnten. Sodann besaß die Ar 64 ein gegenüber den Vorläufern in der Form verändertes abgestrebtes Leitwerk. Trotz der erzielten guten Leistungen wurden nur drei Mustermaschinen gebaut.

Arado Ar 65

Eine vergrößerte Abwandlung der Ar 64 wurde ebenfalls noch 1931 unter der Bezeichnung Ar 65 entwickelt. Sie glich als einsitziger Doppeldecker äußerlich der Ar 64, war jedoch mit einem BMW-Reihenmotor ausgerüstet. Sie wurde in den nur unwesentlich differierenden Versionen A – F bis 1935 in

einigen Stückzahlen gebaut. Bis in den Krieg hinein wurden einzelne Maschinen zur Jagdfliegerschulung benutzt.

Typ: Einmotoriges Jagdflugzeug.
Flügel: Einstieliger, gestaffelter Doppeldecker, N-Stiele. Flügelaufbau in zweiholmiger Holzbauweise mit Stoffbespannung. Querruder in Unter- und Oberflügel.
Rumpf: Aufbau aus geschweißten Stahlrohren mit Stoffbespannung.
Leitwerk: Normalleitwerk aus geschweißten Stahlrohren mit Stoffbespannung. Höhenleitwerk oberhalb der Rumpfoberseite liegend, abgestrebt und verspannt. Höhenruder mit Gewichtsausgleich.
Fahrwerk: Starres Normalfahrwerk. Haupträder an abgefederten Halbachsen mit V-Streben, Spornkufe.
Triebwerk: Ein BMW VI U flüssigkeitsgekühler Zwölfzylinder-V-Motor mit 1 × 600 PS Startleistung. Starre Zweiblatt-Holzluftschraube.
Besatzung: 1 Pilot in offenem Sitz.

Arado Ar 66

Das erfolgreiche Übungsflugzeug Ar 66 war die letzte Konstruktion von Ing. Rethel bei Arado. Der einstielige Doppeldecker entstand 1933. Charakteristisch für ihn wurde das stark gestaffelte Tragwerk, dessen sämtliche Flächen 8° Pfeilform aufwiesen, und das weit vor dem Seitenleitwerk liegende Höhenleitwerk. Bei der Übernahme der Konstruktionsobliegenheiten bei Arado durch Dipl.-Ing. Blume befand sich die Mustermaschine im Bau. Blume verbesserte die Grundversion durch geringe Abänderungen besonders flugeigenschaftsmäßig.

9. Jagdeinsitzer
Arado Ar 65 F

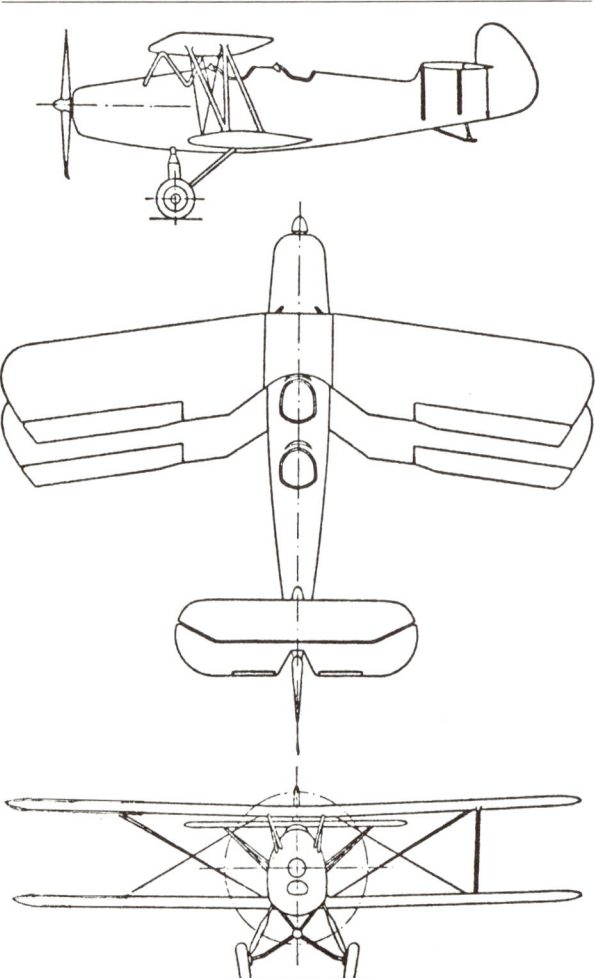

10. Schulflugzeug Arado Ar 66 C △
4. Arado Ar 66 ◁

Ar 66 a

Die erste Ausführung erhielt die Bezeichnung Ar 66a. Sie unterschied sich nur geringfügig von der späteren Serienversion Ar 66c. Sie besaß noch Hochdruckreifen großen Durchmessers, ein kleinflächiges Seitenruder und ein unausgeglichenes Höhenruder. Kleine Abweichungen betrafen noch die Ausschnitte der beiden hintereinanderliegenden Sitze. Sonst war diese Ausführung analog der Ar 66c.

Ar 66 b

Diese Version war die Wasser-Ausführung der Ar 66c. Konstruktive Änderungen wurden nicht vorgenommen, nur war das Fahrgestell durch ein Schwimmergestell aus Stahlrohr mit Kabelverspannung ersetzt, welches zwei Schwimmer in Holzkonstruktion trug. Etwa zehn Maschinen dieser Version wurden gebaut und zur Seeflugzeugführer-Schulung herangezogen.

Ar 66 c

Diese Version war die Serienausführung der Ar 66a mit geringfügig verändertem Leit- und Fahrwerk. Sie wurde ab 1933 in größeren Stückzahlen für die Pilotenausbildung bei der neuen Luftwaffe gefertigt.

Typ: Einmotoriges Übungsflugzeug und fortgeschrittenes Schulflugzeug.
Flügel: Einstieliger, verspannter Doppeldecker. Gestaffelte Flügel gleicher Spannweite mit 8°-Pfeilform. Zweiholmiger Aufbau aus Holz, Holme aus Kiefer, Rippen aus Linde. Stoffbespannung. N-Stiele. Querruder im Ober- und Unterflügel.
Rumpf: Rumpfgerüst mit ovalem Querschnitt aus Stahlrohren geschweißt und mit Stoff bespannt.
Leitwerk: Normal. Durch zwei I-Stiele abgestrebte Höhenflosse auf vorgezogener Seitenflosse über der Rumpfoberkante liegend, am

Boden verstellbar. Höhenruder aerodynamisch ausgeglichen. Über das Höhenruder herausragende Vorderkante des Seitenruders ebenfalls als Ausgleich wirkend. Aufbau der Flossen und Ruder aus Stahlrohr mit Stoffbespannung.

Fahrwerk: Starres Normalfahrgestell, geteilt. Jedes Hauptrad an Federbein mit Druckgummi und Öldämpfung durch V-Strebe zur Rumpfunterseite hin abgefangen. Hydraulische Bremsen. Der Sporn besitzt einen beweglichen Teller und Druckgummifederung.

Triebwerk: Ein Argus As 10 C luftgekühlter Achtzylinder-A-Motor mit 1 × 240 PS Startleistung. Starre Zweiblatt-Holzluftschraube von 2,50 m Durchmesser. Kraftstoffkapazität 205 Liter, Schmierstoff 17 Liter.

Besatzung: 2 Mann in offenen Sitzen mit ausbaufähiger Doppelsteuerung.

Militärische Ausrüstung: Einbaumöglichkeiten für Blind- und Nachtflugeinrichtungen, FT-Anlage und Lichtbildgerät.

Arado Ar 67

Die einsitzige Arado 67 wurde 1933 in einem Exemplar als reiner Versuchsträger für das englische Rolls Royce-»Kestrel«-Triebwerk von 1 × 448 PS Startleistung gebaut. In seinem grundsätzlichen Aufbau wich der einstielige Doppeldecker nicht wesentlich von der Ar 65 ab. Der zweiholmige Flügel in Holzbauweise mit Stoffbespannung war stark gestaffelt und besaß im Oberflügel starke V-Form. Querruder befanden sich sowohl im unteren als auch im oberen der beiden durch N-Stiele verbundenen Tragdecks. Der Rumpf war als ovales Stahlrohrgerüst geschweißt und mit Stoff bespannt. Ebenfalls aus Stahlrohr bestand das freitragende Normalleitwerk. Erstmals war die später für Arado-Flugzeuge so typisch gewordene Anordnung des Höhenleitwerks hinter dem Seitenleitwerk bei der Ar 67 angewendet worden. Diese Anordnung, die die Trudelsicherheit günstig beeinflußte, wurde bis zur Ar 231 konsequent beibehalten. Das Fahrwerk der Ar 67 bestand aus verkleideten Haupträdern

an Öl-Gummi-Federbeinen mit durchgehender Achse. Am Rumpfende befand sich ein Schleifsporn. Diese Jagdflugzeug-Studie besaß einen offenen Sitz.

Arado Ar 68

Um nach 1933 schnell eine kampfkräftige Luftwaffe aufzustellen, wurde die Praxis versucht, in der Entwicklung stehende Flugzeuge schnell in größeren Stückzahlen zu bauen. Zu ihnen zählte auch der Jagdeinsitzer Ar 68, der nach der »Enttarnung« der Luftwaffe 1935 zusammen mit der Heinkel He 51 den Standard-Jäger der deutschen Luftstreitkräfte stellte. Bei beiden Flugzeugen handelte es sich noch um in Gemischtbauweise hergestellte Doppeldecker mit starrem Fahrwerk, die in ihrer Konzeption bereits damals nicht mehr den Anforderungen genügten. Im Sommer 1938 wurden sie allmählich durch die Me 109 abgelöst, und bei Kriegsausbruch war von den 13 Jagdgruppen nur noch eine mit der Arado 68 ausgerüstet. Viele Maschinen des Musters Ar 68 fanden jedoch während des Krieges Verwendung zur Jagdfliegerschulung. Zwei Versionen wurden gebaut, und zwar die Ar 68 E mit Jumo-Motor und die Ar 68 F mit einem BMW-Triebwerk. Von beiden Versionen wurden mehrere hundert Maschinen fertiggestellt und an die Luftwaffe ausgeliefert.

Ar 68 E

Diese Version besaß einen 1 × 640 PS Jumo 210. Das Jagdgeschwader »Schlageter« erhielt sie als Erstausrüstung.

Typ: Einmotoriges Jagdflugzeug.
Flügel: Einstieliger, verspannter Doppeldecker. Unterflügel wesentlich kleiner als Oberflügel, zweiteilig. Oberflügel dreiteilig, Mittel-

11. Versuchs-Jagdeinsitzer
Arado Ar 67 V 1

12. Versuchs-Jagdeinsitzer
Arado Ar 68 V 5 (E-0)

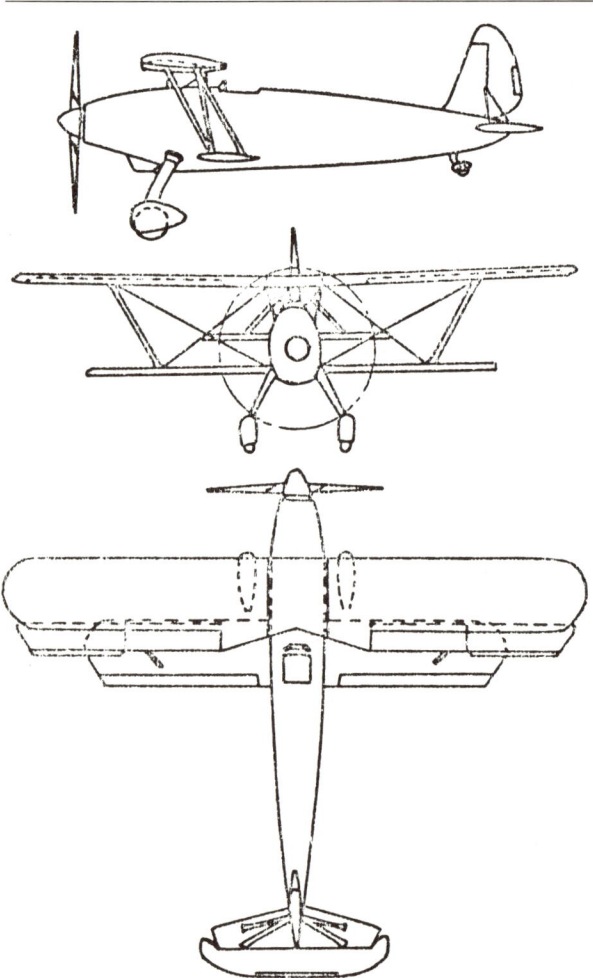

5. Arado Ar 68 E ◁

stück an zwei kleinen N-Streben über dem Rumpf, Außenteile mit geteilten Schlitzklappen, innen als Landeklappen, außen als Querruder mit Trimmkante wirkend. Schmale Querruder auch im Unterflügel. Jede Flügelhälfte durch einen Stiel verbunden (N-Form). Aufbau als zweiholmiges Holzgerüst mit Stoffbespannung.

Rumpf: Rumpfgerüst aus geschweißten Stahlrohren mit ovalem Querschnitt. Bis hinter den Führersitz mit Blech beplankt, dahinter stoffbespannt.

Leitwerk: Normales Seitenleitwerk, Seitenruder aerodynamisch ausgeglichen und mit Trimmklappe versehen. Höhenflosse zweiteilig und mit umgedrehten V-Streben zur Seitenflosse hin abgefangen. Aerodynamisch ausgeglichenes Höhenruder, einteilig durchgehend, ebenfalls mit Trimmklappe. Aufbau aus Holz mit Stoffbespannung.

Fahrwerk: Starres Normalfahrwerk. Bremsbare Hauptträder an freitragenden Einbeinen und stromlinienförmig verkleidet. Verkleidetes Spornrad.

Triebwerk: Ein Junkers Jumo 210 luftgekühlter Zwölfzylinder-Λ-Motor von 1 × 640 PS. Starre Zweiblatt-Holzluftschraube von 3,10 m Durchmesser. Kraftstoffkapazität 200 Liter, Schmierstoff 27 Liter.

Besatzung: 1 Pilot in offenem Sitz.

Militärische Ausrüstung: 2 × 7,9 mm MG 17 auf der Rumpfoberseite hinter der Motorverkleidung.

Ar 68 F

Die Ar 68 F besaß den stärkeren BMW VI als Triebwerk, entsprach aber zellenmäßig und in der Ausrüstung vollkommen der Ar 68 E. Sie diente der Erstausstattung des Jagdgeschwaders »Horst Wessel«.

Triebwerk: Ein BMW VI luftgekühlter Zwölfzylinder-V-Motor mit 1 × 750 PS Startleistung. Starre Zweiblatt-Holzluftschraube von 3,10 m Durchmesser. Kraftstoffkapazität 200 Liter. Schmierstoff 27 Liter.

Ar 68 H

Von dieser Ausführung, die als Triebwerk den luftgekühlten BMW 132 Da mit einer Startleistung von 800 PS und ein geschlosenes Cockpit erhalten sollte, wurde nur ein Musterflugzeug D-ISIX gebaut.

Arado Ar 69

Eine verkleinerte und leichtere Abwandlung der Ar 66 wurde 1933 als Anfängerschulflugzeug entworfen. Diese Ar 69 war ebenfalls ein einstieler Doppeldecker mit pfeilförmigen Flügeln und zwei hintereinanderliegenden offenen Sitzen. Äußerlich unterschied sie sich von der Ar 66 hauptsächlich durch die Verwendung des typischen Arado-Leitwerkes mit zurückliegendem, durchgehendem Höhenruder. Die *Ar 69 V-1* wurde mit einem 1 × 105 PS Hirth HM 504 ausgerüstet und besaß unausgeglichene Ruder.

Ar 69 A

Die Ausführung für die geplante Serie trug die Bezeichnung Ar 69 A und war eine direkte Weiterentwicklung der V-1. Der Hauptunterschied gegenüber dem Prototyp bestand in der Verwendung eines aerodynamisch ausgeglichenen Leitwerkes mit leicht verändertem Umriß. Im Aufbau entsprach das Muster der nachfolgend beschriebenen Ar 69 B.

Triebwerk: Ein Hirth HM 504 A luftgekühlter Reihenmotor mit vier hängenden Zylindern und 1 × 105 PS Startleistung.

Ar 69 B

Gleichzeitig mit dem Musterflugzeug für die A-Serie wurde ein zweiter Prototyp, die *Ar 69 V-2,* fertiggestellt. Dieses Muster entsprach in der Zelle vollkommen der V-1, war jedoch mit einem 160 PS Sh 14-Sternmotor ausgerüstet. Nachdem die Ar 69 A nicht in Serie ging, wurde die V-2 zur

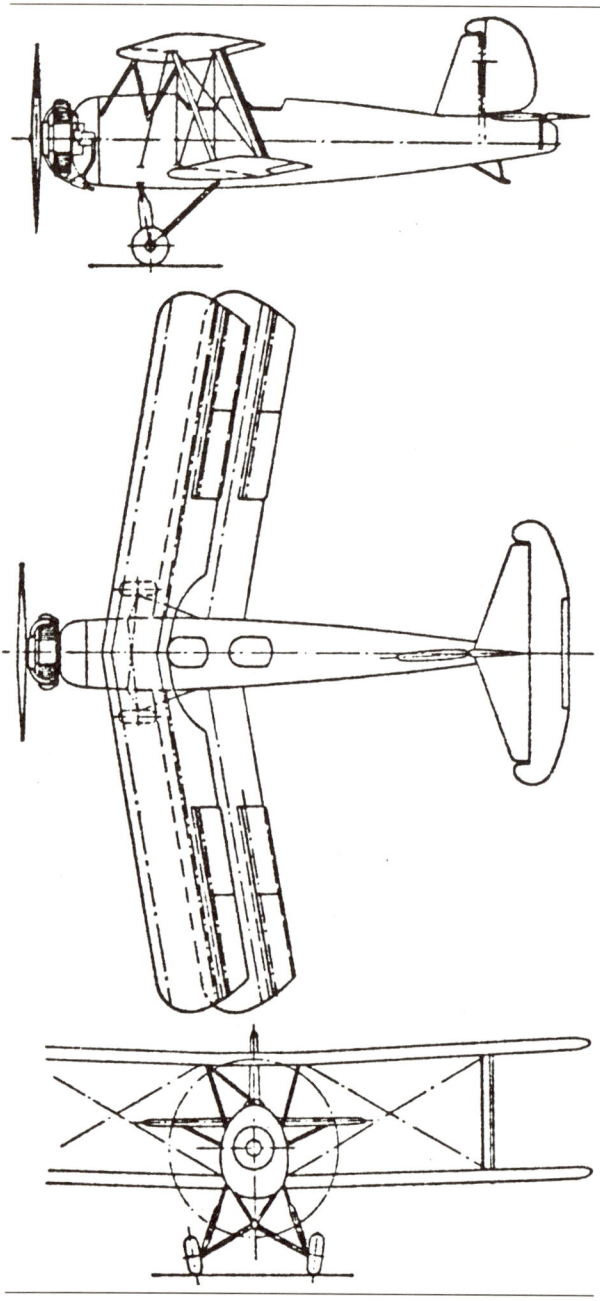

6. Arado Ar 69

Ar 69 B weiterentwickelt und als Konkurrenzmaschine zur Focke-Wulf Fw 44 gebaut. Der Unterschied zwischen der B-Ausführung gegenüber dem V-Muster bestand wieder in der Verwendung eines geänderten Leitwerks mit aerodynamischem Ausgleich. Es wurden jedoch nur wenige Muster fertiggestellt.

Typ: Einmotoriges Anfänger-Schulflugzeug.
Flügel: Einstieliger, verspannter Doppeldecker. Ober- und Unterflügel vollkommen gleich, überall mit Querrudern. Verbunden werden die Flügel durch je einen mit Draht ausgekreuzten Parallel-Stiel. Aufbau als zweiholmiger Holzflügel mit Stoffbespannung.
Rumpf: Rumpfgerüst mit ovalem Querschnitt aus geschweißten Stahlrohren mit durchgehender Stoffbespannung.
Leitwerk: Normales Seitenleitwerk mit aerodynamisch ausgeglichenem Seitenruder. Zweiteilige Höhenflosse, durch je einen I-Stiel zum Rumpf hin abgefangen. Aerodynamisch ausgeglichenes Höhenruder durchgehend einteilig.
Fahrwerk: Starres Normalfahrwerk. Unverkleidete Hauptträger an geteilten Halbachsen. Schleifsporn.
Triebwerk: Ein BMW Bramo Sh 14 A luftgekühlter Siebenzylinder-Sternmotor mit 1 × 150 PS Startleistung. Starre Zweiblatt-Holzluftschraube.
Besatzung: 2 Mann, bestehend aus Lehrer und Schüler in zwei hintereinanderliegenden offenen Sitzen mit Doppelsteuerung.

Arado Ar 76

Nach einer Ausschreibung für ein einsitziges, kunstflugtaugliches Übungsflugzeug mit einem Argus As 10 C-Motor von 240 PS wurde 1933 als Konkurrenz zum Focke-Wulf Fw 56 »Stößer« die Arado 76 gebaut. Bei angeglichenem Aufbau war dieser abgestrebte Hochdecker etwas kleiner und leistungsschwächer als der »Stößer«. Da die Flugerprobung zugunsten der Focke-Wulf-Maschine verlief, wurde nach dem Bau einer Mustermaschine die Fertigung der Ar 76 abgebrochen.

Typ: Einmotoriges Übungsflugzeug für Kunstflug und Jagdflugzeug-Vorausbildung.
Flügel: Abgestrebter Hochdecker. Flügel dreiteilig, Mittelstück an drei umgedrehten V-Pylons fest über dem Rumpf, weitspannende Querruder in den Außenflügeln. Jeder Außenflügel durch zwei mit Draht ausgekreuzte Parallelstiele zum Rumpf hin verstrebt. Flügelaufbau in zweiholmiger Holzbauweise mit Stoffbespannung.
Rumpf: Rumpfgerüst mit ovalem Querschnitt aus geschweißten Stahlrohren aufgebaut. Rumpfvorderteil bis zum Führersitz und die gesamte Rumpfoberseite blechbeplankt, sonst stoffbespannt.
Leitwerk: Normales Seitenleitwerk mit aerodynamisch ausgeglichenem Seitenruder mit Trimmklappe. Höhenflosse zweiteilig, durch V-Streben zum Rumpf hin abgefangen. Höhenruder einteilig durchgehend, aerodynamisch ausgeglichen und mit Trimmklappe versehen. Leitwerkstruktur als Holzgerüst mit Stoffbespannung.
Fahrwerk: Starres Normalfahrwerk. Bremsbare Hauptträger an freitragenden Einbeinen, stromlinienförmig verkleidet. Verkleidetes Spornrad.
Triebwerk: Ein Argus As 10 C luftgekühlter Achtzylinder-Λ-Motor mit × 240 PS Startleistung. Starre Zweiblatt-Holzluftschraube von 2,40 m Durchmesser. Kraftstoffkapazität 105 Liter, Schmierstoff 12 Liter.
Besatzung: 1 Pilot in offenem Führersitz hinter der Flügelhinterkante.

Arado Ar 77

1934 entstand als Konkurrenzentwicklung zur Focke-Wulf Fw 58 »Weihe« das zweimotorige Übungsflugzeug Arado 77.

44

15. Schul- und Sportflugzeug Arado Ar 69 △

16. Übungs-Jagdeinsitzer Arado Ar 76 ▽

17. Übungs-Mehrsitzer Arado Ar 77

Das Muster sollte für die Ausbildung kompletter Besatzungen auf zweimotorigen Maschinen herangezogen werden. Zwei Versionen wurden gebaut, die einen Holmanschluß-beschlag aus Dural, der nach der Heine-Leimung mit Nußbaumholz verleimt war, besaßen. Dieser Holmanschluß mußte aus Zulassungsgründen umgebaut werden, so daß die Maschinen für den Vergleich mit der »Weihe« nicht mehr rechtzeitig fertig wurden.

Ar 77 A

Bei diesem Muster wurde ausnahmsweise von der typischen Arado-Leitwerkanordnung abgewichen und das Höhenleitwerk nicht nach hinten versetzt. Das aerodynamisch ausgeglichene Leitwerk war auch der einzige Unterschied gegenüber der zweiten Version Ar 77 B.

Typ: Zweimotoriges Übungsflugzeug.
Flügel: Freitragender Tiefdecker. Flügelaufbau aus Holz, Unterseite sperrholzbeplankt, Oberseite stoffbespannt. Landeklappen zwischen Querruder und Rumpf.
Rumpf: Verschweißtes Stahlrohrgerüst, am Bug blechbeplankt, sonst stoffbespannt.
Leitwerk: Seitenleitwerk normal, Seitenruder aerodynamisch ausgeglichen. Höhenflosse zweiteilig, hoch an der Seitenflosse angesetzt und durch N-Stiele zum Rumpf hin abgestrebt. Höhenruder ebenfalls aerodynamisch ausgeglichen. Aufbau aus geschweißten Stahlrohren mit Stoffbespannung.

Fahrwerk: Starres Normalfahrwerk. Haupträder mit Radbremsen an freitragenden Einbeinen unter den Motorengondeln, stromlinienförmig verkleidet. Unverkleidetes Spornrad.
Triebwerk: Zwei Argus As 10 C luftgekühlte Achtzylinder-∧-Motoren mit 2 × 240 PS Leistung. Starre Zweiblatt-Holzluftschrauben mit 2,30 m Durchmesser. Kraftstoffkapazität 340 Liter, Schmierstoff 25 Liter.
Besatzung: 4 Mann, bestehend aus Pilot, Funker und zwei Lehrern. Pilotensitz mit zwei nebeneinanderliegenden Plätzen mit Doppelsteuerung offen, dahinter verglaste Kabine.

Ar 77 B

Diese Version glich vollkommen der Ar 77 A, besaß jedoch ein unausgeglichenes Leitwerk.

Arado Ar 79

Mit dem zweisitzigen Reiseflugzeug Ar 79 gelang den Arado Flugzeugwerken 1937 ein großer Wurf. Der freitragende Tiefdecker wurde infolge seiner guten aerodynamischen Durchbildung der Zelle und der Verwendung eines einziehbaren Fahrgestelles eines der modernsten und fortschrittlichsten Reiseflugzeuge seiner Zeit. Folgende von der FAI anerkannte Geschwindigkeitsrekorde konnten von Maschinen dieses Musters errungen werden: 1000 km bei einer Geschwindigkeit von 229,040 km/h im Juli 1938; 2000 km bei einer Geschwindigkeit von 229,029 km/h im Juli 1938 und Sieger im A-Rennen sowie zweiter im B-Rennen beim Internationalen Luftrennen in Frankfurt a. M. ebenfalls im Juli 1938. Dazu kam im Dezember 1938 noch die Aufstellung eines internationalen Langstreckenrekordes von Benghasi (Libyen) nach Gaya (Indien) über eine Entfernung von 6303,840 km.

Typ: Einmotoriges, kunstflugtaugliches Reise-, Sport- und Schulflugzeug.

Flügel: Freitragender Tiefdecker. Flügel dreiteilig, Mittelteil fest am Rumpf. Einholmiger Holzaufbau mit drehsteifer Sperrholznase, sonst stoffbespannt. Mittelteil ebenfalls sperrholzbeplankt. Schlitzquerruder mit Trimmkanten in den Außenflügeln. Von Querruder zu Querruder unter dem Rumpf durchlaufende, dreiteilige Spreizklappe.

Rumpf: Rumpf durchlaufend mit ovalem Querschnitt. Rumpfvorderteil bis hinter Kabine als Stahlrohrgerüst aus verschweißtem Rohr aufgebaut und mit formgebenden Blechen beplankt. Rumpfhinterteil in Schalenbauweise aus Elektron.

Leitwerk: Normal, freitragend. Aufbau aus Ganzmetall. Sämtliche Ruder sind gewichtlich ausgeglichen und mit Trimmklappen versehen.

Fahrwerk: Einziehbares Normalfahrgestell. Bremsbare Hauptträger an freitragenden Ölfederbeinen hydraulisch nach innen in das Flügelmittelstück einfahrbar. Starres, unverkleidetes Spornrad.

Triebwerk: Ein Hirth HM 504 A-2 luftgekühlter Reihenmotor mit vier hängenden Zylindern und 1 × 105 PS Startleistung. Starre Zweiblatt-Holzluftschraube von 2,00 m Durchmesser. Kraftstoffkapazität 120 Liter, Schmierstoff 4 Liter.

Besatzung: 2 Mann auf nebeneinanderliegenden Sitzen mit Doppelsteuerung. Geschlossene Kabine mit Schiebetüren.

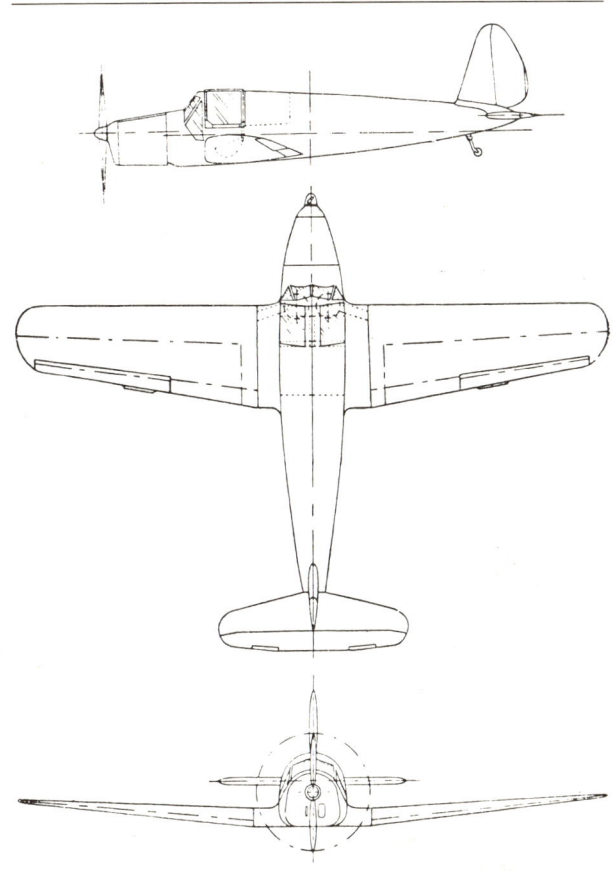

18. Sport- und Schulflugzeug Arado Ar 79 ▽   7. Arado Ar 79 ▷

47

19. Versuchs-Jagdeinsitzer Arado Ar 80 V 2

Arado Ar 80

Das Jagdflugzeug Ar 80 wurde im Sommer 1934 konstruiert und war als Produkt einer Ausschreibung des RLM zum Ersatz der alten Heinkel He 51- und Ar 68-Doppeldecker in Angriff genommen worden. Das erste V-Muster, die *Ar 80 V-1*, erhielt den seinerzeit stärksten zur Verfügung stehenden ausländischen Flugmotor, den Rolls Royce »Kestrel V« als Triebwerk. Sie bestritt im Oktober 1935 in Travemünde mit der Focke-Wulf Fw 159 V-1, der Heinkel He 112 V-1 und der Messerschmitt Me 109 V-1 die Vergleichsflüge, aus denen He 112 V-1 und Me 109 V-1 als Sieger hervorgingen. Die Ar 80 war trotz der guten aerodynamischen Durchbildung und der günstigen Flugeigenschaften durch das starre Fahrwerk gehandicapt.

Typ: Einsitziges, einmotoriges Jagdflugzeug.
Flügel: Ganzmetallaufbau. Flügelmittelstück mit leichter Abwärtsknickung fest am Rumpf. Zwei Außenflügel mit Landeklappen.
Rumpf: Stahlrohrgerüst, vorne mit Blech beplankt, Hinterteil als Leichtmetallschale.
Leitwerk: Normal, freitragend. Aufbau aus Metall, Flossen blechbeplankt, Ruder stoffbespannt. Sämtliche Ruder mit Trimmklappen und Ausgleichshörnern versehen.
Fahrwerk: Starres Normalfahrwerk. Einbein-Haupträder und Spornrad verkleidet.
Triebwerk: Ein Rolls Royce »Kestrel V« flüssigkeitsgekühlter V-Motor mit 1 × 695 PS Startleistung. Starre Zweiblatt-Holzluftschraube.
Besatzung: 1 Pilot in offener Kabine.
Militärische Ausrüstung: Ohne Bewaffnung.

Aus privater Initiative wurde der zweite Prototyp *Ar 80 V-2,* der den für die Serie vorgesehenen Jumo-Motor besaß, noch

fertiggestellt und eingeflogen. Im Gegensatz zu der Ar 80 V-1 (D-ILOH), die unbewaffnet war, hatte die V-2 (D-IPBN) einen der ersten Jumo 210 mit Motorkanone (MG/FFM), außerdem war sie zweisitzig. Die Ar 80 V-2 war damit das erste deutsche Kanonenjagdflugzeug. Die Maschine wurde noch 1939 in Adlershof als Versuchsträger für Motorkanonen benutzt. Einen Jumo 210 erhielt später auch die Ar 80 V-1.

Triebwerk: Ein Jumo 210 C flüssigkeitsgekühlter Zwölfzylinder-V-Motor mit 1 × 610 PS Startleistung. Starre Zweiblatt-Holzluftschraube.

Arado Ar 81

Als erster Entwicklungsauftrag großen Stils wurde 1936 vom technischen Amt die Schaffung eines Sturzkampfflugzeuges von vier Firmen der deutschen Luftfahrtindustrie gefordert. Es sollte ein Flugzeug werden, welches, fast senkrecht stürzend, in der Lage war, mit der ganzen Maschine ein Objekt auf der Erde anzuzielen. Die Initiative für die Schaffung eines solchen Musters war von Oberst Ernst Udet ausgegangen, der sich auch persönlich für eine Durchführung des Objekts einsetzte. Unterstützt wurde er durch den Umstand, daß zu diesem Zeitpunkt in Deutschland noch kein brauchbares Zielgerät für den Horizontalabwurf existierte. Der Auftrag ging an die Firmen Arado, Blohm & Voß, Heinkel und Junkers. Arado entschied sich für die bewährte und robuste Doppeldeckerbauweise und erhielt für das Muster die Typenbezeichnung Ar 81. Aber gerade diese Doppeldeckeranordnung ließ die Maschine beim Vergleichsfliegen, welches Ende 1936 in Rechlin stattfand, nicht

48

20. Versuchs-Sturzbomber Arado Ar 81 V 2 △

21. Versuchs-Sturzbomber Arado Ar 81 V 3 ▽

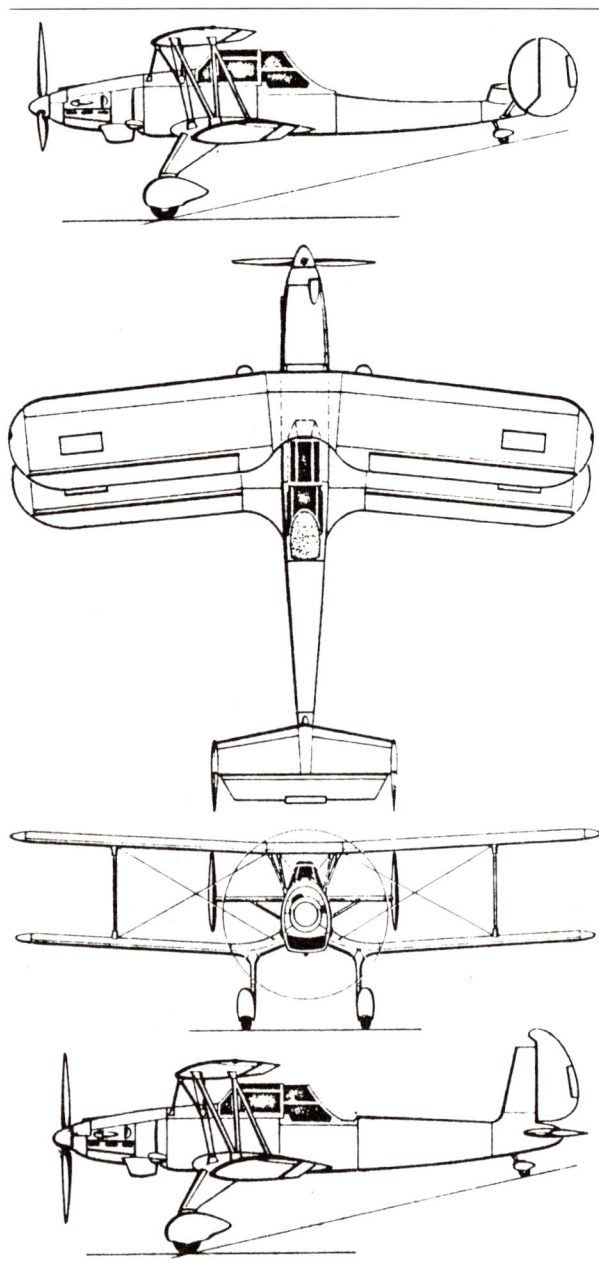

8. Arado Ar 81 V 1/V 3

Typ: Einmotoriges Sturzkampfflugzeug.

Flügel: Einstieliger, verspannter Doppeldecker, Flügelaufbau in Ganzmetall. Ober- und Unterflügel dreiteilig. Mittelteil des Unter-flügels leicht abwärts geknickt und fest am Rumpf, Oberflügelmittel-teil an zwei N-Stielen starr über dem Rumpf. Sämtliche Außenteile mit 6°-Pfeilform und mit Schlitzklappen an den gesamten Hinter-kanten und durch zwei N-Stiele untereinander verbunden. Sturzflug-bremsen unter Unterflügel. Klappen stoffbespannt.

Rumpf: Ganzmetall-Schalenrumpf, hinter dem B-Stand zu einem verkleinerten Querschnitt zusammengezogen.

Leitwerk: Freitragendes Leitwerk aus Metall, Flossen blechbe-plankt, Ruder stoffbespannt. Höhenleitwerk in V-Form auf den Rumpf aufgesetzt mit gewichtlich ausgeglichenem Höhenruder. Doppeltes Seitenleitwerk als Endscheiben, Ruder aerodynamisch ausgeglichen.

Fahrwerk: Starres Normalfahrwerk. Bremsbare Haupträder an verkleideten V-Streben und stromlinienförmig verkleidet. Verkleide-tes Spornrad.

Triebwerk: Ein Junkers Jumo 210 C luftgekühlter Zwölfzylinder-∧-Motor mit 1 × 610 PS. Dreiflügelige Einstell-Luftschraube.

Besatzung: 2 Mann, bestehend aus Pilot und Schütze. Geschlossene Führerhaube mit verstellbarem Pilotensitz. Schützenstand zum Heck hin offen.

Militärische Ausrüstung: 1 × 7,9 mm MG 15 auf Arado-Kurbel-lafette im B-Stand. Aufhängemöglichkeit für eine 250 kg- oder 500 kg-Bombe frei unter dem Rumpf.

Mit der oben beschriebenen *Ar 81 V-1* (D-UJOX) hatte der zweite Prototyp, die *Ar 81 V-2* (D-UPAR), den eingezogenen Rumpf und das doppelte Seitenleitwerk gemeinsam. Aller-dings war das Leitwerk der V-2 nicht mehr freitragend, sondern die Höhenflosse besaß keine V-Form mehr, saß auf einem kleinen Pylon oberhalb des Rumpfes und war zu diesem hin abgestrebt. Aber auch diese Anordnung ergab noch keine befriedigende Lösung für die Beseitigung des Leitwerkflatterns bei hohen Sturzfluggeschwindigkeiten. Deshalb wurde bei der *Ar 81 V-3* (D-UDEX) ohne Rücksicht auf das angestrebte freie Schußfeld nach hinten ein freitra-gendes Normalleitwerk mit einer Flosse verwendet und auch der Rumpf durchlaufend ohne Verengung gestaltet. Bei dieser Ausführung waren sämtliche Ruder aerodynamisch ausgeglichen. Ansonsten unterschieden sich V-2 und V-3 nicht wesentlich von dem Ausgangsmuster Ar 81 V-1.

Arado Ar 95

Aus den mit der Bauweise der Ar 81 gewonnenen Erfahrun-gen wurde noch im gleichen Jahr mit der Konstruktion eines See-Mehrzweckflugzeuges begonnen, das — als katapultfä-higes Schwimmerflugzeug — als Torpedoträger, Nahaufklä-rer, Fernaufklärer, Bomber, Nebler und Scheibenschlepper eingesetzt werden konnte. Nach der gleichen Ausschreibung entstand bei Focke-Wulf die Fw 62, die in Travemünde zusammen mit der Arado-Konstruktion Ar 95 eingehenden Testflügen unterzogen wurde, bevor die Entscheidung des Technischen Amtes zugunsten der Ar 95 fiel. Der Flügelauf-

mehr zum Zuge kommen, denn die Konkurrenzentwicklun-gen BV 137, He 118 und Ju 87 waren sämtlich freitragende Eindecker, von denen schließlich die Ju 87 das Rennen machte und Einheits-Stuka wurde. Von der Arado Ar 81 wurden insgesamt drei V-Muster gebaut, die sich strukturell geringfügig unterschieden.

22. Versuchs-See-Mehrzweckflugzeug
Arado Ar 95 V 1

23. See-Mehrzweckflugzeug
Arado Ar 95 der
3./SAGr. 125

bau der Ar 95 konnte seine Abstammung von der Ar 81 nicht leugnen, jedoch wurde bei der *Ar 95 V-1* (D-OLUO) ein BMW 132-Sternmotor, durch eine NACA-Haube abgedeckt, verwendet. Die Kabinenabdeckung dieses Musterflugzeuges ähnelte ebenfalls der der Ar 81, jedoch war der Sitz des hinteren Schützen noch vollkommen frei und nur an beiden Seiten mit einem schmalen Windschutz versehen. Die *Ar 95 V-2* (D-OHEO) entsprach vollkommen der V-1, besaß aber einen Jumo 210-Reihenmotor, der sich für die schwere Maschine als zu leistungsschwach erwies. Deshalb wurde bei der Serienausführung Ar 95 A wieder auf den BMW 132 zurückgegriffen.

Ar 95 A
Die Serienausführung war gegenüber den beiden Prototypen zellenmäßig im Detail verbessert worden. Das bisher aero-

dynamisch ausgeglichene Seitenruder erhielt Gewichtsausgleich, und die Kabine wurde bis über den Sitz des Schützen im B-Stand durchgezogen. Ebenso erhielt die NACA-Haube eine leicht geänderte Form gegenüber der in der V-1. Außer an die Marine gingen Maschinen des Musters Ar 95 an verschiedene ausländische Mächte, so z. B. an Chile. Eine Ar 95 flog noch lang nach dem Krieg als Privatmaschine an den skandinavischen Küsten.

Typ: Einmotoriges See-Mehrzweckflugzeug.
Flügel: Einstieliger, verstrebter Doppeldecker. Ober- und Unterflügel jeweils aus drei Teilen. Mittelteil des Unterflügels fest am Rumpf, Mittelteil des Oberflügels durch zwei N- und V-Stiele abgestützt starr über dem Rumpf. Sämtliche Außenflügel mit 6°-Pfeilform angelenkt und mit Schlitzklappen über die ganze Hinterkante versehen, innen als Landehilfe mit Trimmklappen, außen als Querruder wirkend. Jedes Außenflügelpaar durch zwei ausgekreuzte Parallel-

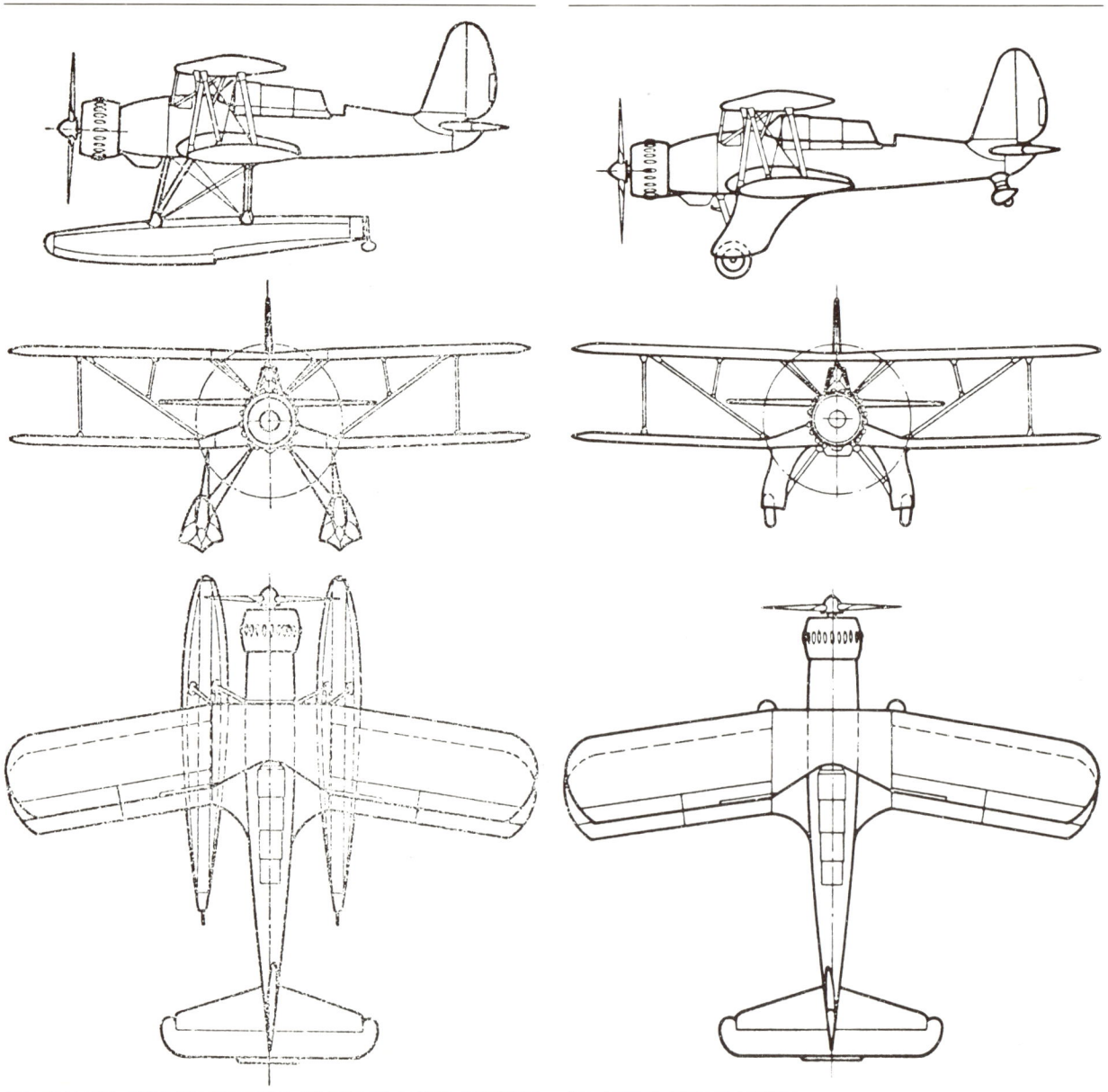

9. Arado Ar 95 W

10. Arado Ar 95 L

stiele verbunden und mit einem diagonalen I-Stiel abgestrebt, als komplette Einheit nach hinten an den Rumpf anklappbar. Flügel als Metallgerippe aufgebaut, oben blechbeplankt, unten teilweise stoffbespannt.

Rumpf: Ganzmetallrumpf mit ovalem Querschnitt in Schalenbauweise.

Leitwerk: Freitragendes Normalleitwerk. Seitenruder mit Gewichtsausgleich. Höhenflosse im Fluge verstellbar, Höhenruder einteilig mit aerodynamischem Ausgleich. Alle Ruder trimmbar.

Sämtliche Flächen als Leichtmetallgerippe, Flossen blechbeplankt, Ruder stoffbespannt.

Schwimmwerk: Zwei einstufige Ganzmetall-Schwimmer mit stark gekieltem Boden, durch sechs Schotten unterteilt, durch Handlöcher zugänglich. Jeder Schwimmer durch sechs Stiele mit Rumpf und Tragwerk verbunden. Katapultbeschläge und Wasserruder.

Triebwerk: Ein BMW 132 Dc luftgekühlter Neunzylinder-Sternmotor mit 1 × 845 PS Startleistung. NACA-Haube mit Spreizklappen. Dreiflügelige VDM-Verstell-Luftschraube. Kraftstoffkapazität

52

1370 Liter. Zwei Zusatzbehälter mit je 225 Liter können zusätzlich mitgeführt werden.

Besatzung: 3 Mann, bestehend aus Pilot, Funker und Schütze. Geschlossener Führerraum mit verstellbarem Pilotensitz. B-Stand zum Heck hin offen.

Militärische Ausrüstung: 1 × 7,9 mm MG 17 (500 Schuß) auf der Rumpfoberseite und 1 × 7,9 mm MG 15 (600 Schuß) auf Arado-Kurbellafette im B-Stand. Als Last konnte wahlweise ein 800 kg-Torpedo oder eine 500 kg-Bombe oder ein Lichtbildgerät transportiert werden.

Ar 95 L

Aus der Ar 95 A wurde als Musterausführung eine Rad-Version abgeleitet, die die Bezeichnung Ar 95 L erhielt. Zellen- und triebwerksmäßig änderte sich weiter nicht als daß das Schwimmwerk durch ein starres Normalradfahrgestell ausgetauscht wurde.

Fahrwerk: Starres Normalfahrwerk. Haupträder mit hydraulisch betätigten Bremsen an Druckgummifederbeinen mit Öldämpfung, als »Hosenbeine« verkleidet und zum Rumpf hin durch je einen I-Stiel abgefangen. Verkleidetes Spornrad an Druckgummi-Federbein. Sporn mit von der Steuerung unabhängigem Spurzwang.

Diese Version konnte zu dem Kraftstofftank mit einem Inhalt von 800 Liter zwei Zusatztanks mit je 175 Liter mitführen. Das Modell Ar 95 L ging nicht in Serie.

Arado Ar 96

Dieses zweisitzige Mehrzweckübungsflugzeug wurde 1940 das Standard-Übungsflugzeug der deutschen Luftwaffe. Es wurde in größeren Stückzahlen hergestellt, und der größere Teil der insgesamt 11 546 zwischen 1939 und 1945 gebauten Schulflugzeuge wird von Maschinen des Musters Ar 96 B gewesen sein.

Arado Ar 96 A-Reihe

Die erste Mustermaschine der Arado Ar 96 besaß bereits den grundsätzlichen Aufbau der späteren B-Serie, jedoch war dieser Vorläufer für eine geplante A-Reihe mit einem 240 PS-As 10 C-Motor ausgerüstet. Die *Ar 96 V-1/I. Version* (D-IRUU) erhielt ein Fahrgestell, welches nach außen in die Flügel eingezogen wurde. Diese Anordnung befriedigte durch die geringe Spurweite nicht für ein Schulflugzeug, deshalb wurde später das Muster zur *Ar 96 V-1/II. Version* umgebaut und mit einem nach innen einziehbaren Fahrgestell ausgerüstet, welches in allen Versionen Verwendung fand. Eine Serienausführung der A-Reihe wurde zugunsten der leistungsstärkeren Ar 96 B aufgegeben. In struktureller Hinsicht entsprach die Ar 96 A vollkommen der nachfolgend beschriebenen B-Reihe.

Triebwerk: Ein Argus As 10 C luftgekühlter Achtzylinder-Λ-Motor mit 1 × 240 PS Startleistung. Zweiflügelige, starre Holzluftschraube von 2,35 m Durchmesser. Kraftstoffkapazität 205 Liter, Schmierstoff 18 Liter.

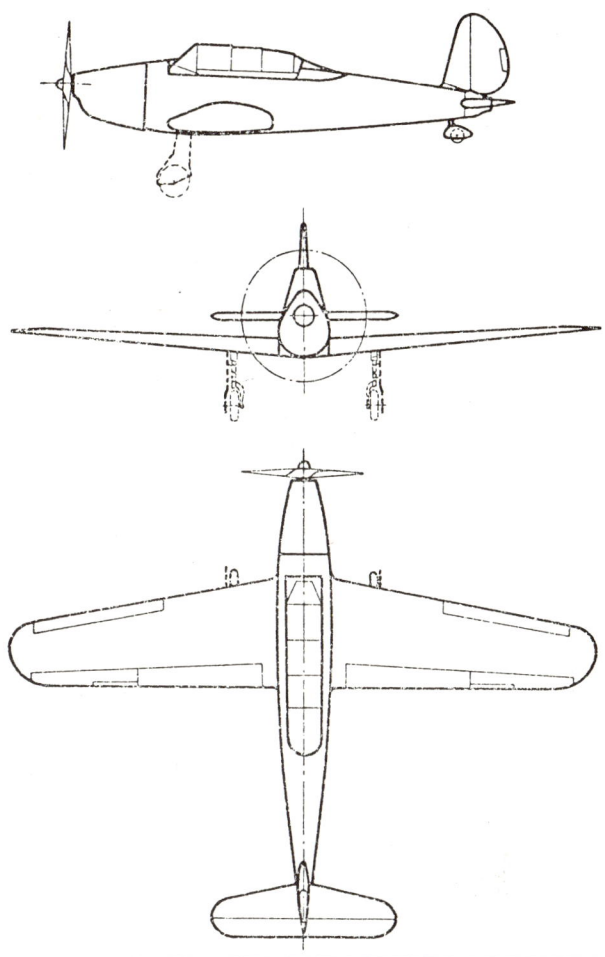

11. Arado Ar 96

Arado Ar 96 B-Reihe

Der Hauptunterschied dieser Serienversion gegenüber der Ar 96 A bestand in dem Einbau des stärkeren Argus As 410 A-Triebwerkes mit automatischer Argus-Verstell-Luftschraube. Die Maschinen konnten zu Kunst-, Blind- und Nachtflugübungen sowie zum Jagdfliegertraining und für leichte Frontaufgaben herangezogen werden. Zum Einsatz kamen die Versionen *Ar 96 B-1* und *Ar 96 B-2*, die sich nur geringfügig in der Ausrüstung unterschieden.

Typ: Einmotoriges Übungsflugzeug.
Flügel: Freitragender Tiefdecker. Zweiteiliger Ganzmetallflügel, auf der Unterseite zum Teil noch stoffbespannt. Landeklappen zwischen Querruder und Rumpf.
Rumpf: Ovaler Rumpf in Ganzmetall-Schalenbauweise.
Leitwerk: Freitragend, normal. Metallaufbau, Flossen blechbeplankt. Ruder stoffbespannt. Sämtliche Ruder gewichtlich ausgeglichen und mit Trimmklappen versehen.

24. Schul- und Übungsflugzeug Arado Ar 96 V (1. Ausführung) △   25. Schul- und Übungsflugzeug Arado Ar 96 B ▽

Fahrwerk: Einziehbares Normalfahrgestell. Haupträder mit Scheibenbremsen an freitragenden Federbeinen, hydraulisch nach innen in den Flügel einfahrbar und durch Bleche abgedeckt. Starres, verkleidetes Spornrad.

Triebwerk: Ein Argus As 410 A luftgekühlter Zwölfzylinder-∧-Motor mit 1 × 465 PS Startleistung. Automatisch verstellbare Argus-Zweiblatt-Metall-Luftschraube von 2,70 m Durchmesser. Kraftstoffkapazität 241 Liter, Schmierstoff 23 Liter.

Besatzung: 2 Mann hintereinander in geschlossener Kabine mit Schiebehaube.

Militärische Ausrüstung: Die Ausrüstung konnte den verschieden-

sten Verwendungsmöglichkeiten angepaßt werden. Für die Jagdfliegerausbildung konnte starr 1 × 7,9 mm MG 17 oder eine Kanonen-Kamera eingebaut werden.

Arado Ar 96 C-Reihe

Mit dieser Version, die einen 480 PS-Argus As 410 C-Motor erhielt, sollte der Verwendungszweck der Ar 96 B auf Bombenwurfübungen ausgedehnt werden. Zu diesem Zweck war unter dem Rumpf ein Plexiglasfenster für Zielübungen angebracht. Diese Version ging nicht in Serie.

Arado Ar 296

Infolge der Rohstoffknappheit während der letzten Kriegsjahre geriet der Serienbau der aus Ganzmetall bestehenden Ar 96 B in große Bedrängnis. Um den Ausstoß an Übungsflugzeugen weiterhin sicherzustellen, wurde bei Arado eine Ausführung der Ar 96 in Gemischtbau mit der Bezeichnung Ar 296 entwickelt. Die Lösung befriedigte jedoch das Technische Amt nicht, und die Entwicklung wurde gestrichen. Die freiwerdende Nummer ging später an Henschel, die sie für eine Gleitbombe, die Hs 296, verwendeten.

Arado Ar 396

Als weitere Lösung zum Ersatz der Ar 96 B wurde versucht, aus diesem Muster eine entfeinerte Holzbaumaschine zu entwickeln, die mit einem Minimum an Metall herzustellen war. Diese Arado Ar 396 wurde eine vollkommene Neukonstruktion, die den S.I.P.A.-Werken in Neuilly bei Paris zur Durcharbeitung übergeben wurde. Gleichzeitig erhielt diese Firma den Auftrag, drei Prototypen zu bauen. Erstmalig wurde die Verwendung eines 600 PS Argus As 411 vorgesehen, der als komplette, verkleidete Triebwerkseinheit mit einer automatischen Argus-Verstelluftschraube geliefert wurde. Der erste Start der neuen Maschine erfolgte am 29. Dezember 1944, also erst nach der Besetzung Frankreichs durch die Alliierten. Bei der neuen französischen Luftfahrtindustrie erhielt die Ar 396 die Bezeichnung S. 10. Von dem Grundmodell wurden noch 28 Stück gebaut, während die Weiterentwicklungen in über 200 Stück für die französischen Luftstreitkräfte nach dem Kriege gefertigt wurden. Als

Ausweichbetrieb für den Serienbau der Ar 396 waren noch die Letov-Werke in der Tschechoslowakei eingespannt worden. Hier wurden noch einige Baumuster für die deutsche Luftwaffe fertiggestellt. Als Übungsflugzeug kam die Ar 396 jedoch nicht mehr zum Einsatz.

Typ: Einmotoriges Übungsflugzeug.
Flügel: Freitragender Tiefdecker, Flügel dreiteilig. Mittelstück als Stahlrohrgerüst fest am Rumpf, von rechteckigem Umriß und holzbeplankt, Außenteile in Ganzholzbauweise. Schlitzquerruder und Schlitzlandeklappen.
Rumpf: Ovaler Rumpfquerschnitt. Vorderteil als Stahlrohrgerüst mit formgebender Holzverschalung, Rumpfhinterteil als Holzschale.
Leitwerk: Freitragend, normal. Sämtliche Flossen aus Ganzmetall, Ruder aus Holz mit Stoffbespannung. Gewichtlich ausgeglichene Ruder mit Trimmkanten in allen Flächen.
Fahrwerk: Einziehbares Normalfahrwerk. Haupträder an freitragenden Einbeinen nach hinten in den Flügel einfahrbar, wobei sich die Räder um 90° drehen. Ohne Abdeckbleche vollkommen freiliegend. Festes Spornrad, unverkleidet.
Triebwerk: Ein Argus As 411 luftgekühler Zwölfzylinder-Λ-Motor mit 1 × 600 PS Startleistung. Automatische Argus-Zweiblatt-Metall-Verstellschraube. Kraftstoffkapazität 241 Liter, Schmierstoff 30 Liter.
Besatzung: 2 Mann hintereinander in geschlossener Kabine.

Arado Ar 195

Aus der Ar 95 L wurde 1937 ein spezielles Träger-Mehrzweckflugzeug für den im Bau befindlichen Flugzeugträger »Graf Zeppelin« entwickelt. Diese Ar 195 war eben-

26. Schul- und Übungsflugzeug Arado Ar 396 V 1

27. Versuchs-Trägerflugzeug Arado Ar 195 V 1

falls als einstieliger, verstrebter Doppeldecker mit nach hinten klappbaren Flächen ausgelegt, wich jedoch im Detail wesentlich von der Ar 95 L ab. So besaßen die Flügel keine Pfeilform mehr, bei dem starren Normalfahrgestell waren die Federbeine und die Räder einzeln stromlinienförmig verkleidet, und die Kabine wurde, um beste Sichtmöglichkeiten für die Träger-Landungen zu erhalten, bis weit vor den Flügel vorgezogen und so hoch, daß der Oberflügel auf sie auflag. Unter dem Rumpf war ein Landehaken angebracht. Die *Ar 195 V-1* (D-OBDB) wurde 1937 fertiggestellt. Ihre Leistungen entsprachen zu dieser Zeit bereits nicht mehr den gestellten Forderungen. Deshalb wurde die Entwicklung abgebrochen.

Typ: Einmotoriges Träger-Mehrzweckflugzeug.
Flügel: Einstieliger, verstrebter Doppeldecker, Flügelaufbau analog der Ar 95, jedoch Oberflügel nur zweiteilig und alle Flächen ohne Pfeilform.
Rumpf: Ganzmetall-Schalenrumpf. Landehaken unter dem Heck.
Leitwerk: Freitragendes Normalleitwerk analog der Ar 95, jedoch Höhenruder ebenfalls mit Gewichtsausgleich.
Fahrwerk: Starres Normalfahrwerk. Hauptträger mit hydraulisch betätigten Bremsen an Druckgummifederbeinen mit Öldämpfung, stromlinienförmig verkleidet und zum Rumpf hin durch je einen I-Stiel abgefangen. Verkleidetes Spornrad. Fahrgestell bei der Gefahr einer Notwasserung absprengbar.
Triebwerk: Ein BMW 132 M luftgekühlter Neunzylinder-Stern-

motor mit 1 × 830 PS Startleistung. NACA-Haube. Dreiflügelige VDM-Verstell-Luftschraube.
Besatzung: 2 Mann in geschlossener Kabine. B-Stand zum Heck hin offen.
Militärische Ausrüstung: 1 × 7,9 mm MG 17 im Übergang zwischen Rumpf und Unterflügel auf der rechten Rumpfseite und 1 × 7,9 mm MG 15 auf Arado-Kurbellafette im B-Stand. Aufhängemöglichkeit für 2 × 250 kg oder 1 × 500 kg Bomben oder 1 × Torpedo oder zwei Zusatzbehälter und 2 × 50 kg Bomben oder elektrisches Nebelgerät oder Lotträger.

Arado Ar 196

Mit 435 während des Krieges gebauten Einheiten war die Arado Ar 196 das erfolgreichste deutsche Seeflugzeug. Es wurde vorwiegend in den ersten Kriegsjahren für Seeaufklärung und zur U-Boot-Jagd herangezogen, war darüber hinaus aber das Standard-Bordflugzeug der deutschen Marine. Bis zu vier Ar 196 wurden auf den Schlachtschiffen mitgeführt. Der erste Prototyp, die *Ar 196 V-1* (D-IEHK), besaß die bekannte Zweischwimmer-Anordnung, einen 1 × 960 PS-BMW 132 K-Sternmotor, der eine zweiflügelige Einstell-Luftschraube trieb, und ein aerodynamisch ausgeglichenes Seitenruder. Die gleiche Ausführung (D-IEHK) erhielt später ein Seitenruder ohne Ausgleichshorn mit Gewichtsausgleich. Die *Ar 196 V-2* (D-IHQI) glich der zweiten Ausführung der V-1. Sie wurde zur Waffenerpro-

56

28. Versuchs-See-Mehrzweckflugzeug Arado Ar 196 V 1

bung herangezogen und diente als Ausgangsmuster für die Serie. Die Serienausführung *Ar 196 A* unterschied sich von der V-2 durch eine verbesserte Ausrüstung und eine dreiflügelige Luftschraube. Sie befand sich ohne nennenswerte Änderungen bis 1943 im Serienbau. 1939 wurden 26 Maschinen, 1940 104, 1941 94, 1942 107 und 1943 wieder 104 Maschinen gefertigt.

Typ: Einmotoriger Bord-Erkunder und Küsten-Aufklärer.
Flügel: Freitragender Tiefdecker. Zweiholmiger Ganzmetallflügel mit Landeklappen zwischen Querruder und Rumpf. Flügel seitlich an den Rumpf anklappbar.
Rumpf: Rumpfgerüst aus geschweißten Stahlrohren, Vorderteil mit tragender Blechhaut beplankt, Hinterteil mit Formspanten und Längsgurten als Formgerüst aufgebaut und mit Stoff bespannt.
Leitwerk: Normal, freitragend. Aufbau aus Metall, Flossen blechbeplankt, Ruder stoffbespannt. Höhenruder einteilig mit im Fluge verstellbarer Trimmklappe. Trimmklappe im Seitenruder nur am Boden verstellbar. Sämtliche Ruder gewichtlich ausgeglichen.
Schwimmwerk: Zwei Ganzmetall-Schwimmer, einstufig, mit Wasserrudern und Katapultbeschlägen. Durch zwei Profilstreben in W-Form (von vorne gesehen) zum Rumpf und Flügel hin abgestützt.
Triebwerk: Ein BMW 132 K luftgekühlter Neunzylinder-Sternmotor mit 1 × 960 PS Leistung. NACA-Haube. Dreiflügelige Holz-Einstellschraube. Kraftstoffkapazität 185 Liter in einem Rumpftank und einem Tank im rechten Schwimmer.
Besatzung: 2 Mann, bestehend aus Pilot und Beobachter, hintereinander in Kabine mit durchgehender Abdeckung.

Militärische Ausrüstung: 2 × 20 mm MG FF in den Flügeln, 1 × 7,9 mm MG 17 auf der Rumpfoberseite hinter der NACA-Verkleidung und 1 × MG 81 Z (2 × 7,9 mm) auf Arado-Kurbellafette im B-Stand. Aufhängevorrichtung für 2 × 50 kg Bomben unter den Tragflächen.

Obwohl sich die beiden ersten V-Muster mit der Zweischwimmer-Anordnung gut bewährten, wurden weitere Versionen mit Zentralschwimmern erprobt, um die beste Lösung für die Hochseetüchtigkeit zu ermitteln. Die erste Version der Zentralschwimmer-Ausführung trug die Bezeichnung *Ar 196 V-3* (D-ILRE). Sie entsprach bis auf den Zentralschwimmer der V-1 in der zweiten Ausführung. Der Zentralschwimmer besaß einen stark gekielten Boden, der in eine flache Stufe auslief. Dahinter war der Schwimmerboden als Verdrängungskiel bis zum spitzen Heck, das ein Wasserruder trug, durchgezogen. Abgestrebt war der Schwimmer mit vier I-Stielen zum Rumpf und zwei umgedrehten V-Stielen zum Flügel. Die beiden stufenlosen Stützschwimmer waren nur schwach gekielt, hingen an N-Streben und waren ebenfalls zum Flügel hin verstrebt. Die *Ar 196 V-4*, die vollkommen der V-3 entsprach, diente wiederum der Waffenerprobung. Eine dritte Zentralschwimmer-Version, die *Ar 196 V-5* (D-IPOD), war das Äquivalent der Ar 196 A-Serienmaschine und gleich dieser mit einer dreiflügeligen Luftschraube ausgerüstet. Die Stützschwimmer besaßen eine verbesserte aerodynamische Formgebung und waren im Gegensatz zu

29. Versuchs-See-Mehrzweckflugzeug Arado Ar 196 V 3 △   30. See-Mehrzweckflugzeug Arado Ar 196 A-2 ▽

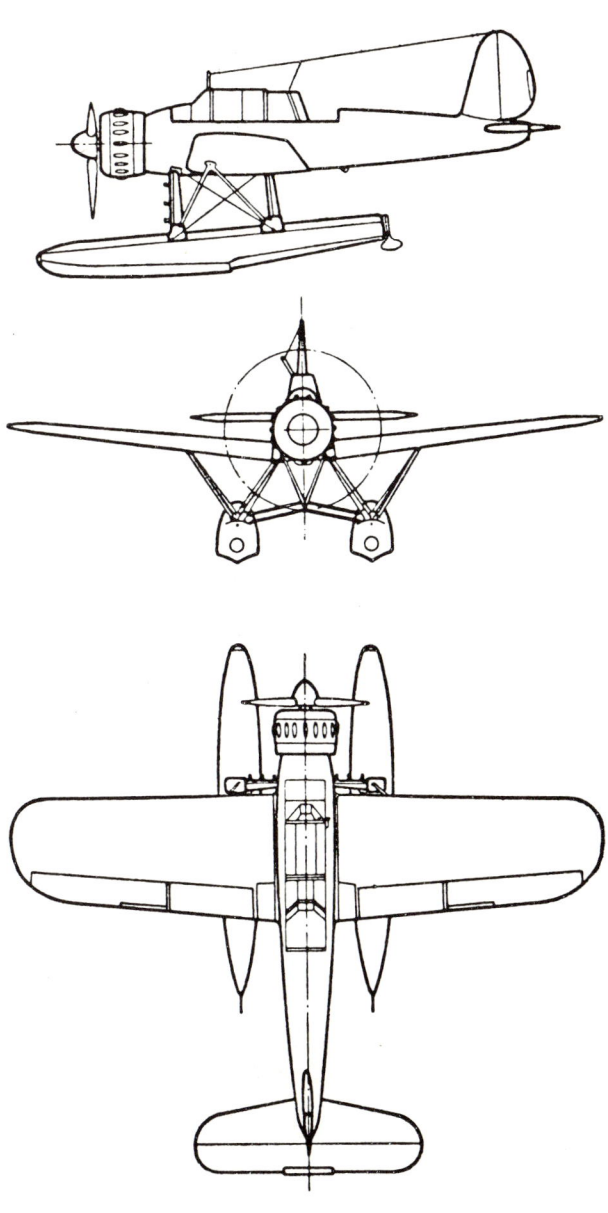

12. Arado Ar 196

denen an der V-3 und V-4 zum Flügel hin verspannt. Bei der Flugerprobung erwies sich sowohl die Zweischwimmer- als auch die Zentralschwimmer-Ausführung als äußerst robust. Es wurde aber der konventionellen Zweischwimmer-Version, obwohl die Zentralschwimmer-Maschinen gewichtlich günstiger lagen und die V-5 sogar die schnellste Version war, der Vorzug gegeben.

Arado Ar 197

Als direkte Ableitung aus der Ar 68 wurde 1937 als Träger-Jagdflugzeug für den im Bau befindlichen Flugzeugträger »Graf Zeppelin« die Ar 197 entwickelt. Die Zelle des einstieligen Doppeldeckers entsprach fast vollkommen der Ar 68. Speziell für den vorgesehenen Verwendungszweck wurde die Ar 197 jedoch mit einem Landehaken ausgerüstet und mit einem absprengbaren Fahrgestell versehen, um bei Notwasserungen die Überschlaggefahr zu verringern. Das erste Versuchsmuster, die *Ar 197 V-1* (D-ITSE), besaß einen 1 × 610 Jumo 210 C-Reihenmotor mit dreiflügeliger Einstell-Luftschraube. Diese Version war unbewaffnet. Die *Ar 197 V-2* (D-IVLE) wurde mit einem BMW 132 J-Sternmotor mit 1 × 815 PS ausgerüstet, besaß ebenfalls eine dreiflügelige Einstell-Luftschraube und flog gleichfalls unbewaffnet. Erstmals voll bewaffnet wurde die *Ar 197 V-3,* die sonst der V-2 entsprach. Diese Version ergab, daß die erreichte Höchstgeschwindigkeit von 400 km/h nicht mehr ausreichte, und die Entwicklung wurde gestoppt.

Typ: Einmotoriges Träger-Jagdflugzeug.
Flügel: Einstieliger Doppeldecker mit N-Stielen. Mittelstück des Oberflügels ebenfalls mit zwei N-Stielen zum Rumpf hin abgestrebt. Ganzmetallaufbau. Querruder im Ober- und Unterflügel, stoffbespannt.
Rumpf: Rumpfgerüst aus geschweißten Stahlrohren, vorne mit Blech beplankt, hinten mit Formspanten und Längsgurten als Formgerüst verkleidet und stoffbespannt.
Leitwerk: Normal. Höhenflossen durch I-Stiele zur Seitenflosse hin verstrebt. Metallaufbau, Flossen blechbeplankt. Ruder stoffbespannt. Gewichtlich und aerodynamisch ausgeglichenes Seitenruder mit am Boden verstellbarer Trimmklappe.
Fahrwerk: Starres Normalfahrwerk. Freitragende Einbein-Federbeine für die verkleideten Haupträder, absprengbar. Verkleidetes Spornrad. Landehaken unter dem Rumpf.
Triebwerk: Ein BMW 132 J luftgekühlter Neunzylinder-Sternmotor mit 1 × 815 PS Startleistung. NACA-Haube. Dreiflügelige Einstell-Luftschraube.
Besatzung: 1 Pilot in geschlossener Kabine mit Schiebehaube.
Militärische Ausrüstung: 2 × 20 mm MG FF (je 60 Schuß im Oberflügel und 2 × 7,9 mm MG 17 auf der Rumpfoberseite hinter der Motorverkleidung. Aufhängevorrichtung für 4 × 50 kg Bomben oder Nebelgerät oder Zusatzbehälter unter dem Rumpf.

Arado Ar 198

Für einen 1937/1938 ausgeschriebenen Konstruktionswettbewerb für einen taktischen Naherkunder entwickelte Arado als Konkurrenz zur Blohm & Voss BV 141 die Ar 198. Diese Maschine war ein freitragender Schulterdecker, dessen Rumpf stark verglast wurde. Im Gegensatz zur BV 141, die bekanntlich vollkommen unsymmetrisch angeordnet war, stellte die Ar 198 ein reines Zweckflugzeug moderner Konzeption in konventioneller Bauweise dar. Trotzdem befriedigte die Maschine nicht, da die Flugeigenschaften nicht den Erwartungen entsprachen. Nur eine einzige Versuchstype, die *Ar 198 V-1* (D-ODLG), wurde 1938 fertiggestellt. Dieses

31. Versuchs-Träger-Jagdeinsitzer Arado Ar 197 V 1 △   32. Versuchs-Träger-Jagdeinsitzer Arado Ar 197 V 3 ▽

Muster wurde später Focke-Wulf übergeben, dort aber ebenfalls nicht weiterentwickelt und dem Luftfahrtmuseum in Berlin übergeben.

Typ: Einmotoriger taktischer Naherkunder.
Flügel: Freitragender Schulterdecker. Zweiteiliger, zweiholmiger Ganzmetallflügel. Gewichtlich ausgelastete Schlitzquerruder mit Trimmklappe. Schlitz-Landeklappen mit Trimmkante zwischen Querruder und Rumpf.
Rumpf: Aufbau des Vorderteils als geschweißtes Stahlrohrgerüst mit formgebender Blechbeplankung. Rumpfhinterteil in Ganzmetall-Schalenbauweise. Stark verglaste Rumpfober- und -unterseite. Windschutz mit den beiden Seitenscheiben aus splitterfreiem Hartglas, sonstige Scheiben aus Plexiglas.
Leitwerk: Normal, freitragend. Aufbau aus Metall, Flossen blechbeplankt, Ruder stoffbespannt. Seitenruder mit Trimmklappe, durchgehendes Höhenruder mit zwei Trimmkanten. Alle Ruder gewichtlich ausgeglichen.
Fahrwerk: Starres Normalfahrwerk. Verkleidete, bremsbare Haupträder an freitragenden Federbeinen, an der Rumpfunterseite angelenkt. Verkleidetes Spornrad.

Triebwerk: Ein BMW-Bramo 323 A luftgekühlter Neunzylinder-Sternmotor mit 1 × 900 PS Startleistung. NACA-Haube. Dreiflügelige Einstell-Luftschraube.
Besatzung: 3 Mann, bestehend aus Pilot, Funker und Beobachter.
Militärische Ausrüstung: 2 × 7,9 mm MG 17 in den Flügeln, 1 × 7,9 mm MG 15 auf Arado-Kurbellafette in B-Stand und 1 × 7,9 mm MG 15 in Linsenlafette im C-Stand. Mitführung eines kleinen oder mittleren Reihenbildgerätes im Rumpf möglich. Aufhängemöglichkeit für 4 × 50 kg Bomben. Die Mitführung eines Torpedos war geplant, wurde jedoch nicht mehr praktisch erprobt.

Arado Ar 199

Die Arado Ar 199 war der Entwurf eines Schulflugzeuges zur fliegerischen Ausbildung kompletter Seeflugzeug-Besatzungen. Für die Pilotenschulung waren deshalb zwei nebeneinanderliegende Sitze vorgesehen, während ein FT-Schüler mit der gesamten Funkausrüstung dahinter Platz fand. Die Maschine ähnelte einer Ar 196, war jedoch aus der Ar 79

33. Versuchs-Nah-Aufklärer Arado Ar 198 V 1

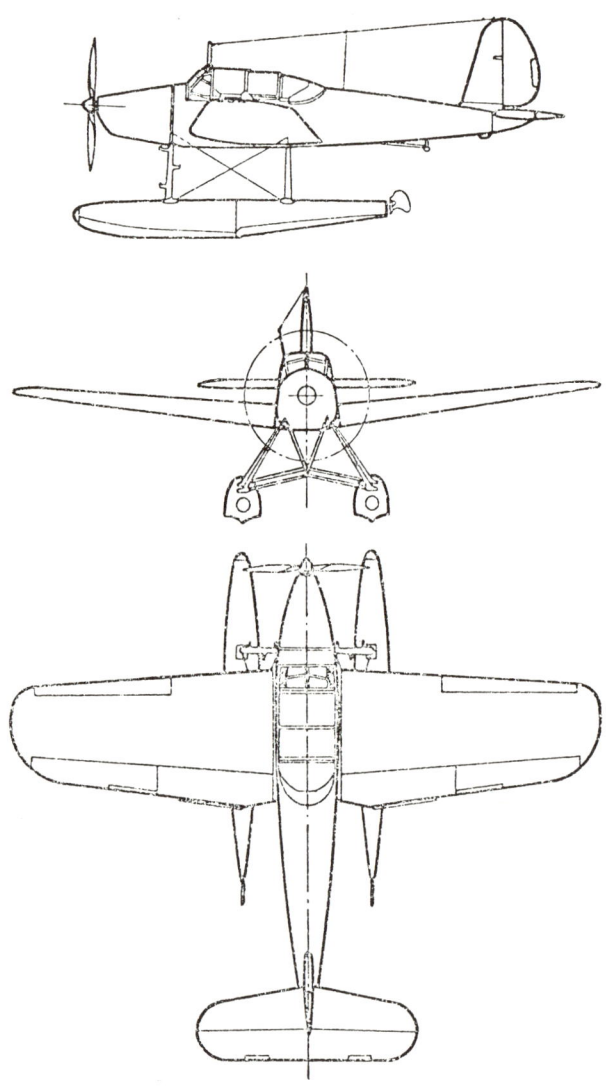

13. Arado Ar 199

Typ: Einmotoriges See-Schul- und Übungsflugzeug.
Flügel: Freitragender Tiefdecker. Zweiteiliger Ganzmetall-Flügel. Querruder mit Trimmklappen. Landeklappen mit Trimmkanten zwischen Querruder und Rumpf. Starre Vorflügel im Bereich der Querruder.
Rumpf: Ganzmetall-Schalenrumpf.
Leitwerk: Normal, freitragend. Metallaufbau, Flossen blechbeplankt, Ruder stoffbespannt. Seitenruder mit einer, einteiliges Höhenruder mit zwei Trimmklappen. Alle Ruder gewichtlich ausgeglichen.
Schwimmwerk: Zwei Ganzmetallschwimmer mit stark gekieltem Bug, der in eine flache Stufe ausläuft. Hinter der Stufe flacher Verdrängungskiel bis zum Heck, das ein Wasserruder trägt. Schwimmer zum Rumpf hin durch umgedrehte W-Stiele (von vorne gesehen) verstrebt. Katapultbeschläge.
Triebwerke: Ein Argus As 410 C luftgekühlter Sechszylinder-Reihenmotor mit hängenden Zylindern und 1 × 450 PS Startleistung. Automatische Argus-Verstell-Luftschraube mit zwei Blättern.
Besatzung: 3 Mann, bestehend aus Pilot und Lehrer vorne nebeneinander mit Doppelsteuer, ein FT-Schüler dahinter.

Arado Ar 231

Von der Marine wurde 1940 für größere U-Boote ein Bord-Erkunder gefordert, um den Sichtradius im aufgetauchten Zustand zu vergrößern. Der Entwicklungsauftrag ging an Arado, die ein kleines und leichtes Zweischwimmerflugzeug, die Ar 231, konstruierten. Die vollkommen seetüchtige Maschine war so zusammenfaltbar ausgeführt, daß sie in eine etwa 2 m Durchmesser großen Druckkammer des U-Bootes untergebracht werden konnte. Infolge einer speziellen Leichtbauweise waren die Einzelteile ohne jedes mechanische Hebezeug mit wenigen Handgriffen von geschulten Kräften in einigen Minuten zu montieren oder zu demontieren. Eine Abwehrbewaffnung war nicht vorgesehen, da sich die Maschine nicht auf Kampfhandlungen einlassen konnte. Die Reichweite betrug normalerweise 500 km, jedoch war es der Ar 231 beim Alarmtauchen des U-Bootes möglich, im Sparflug vier Stunden lang in der Luft zu bleiben. Sechs gleiche Mustermaschinen *Ar 231 V-1 bis V-6* wurden gebaut, dann wurde die Entwicklung abgebrochen, weil es sich zeigte, daß bei schwerem Seegang ab Windstärke 6 die Maschinen nicht ohne Kollision an das U-Boot herangebracht werden konnten. Als Ersatz für diesen leichten Bord-Erkunder wurden einige Boote mit dem Focke-Achgelis Fa 330-Tragschrauber ausgerüstet.

Typ: Einmotoriger U-Boot-Bord-Erkunder.
Flügel: Abgestrebter Hochdecker, Dreiteiliger, zweiholmiger Ganzmetall-Schalenflügel. Außenteile mit Trimmkanten in den Querrudern und Landeklappen, durch I-Stiele zum Rumpf hin abgefangen. Mittelstück über den Rumpf, durch zwei N-Streben gehalten, war so versetzt angeordnet, daß die beiden nach hinten klappbaren Außenflügel im zusammengeklappten Zustand übereinander zu liegen kamen.
Rumpf: Ganzmetallschale mit fester Seitenleitwerksflosse.

entwickelt, allerdings aus Ganzmetall und katapultfähig. Der erste Prototyp, *die Ar 199 V-1,* flog 1939. Zwei weitere ähnliche V-Muster, die *Ar 199 V-2* und *Ar 199 V-3,* wurden gebaut. Sie alle besaßen einen 1 × 450 PS-Argus As 410 C-Motor mit zweiflügeliger Einstell-Luftschraube.

Ar 199 A

Die Serienausführung der Ar 199 A besaß dagegen eine automatische Argus-Verstell-Luftschraube und eine leicht geänderte und vergrößerte Windschutzscheibe. Nur wenige Muster wurden gebaut, da für die Schulung noch genügend veraltete Maschinen zur Verfügung standen.

34. Bord-Aufklärer Arado Ar 199 △

35. Uboot-Bordaufklärer Arado Ar 231 ▽

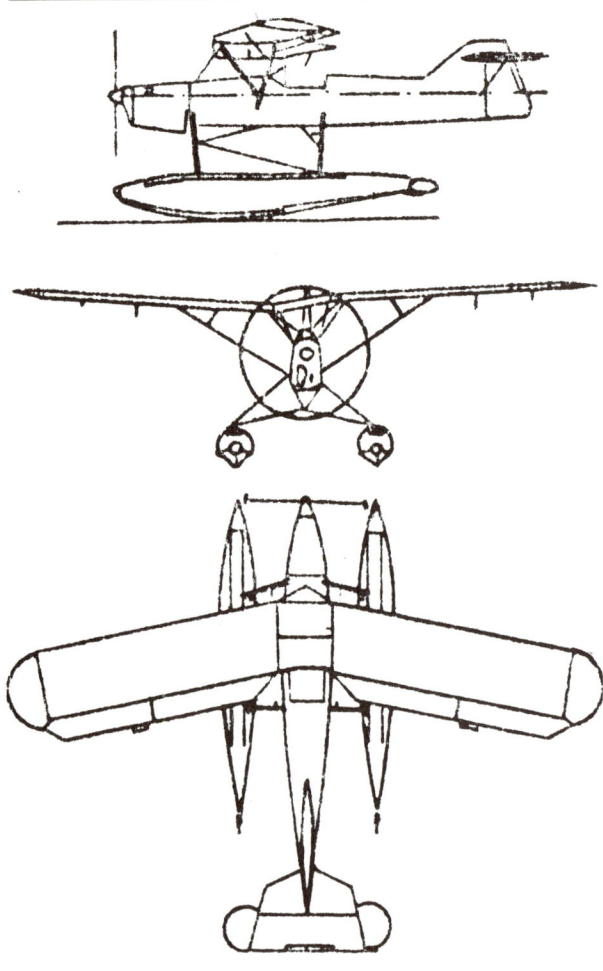

14. Arado Ar 231

Leitwerk: Normal, Ganzmetall. Höhenleitwerk hochgelegt und abgesetzt. Durchgehendes Höhenruder mit Gewichtsausgleich und Ausgleichshörnern. Trimmklappen in sämtlichen Ruderflächen.
Schwimmwerk: Zwei Ganzmetall-Schwimmer, einstufig, mit stark gekieltem Boden und Wasserrudern, am Rumpf hochklappbar.
Triebwerk: Ein Hirth HM 501 A luftgekühlter Sechszylinder-Reihenmotor mit hängenden Zylindern und 1 × 160 PS Startleistung. Starre Zweiblatt-Holzluftschraube von 2,70 m Durchmesser.
Besatzung: 1 Pilot in offener Kabine.
Militärische Ausrüstung: Keine Bewaffnung, jedoch ein FT für Sprech- und Tastverkehr.

Arado Ar 232

Die Ar 232 wurde 1941/1942 als Bindeglied zwischen der Ju 52 als Transportflugzeug und den motorisierten Lasten-

seglern entwickelt. Für jede Art militärischen Ladeguts verwendbar, sollte die Maschine bis in die vordersten Linien geflogen werden können und unabhängig von befestigten Flugplätzen sein. Aus diesem Grunde wurde ein vollkommen neuartiges Fahrgestell entwickelt. Das normale Dreiradfahrgestell bestand aus großen Niederdruckreifen an ölgefederten Kniebeinen. Vollkommen ausgefahren diente es zum Starten und Landen auf befestigten Plätzen. Halb eingezogen lag es in einer Ebene mit 22 kleinen Ballonreifen, die paarweise längs der Rumpfunterseite angebracht waren. Mit diesem Vielradfahrwerk, dessen starre Anordnung der kleinen Räder der Maschine den Namen »Tausendfüßler« einbrachte, gelangen Start und Landung auf unvorbereitetem Gelände. Das Be- und Entladen der Ar 232 erfolgte ebenfalls mit tiefliegendem Rumpf. Der Rumpf war speziell für die Aufnahme großer und sperriger Nutzlast als viereckiger Kasten ohne innere Verstrebungen ausgebildet und lief zum Heck als Röhre aus. Unterhalb des Leitwerkträger-Anschlusses konnte das Kastenheck zum Beladen geöffnet und als Laderampe benutzt werden. Anfang 1942 flog die *Ar 232 V-1,* die mit 2 × 1600 PS-BMW 801-Doppelsternmotoren ausgerüstet war, zum ersten Mal. Sie war noch unbewaffnet. Die *Ar 232 V-2,* die sonst der V-1 entsprach, besaß bereits die später bei der Serienausführung verwendete Abwehrbewaffnung.

Arado Ar 232 A-Reihe
Die Ausführung mit zwei BMW 801-Motoren erhielt die Bezeichnung Ar 232 A. Sie wurde jedoch nur in einzelnen Stücken erstellt, weil die BMW 801 für andere Flugzeuge, speziell für die Fw 190, reserviert wurden.

Typ: Zweimotoriger Militärtransporter.
Flügel: Freitragender Schulterdecker. Dreiteiliger, zweiholmiger Ganzmetallaufbau. Mittelstück, die Motoren tragend, rechteckig. Außenteile trapezförmig. Doppel-Querruder in den Außenteilen. Fowler-Landeklappen im Mittelteil.
Rumpf: Speziell für Frachtzwecke entworfener Kastenrumpf mit viereckigem Querschnitt in Ganzmetall-Schalenbauweise. Im Bug abgeschlossener Besatzungsraum, dahinter Frachtraum ohne innere Ausstrebungen. Belademöglichkeit durch eine Heck-Bodenklappe als Bestandteil der Rumpfverschalung. Hinter der Klappe läuft der Rumpf in ein Ganzmetall-Rohr als Leitwerksträger aus.
Leitwerk: Freitragend. Zweiteiliges, freitragendes Höhenleitwerk mit zwei Seitenleitwerken als Endscheiben. Alle Ruder gewichtlich ausgeglichen und mit Trimmklappen versehen. Metallaufbau mit blechbeplankten Flossen und stoffbespannten Rudern.
Fahrwerk: Einziehbares Dreiradfahrgestell. Haupträder hydraulisch nach innen in die Flügel einfahrbar. Bugrad nach hinten in den Rumpf halb einziehbar. Sämtliche Räder an ölgefederten Knie-Beinen, die in zwei Stellungen zu arretieren sind. Bei der flacheren Stellung liegt der Rumpf zusätzlich auf 22 starren, kleinen Ballonrädern, die paarweise abgefedert unter der Rumpflängsachse angeordnet sind.
Triebwerk: Zwei BMW 801 luftgekühlte Vierzehnzylinder-Doppelsternmotoren mit je 1600 PS Startleistung. Dreiflügelige Verstell-Luftschrauben.

Besatzung: 4 Mann. Abgeschlossener Besatzungsraum mit Vollsicht-
verglasung und Doppelsteuer im Rumpfbug.
Militärische Ausrüstung: 1 × 13 mm MG 131 (500 Schuß) im Bug,
1 × 20 mm MG 151/20 (500 Schuß) in Drehturm auf Rumpfoberseite und 2 × 15 mm MG 151 (je 100 Schuß) im Heck des
Kastenrumpfes.

Arado Ar 232-B-Reihe

Die Bezeichnung Ar 232 B erhielt die Version, die in der Zelle
der Ar 232 A entsprach, jedoch vier BMW-Bramo 323 R-2
anstelle der beiden BMW 801 in der Flügelnase besaß. Die
erste Maschine der B-Reihe flog im Mai 1942.

Triebwerk: Vier BMW 323 R-2 luftgekühlte Neunzylinder-Sternmotoren mit 4 × 1000 PS. Dreiflügelige Verstell-Luftschrauben. Kraftstoffkapazität 2700 Liter.

Arado Ar 432

Um aus den Engpässen in der Leichtmetall-Beschaffung
herauszukommen, wurde eine Version der Ar 232 in
Gemischtbauweise erstellt, die die Bezeichnung Ar 432
erhielt. Tragwerk und Leitwerk bestanden aus Holz, während der Rumpf aus geschweißten Stahlrohren und Leichtmetall aufgebaut war. Die Triebwerksanlage umfaßte wie bei
der Ar 232 B vier BMW-Bramo 323 R-2-Motoren mit
4 × 1000 PS.

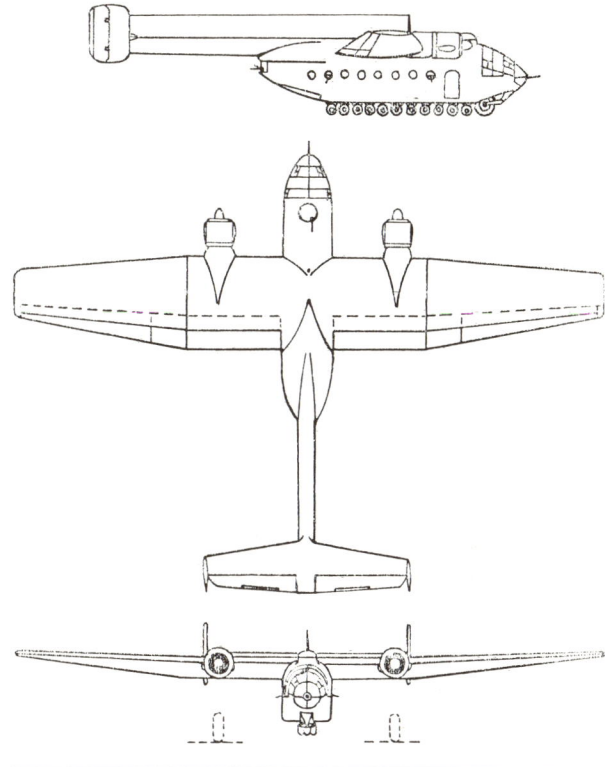

36. Transportflugzeug Arado 232 A ▽   15. Arado Ar 232 A ▷

37. Transportflugzeug Arado Ar 232 B-0

Arado Ar 233

Dieser Entwurf wurde 1940 begonnen und dem Technischen Amt (GL/C 2) vorgelegt. Am 1. Januar 1942 wurde dieses Projekt von GL/CB 2 zugunsten des verbesserten Entwurfs Ar 430 fallengelassen, und die Genehmigung zum Bau eines Versuchsmusters erteilt. Da auch dieses Projekt nicht realisiert wurde, wurde die GL/C-Nummer 430 dann an die Gothaer Waggonfabrik gegeben und für den Entwurf Ka 430 verwendet.

Arado Ar 234

Ende 1940 erließ das Technische Amt der Luftwaffe eine Ausschreibung für einen Hochgeschwindigkeitsaufklärer, der als Antrieb die neuen Strahltriebwerke von Junkers und BMW erhalten sollte. Chefkonstrukteur Walter Blume und der Ingenieur Rebeski der Arado-Flugzeugwerke legten im Frühjahr 1941 verschiedene Entwürfe im RLM vor, von denen der Entwurf E. 370 angenommen wurde. Es handelte sich um einen Schulterdecker in Ganzmetallbauweise mit ungepfeilten Tragflächen, unter denen die Triebwerke aufgehängt waren. Die Zellen der beiden ersten Prototypen Ar 234 V 1 (TG + KB) und V2 (DP + AX) waren bereits im Winter 1941/42 fertiggestellt, mußten aber warten, bis endlich im Februar 1943 die ersten Jumo 004 A-0-Triebwerke betriebsreif waren. Die beiden ersten wurden nach Warnemünde geliefert und dort der Ar 234 V1 angebaut. Da die Konstrukteure der Ansicht waren, daß ein Einziehfahrwerk die Belastung beim Aufsetzen mit hoher Landegeschwindigkeit nicht aushalten würde, hatte man die erste

Ar 234 mit Kufen statt Fahrwerk gebaut. Beim Start sollte die Maschine auf einem Startwagen ruhen, der später abzuwerfen war. Die Landung sollte auf den einziehbaren Kufen erfolgen.

Im Mai 1943 wurde die Ar 234 V1 demontiert und nach Rheine gebracht. Am 15. Juni 1943 startete Flugkapitän Selle zum Erstflug. Nach dem Start gab es die erste Panne: Der Startwagen zerbrach beim Aufprall nach dem Abwurf. Ein zweiter Startwagen erlitt dasselbe Schicksal. Jetzt entschied man sich, den Startwagen unmittelbar nach dem Start aus 60 m Höhe abzuwerfen — mit Erfolg. Ar 234 V2 konnte auch in das Erprobungsprogramm eingeschaltet werden, das nunmehr störungsfrei lief.

Am 25. August 1943 startete die Ar 234 V3 (DP + AW) zum Erstflug, sie sollte Prototyp der geplanten A-Serie werden. Sie hatte Jumo 004 A-Turbinen und war bereits mit Schleudersitz und Druckkabine ausgestattet. Sie ging durch Bruch bei der Erprobung verloren. Ihr folgte die Ar 234 V4, die der V3 sehr ähnlich war. Die V5 zeigte bereits die verbesserten Jumo 004 B-Triebwerke, und sie absolvierte ihren Erstflug am 20. Dezember 1943.

Als Ergänzung zu den bisher zweistrahligen Ar 234 wurden die Ar 234 V6 (GK + IW) und Ar 234 V8 (GK + IY) mit vier BMW 003 gebaut. Hierbei waren bei der V6 die Turbinen einzeln unter den Tragflächen aufgehängt, während sie sich bei der V8 in Zwillingsgondeln befanden. V6 hatte ihren Erstflug am 8. April 1944 und führte mehrere Flüge durch. Die Versuche mit der V8 mußten dagegen eingestellt werden, da es sich als unmöglich erwies, die Schubkraft der Triebwerke voll auszunutzen, weil in diesem Fall schwere Schock-

38. Versuchs-Strahlflugzeug Ar 234 V 1 auf Startwagen △   39. Versuchs-Strahlflugzeug Ar 234 V 3. Start mit R-Geräten ▽

wellen zwischen Rumpf und Triebwerksgondeln auftraten.

Letzte Maschine der A-Serie war die Ar 234 V7 (GK + IX), die aber bereits bei einem der ersten Erprobungsflüge abstürzte, wobei Flugkapitän Selle getötet wurde. Nach einem Höhenflug stürzte er in der Landekurve mit brennenden Turbinen ab. Man vermutete, daß die Quersteuerung durch den Turbinenbrand beschädigt worden war.

Die Erprobungen hatten gezeigt, daß es unmöglich war, die Ar 234 mit Startwagen frontreif zu machen. So ging man daran, den Rumpf zu verstärken und ein Bugradfahrwerk einzubauen. Die neue Ausführung mit Einziehfahrwerk wurde als Ar 234 B bezeichnet. Musterflugzeug der B-Serie wurde die Ar 234 V9 (PH + SP), die am 10. März 1944 ihren Erstflug hatte. Sie war bereits mit den verbesserten Jumo 004 B-1-Triebwerken ausgerüstet. Außerdem hatte sie Schleudersitz und Druckkabine.

Bereits die nächste Maschine Ar 234 V10 (PH + SQ) diente der Erprobung als Bomber. Sie war mit dem BZA-Bombenvisier ausgerüstet und hatte zwei ETC 500 unter den Turbinengondeln. Ar 234 V11 (PH + SR) sowie die ähnlichen V15 und V17 dienten zur Erprobung der BMW 003-

67

40. Versuchs-Strahlflugzeug Ar 234 V 6 auf Startwagen △   41. Versuchs-Strahlflugzeug Ar 234 V 8 auf Startwagen ▽

Triebwerke. Zur Schubregulierung mußten diese aber die Geräte der Jumo 004-Turbine verwenden. Das Problem des Wiederanlassens im Fluge konnte bei BMW 003-Turbinen nicht gelöst werden.

Ar 234 V12 und V14 entsprachen weitgehend V10, während V13 vier BMW 003 erhielt, die ähnlich wie bei V8 aufgehängt waren. V13 flog im August 1944 zum ersten Mal. Sie kann als Vorgänger der V19 und der vierstrahligen C-Serie angesehen werden.

Die Serienprodüktion war weitgehend dezentralisiert worden, die Endmontage für die Serienfertigung der ersten 20 Ar 234 B-0 befand sich in Alt-Lönnewitz in der Nähe von Falkenburg an der Elster, nahe der deutsch-tschechischen Grenze. Dort startete die Ar 234 B-01 am 8. Juni 1944 zum ersten Mal vor einem geladenen Publikum. Der erste Flug, der von Flugkapitän Joachim Karl — dem Nachfolger Selles — durchgeführt wurde, mußte wegen Schwierigkeiten im Instrumentensystem abgebrochen werden. Es gelang aber, die Störung zu beheben. Danach erfolgte eine einwandfreie Flugvorführung.

Dreizehn Ar 234 B gingen zur Truppenerprobung nach Rechlin. Hier fand am 17. Juni 1944 ein Vergleichsfliegen zwischen einer serienmäßigen Me 262 A-1a und einer der neuen Ar 234 B-0 statt.

Die erste wirkliche Serienausführung war der Fernaufklärer Ar 234 B-1. Bei dieser war die Kamera-Ausstattung im hinteren Rumpfteil untergebracht. Sie bestand aus zwei Rb 75/30, zwei Rb 50/30, einem Rb 75/30 und einem Rb 20/30 oder einem Rb 50/30 und einem 20/30. Außerdem war die Maschine mit dem PDS-3-Achsen-Autopilot der Firma Patin ausgerüstet.

Ihr folgte die Ar 234 B-2 als Bomber. Dieser hatte zusätzlich zur PDS noch ein LKS 7D-15-Kontrollgerät, so daß der Pilot während des Fluges seinen Steuerknüppel loslassen konnte und sein Bombenzielgerät Lotfe 7K bedienen konnte. Für Sturzangriffe stand ein BZA-Rechner mit Periskop-Visier RF2C zur Verfügung. Das Periskop konnte auch als Visier für die beiden MG 151/20 im Heck der Maschine verwendet werden. Die maximale Bombenlast betrug 1 500 kg. Obwohl die Jumo 004-Triebwerke, die ja nicht voll ausgereift waren, nicht immer zuverlässig arbeiteten, war die Ar 234 ein ausgesprochen gutmütiges Flugzeug mit angenehmen Flugeigenschaften. Die errechneten Flugleistungen wurden in allen Punkten erreicht, teilweise übertroffen. Selbst bei Bahnneigungsflügen mit 980 km/h blieb die Maschine vollkommen ruhig und gut steuerbar. Die Ar 234 B flog in 6 000 m Höhe mit 780 km/h und stieg in sechs Minuten auf 8 000 m Höhe.

Die ersten Frontflüge wurden durch Ar 234 V5 und V7 im Juli 1944 durchgeführt. Beide Maschinen wurden der 1. Staffel des Versuchsverbandes des Oberbefehlshabers der Luftwaffe zugeteilt, die in Juvincourt bei Reims stationiert war. Vorbereitung und Auswertung der Luftbildgeräte und -aufnahmen wurde bei der Fernaufkl.Gr. 123 und bei der

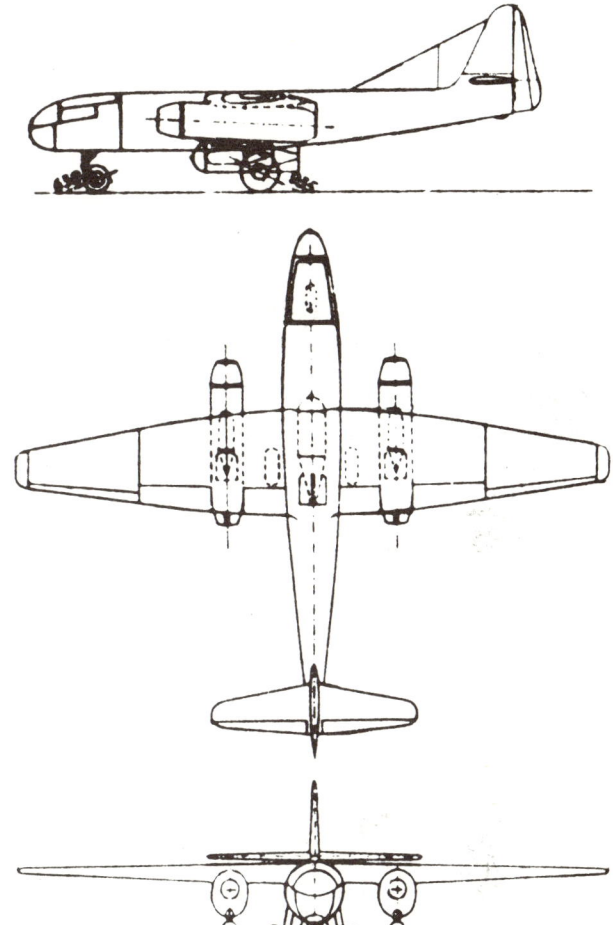

15 A. Arado Ar 234 B-2 △

42. Strahlbomber Ar 234 V 9 (B-2) ▽

43. Strahl-Aufklärer Arado Ar 234 V 17 (B-0) △

44. Strahlbomber Arado Ar 234 B-2 ▽

I./(F)121 durchgeführt. V5 war bis Ende August 22 Stunden im Einsatz, V7 24. Die Arbeit verlief absolut befriedigend. Die Piloten konnten, obwohl unbewaffnet, mit Hilfe ihrer überlegenen Geschwindigkeit jedem Feindjäger entkommen. Am 27. Juli verlegte der Verband nach Chievres und am 5. September nach Rheine. Dort kamen noch zwei Ar 234 B hinzu.

Von Rheine aus wurden bis 1. November 1944 24 Aufklärungsflüge mit Ar 234-B-1 durchgeführt. Dabei wurden von alliierten Jägern wiederholt Versuche gemacht, die Ar 234 abzuschießen, die die britische Ostküste laufend überwach-

ten, weil von deutscher Seite eine amphibische Invasion Hollands befürchtet wurde. Seit September war in Rheine noch das »Sonderkommando Götz«, das über vier Ar 234 verfügte, darunter V6 und V8, die von dort aus erprobt wurden. Ende November wurden noch zwei Aufklärungseinheiten aufgestellt, Sonderkommando »Hecht« mit einer Ar 234 B-1 und Sonderkommando »Sperling« mit fünf. Jm Januar 1945 entstand aus diesen drei Verbänden die 1.(F)/100 des Luftwaffenkommandos West. Dazu kamen kurze Zeit darauf noch die 1.(F)/123 und in Dänemark die 1.(F)/33, die später nach Stavanger verlegt wurde. Von hier

45. Versuchs-Strahlflugzeug Arado Ar 234 V 21 (C-3) △   46. Versuchs-Strahl-Aufklärer Arado Ar 234 V 13 (C-0) ▽

aus flog am 10. April 1945 eine Ar 234 B-1 den letzten Aufklärungsflug der Luftwaffe gegen England bzw. Nord-Schottland.

Im November wurde in Alt-Lönnewitz die II./KG 76 von Ju 88 auf Ar 234 B-2 umgerüstet. Die 6./KG 76 flog einige Bombereinsätze während der Ardennen-Offensive im Winter 1944/45. Im Januar wurden auch die I. und III./KG 76 eingesetzt. Ab Februar 1945 flog die III./KG 76 Einsätze im Raum Kleve. Die Stabsstaffel lag in Achmer, die 6. Staffel in Hopsten und der Rest der Gruppe in Rheine. Eine Maschine dieser Gruppe fiel durch Triebwerkbrand fast unbeschädigt

bei Segelsdorf in alliierte Hände. Die weiteren Operationen von Aufklärern und Bombern standen immer mehr unter dem Druck des Treibstoffmangels und erloschen im Laufe des März und April 1945 ganz.

Auf die Entwicklung vierstrahliger Ar 234, wie V6 und V8, wurde bereits hingewiesen. Die endgültige Form der vier-strahligen C-Serie wurde aber erst bei der Ar 234 V19 gefunden, die ihren Erstflug am 30. September 1944 absol-vierte. Ihr folgte die V20, die bereits Druckkabine und Doppelverglasung hatte. Sie stellte den Prototyp der C-1-Serie dar. Tatsächlich in Serie ging aber erst die Ar 234 C-3,

71

deren Prototyp die Ar 234 V21 war. Diese Maschine verfügte über eine Bewaffnung von zwei starren MG 151/20 unter dem Rumpfbug und zwei weiteren, rückwärts feuernd, unter dem Heck. Als Bombenträger dienten ETC 504 unter dem Rumpf und den Triebwerksgondeln. Weitere Prototypen der C-3-Serie waren V22, V23, V24 und V25. Ar 234 C-4 war die Aufklärerversion der C-3 und trug mehrere Rb-Kameras verschiedener Typen wie B-1. Bisher waren alle Ar 234 Einsitzer. Erste zweisitzige Maschine wurde die Ar 234 V28, als Musterflugzeug für die geplante C-5-Serie. C-6 sollte dann der entsprechende Aufklärer werden.

Gegen Ende des Krieges waren dann noch V31 bis V40 im Bau als Prototypen der D-Serie. 14 Ar 234 C-0 und C-1 wurden noch fertiggestellt, kamen aber nicht mehr zum Einsatz. V26 und V30 waren weitere Musterflugzeuge der C-Serien. Von der C-Serie waren C-3N und C-7 als Nachtjäger geplant, aus der dann die Ar 234 P als Serien-Nachtjäger entstehen sollte. Tatsächlich ist aber wahrscheinlich nur eine einsitzige Ar 234 B-1 als Nachtjäger eingesetzt worden. Die Maschine erhielt unter dem Bug ein kleine Wanne mit zwei MG 151/20. Sie wurde versuchsweise bei der Nachtjagd im Raum Berlin eingesetzt und war in Oranienburg stationiert. Ein Oberfeldwebel hat mit dieser Maschine in mehreren Einsätzen englische Viermotorer im Winter 1944/45 abgeschossen. Mit der Ar 234 sollten noch mehrere Versuche mit gepfeilten und Laminarprofil-Flügeln durchge-

führt werden. Hierfür waren Ar 234 V16, V18, V26 und V30 vorgesehen. Alle diese Versuchsmaschinen wurden zerstört, um sie nicht in alliierte Hände fallen zu lassen.

Arado Ar 240

Bereits 1938 wurde mit den Projektarbeiten an einem überschnellen zweimotorigen Zerstörer, der auch als Schnellbomber, Aufklärer und Nachtjäger Verwendung finden konnte, begonnen. 1939 starteten die Entwicklungsarbeiten unter der Bezeichnung Ar 240 als Konkurrenz zu den nach der gleichen Ausschreibung in der Entwicklung befindlichen Me 210 und He 219. Für die Ar 240 waren Triebwerke mit Höhenlader vorgesehen und die Leistungssteigerungen in einer für Kolbenmotorflugzeuge höchstmöglichen Extreme durchgeführt. Das Endprodukt war ein Flugzeug, welches mit einer errechneten Höchstgeschwindigkeit von 700 km/h weitaus das schnellste werden würde. Diese phantastische Leistung wurde allerdings durch eine Überzüchtung erkauft, die einige Probleme mit sich brachte. An erster Stelle stand die hohe Flächenbelastung von 300 bis 400 kg/m², die die Landeeigenschaften stark beeinflußte. Um zu einer annehmbaren Landegeschwindigkeit zu kommen, entwickelte Arado zweiteilige Fowlerklappen großer Tiefe, die bei Ar 80 und 198 erprobt wurden.

47. Versuchs-Mehrzweckflugzeug Arado Ar 240 V 3

V-1 machte den Erstflug Juni 1940, sie war mit Fallschirm-
bremse ähnlich Do 217 ausgerüstet, hatte aber keine Bewaff-
nung.
V-2-Erstflug August 1940. Hatte starre Bewaffnung von zwei
MG 151/20 und 2 MG 17.
V-3 hatte als erste Maschine ferngesteuerte FDL 131 Z.
Führerraum vorverlegt, Sturzflugbremse entfiel. Sie wurde
als Aufklärer an der Kanalküste eingesetzt.
V-4 erhielt wieder Sturzflugbremsen und wurde als erste
Maschine mit DB 603 A, je 1750 PS, ausgerüstet.
A-0-Vorserie wurde Herbst 1942 geliefert, sämtlich als
Aufklärer. Fünf Maschinen beim Eismeergeschwader im
Einsatz, eine Maschine bei der 2./Aufkl.Gr. 122 in Italien.
Alles in allem wurden nur etwa 15 Maschinen gebaut.

Arado Ar 240 A-Reihe
Die A-Reihe war als Zerstörer vorgesehen und sollte entweder 2 × 1475 PS DB 605 oder 2 × 1750 PS DB 603-Motoren
erhalten. Die hierfür vorgesehenen Ringkühler wurden zur
Leistungssteigerung so minimal dimensioniert, daß für den
Start am Fahrwerk Zusatzkühler angebracht waren. Da
jedoch nach der Fertigstellung der ersten Zelle noch keine
stärkeren Daimler-Benz-Triebwerke zur Verfügung standen,
wurde die *Ar 240 V-1* mit 2 × 1150 PS DB 601 A ausgerüstet.
Die Bewaffnung bestand aus 4 × 15 mm MG 151, je zwei in
der Rumpfnase und zwei in den Flügelwurzeln. Neuartig war
die ferngesteuerte rückwärtige Abwehrbewaffnung, die je
einen Drehturm auf der Rumpfober- und -unterseite umfaßte. Diese Türme (FDL 81 Z) waren je mit 1 × MG 81 Z (je
2 × 7,9 mm) bestückt und wurden durch ein Periskop-Visier
mit Kraftmomenten-Verstärker bedient. Die Erprobung mit
der V-1 und der inzwischen erstellten *Ar 240 V-2,* die der V-1
entsprach, begann im Herbst 1940.

Ar 240 A-0
Auch die Vorserie der A-Reihe mußte mit anderen Triebwerken, als ursprünglich vorgesehen, in die Fertigung gehen. Bei
den sechs gebauten Maschinen Ar 240 A-0 kamen 2 × 1440
PS-BMW 801 J-Doppelsternmotoren zum Einbau. Sie wurden später über England und der Sowjetunion als schnelle
Aufklärer eingesetzt. Für diesen Zweck fanden zwei Kameras
in den Motorengondeln Platz. Teilweise wurden bei den
Mustern die Sichthauben für den Beobachter durch langgest-
reckte Verkleidungen ersetzt, wodurch, in Verbindung mit
den fortfallenden B- und C-Stand-Türmen, eine wesentliche
Geschwindigkeitserhöhung erzielt wurde.

Arado Ar 240 B-Reihe
Die Erprobung mit den Maschinen der A-Reihe hatten eine
unbefriedigende Stabilität um die Längsachse gezeigt. Der
Grund war das Flügelprofil mit 40 % Dickenrücklage, durch
das die Querruder zu kurz und gedrungen und in der
Wirkung nicht ausreichend waren. Um diesen Mangel zu
beheben, waren am Flügel der B-Reihe entsprechende Maßnahmen ergriffen worden. Weiterhin besaß diese Ausfüh-

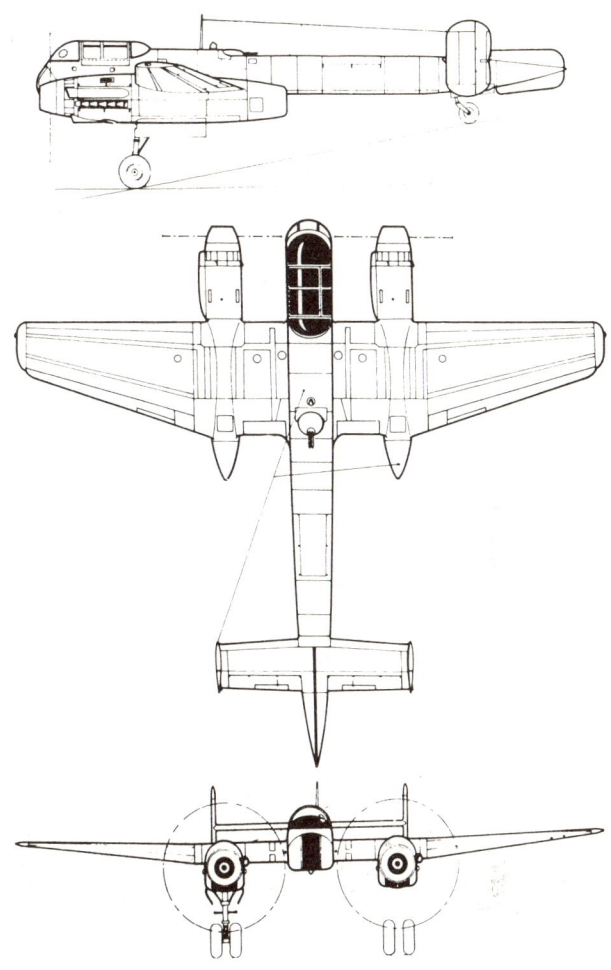

15 B. Arado Ar 240

rung, die sonst analog der A-Reihe war, erstmals eine
Druckkabine. Sie bestand aus statischen Gesichtspunkten
aus zwei Halbkreisen, die in einem gemeinsamen stabilen
Längsgurt ausliefen. Die äußere Form war aerodynamisch
gut durchgebildet, zumal die Verglasung ohne viele Spante
der Rumpfform angepaßt war. Zwischen den Scheiben der
Doppelverglasung befand sich eine Warmluftheizung. Das
erste Versuchsmuster der B-Reihe war die *Ar 240 V-3,* die
später zur Ar 440 V-1 umgebaut wurde. Sie besaß ebenfalls
noch 2 × 1150 PS DB 601 A und die Bewaffnung der V-1. Die
Ar 240 V-4 entsprach vollkommen der Ar 240 V-3. In Serie
wurde die B-Reihe nicht genommen.

Arado Ar 240 C-Reihe
Um die Instabilität um die Längsachse vollkommen zu
beheben, erhielten die Maschinen der C-Reihe einen neuen

73

Flügel mit geringfügig vergrößerter Spannweite und einem neuen Profil. Diese Muster waren speziell als Jagd-Aufklärer ausgelegt, gingen aber ebenfalls nicht in Serie. Die wenigen gebauten V-Muster wurden der Truppe übermittelt und flogen über England zu einem Zeitpunkt noch Aufklärung, als dies keinem anderen Flugzeug dieser Zeit mehr möglich war. Die *Ar 240 V-5* besaß noch 2 × 1175 PS DB 601 E, jedoch die *Ar 240 V-6*, *Ar 240 V-7* und *Ar 240 V-8* erhielten erstmals den wesentlich stärkeren DB 603 A mit 2 × 1750 PS. Mit diesen Triebwerken erreichten die Maschinen 675 km/h in 7000 m Höhe und sogar 730 km/h mit Wasser-Methanol-Einspritzung.

Typ: Zweimotoriger Jagd-Aufklärer.
Flügel: Freitragender Tiefdecker. Dreiteiliger, zweiholmiger Ganzmetallflügel nach dem Baukastensystem aus Nasen-, Holm- und Endkasten zusammengesetzt. Mittelteil rechteckig mit zweiteiligen Fowler-Klappen großer Tiefe. Außenteile trapezförmig mit gerader Vorderkante.
Rumpf: Ganzmetallschale mit ovalem Querschnitt vorne, in einen Kreis auslaufend, mit im Heck eingebauter verstellbarer Sturzflug-bremse und Stabilisierungsflächen. Druckkabine im Bug.
Leitwerk: Freitragendes Höhenleitwerk mit zwei Seitenleitwerken als Endscheiben. Ganzmetall-Aufbau. Sämtliche Ruder mit Gewichtsausgleich und Trimmklappen.
Fahrwerk: Einziehbares Normalfahrwerk. Jedes Hauptfahrgestell besteht aus einem Federbein mit zwei nebeneinander angeordneten Rädern. Das Einziehen erfolgt hydraulisch nach hinten in die Motorengondeln. Nach hinten in den Rumpf einfahrbares Sporn-rad.
Triebwerk: Zwei Daimler-Benz DB 603 A luftgekühlte Zwölfzylinder-Λ-Motoren mit 2 × 1750 PS Startleistung. Dreiflügelige Verstell-Luftschrauben. Acht Kraftstofftanks im Flügel, einer im Rumpf. Kraftstoffkapazität 2750 Liter.
Besatzung: 2 Mann, bestehend aus Pilot und Navigator/Schütze, Rücken an Rücken in einer Druckkabine im Rumpfbug.
Militärische Ausrüstung: 6 × 15 mm MG 151 starr nach vorne (zwei im Bug, zwei in den Flügelwurzeln und zwei in Wanne unter Rumpf). Zwei ferngesteuerte Drehtürme EDL 131 Z mit je 2 × 13 mm MG 131 im B- und C-Stand. Zwei Kameras in den Steißen der Motorengondeln. Bombenschlösser für 1 × 1000 kg Bombe unter dem Rumpf. Zusätzlich konnten zwei weitere Schlösser für je 500 kg unter den Flächen angebracht werden.

Die letzte Version der Ar 240 war die Versuchstype *Ar 240 V-10*, ein Nachtjäger mit 2 × 2400 PS-Jumo 213-Motoren.

Arado Ar 340

1939 wurde vom Technischen Amt des RLM das Entwicklungsprogramm »Bomber B« ausgeschrieben, mit dem Ziel, bis 1943 eine Einführung wesentlich leistungsstärkerer Ablösungen der Ju 88 und Do 217 zu ermöglichen. Die Ausschreibung lautete auf einen zweimotorigen mittleren Bomber. Auf eine zweimotorige Auslegung wurde besonderer Wert gelegt, hauptsächlich der Forderung nach Sturzflugfähigkeit wegen, zum anderen aber auch aus einsatztaktischen Gründen. Für die geforderten Flugleistungen, einer Höchstgeschwindigkeit

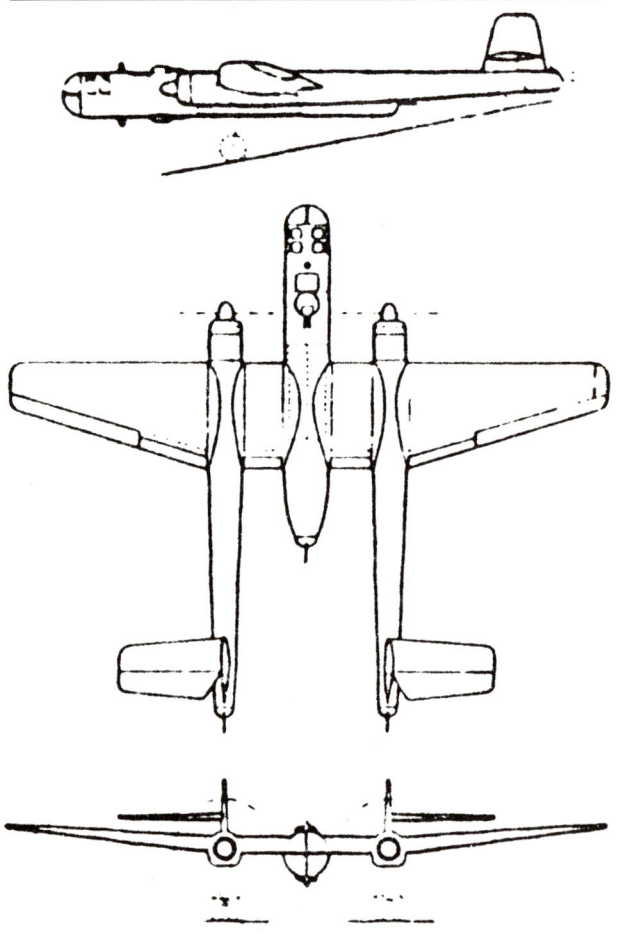

16. Arado Projekt Ar 340

von 600 km/h in 7000 m Höhe und einer Reichweite von 3600 km bei 2000 kg Nutzlast und einer Nutzlast von 6000 kg bei Kurzstrecken, kam nur der Einbau überschwerer Triebwerkseinheiten für eine zweimotorige Ausführung in Frage. Zu dem Zeitpunkt der Ausschreibung waren drei deutsche Flugmotoren in der Entwicklung, die über 2000 PS leisten sollten, der DB 604, der BMW 802 und der Jumo 222. Da der Jumo 222 bereits 1939 seine Probeläufe absolvierte und man mit einer Serienfertigung in spätestens zwei Jahren rechnete, wurden sämtliche Entwürfe für den »Bomber B« für dieses Triebwerk ausgelegt. Der Entwicklungsauftrag ging an die Firmen Arado, Dornier, Focke-Wulf und Junkers. Während Dornier mit der Do 317 B, Focke-Wulf mit der Fw 191 und Junkers mit der Ju 288 bei konventionellen Entwürfen blieben, entschied sich Arado für eine förmliche Weiterentwicklung des 1936 entstandenen Kampfflugzeug-Projektes Ar E 500 mit einer zentralen Rumpfgondel und zwei Leitwerksträgern mit je einem halben Höhenleitwerk. Diese

Anordnung wurde gewählt, weil die Ausschreibung als Abwehrbewaffnung fernbediente Waffenstände nach vorne, nach hinten oben und nach hinten unten vorschrieb. Bei der Ar 340 bestand die Abwehrbewaffnung aus einem Heckstand am Ende der Rumpfgondel, der infolge der Leitwerksträger und der einseitigen Höhenleitwerke ein freies Schußfeld nach hinten besaß. Weitere Stände befanden sich auf und unter dem Rumpf. Dazu waren noch zwei weitere Stände im Heck der Leitwerksträger projektiert. Die Betätigung sollte durchweg über bei Arado entwickelten Periskopvisieren geschehen, die später bei der Ar 240 verwendet wurden. Ausgerüstet sollten die Stände entweder mit Zwillings-MG 131 oder Kanonen MG 151/20 werden. Für die vierköpfige Besatzung war am Bug der Rumpfgondel eine vollverglaste Druckkabine vorgesehen. Die Ar 340 mußte, wie auch die Ju 288, vom Entwicklungsprogramm abgesetzt werden, da seitens des RLM (Staatssekretär Milch) trotz einer Intervention von Prof. Mader, Prof. Hertel und Dipl.-Ing. Zindel im Jahre 1941 die Dringlichkeit der Entwicklung des Jumo 222 und die Zurverfügungstellung der erforderlichen Rohstoffe abgelehnt wurde. Die Entwicklung des Jumo 222 wurde ab 1941 nur noch nebenbei weitergeführt.

Arado Ar 430

Im Jahre 1940 wurde unter der Entwicklungsbezeichnung *Ar 233* ein Amphibium für Bedarfsflüge, Reiseverkehr und Kurierdienste projektiert, welches nach erteiltem Bauauftrag die RLM-Bezeichnung Ar 430 zugewiesen bekam. Der Entwurf war speziell für den Export nach Ländern mit ausgedehnten Küstengebieten, Seen oder großen Flüssen, die dem Verkehr noch wenig erschlossen waren, ausgelegt. Besonders wurde an Afrika und die Länder Südosteuropas, soweit sie an den Küsten des Mittelländischen und Schwarzen Meers lagen, gedacht. Für die vorwiegende Verwendung in warmen oder sogar tropischen Regionen wurde der Ganzmetallbau obligatorisch. Als zusätzliche Tropenausrüstung sollte der Einbau einer Klimaanlage für die Kabine zum Standard werden. Mit einem Modell des Rumpfbootes wurden 1941 im Hamburger Wasserkanal Spritzwasserversuche unternommen. 1942 wurde der fertige Entwurf der Firma Dewoitine in Paris zur Durchkonstruktion und Herstellung übergeben. Dewoitine schloß 1942 die Wasserversuche im Pariser Wasserkanal ab und erstellte eine Attrappe des Amphibiums in natürlicher Größe. Obwohl für die Serienausführung 2 × 1000 PS BMW-Bramo 323 R-2-Sternmotoren vorgesehen waren, wurde der Prototyp *Ar 430 V-1* mit 2 × 700 PS Gnôme-Rhône 14 M-Triebwerken in Angriff genommen. Die endgültige Fertigstellung dieser Mustermaschine wurde 1944 durch die Kriegsereignisse verhindert.

Typ: Zweimotoriges Amphibium für Reise- und Kurierzwecke.
Flügel: Freitragender Schulterdecker. Dreiteiliger, einholmiger Aufbau in Ganzmetall-Schalenbauweise. Spalt-Landeklappen im V-förmigen Flügelmittelstück und in den Flügelaußenteilen bis zu den Querrudern. Schlitzquerruder können zum Starten und Landen mit den Klappen in einer Abwärtsstellung fixiert werden. Flügelnasenbeheizung zur Enteisung.
Rumpfboot: Zweistufen-Boot mit stark gekieltem Bug, in eine flache Querstufe übergehend. Dahinter in eine spitze Schneide auslaufend Verdrängungskiel. Schalenbauweise in Ganzmetall.
Leitwerk: Freitragend, normal. Ganzmetall-Schalenbauweise. Seitenruder mit Trimmklappe. Alle Ruder gewichtlich ausgeglichen.
Schwimmwerk: Zwei Ganzmetall-Stützschwimmer, nach innen in die Motorengondeln einziehbar.
Fahrwerk: Einziehbares Dreiradfahrwerk. Haupträder mit Faltmechanismus am Rumpfunterteil angelenkt. Beim Einziehen legten sich mit einer Abdeckung versehenen Streben an die Rumpfseitenwände, während die Räder in das Flügelmittelstück gelegt wurden. Bugrad nach hinten in den Rumpfbug einziehbar.
Triebwerk: Zwei Gnôme-Rhône 14 M luftgekühlte Vierzehnzylinder-Doppelsternmotoren mit 2 × 700 PS Startleistung. Kraftstoffkapazität 675 Liter, untergebracht in vier Flügelnasenbehältern (Sackbehältern), zwei im Flügelmittelteil, je einer in den Außenflügeln.
Besatzung: 2 + 8 (max. 10) Passagiere in klimatisierter Kabine mit Toilette.

Arado Ar 440

Im Rahmen des Jäger-Beschaffungsprogrammes wurde 1943/44 das Mehrzweckflugzeug Ar 240 zu einem rein zweckbestimmten Höhenjäger Ar 440 weiterentwickelt. Grundsätzlich wurde eine radikale Entfeinerung vorgenommen, der die gesamte Abwehrbewaffnung zum Opfer fiel. Die Gewichts- und und Widerstandsersparnis durch den Fortfall der ferngesteuerten Türme im B- und C-Stand kam der Geschwindigkeit zugute. Ebenfalls wurde grundsätzlich auf den Einbau von Aufhängevorrichtungen für Außenlasten verzichtet. Dagegen wurde die Offensiv-Bewaffnung verstärkt. Der Rumpfbug erfuhr eine Verkürzung und war nicht mehr verglast. Dafür rückte der als Druckkabine ausgebildete Führersitz zurück. Abgedeckt waren die beiden Sitze durch eine allseits runde Schiebehaube mit Notabwurf. Das Rumpfhinterteil wurde bei der Ar 440 als Schirmbremse, die als Fahrtbremse bei Kampfhandlungen dienen sollte, ausgebildet. Der Flügel glich dem der Ar 240 C. Die erste Mustermaschine, die *Ar 440 V-1,* entstand aus einem Umbau der Ar 240 V 10 und besaß 2 × 1750 PS DB 603 G. Einige wenige weitere V-Muster wurden noch fertiggestellt und in Rechlin erprobt. Ende 1944 wurde der Serienauftrag zurückgezogen, da sämtliche zweimotorigen Jäger mit Kolbentriebwerken in der Produktion gestoppt und die versiegenden Rohstoffe der Strahlflugzeugfertigung zugewiesen wurden. Von den gebauten Maschinen der Ar 440 kam keine einzige zum Einsatz.

Typ: Zweimotorige Höhenjäger.
Flügel: Freitragender Tiefdeckerflügel analog dem der Ar 240 C.
Rumpf: Ganzmetallschale, im Aufbau dem der Ar 240 angeglichen. Rumpfsteiß als Schirmbremse ausgebildet. Über dem Flügel liegendes Rumpfmittelteil als Druckkabine ausgebildet. Trotz dieser Änderungen gegenüber der Ar 240 konnten 90 % ihrer Zellenteile verwendet werden.

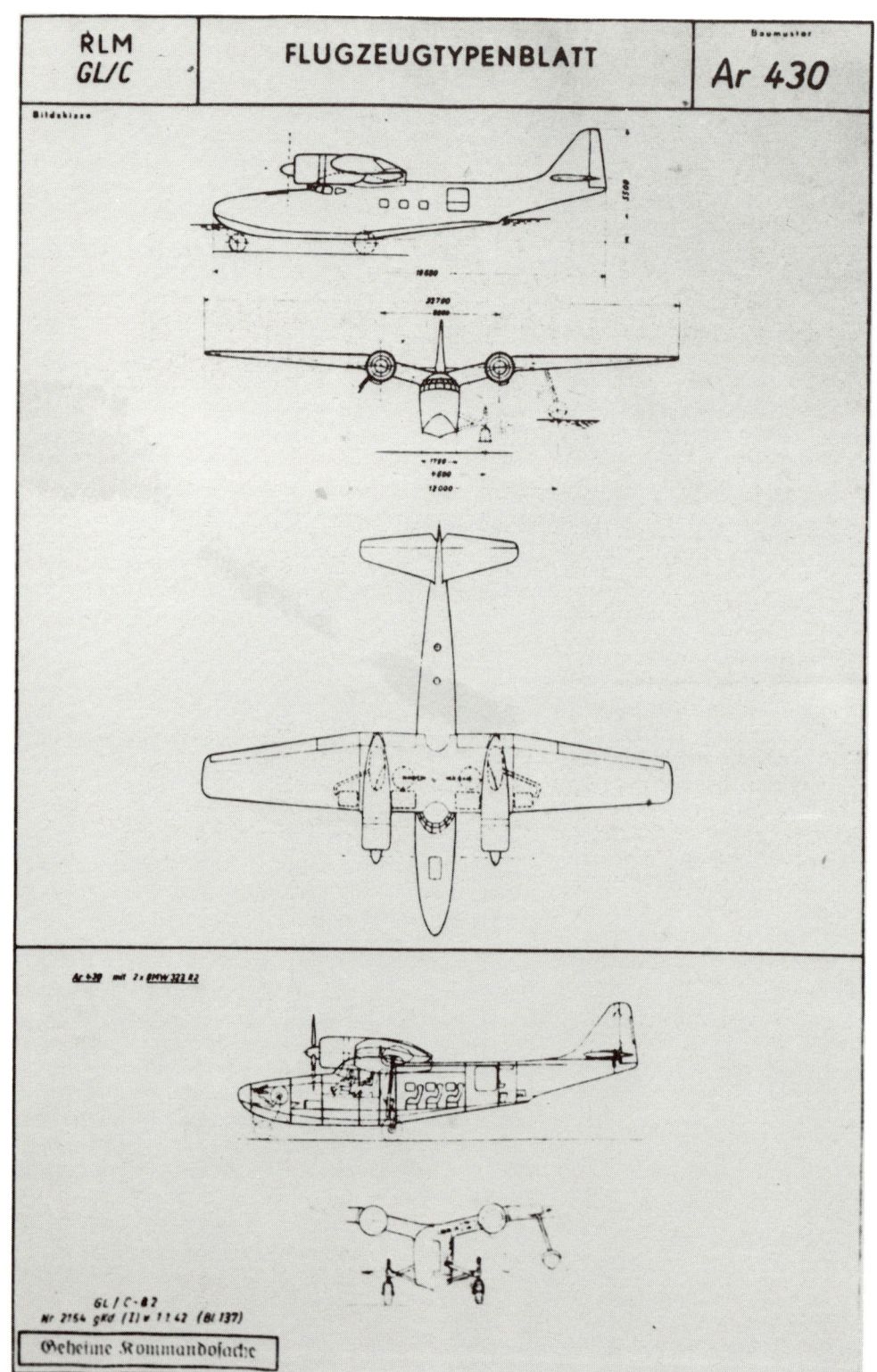

Bildskizze

Ar 430   mit 2 x BMW 323 R2

GL/C-82
Nr 2154 gKd (II) v 11.42 (Bl 137)

Geheime Kommandosache

48. Flugzeug-Typenblatt
Amphibium
Arado Ar 340

49. Versuchs-Mehrzweckflugzeug Ar 440 V 1 △

16 A. Arado Ar 440 ▷

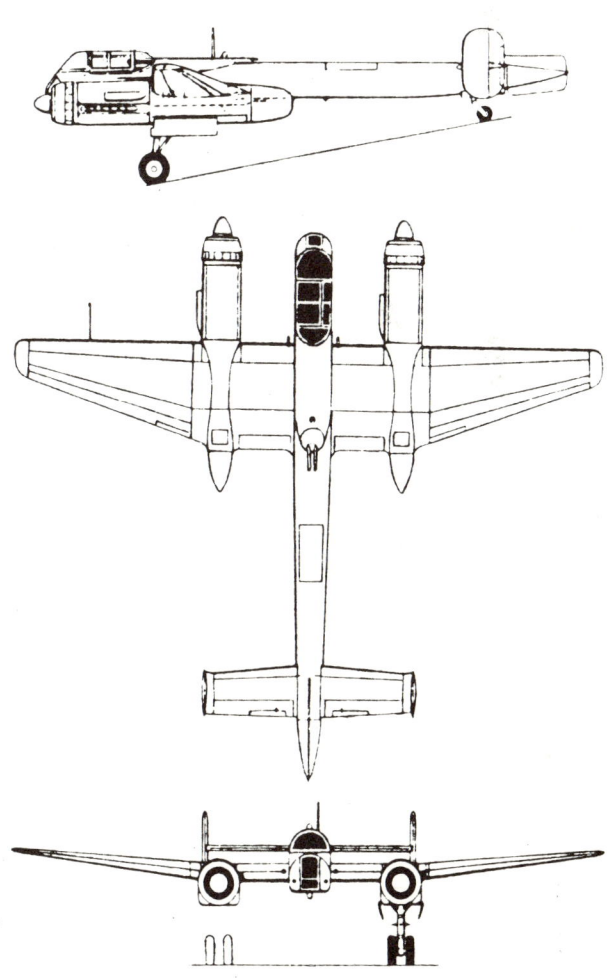

Leitwerk: Analog dem der Ar 240.
Fahrwerk: Analog dem der Ar 240.
Triebwerk: Zwei Daimler-Benz DB 603 G luftgekühlte Zwölfzylin-
der-Λ-Motoren mit 2 × 1750 PS Startleistung. Vierflügelige VDM-
Verstell-Luftschrauben. Sechs Kraftstofftanks im Flügel. Kraft-
stoffkapazität 2600 Liter.
Besatzung: 2 Mann, bestehend aus Pilot und Navigator in Druck-
kabine.
Militärische Ausrüstung: 3 × 20 mm MG 151/20 im Rumpfbug und
2 × 30 mm MK 108 in den Flügelwurzeln.

Arado Ar 532

Entwurf eines viermotorigen Transportflugzeugs mit einem
Fluggewicht von etwa 30 t. Als Triebwerk waren vier BMW
801 vorgesehen. Weitere Einzelheiten unbekannt.

Arado Ar 632

Weiterer Entwurf eines viermotorigen Transportflugzeugs
mit einem Fluggewicht über 30 t. Triebwerk vier BMW 801.
Weitere Einzelheiten unbekannt.

Arado-Projekte

Arado E 370

Dieser Entwurf eines Schnellbombers stammt aus dem
Frühjahr 1940. Es waren vier Versionen vorgesehen, davon
zwei mit vier und je eine mit drei bzw. zwei Motoren. Die
Reichweite sollte bei allen Versionen 3000 km betragen bei
einer Bombenlast von 2000 kg bei drei Versionen. Nur eine
viermotorige Version sollte 4000 kg Bomben tragen. Diese
Version hatte auch im Gegensatz zu den anderen drei

Ausführungen eine Besatzung von vier statt zwei Mann. Aus den Werten für die Reisegeschwindigkeit ist zu entnehmen, daß es sich um strahlgetriebene Flugzeuge gehandelt haben muß. Weitere technische Daten:

Version	I	II	III	IV
Flächeninhalt m²	70	70	53	40
Spannweite m	23	22	20	17
Rüstgewicht kg	9850	10135	7750	6055
Startgewicht kg	24000	26700	19060	14590
Reisegeschwindigkeit km/h	800	780	800	750
Steiggeschwindigkeit				
in 0 m m/sec	15	12,7	13,4	10,7
in 6000 m Höhe m/sec	9,2	6,6	7,7	5,5
Startstrecke bis 20 m				
Höhe m	680	822	735	826
Landegeschwindigkeit km/h	125	127	127	129

Arado Ar E 381

Um schnell und mit geringen Mitteln zu einem Abwehrjäger für die am Tage einfliegenden feindlichen Bomberverbände zu kommen, erhielt Arado 1944 den Entwicklungsauftrag auf einen Kleinstjäger, der die Projektbezeichnung Ar E 381 erhielt. Der Entwurf sah ein Aggregat mit kleinstmöglichen Abmessungen und einem Piloten in liegender Anordnung sowie Raketenantrieb vor. Die Ar E 381 sollte an eine Arado 234 C oder D an Stelle der Bomben angehängt und in überhöhte Angriffsposition gebracht werden. Der direkte Angriff erfolgte nach dem Ausklinken im Gleitflug oder mit Hilfe des Raketenschubes, der auch zum Erreichen eines geeigneten Landeplatzes herangezogen werden sollte. Zur Landung wurde mittels Federkraft die abgefederte Stahlkufe ausgeschwenkt, die im Fluge fest am Rumpf anlag. Als Landehilfen sollten die durchlaufenden Querruder und ein Bremsfallschirm im Rumpfmittelteil verwendet werden. Der Bremsfallschirm konnte auch bei einem eventuellen Fallschirmabsprung des Piloten in Aktion treten. Schnellmontage für den durchlaufenden, freitragenden Schulterdeckerflügel und für das freitragende Leitwerk mit doppelten Seitenrudern als Endscheiben waren vorgesehen, um die Maschine zum Wiedereinsatz leicht auf einem Lastwagen transportieren zu können. Als Angriffsschutz wurden neben der Panzerkabine (6 mm) eine schwenkbare Panzerplatte (20 mm) mit Visierschlitz vorgesehen, während hinten drei nacheinander angeordnete Panzerplatten (6 mm) Schubaggregat, Kraftstoffbehälter und Pilot deckten. Ein- und Ausstieg für die mit Schiebesteuerung, Kopfstütze und Liegewanne ausgerüstete Kabine sollte von seitlich oben durch eine Panzerklappe (6 mm) erfolgen. Als Schubanlage war der Marschofen der Walter-Flüssigkeitsrakete HWK 109-509 B mit 1 × 350 kp Schub vorgesehen, wobei die Treibstoffbehälter im hinteren Teil der abgeschotteten Panzerkabine eingebaut werden sollten. Infolge der vorgesehenen Massenerzeugung wurde der Aufbau so geradlinig und

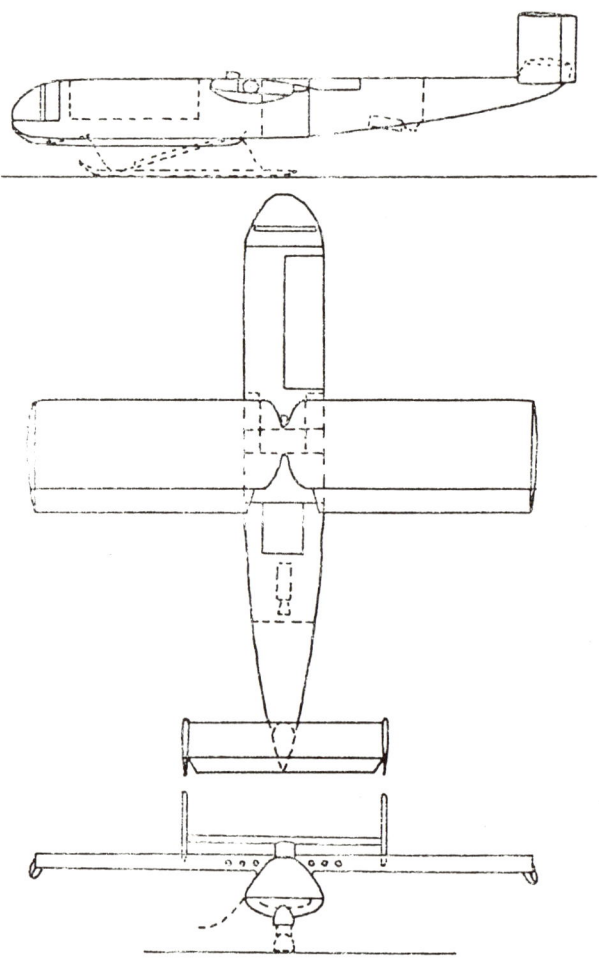

17. Arado-Projekt E 381

einfach wie möglich gehalten und nur billige Werkstoffe verwendet. Für Flügel und Leitwerke waren Stahlrohrholme vorgesehen, während die Haut aus gepreßtem Stahlblech bestehen sollte, das durch einen Schaumstoff als poröse Füllmasse gestützt werden sollte. Das Rumpfhinterteil mit dem Fallschirmbehälter und dem nach unten ausbaubaren Schubaggregat wurde als Stahlschale ausgelegt. Als Bewaffnung waren mehrere Raketengeschosse in der Flügelnase an der Flügelwurzel vorgesehen. Infolge mangelnder Baukapazität unterblieb die Bauausführung.

Arado E 390

Entwurf eines Verkehrsflugzeuges aus dem Jahre 1940. Es waren zwei Versionen vorgesehen:
20–24 Fluggäste, 1,5 t Fracht bei einer Reichweite von 2000 km, Fluggewicht 20 t

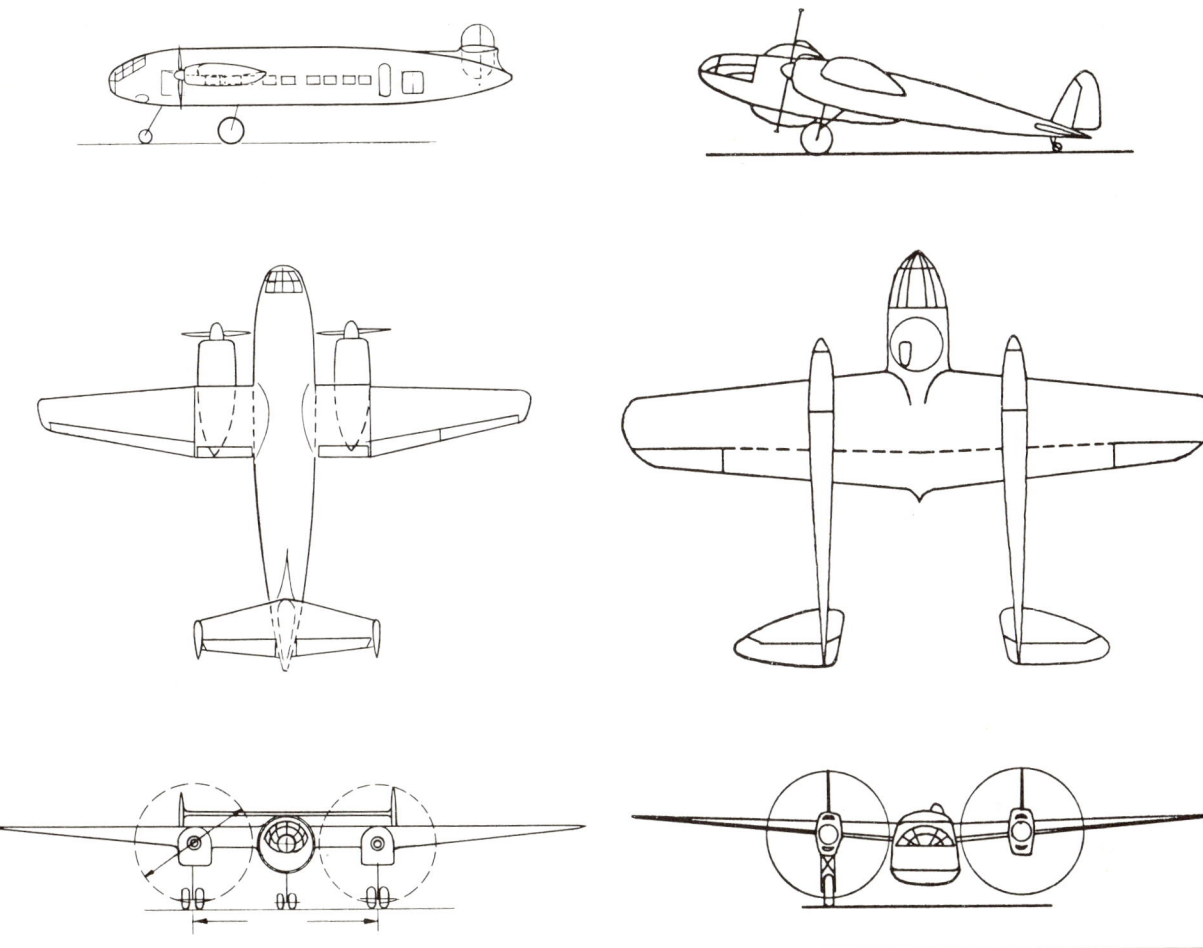

18. Arado-Projekt E 390

19. Arado-Projekt E 500

12 Fluggäste, 1,5 t Fracht, Reichweite 4 000 km, Fluggewicht 24 t
12 Fluggäste im Transatlantikverkehr, 1,5 t Fracht, Reichweite mindestens 6 000 km, Fluggewicht 28,5 t
Die Maschine sollte Druckkabine haben und möglichst mit vier Jumo 208-Dieselmotoren mit Ladeluftkühler ausgerüstet werden. Die Gipfelhöhe sollte bei allen drei Versionen bei 10 000 m liegen. Die Höchstgeschwindigkeit sollte 500 km/h übersteigen, die maximale Reisegeschwindigkeit bei etwa 450 km/h liegen.

Arado E 441

Hierbei handelt es sich um das Projekt eines Großraumtransporters mit einem Startgewicht von 29 667 kg. Über die Nutzlast sind keine Angaben zu ermitteln. Als Triebwerk waren vier BMW 801 mit einer Startleistung von je 1 600 PS

vorgesehen. Die Maschine sollte eine Spannweite von 37,90 m und eine Länge von 26,28 m haben. Die Reisegeschwindigkeit wurde mit 380 km/h errechnet. Bei einem Abfluggewicht von 32 t sollte eine Höhe von 7 000 m in 15,4 Minuten erreicht werden.

Arado Ar E 500

1936 wurde unter der Bezeichnung Ar E 500 ein Kampfflugzeug projektiert, dessen unkonventionelle äußere Form durch die Verwendung von zwei manuell/elektrischen Drehtürmen als starke Abwehrbewaffnung bestimmt war. Zu diesem Zweck wurde der Rumpf als kurze Gondel ausgebildet und die beiden Motoren durch Leitwerksträger verlängert. Da die Höhenleitwerke jeweils nur einseitig nach außen hin ausgeführt waren, ergab sich für die Abwehrbewaffnung ein freies Schußfeld nach hinten. Jeder der beiden Türme auf

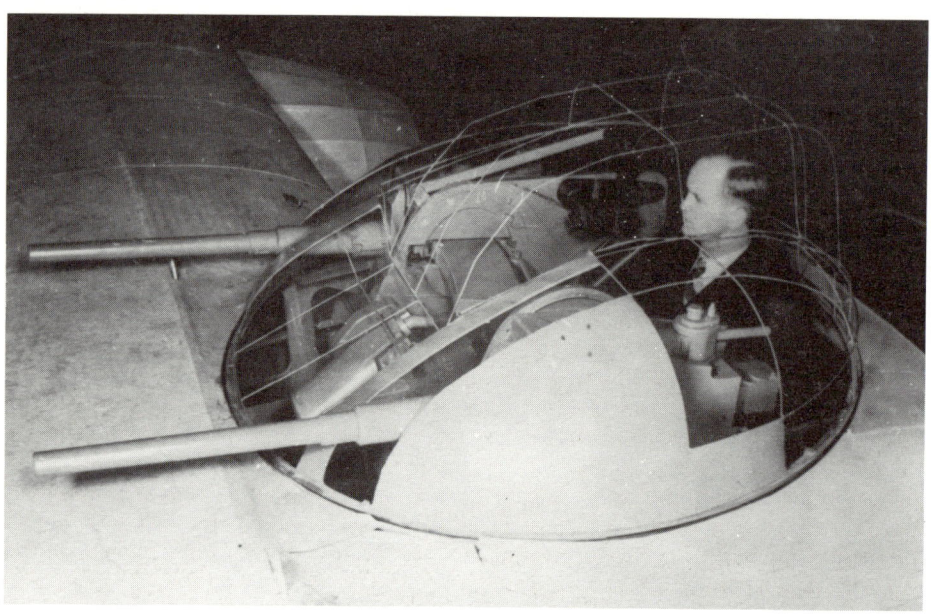

50. Waffenturm-Attrappe
für Projekt E 500

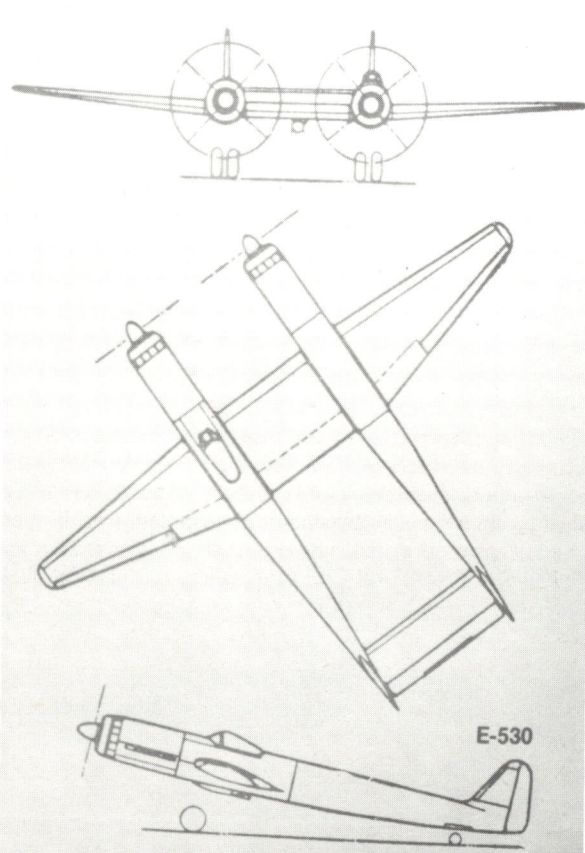

51. Arado-Projekt E 530

E-530

Rumpfober- und -unterseite sollte 2 × 20 mm Rh. LB. 202 Kanonen besitzen. Der obere Turm besaß einen Schützensitz, der untere eine Liegewanne für den Schützen, der den Turm über ein Periskop steuerte. Zu diesen beiden Schützen sollte die Besatzung aus weiteren zwei Mann in einer Vollsichtkanzel im Rumpfbug bestehen. Als Antrieb waren zwei Daimler-Benz-Triebwerke vorgesehen. Die gesamte Maschine wurde einschließlich der Waffentürme als Attrappe in natürlicher Größe erbaut. Vor der Erstellung einer Mustermaschine wurde die Entwicklung abgebrochen.

Arado E 530

Dieser einsitzige Schnellbomber in Doppelrumpfbauart wurde als Vergleich zur Ar 440 entworfen. Abgesehen vom Einbau der Druckkabine für den Flugzeugführer hinter dem Backbordmotor war die Maschine symmetrisch. Als Triebwerk waren zwei Daimler-Benz DB 603 G vorgesehen. Diese hatten eine Nennleistung von je 1 900 PS und eine Dauerleistung von 1 560 PS. Eine Bewaffnung wurde als nicht notwendig erachtet. Die Bombenlast betrug 500 kg. Die Abmessungen des E 530 waren: Spannweite 16,25 m, Länge 14,15 m. Bei einem Fluggewicht von 10 410 kg sollte dieser Schnellbomber eine Höchstgeschwindigkeit von 723 km/h erreichen, mit GM 1-Einspritzung 770 km/h. Die Reichweite betrug 1 800 km.

Arado E 555

Für dieses Projekt eines ein- bis zweisitzigen strahlgetriebenen Bombers sind nicht weniger als 14 verschiedene Ausführungen durchgerechnet worden. Hiervon waren E 555-1 bis

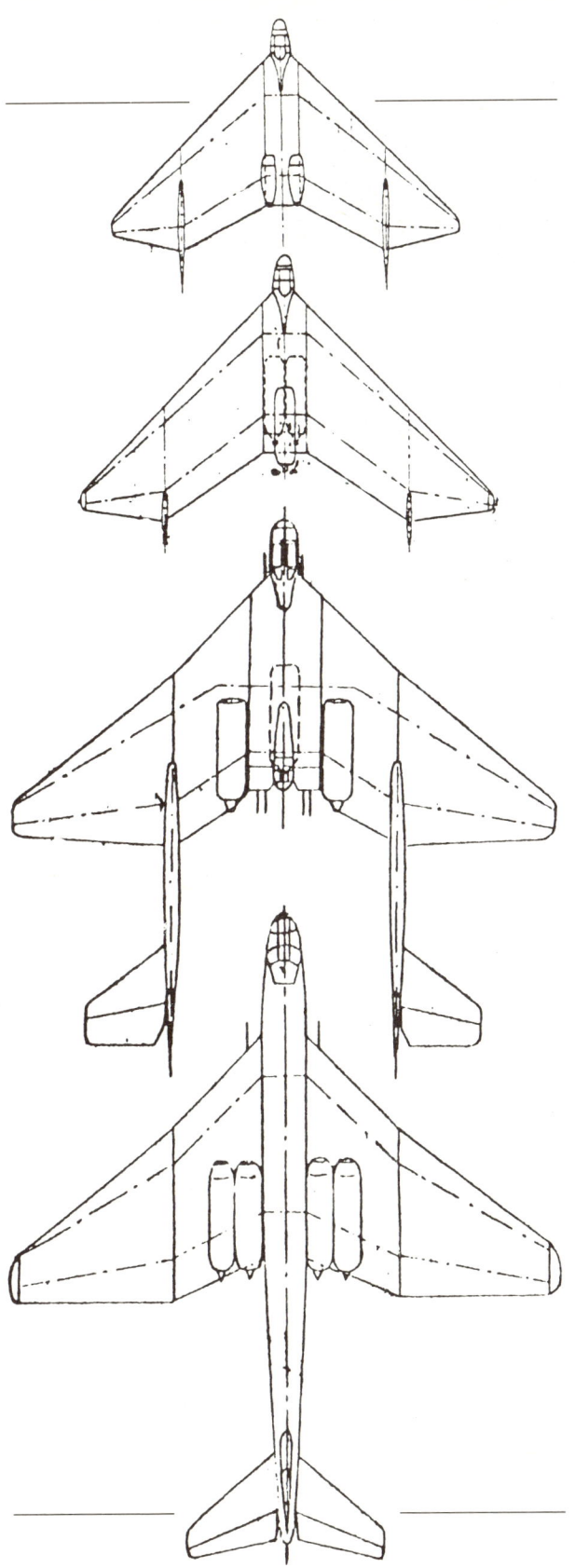

E 555-9 als Nurflügel ausgelegt, während E 555-10 bis E 555-14 teils mit Zentralrumpf, teils mit doppelten Leitwerksträgern ausgelegt waren. Als Triebwerke waren vorgesehen: E 555-1 = 8 BMW 003, -3 = 4 He S 011, -3 = 2 BMW 018, -4 bis -12 = 3 BMW 018, -13 und -14 = 4 Jumo 012. Der Flächeninhalt betrug bei -1 bis -3 125 m², bei -4 bis -7 160 m², bei -8 bis -14 140 m².

Die Spannweiten variierten wie folgt: -1 bis -3 21,2 m, -4 21,9 m, -5 25,2 m, -6 28,4 m, -7 25,2 m, -8 bis -14 23,66 m.

Während bei E 555-1 die Reisegeschwindigkeit nur mit 715 km/h errechnet wurde, -2 mit 810 km/h, lagen die errechneten Reisegeschwindigkeiten bei E 555-3, -4 bis -8 zwischen 875 und 891 km/h. Die letzten Versionen sollten bis 950 km/h erreichen. Die Bombenlast betrug durchschnittlich 4 000 kg. Die Fluggewichte lagen zwischen 25 000 und 36 000 kg.

Arado E 560

Dieser Entwurf eines Mehrzweckflugzeuges ist bereits weitgehend durchgerechnet worden. Im Windkanal sind mindestens drei Modelle getestet worden. Es handelte sich um einen Mitteldecker mit vier Strahltriebwerken unbekannter Bauart in Einzelaufhängung unter den Tragflächen. Die Besatzung bestand aus zwei Mann in Druckkabine. Abmessungen: Spannweite 18 m, Länge 19,10 m, Höhe 5,49 m. Die Bewaffnung bestand aus zwei MG 151 starr nach vorn, zwei MG 151 starr nach hinten und einem ferngesteuerten MG 151 im Rumpfheck. An Bomben konnten maximal 2 000 kg mitgenommen werden. Das Flugzeug verfügte über Kutonase, zwei Einmannschlauchboote und Kurssteuerung K 12. Die Funkanlage bestand aus FuG X-P, FuG 16, FuG 101, FuG 25 a und Fu Bl 2. Über die Leistungen konnte nichts ermittelt werden.

Arado Ar E 561

Der Entwurf eines schweren Zerstörers mit der Bezeichnung Ar E 561 stammt aus dem Jahre 1937/38. Er war als freitragender Tiefdecker mit doppelten Seitenleitwerken ausgelegt und besaß zwei vierflügelige Verstellpropeller. Das Ungewöhnliche dieser Maschine, die in ihren äußeren Formen einem normalen Zweimotorer entsprach, war die Verwendung von zwei Höhentriebwerken, welche rechts und links im Rumpf-Flügel-Übergang saßen und über Winkeltriebe die beiden Luftschrauben drehten. In der Ferntriebsanlage war eine Freilauf-Kupplung vorgesehen, so daß bei Ausfall eines Motors beide Luftschrauben mit halber Leistung weiterliefen. Diese Anordnung war gewählt worden, um günstige Widerstandswerte zu erreichen. Naturgemäß konnten die Gondeln für die Luftschrauben klein im Durchmesser gewählt werden, obwohl sie noch je einen Ringkühler

20. Auslegungs-Entwürfe für Arado-Projekt E 555-2, -7, -11 und -14 ◁

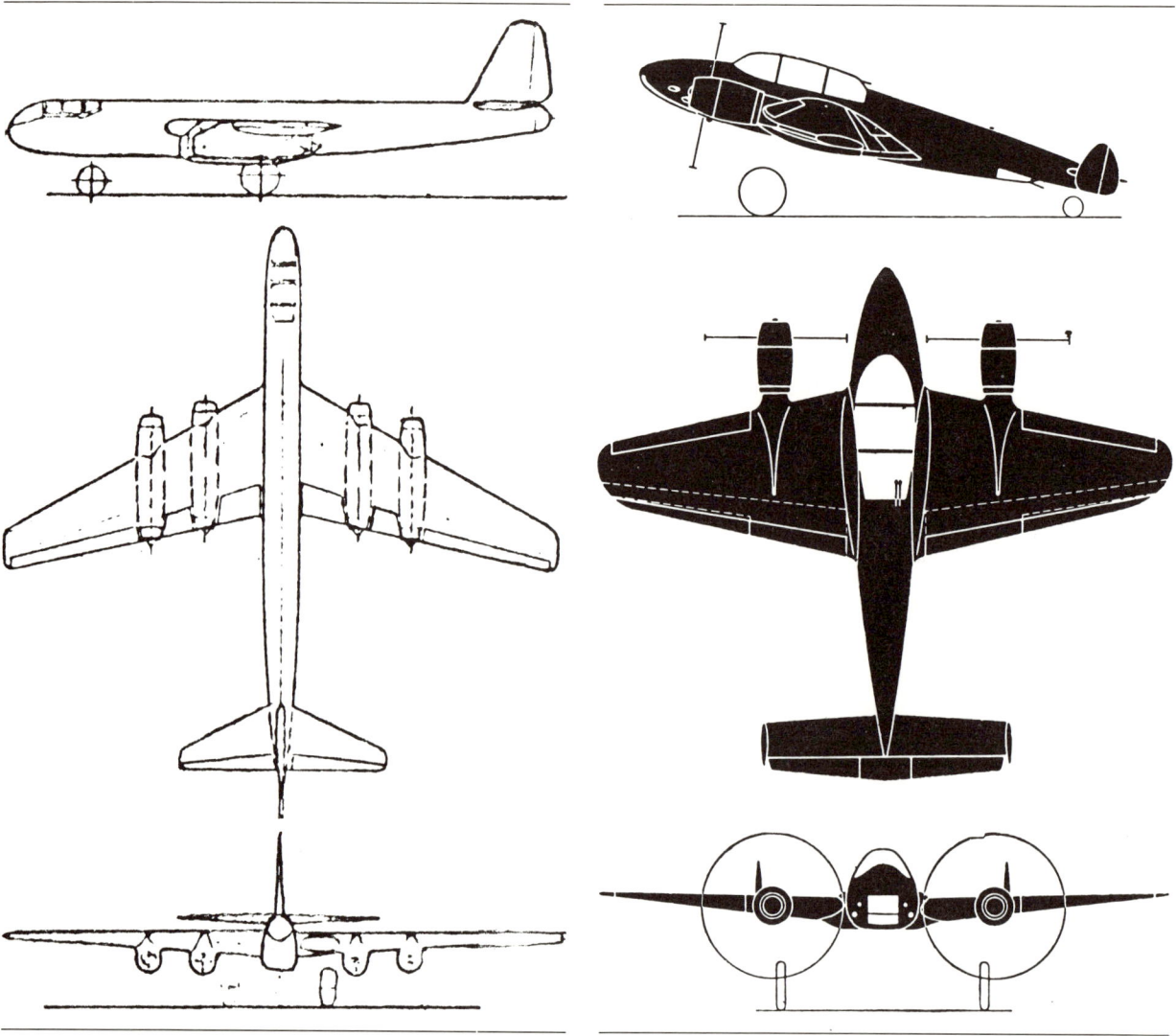

21. Arado-Projekt E 560

22. Arado-Projekt E 561

für das Triebwerk beherbergten. Das Fahrgestell war normal und einziehbar ausgeführt. Die Haupträder an freitragenden Federbeinen waren an den Luftschraubengondeln angelenkt und wurden nach hinten in den Flügel eingefahren, wobei sich die Räder um 90° drehten. Das einziehbare Spornrad fuhr nach hinten in das Rumpfheck ein. Die Besatzung bestand aus vier Mann. Abgedeckt durch einen Kabinenaufsatz saßen Pilot und Funker gestaffelt nebeneinander und ein Schütze dahinter. Ein zweiter Schütze lag im Rumpfheck. Die Bewaffnung bestand aus 2 × MG 81 Z (je 2 × 7,9 mm) im B- und C-Stand. In der Rumpfnase waren vier Kanonen

vorgesehen. Die Ar E 561 kam über das Projektstadium nicht hinaus.

Projekt E 580

Bei diesem Entwurf handelt es sich um eine Parallelentwicklung zum Volksjäger Heinkel He 162. Die allgemeine Anlage des Entwurfs entspricht weitgehend der He 162, nur ist die E 580 in Tiefdeckerbauart entworfen. Tragfläche und Leitwerk sind in Holzbauweise vorgesehen. Die Maschine sollte mit einer Strahlturbine des Baumusters BMW 003 A-1 ausgerü-

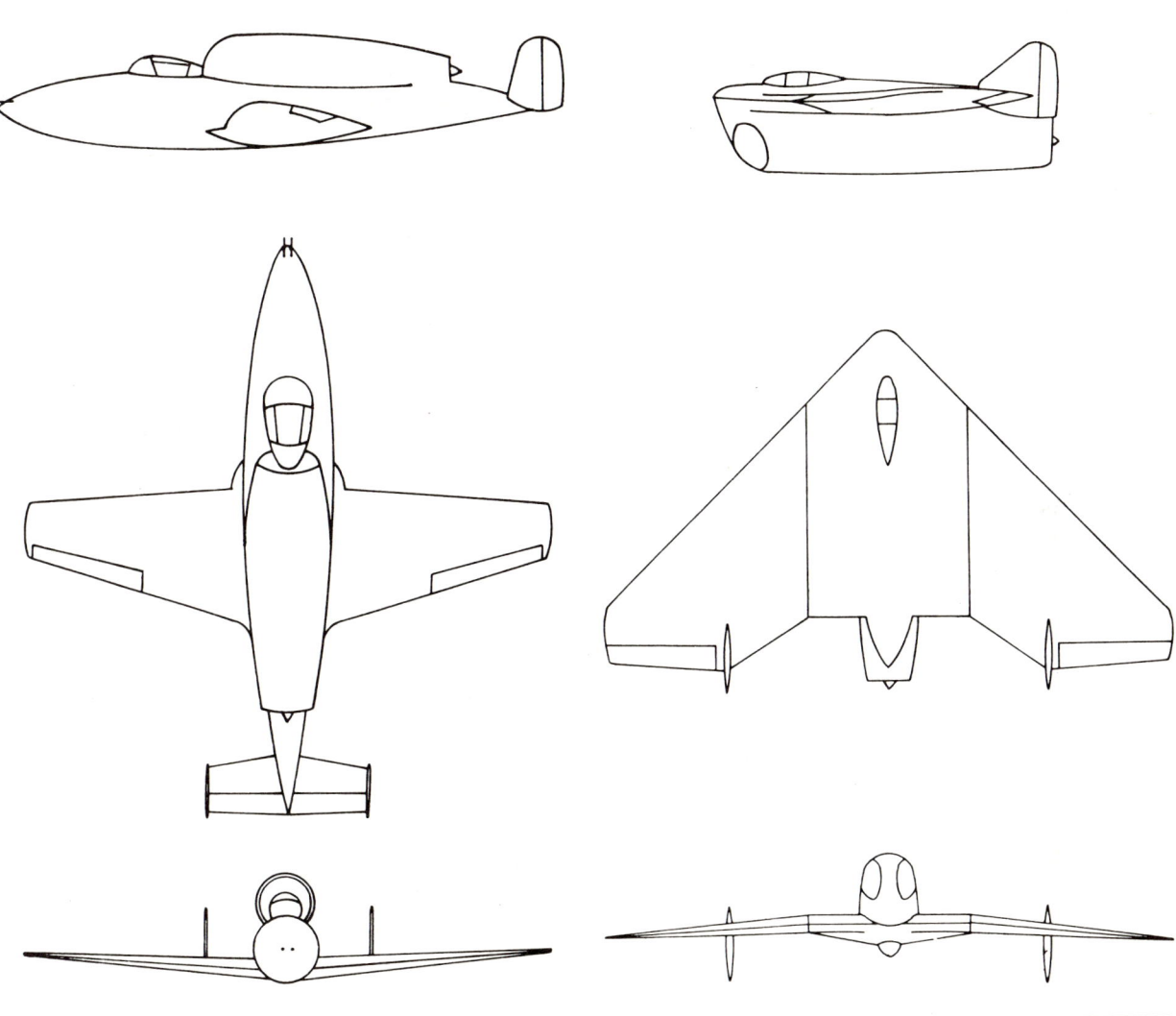

23. Arado-Projekt E 580   24. Arado-Projekt E 581.4

stet werden. Die Bewaffnung sollte aus zwei MK 108
bestehen. Bei einem Treibstoffvorrat von 498 kg in zwei
geschützten Behältern betrug das Fluggewicht 2 492 kg.

Abmessungen:	Spannweite	7,62 m
	Länge	7,86 m
	Flächeninhalt	10,03 qm
Errechnete	Höchstgeschwindigkeit	744 km/h
Leistungen:		in 5 900 m Höhe
	Landegeschwindigkeit	153 km/h
	Steiggeschwindigkeit	1 020 m/min
		in Bodennähe

Steiggeschwindigkeit	235 m/min in 9 840 m
Reichweite maximal	508 km
Flugdauer maximal	54 min
Startstrecke	560 m

Projekt E 581

Über diesen Entwurf eines Strahlturbinenjägers mit Delta-
Flügel liegen fast keine Einzelheiten vor. Die als Schulterdecker entworfene Maschine hatte eine Spannweite von 8 m
und eine Länge von 5,65 m. Rüstgewicht 2 045 kg, Flugge-

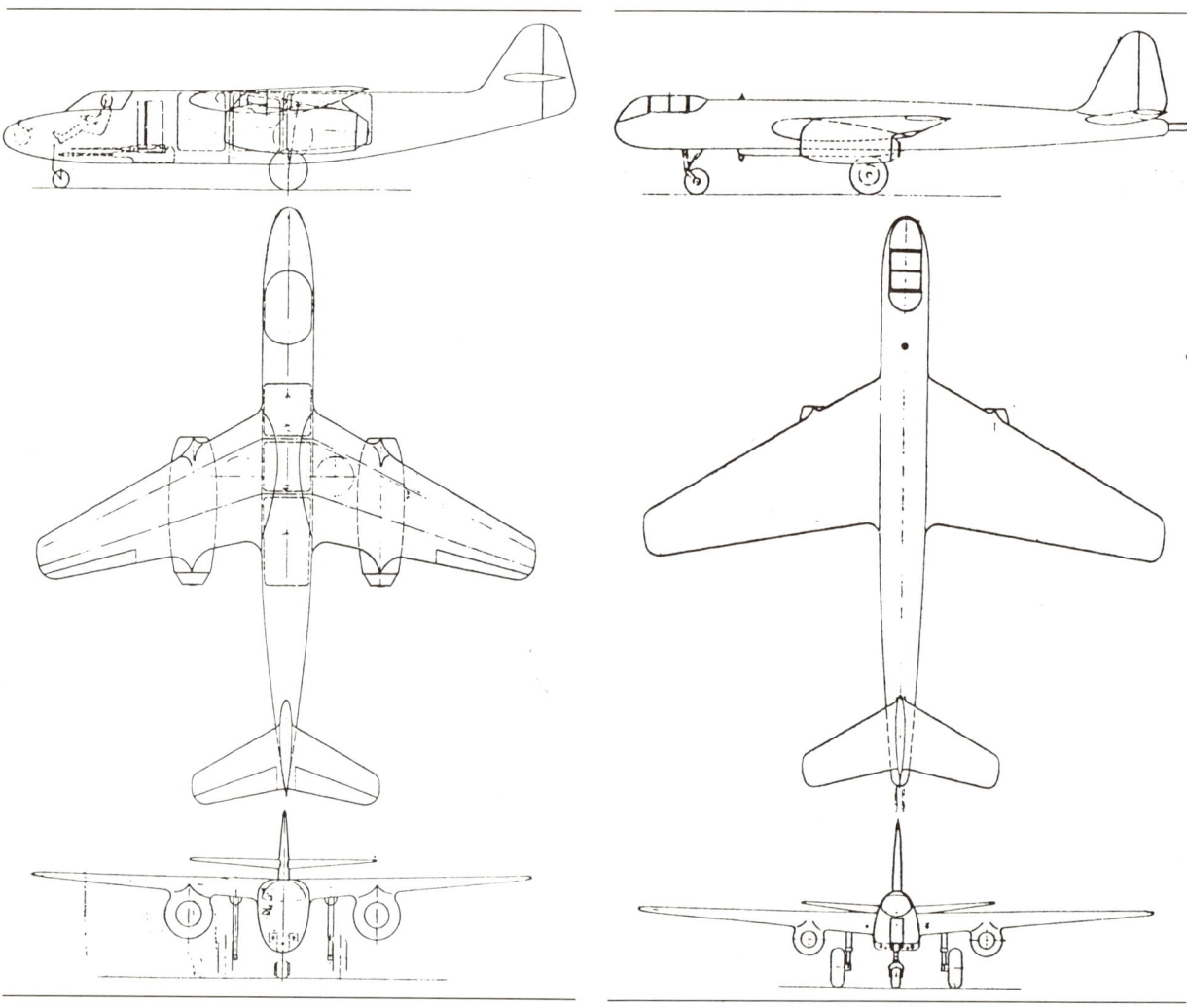

25. Arado-Projekt TEW 16/43-23

26. Arado-Projekt TEW 16/43-19

wicht 2857 kg. Als Triebwerk war eine Strahlturbine des Baumusters He S 011 vorgesehen. Die Ansaugschächte für die Turbine befanden sich im unteren Teil beider Seiten der Rumpfnase. Die Bewaffnung sollte aus zwei MK 108 bestehen. Die Maschine sollte ein Bugrad-Fahrwerk erhalten, dessen Haupträder nach innen in die Tragfläche eingezogen werden. Da für die Unterbringung der Kraftstoffbehälter Teile des Rumpfes und die Flächen zur Verfügung standen, dürfte die Reichweite der Maschine erheblich gewesen sein.

TL-Jäger-Studie TEW 16/43-23

Dieser Entwurf aus dem Jahre 1943 zeigt einen Schulterdekker mit zwei Strahltriebwerken unter den Tragflächen. Die

Maschine sollte eine Spannweite von 10,6 m und einen Flächeninhalt von 20 m² haben. Bei einem Rüstgewicht von 4480 kg wurde ein Abfluggewicht von 7000 kg errechnet. Die starre Bewaffnung von 2 MG 151/20 war im Rumpf unter dem Führersitz eingebaut.

TL-Studie TEW 16/43-19

Bei diesem Projekt handelt es sich um einen Mitteldecker mit zwei als TL-1500 bezeichneten Strahltriebwerken. Die Abmessungen des Flugzeugs waren: Spannweite 16,20 m, Länge 18 m, Höhe 3 m. Flächeninhalt 46,60 m²: Als Gewicht wurden 16000 kg angegeben.
Der Entwurf war für fünf verschiedene Verwendungszwecke vorgesehen: Schnellbomber, Zerstörer, Nachtjäger,

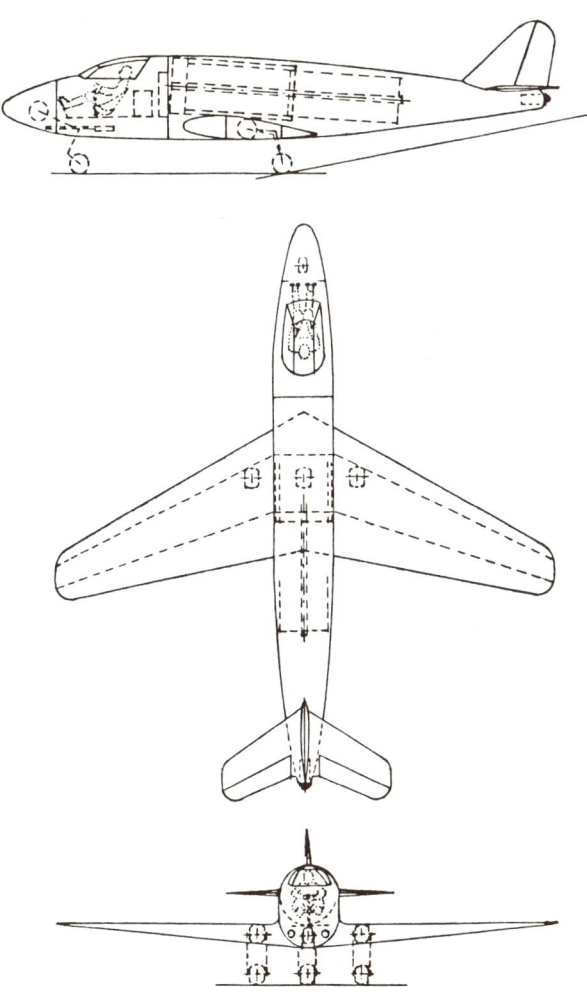

27. Arado-Projekt eines Raketenjägers

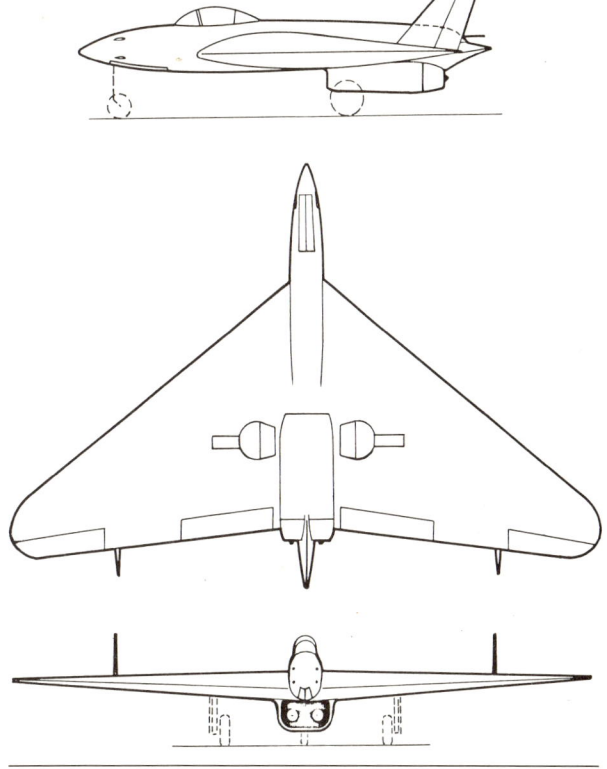

28. Arado-Nachtjäger-Projekt I

Schlechtwetterjäger und Zwangsaufklärer. Die Bewaffnung und Ausrüstung der einzelnen Versionen unterschied sich wie folgt:

Schnellbomber: Zwei MK 213 im Heck, Periskopvisier, Vor- und Rückblickvisier mit BZA-Anlage, Lotfe. Bombenlast maximal 2 500 kg.

Zerstörer: Drei MK 103 und vier MK 213 starr nach vorn feuernd in Wanne unter dem Rumpf, zwei MK 213 ferngesteuert im Heck, Vor- und Rückblickvisier und Periskopvisier, Bombenlast maximal 1 000 kg.

Nachtjäger: Zwei MK 108 und drei MK 213 starr nach vorn feuernd in Wanne unter dem Rumpf, zwei MK 108 starr mit 70° starr schräg nach oben feuernd, drei MK 213 ferngesteuert im Rumpfheck, Vor- und Rückblickvisier, Nachtjägerleitanlage.

Schlechtwetterjäger: Drei MK 103 und vier MK 213 starr nach vorn feuernd in Wanne unter dem Rumpf, zwei MK 213 ferngesteuert im Heck, Vor- und Rückblickvisier, Periskopvisier und Schlechtwetterleitanlage.

Zwangsaufklärer: Zwei MK 213 ferngesteuert im Heck, Periskopvisier, zwei Reihenbildner jeder Größe im Rumpf vor Leitwerk.

Errechnete Gewichte und Leistungen nicht ermittelt.

Raketenjäger-Studie TEW 16/43-13

Dieser Entwurf stammt aus dem Frühjahr 1943. Die starre vorwärts feuernde Bewaffnung war unter dem Führersitz eingebaut, Treibstoffbehälter hinter dem Führersitz. Tiefdeckerbauart mit gepfeilten Flächen und Leitwerk. Spannweite 8,5 m, Flächeninhalt 14 m². Weitere Daten nicht bekannt.

Arado I

Gegen Kriegsende wurde ein Nachtjäger und Schnellbomber unter der Bezeichnung Arado I projektiert. Aus fertigungstechnischen Gründen war eine schwanzlose Auslegung des

29. Arado-Nachtjäger-Projekt II

Entwurfs mit einfachstem Aufbau angestrebt worden. Der freitragende Tiefdeckerflügel besaß fast Deltaform, während in der schmalen Rumpfgondel die Besatzung von zwei Mann hintereinander Platz fand. Der Rumpfbug sollte mit 4 × 30 mm MK 108 bestückt werden. Als Antrieb waren zwei HeS 011-Turbinen vorgesehen, die nebeneinander unter der Tragfläche hängend angeordnet werden sollten. Zwei Seitenleitwerke saßen auf dem Flügel. Die Hauptträger des einziehbaren Dreiradfahrgestells sollten nach innen in den Flügel eingefahren werden, während das Bugrad nach hinten in den Rumpfbug eingeklappt werden konnte. Da dieser gänzlich neue Entwurf ohne Zweifel einer längeren Erprobungszeit

bedurft hätte, wurde, dem Druck der Zeit gehorchend, die Arado I fallengelassen und ein neuer Entwurf gefertigt, die Arado II.

Arado II

Dieser Entwurf baute auf die erfolgreiche Ar 234 auf und war deshalb in kürzester Zeit zur Serienreife zu bringen. Der grundsätzliche Aufbau der Ar 234 wurde beibehalten, jedoch wurden sämtliche Flächen gepfeilt, um höhere Geschwindigkeiten zu erreichen. Als Antrieb sollten ebenfalls zwei HeS 011-Turbinen verwendet werden, und auch die Besatzung sollte, wie bei Arado I, aus zwei Mann bestehen. Als Bewaffnung für diesen Nachtjäger und Schnellbomber waren in der Rumpfnase 4 × 30 mm MK 108 geplant. Zu einer Verwirklichung des Projektes kam es wegen der Kriegsereignisse nicht mehr.

A. T. G.

Dieses Werk, dessen Hauptanlagen sich auf dem Gelände der alten Deutschen Flugzeugwerke des Ersten Weltkrieges, in Leipzig-Lindenthal, befanden, war Hauptlieferant im Fertigungsbereich Ju 88. Es handelte sich also um einen reinen Lizenzbetrieb. Bis Anfang 1944 lief die Serienfertigung fast aller Baureihen der Ju 88, dann begann das Lieferprogramm Ju 188 A-2. Wegen wiederholter Bombardierung des Werkes sind allerdings keine bedeutenden Ausstoßzahlen erzielt worden. Endmontage und Einflug aller bei ATG gefertigten Maschinen erfolgte in Leipzig-Mockau. Daneben übernahm die Firma nach Anschluß Österreichs die Leitung der Hirtenberger Patronen- und Zündhütchen-Fabrik.

AVA

Aerodynamische Versuchsanstalt, Göttingen

1939/40 entwickelte die AVA-Göttingen gemeinsam mit der Industrie zwei Forschungsflugzeuge für den Langsamflug, um die Wirksamkeit der Grenzschichtsteuerung durch Absaugen zu untersuchen. Diese Muster erhielten die Bezeichnungen *AVA AF 1* und *AVA AF 2*. Letztere (D-IAFZ) war ein standardmäßiger FI 156 »Storch« mit einem neuen Flügel.
Dieser, als abgestrebter Hochdeckerflügel ausgebildet, besaß durch trapezförmige Außenteile einen nahezu elliptischen Umriß und ein Profil von 18% Dicke. Der Aufbau bestand aus Holz. Mehrteilige Landeklappen reichten über den größten Teil der Spannweite. Dazu kam dann die Doppelschlitz-Absaugung. Das einstufige Absauggebläse wurde über eine Wellenleitung vom Motor angetrieben. Ohne

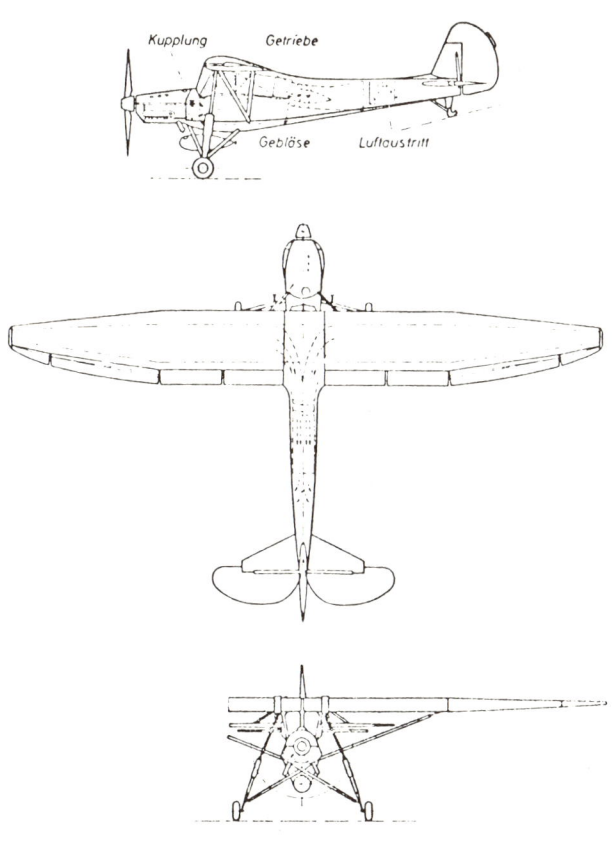

30. AVA Göttingen AF 2

Luftschraubenstrahleinflüsse konnten die Höchstauftriebs-
beiwerte von 1,9 ohne Absaugung auf 3,8 mit Absaugung
heraufgesetzt werden. Der Antrieb der AF 2 bestand aus
einem Argus As 10 H mit 1 × 270 PS.

Bachem

Bachem-Werke GmbH., Waldsee (Württemberg)
Direktor: Dipl.-Ing. Erich Bachem

Als im Herbst 1944 der Einflug alliierter Bomberströme in
das Reichsgebiet einen Höhepunkt erreichte, gab das RLM
eine Entwicklungsausschreibung für einen billigen Abwehrjäger heraus, der leicht und schnell herzustellen war. Da die
feindlichen Bomberverbände zu diesem Zeitpunkt bereits
nur noch einen kurzen Anflugweg besaßen, mußte der
Abfangjäger in der Lage sein, in Sichtweite des Angreifers zu
starten und ihn noch vor dem Ziel zu erreichen. Deshalb
wurde die Verwendung eines Raketentriebwerkes gefordert.

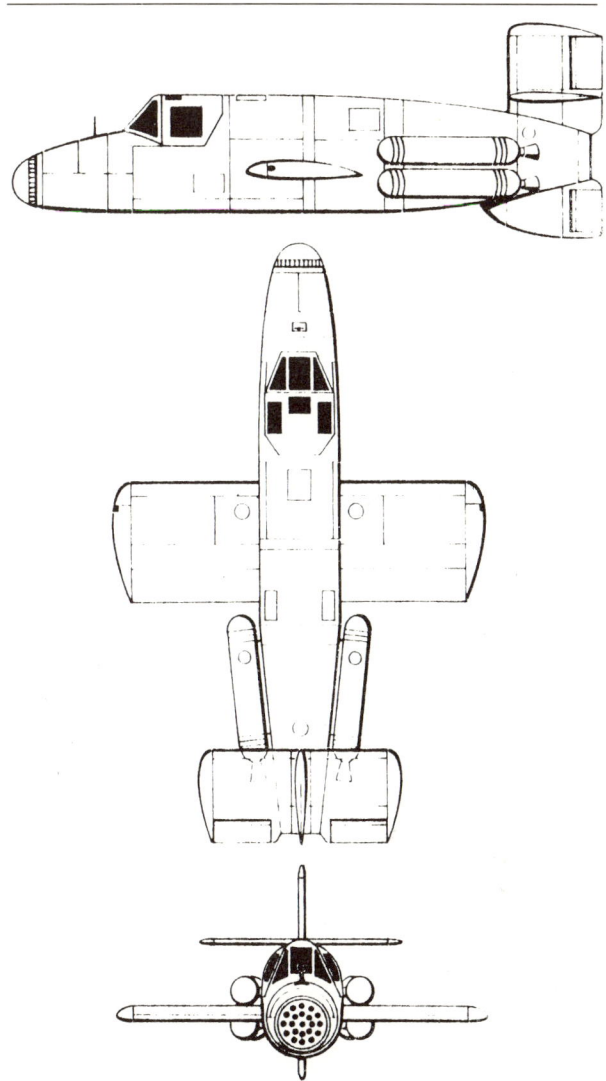

31. Bachem Ba 349

Vier Firmen arbeiteten Projekte aus, Heinkel die He P 1077
»Julia«, Junkers die EF 127 »Walli« und Messerschmitt die
Me P 1104. Das vierte Projekt stammte von Dipl.-Ing
Bachem, vormaligem Direktor der Fieseler-Flugzeugwerke,
und trug die Bezeichnung BP-20. Dieser Entwurf wurde für
die Entwicklung ausgewählt und erhielt den Namen Bachem
Ba 349 »Natter«.

Bachem Ba 349 »Natter«

Im August 1944 wurde mit den Projektarbeiten an der
»Natter« begonnen. Die anschließende Entwicklung stand

unter der direkten Leitung Erich Bachems. An der konstruktiven Ausarbeitung war jedoch auch H. Bethbeder, ein
befähigter holländischer Konstrukteur, wesentlich beteiligt.
Bereits bei den Projektarbeiten hatte man sich für eine
Kombination zwischen Flugzeug und Geschoß als Verlustgerät entschieden. Entsprechend war das ungewöhnliche Aussehen des freitragenden Mitteldeckers mit den kurzen Stum-
melflächen. Zur wirksamen Bekämpfung der stark gepanzerten feindlichen Bomber wurde der gesamte Rumpfbug als
Raketenbatterie ausgebildet. Anschließend folgte der Pilotensitz, dann die Treibstoffbehälter und am Heck die
Walter-Flüssigkeitsrakete. Die durch eine als Nasenteil
geformte Plexiglashaube abgedeckte Raketenbatterie faßte
je nach Art der verwendeten Projektile entweder 24 oder 34
Stück, die in sechs- oder viereckigen Rahmen untergebracht
waren. Nach Abschuß der Raketen verschob sich der Schwerpunkt der Maschine derart, daß sie nicht mehr flugfähig war.
Besondere Probleme brachte die Rettung des Piloten bei den
hohen Geschwindigkeiten mit sich. Um zu einer realisierba-
ren Lösung zu kommen, wurde eine Trennung des Bugstük-
kes vorgesehen. Nach dem Trennen sollte der Hauptfall-
schirm den Sitz des Piloten nach hinten wegziehen und
gleichzeitig auch die wertvollsten Geräte im Führersitz mit
bergen. Da im Zeichen des totalen Krieges auch die »Natter«
nicht restlos als Verlustgerät eingesetzt werden konnte,
wurde auch das Rumpfhinterteil mit Triebwerk und Steuerorganen trennbar angeordnet. Die Rettung dieser wertvol-
len Teile sollte ebenfalls durch einen Fallschirm geschehen,
der sich in einem Kasten an der rechten Seite des Rumpfhinterteiles befand. Der Einsatz der »Natter« war folgendermaßen geplant: Start aus einer 10 m hohen Stablafette, die in
Startstellung nahezu senkrecht stand, jedoch zur Montage
der Ba 349 »Natter«, die mit den Flächenenden und mit der

senkrecht nach unten stehenden Seitenflosse in Schienen
geführt wurde, flach auf den Boden gelegt werden konnte.
Zur Starthilfe dienten vier Schmidding-Pulverraketen, die
abwerfbar an den Rumpfheck-Seitenwänden aufgehängt
waren. Sie gaben zusammen mit dem Haupttriebwerk für ca.
zehn Sekunden einen Gesamtstartschub von 6 500 kp. Diese
Zeit reichte aus, die Maschine auf 1 000 m Höhe zu bringen.

Obwohl die Anfangsbeschleunigung nur bei 2,2 g lag, wurde
zur physischen Entlastung des Piloten ein automatisch
gesteuerter Start gewählt. Er erfolgte durch einen Autopilo-
ten, der durch ein Leitstrahl-Fernlenksystem vom Boden aus
beeinflußbar war. Auf diese Weise wurde die Maschine bis
etwa 1,5 km an das Ziel herangeführt, dann erst übernahm
der Pilot die Steuerung, um die letzten Zielkorrekturen
manuell ausführen zu können. Beim Zielanflug war der Pilot
durch eine Panzerplatte hinter der Raketenbatterie von vorne
und durch eine zweite Panzerplatte hinter seinem Sitz von
hinten geschützt, während die kleine Stirnfläche der »Natter« eine Abwehr zusätzlich erschwerte. In der Schußposition
angelangt, sollte der Pilot die Plexiglas-Bugkuppe abwerfen
und die Raketenbatterie zünden. Gleichzeitig damit trennte
sich der Bug, der Pilot wurde nach außen gezogen, das
Rumpfheck löste sich und sowohl dieses als auch der Pilot
schwebten an Fallschirmen nach unten. Da das Rumpfheck
mit dem Triebwerk und den Steuerorganen komplett in eine
neue Maschine eingebaut werden konnten, war der Verlust
der Restteile nicht schwerwiegend. Die gesamte Zelle bestand
aus Holz. Die Fertigung wurde derart organisiert, daß sie in
den verschiedensten und räumlich getrenntesten Betrieben
hergestellt wurden, die schließlich im Bachem-Werk bei
angelernten Arbeitskräften in die Endmontage gingen. Bei
der Herstellung von kleinen Serien wurde für Zelle und

Triebwerk ein Arbeitsaufwand von nur 1000 Stunden je »Natter« ermittelt.

Für das gesamte Versuchsprogramm unbemannter Maschinen waren 50 Geräte vorgesehen, je zehn zur Erprobung der Flugeigenschaften, zur Untersuchung des Senkrechtstartes, zur Lösung der Probleme der Pilotenrettung und Bergung des Gerätes, für Versuche mit eingebauter Steuerung und schließlich zur Erprobung des Gesamtablaufes. Die ersten bemannten Senkrechtstarts sollten ab Maschine Nr. 51 erfolgen. Der wirkliche Ablauf der Erprobung wich jedoch von diesem Schema etwas ab. Die ersten sechs Geräte dienten der Erprobung der Flugeigenschaften auf dem Gelände in Heuberg, bei der bemannte »Nattern« durch Heinkel He 111 hochgeschleppt wurden. Die Erprobung erfolgte entweder im Tragschlepp unter dem Trägerflugzeug oder im Mistelschlepp mit anschließender Auskupplung und freiem Flug. Die Versuche verliefen in Höhen bis zu 5 500 m, wobei beim anschließenden steilen Gleitflug bei Geschwindigkeiten zwischen 200 und 700 km/h gute Stabilitätseigenschaften festgestellt wurden. Die erste Steilstartmaschine kam am 18. Dezember 1944 in die Lafette. Der Antrieb bestand nur aus den Feststoff-Startraketen. Da die Auslöseleitung nicht genügend gegen die heißen Verbrennungsgase geschützt war, hob das Gerät nicht ab. Vier Tage später, am 22. Dezember 1944, erhob sich die zweite Maschine aus der Lafette 800 m hoch und verschwand in den Wolken. Dieser Versuch wurde mit 10 weiteren Versuchsgeräten erfolgreich bis zu einer Höhe von 3 000 m wiederholt. Dabei zeigte sich, daß sich nach dem Abwerfen der Startraketen der Schwerpunkt so verschob, daß erhebliche Stabilisierungsschwierigkeiten auftraten. Die Gegenmaßnahmen bestanden an einer Vergrößerung der Höhenruderklappen um zusätzlich 1 m², wodurch die Spannweite des Höhenleitwerkes auf 4,5 m stieg. Diese Zusatzflächen wurden beim Abwerfen der Startraketen automatisch mit abgesprengt. Anschließend begann die Erprobung mit eingebauten Walter-Triebwerken. Dabei trat zutage, daß die geringe Geschwindigkeit von 50 bis 60 km/h beim Verlassen der Startlafette viel zu kleine Steuerdrücke erbrachte. Aus diesem Grunde wurden hinter der Düsenmündung Strahlruder angebracht, die sich sinngemäß mit den anderen Rudern steuern ließen. Um ein vorzeitiges Verbrennen dieser kleinen Metallflächen zu verhindern, wurden sie 30 Sekunden lang durch einen kleinen Wasserstrahl gekühlt. Am 25. Februar 1945 erfolgte der erste Start mit Ablauf aller Einzelvorgänge. Als »Pilot« diente eine Puppe. Der Versuch verlief programmgemäß, der Bug trennte sich ab, die Puppe schwebte am Fallschirm herunter und auch der Restrumpf mit dem Triebwerk kam fast unbeschädigt zu Boden. Daraufhin verlangte das RLM sofort einen Start mit einem bemannten Gerät. Diese Versuchsphase war erst vorgesehen, nachdem auch die automatische Steuerung erprobt worden war. Zwar hatten die eingehenden Untersuchungen Prof. Dr. Ruffs von der DVL ergeben, daß die mittlere Beschleunigung von 2,2 g beim Start und Steigflug für den Piloten durchaus

erträglich sein müßten, doch war infolge der akustischen Belastung beim Start diese automatische Steuerung befürwortet worden. Ende Februar 1945 kam vom RLM trotzdem der Befehl zum bemannten Senkrechtstart, für den sie einen eigenen Piloten, Oberleutnant Lothar Siebert, zur Verfügung stellten. Dieser Versuch mißlang. Die von Siebert gesteuerte »Natter« stieg normal auf 500 m Höhe senkrecht nach oben, dann flog die Kabinenabdeckung weg, die Maschine ging auf den Rücken und verschwand in schnellstem Horizontalflug. Etwa eine Minute später explodierte sie und wurde restlos zerstört. Als Unfallursache wurde einwandfrei das Wegfliegen der wahrscheinlich beim Transport beschädigten Haube, an der die Kopfstütze für den Piloten befestigt war, festgestellt. Der Kopf des Piloten muß nach hinten gerissen worden sein, wodurch er entweder bewußtlos wurde oder sofort einen Genickbruch erlitt. Trotzdem gingen die Versuche bis April 1945 weiter. Insgesamt wurden 36 Maschinen gebaut, davon 22 Versuche gestartet, vier bemannt. Von den restlichen 14 Stück wurden zehn zerstört, drei fielen in amerikanische und eine in russische Hände. Bei dem letzteren handelte es sich um ein Mustergerät, das nach einem Ausweichbetrieb in Thüringen verschickt worden war. Der größte Teil der gebauten »Natter« waren solche des Musters Ba 349 A, jedoch waren auch ein oder zwei Bachem Ba 349 B darunter.

Ba 349 A

Während für das Projekt der »Natter«, dem BP-20, ein Walter-Triebwerk HWK 109-559 A mit 1 500 kgp Schub, der auf einen Mindestschub von 300 kg abgedrosselt werden konnte, vorgesehen war, erhielt die Serienausführung mit der Bezeichnung Ba 349 A »Natter« das verbesserte Walter-Triebwerk HWK 109-559, eine direkte Abwandlung der HWK 109-509. Die HWK 109-559 besaß einen Maximalschub von 1 700 kp und einen Minimalschub herunter bis auf 150 kp.

Typ: Einmotoriger Abfangjäger.
Flügel: Freitragender Mitteldecker. Einholmiger Holzflügel mit durchgehendem Kastenholm. Jede Flügelhälfte weiterhin aus fünf Rippen und der Sperrholzbeplankung bestehend. Ohne Querruder.
Rumpf: Zerlege-Rumpf in Holz-Schalenbauweise. Plexiglas-Bugkappe. Rumpf-Vorderteil bis zur Kabine und Rumpf-Hinterteil mit Triebwerk und Steuerorganen absprengbar. Fallschirmkasten für Heck im Rumpf-Hinterteil.
Leitwerk: Freitragendes Leitwerk in Kreuzform. Holzbauweise mit sperrholzbeplankten Flossen und stoffbespannten Rudern. Sämtliche vier Leitwerksflächen mit Rudern ausgerüstet. Höhenruder mit Differentialwirkung zur Quersteuerung. Zusatzflächen für Höhenleitwerk beim Start, absprengbar. Zusätzliche Strahl-Ruder hinter der Düsenöffnung.
Fahrwerk: Kein Fahrwerk, da Verlustgerät und Start an der Lafette. Flügelenden und untere Seitenflosse verstärkt mit Beschlägen für die Lafettenführung versehen.
Triebwerk: Eine Walter HWK 109-559-Flüssigkeitsrakete mit 1 × 1 700 kp Schub bei Vollast, auf 150 kp Mindestschub regulierbar.

Je ein Kraftstoffbehälter für T-Stoff (400 Liter) und C-Stoff (190 Liter) im Rumpf. Vier Schmidding 109-533-Feststoff-Startraketen mit 4 × 1200 kp Schub für 10 Sekunden. Nach dem Ausbrennen abwerfbar.

Besatzung: 1 Pilot in geschlossener Kabine. Panzerplatten vor und hinter dem Sitz sowie Panzerglas an der Frontscheibe. Rumpfbug für den Fallschirmabsprung absprengbar.

Bewaffnung: 34 × 55 mm R 4 M- oder 24 × 73 mm-Föhn-Raketen als Batterie im Rumpfbug.

Ba 349 B

Die Ba 349 B erhielt eine verbesserte Walter-Flüssigkeitsrakete HWK 109-509 D. Dieses Triebwerk mit 2000 kp Maximalschub, der auf 400 kp gedrosselt werden konnte, besaß eine sogenannte Reiseflug-Verbrennungskammer als sekundäres Element, welches einen solchen Schub zusätzlich erzeugte, daß er alleine für den Horizontalflug in einer bestimmten Höhe ausreichte. Mit diesem Triebwerk wurde die Flugzeit unter Vortrieb von zwei Minuten auf 4,36 Minuten vergrößert. Zellenmäßig entsprach die Ba 349 B bis auf kleine Verbesserungen der Ba 349 A. Nur eine einzige Maschine konnte gestartet werden.

Bachmann

Walter Bachmann, Flugzeugbau, Ribnitz (Mecklenburg)

Dieses Unternehmen diente zuerst als Lizenzbau-Unternehmen für die He 59 und unternahm später deren Reparatur. Ab 1942 war es nur noch als Zulieferant für Großfirmen tätig.

Bachmann, von Blumenthal und Co.

Bachmann, von Blumenthal und Co., Fürth in Bayern

Dieses Unternehmen arbeitete zuerst als Lizenznehmer in der Ju 87-Fertigung, wurde aber ab 1941 hauptverantwortlich für die Reparatur der Me 110. Daneben lief noch Einzelteilfertigung als Zulieferant.

Baumgärtl

Baumgärtl

Der Österreicher Paul Baumgärtl beschäftigte sich mit offizieller Förderung, aber ohne RLM-Auftrag mit der Entwicklung eines Rucksackhubschraubers. 1941 entstand als erstes Gerät »Heliofly I«, befriedigte aber nicht. Danach

entstand für militärische Zwecke »Heliofly III/57« mit zwei gegenläufigen, einblättrigen Rotoren, die von einem 8 PS-Argus-Motor angetrieben wurden, der sich aber als zu schwach erwies. Es entstand »Heliofly III/59« mit einem 16 PS-Motor. Dieses Gerät wog nur 35 kg, das Abfluggewicht etwa 120 kg. Es wurden einige Flüge von Baumgärtl durchgeführt, bis das Jägernotprogramm die Einstellung der Entwicklung erzwang.

Berlin

Flugtechnische Fachgruppe an der T. H. Berlin-Charlottenburg

Bereits zu Anfang des Zweiten Weltkrieges traten bei der Wendigkeit damaliger Hochleistungsflugzeuge Fliehkräfte auf, die für den menschlichen Organismus nicht mehr tragbar erschienen. Untersuchungen ergaben, daß Beschleunigungen von 5 bis 6 g bei einer Wirkungsdauer von drei bis vier Sekunden das Maximum darstellten. Um zu einer Lösung zu kommen, wurden grundlegende flugmedizinische Untersuchungen begonnen. Diese stellten klar, daß Beschleunigungen vom menschlichen Körper am besten in der Rückenlage ertragen werden konnten. Da diese Lage jedoch zum Steuern eines Flugzeuges aus Gründen der Sicht unmöglich war, blieb die Bauchlage zu untersuchen. Bereits 1937 hatte auf Veranlassung der DVL die Akaflieg Stuttgart einen Hochleistungssegler mit großer Festigkeit und liegendem Piloten gebaut, mit dem zahlreiche Versuchsflüge unternommen worden waren. Um aber zu einem Abschluß der Untersuchungen zu kommen, erhielt die Flugtechnische Fachgruppe der Technischen Hochschule Berlin, die durch die Konstruktion mehrerer Segelflugzeuge bekanntgeworden war, den Auftrag, einen zweimotorigen Versuchsträger für einen liegenden Piloten zu schaffen. Diese Konstruktion erhielt die Typenbezeichnung B 9 und wurde später mit der Nummer 8-341 in die RLM-Liste eingereiht.

Berlin B 9 (8-341)

Das in einem Exemplar gebaute Versuchsflugzeug war auf eine hohe Bruchfestigkeit hin ausgelegt worden, da mit dieser Maschine Beschleunigungen bis zu 22 g erprobt werden sollten. Zu diesen Spitzenwerten drang das Versuchsprogramm nicht mehr vor, weil erst 1944 der Einbau der hierfür notwendigen Messerschmitt Me P 2-Verstellpropeller vorgesehen wurde und dann nicht mehr erfolgte. Die liegende Anordnung des Piloten brachte zahlreiche Probleme mit sich, besonders in sichtmäßiger Hinsicht durch die nötigen Kontroll- und Überwachungsgeräte. So wurde mit Erfolg von der Ablesung der Geräte im Spiegel Gebrauch gemacht. Die B 9 konnte im Frühjahr 1943 fertiggestellt werden und ging dann ab August des Jahres in die Erprobung.

52A. Rucksackhubschrau-
ber-Versuchsbau Baumgärtl
»Heliofly III/59«

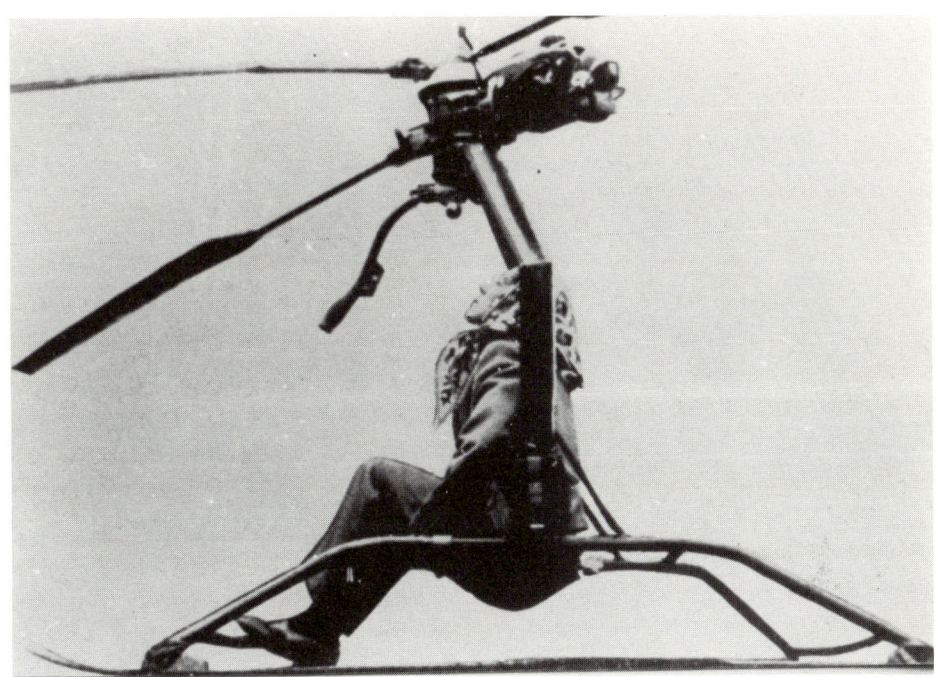

53. Versuchsflugzeug
TH Berlin B 9 (8-341) ▽

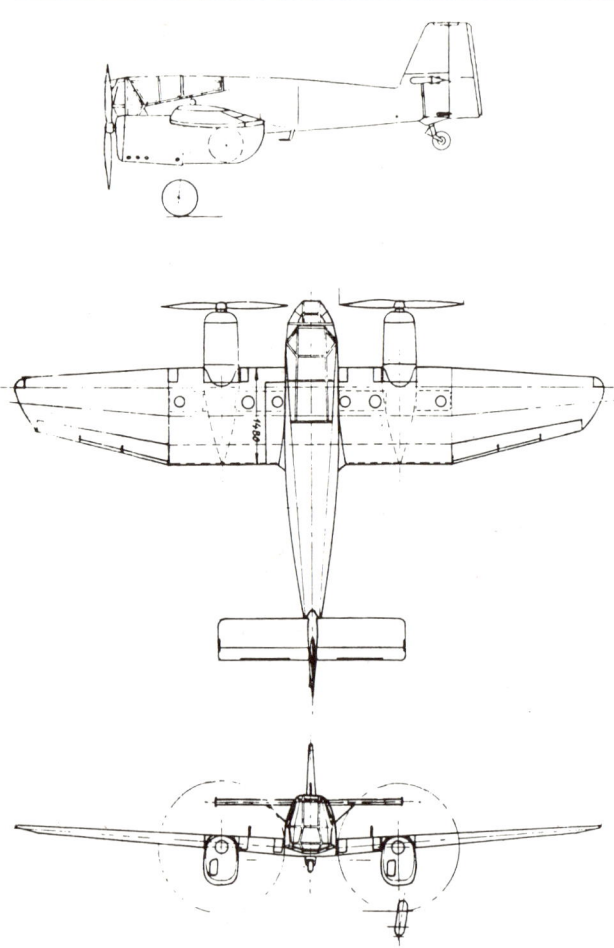

31 A. TH-Berlin B 9 (8-341)

Typ: Zweimotoriges Beschleunigungs-Versuchsflugzeug.
Flügel: Freitragender Tiefdecker. Einteiliger Zweiholmiger Ganzholzflügel mit einer einteiligen – unter dem Rumpf durchlaufenden – Spreizklappe.
Rumpf: Stahlrohrgerüst mit formgebenden Holzgurten und Stoffbespannung. Rumpfbug als planverglaste Vollsichtkanzel ausgebildet.
Leitwerk: Abgestrebtes Normalleitwerk. Holzbauweise. Für die Trimmung verwendete Höhenflosse mit I-Stielen zum Rumpf hin abgefangen.
Fahrwerk: Einziehbares Normalfahrgestell. Haupträder und Federbeine von der Bf 108 übernommen, mechanisch von Hand nach hinten in die Motorgondeln einfahrbar. Starres Spornrad.
Triebwerk: Zwei Hirth HM 500 luftgekühlte hängende Vierzylinder-Reihenmotoren mit 2×105 PS Startleistung. Starre Zweiblatt-Luftschrauben. Kraftstoff in vier Flächentanks zwischen den Holmen.
Besatzung: 1 Pilot in liegender Anordnung in der Vollsichtkanzel.

Blohm & Voß

Direktor: Walter Blohm
Chefkonstrukteur: Dr.-Ing. Richard Vogt
Werk: Hamburg-Finkenwerder

1933 wurde als Unterabteilung der größten deutschen Schiffswerft, der bereits im vergangenen Jahrhundert gegründeten Blohm & Voß-Werke, die Hamburger Flugzeugbau GmbH. ins Leben gerufen. Ihr erstes Produkt wurde ein Übungsdoppeldecker, den der seinerzeitige Chefkonstrukteur Mewes konstruierte. Mewes, der als Fachmann für Gemischtbauweise galt und bei Heinkel u. a. die He 59 konstruiert hatte, verließ Blohm & Voß anschließend wieder und ging zu Fieseler. Neuer Chefkonstrukteur bei der Hamburger Flugzeugbau GmbH. wurde Dr.-Ing. Richard Vogt, der zwischen 1923 und 1932 in Japan bei Kawasaki tätig war. Unter seiner Leitung entstanden die erfolgreichen Produkte der Firma, von denen das Postflugzeug Ha 139 vor dem Kriege und die Flugboote BV 138, BV 222 und BV 238 während des Krieges besonders bekannt geworden sind. Dr. Vogt machte sich die Erfahrungen der Firma in der Schweißtechnik und in der Stahlblechverarbeitung zunutze und entwickelte das spezielle Blohm & Voß-Bauelement, den Rohrholm aus Stahl, der zur Kraftstoffaufnahme herangezogen wurde und bei dem Verkehrsflugzeug BV 144 sogar das Grundelement für eine Anstellwinkelveränderung wurde. Außer 276 BV 138, die während des Krieges in Finkenwerder gebaut wurden, diente das Werk nicht der Serienfertigung, sondern ausschließlich der Entwicklung eigener Projekte. 1937 wurde die Firma in Blohm & Voß, Abt. Flugzeugbau, umbenannt.

Blohm & Voß Ha 135

Diese erste Konstruktion von Reinhold Mewes beim Hamburger Flugzeugbau verrät bereits auf den ersten Blick die Hand eines an die Gemischtbauweise gewöhnten Konstrukteurs. Die Ähnlichkeit dieser Maschine mit der von Mewes später bei Fieseler entworfenen Fi 98 fällt sofort ins Auge, obwohl es sich bei der letzteren um eine bedeutend schwerere Maschine handelt. Es ist leicht zu verstehen, warum Mewes nach kurzer Zeit die hauptsächlich auf Metallbau eingearbeitete Firma verließ und eine ihm mehr liegende Entwicklungsarbeit bei Fieseler, der vom Segelflugzeugbau kam, vorzog.

Ha 135

Typ: Einmotoriges Versuchs-Übungsflugzeug.
Bauart: Einstieliger verspannter Doppeldecker in Gemischtbauweise. Tragflächen leicht gestaffelt.
Fahrwerk: Federbeinstreben mit kreuzweiser, gegenseitiger Abstützung.
Leitwerk: Höhenleitwerk gegen Seitenflosse verstrebt.
Triebwerk: Ein Bramo Sh 14 A luftgekühlter Siebenzylinder-

54. Versuchsflugzeug Blohm & Voß Ha 135 V 1 △   55. Versuchseinsitzer Blohm & Voß Ha 136 B ▽

Sternmotor von 1 × 160 PS Leistung. Starrer Schwarz-Leichtholz-mantelpropeller.
Besatzung: Maschine kann ein- und zweisitzig geflogen werden.

Blohm & Voß Ha 136

Die erste Konstruktion von Dr. Vogt bei Blohm & Voß war der einmotorige Versuchseinsitzer Ha 136. Seine Konstruktion diente vornehmlich der Einarbeit des neu zusammengestellten Konstruktionsbüros, außerdem aber besonders der Erprobung der neuartigen und für den Flügelbau bedeutsamen Rohrholmbauweise. Dem Entwurf lag die Absicht zugrunde, ein Übungsflugzeug mit solchen Flugeigenschaften zu schaffen, die denen von Hochleistungsflugzeugen möglichst angeglichen sind. Um große Wendigkeit bei hoher Beschleunigung und geringem Kurvenradius zu erhalten, bedeutete dies: hohe Flächenbelastung und -leistung bei geringer Leistungsbelastung. In seinen Grundzügen wies das Baumuster besonders in der Anwendung der zentralen Rohrholmbauweise schon wesentliche konstruktive Merkmale der späteren Baumuster von Blohm & Voß auf. Der Größe des Flugzeuges entsprechend, wurde als Material für den Rohrholm das leichtere Dural gewählt, da die Abmessungen die Verwendung von Stahl, wie bei den größeren Baumustern, noch nicht zuließen. Da schon während der Erprobung der Ha 136 größere Aufgaben an die Firma herantraten, wurde nach dem Bau von zwei Musterflugzeugen, der Ha 136 A und Ha 136 B, von einer Weiterentwicklung dieses Baumusters abgesehen.

Ha 136 A

Ihr charakteristisches Aussehen erhielt diese erste Mustermaschine durch den für den Rumpfquerschnitt viel zu klobigen Sh 14 A-Sternmotor, der von einen Townend-Ring umgeben war.

Typ: Einmotoriges Versuchs-Übungsflugzeug.
Flügel: Zweiteiliger Rechteckflügel in Metallbauweise mit zentralem Rohrholm aus Dural. Freitragende Tiefdeckeranordnung.
Rumpf: Metallrumpf mit rechteckigem Querschnitt.
Leitwerk: Freitragendes Normalleitwerk. Höhenruder aerodynamisch ausgeglichen, sämtliche Ruder mit Trimmklappen. Aufbau aus Metall.
Fahrwerk: Normal, starr. Haupträder unter dem Rumpf, mit Hosenbeinen verkleidet. Hosenbeinartig verkleidetes Spornrad.
Triebwerk: Ein BMW-Bramo Sh 14 A luftgekühlter Siebenzylinder-Sternmotor mit 1 × 100 PS Leistung. Townend-Ring. Starre Zweiblatt-Holzluftschraube.
Besatzung: 1 Pilot in offenem Sitz.

Ha 136 B

Die zweite Mustermaschine Ha 136 B (D-ESEL) unterschied sich von der A-Ausführung lediglich in der Verwendung eines luftgekühlten Reihenmotors an Stelle des Sternmotors. Mit dieser Maschine wurden später Stabilitätsuntersuchungen mit vergrößerter Seitenflosse unternommen.

Triebwerk: Ein Argus As 8 R luftgekühlter Vierzylinder-Reihenmotor mit hängenden Zylindern und 1 × 135 PS Startleistung. Starre Zweiblatt-Holzluftschraube.

Blohm & Voß Ha 137

Den gleichen Entwicklungsauftrag für ein Sturzkampfflugzeug, der zur Arado Ar 81, zur Heinkel He 118 und zur Ju 87 von Junkers führte, vergab das RLM auch an Blohm & Voß. Dr. Vogt entschied sich für einen robusten Einsitzer, ähnlich seiner letzten Konstruktion bei Kawasaki, dem Postflugzeug C. 5 jedoch mit Knickflügel, der im Gesamtaufbau der Ju 87 nicht unähnlich sah, jedoch seine Abstammung von der Ha 136 nicht verleugnen konnte. Diese Maschine erhielt die Bezeichnung Ha 137. Das Vergleichsfliegen mit den Konkurrenzmaschinen 1936 in Rechlin absolvierte die *Ha 137 V-1.* Dieses Version, die im Aufbau vollkommen den späteren Ha 137 A- und B-Versionen entsprach, besaß als Triebwerk einen englischen Rolls Royce-»Kestrel«-Motor mit 1 × 575 PS und eine starre Zweiblatt-Luftschraube. Auffallendes Merkmal dieser Maschine war der riesige Jalousiekühler unter dem Rumpf direkt hinter der Luftschraubennabe. Obwohl sich das RLM für die zweisitzige Ju 87 mit geschlossenem Führersitz entschied, ging bei Blohm & Voß die Entwicklung der Ha 137 weiter. Zwei weitere Versionen wurden gebaut, die Ha 137 A und die Ha 137 B. Letztere sollte die Endlösung darstellen.

Ha 137 A

Diese in zwei Exemplaren gebaute Version (D-IBGI und D-IFBA) unterschied sich zellenmäßig nicht von der späteren Ha 137 B, die unten näher beschrieben ist. Jedoch besaß sie einen Sternmotor mit NACA-Haube.

Triebwerk: Ein BMW 132 E-1 luftgekühlter Neunzylinder-Sternmotor mit 1 × 650 PS Startleistung. NACA-Haube. Dreiblatt-Metall-Verstell-Luftschraube.

Ha 137 B

Diese Version besaß den für die Serie vorgesehenen Jumo 210-Motor. Im Gegensatz zu der Ha 137 V-1 waren die Abmessungen des Kühlers wesentlich geringer. Auch saß er weiter nach hinten im Bereich des Flügelansatzes und war ausfahrbar. Die Antennenanlage, die beim Prototyp aus einer Einzelantenne auf der Steuerbordfläche bestand, wurde durch zwei Antennen an den beiden Flügelspitzen ersetzt. Geringe Änderungen wurden auch an den beiden Hosenbeinen des Fahrwerkes vorgenommen.

Typ: Einmotoriges Sturzkampfflugzeug.
Flügel: Freitragender Tiefdecker, Knickflügel nach unten. Dreiteiliger Ganzmetallaufbau mit Blechbeplankung und zentralem Rohrholm aus Stahl (Mittelstück) und Dural (Außenteile). Vierteilige Spreizklappen zwischen Querruder und Rumpf. Sturzflugbremsen vor den Querrudern.
Rumpf: Ganzmetallaufbau mit Glattblechbeplankung und Versenknietung. Rumpfende läuft in senkrechte Schneide aus.

56. Versuchssturzbomber Blohm & Voß Ha 137 V 1 (D-IFBA) △   57. Versuchs-Sturzbomber Blohm & Voß BV 137 V 4 (B) ▽

Leitwerk: Freitragend, normal. Ganzmetallaufbau. Höhenruder mit vom Führersitz aus verstellbaren Trimmklappen, Seitenruder mit Schränkausgleich.
Fahrwerk: Starres Normalfahrwerk. Bremsbare Haupträder mit Hosenbein-Verkleidung. Unverkleidetes Spornrad voll drehbar.
Triebwerk: Ein Junkers Jumo 210 C flüssigkeitsgekühlter Zwölfzylinder ∧-Motor mit 1 × 540 PS Startleistung. Dreiblatt-Metall-Verstell-Luftschraube von 3,20 m Durchmesser.
Besatzung: 1 Pilot in offenem Sitz.
Militärische Ausrüstung: 2 × 7,9 mm MG 17 auf der Rumpfober-

seite hinter der Motorverkleidung und 2 × 20 mm MG FF in den Flügelknicken. 1 × 250 kg Bombe unter dem Rumpf und 4 × 50 kg Bomben unter den Außenflügeln.

Blohm & Voß BV 138

Aufgrund einer Ausschreibung des Reichsluftfahrtministeriums (RLM) entwarf Dr. Richard Vogt, Entwicklungschef beim Hamburger Flugzeugbau (später Blohm & Voß, Abt. Flugzeugbau) im Jahre 1934 drei Fernaufklärungsflugboote,

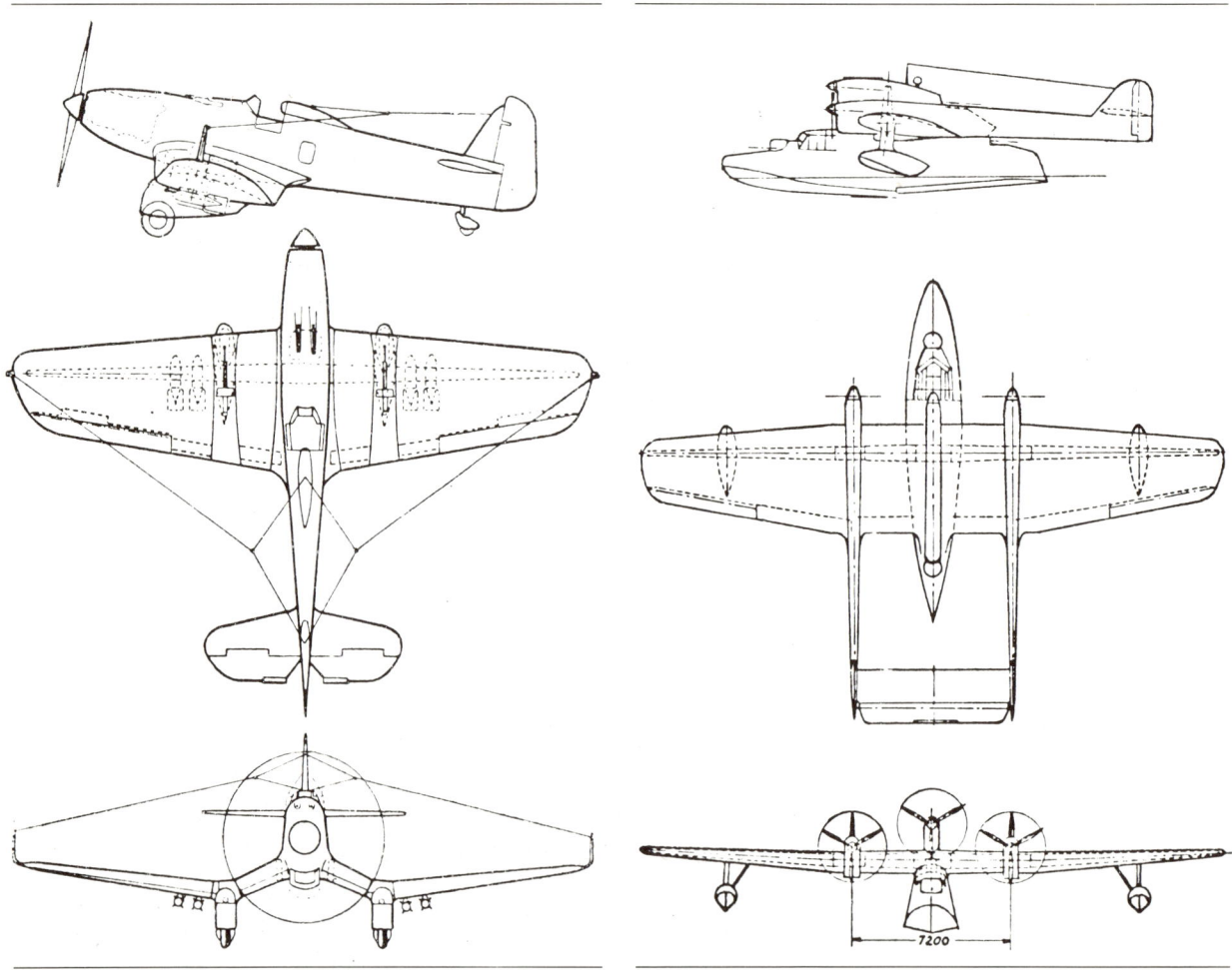

32. Blohm & Voß Ha 137 B

33. Blohm & Voß BV 138 A

die mit Schweröldieselmotoren ausgerüstet werden sollten, da diese aufgrund ihres sparsamen Treibstoffverbrauches eine wesentliche Vergrößerung der Reichweite sicherstellten. Der damals zur Verfügung stehende Junkers Jumo 205 leistete zwar nur 600 PS, man hoffte aber, das stärkere Triebwerk BMW 15 einbauen zu können. So schlug Dr. Vogt die beiden Projekte P.8 und P.8a mit je zwei BMW 15, und als Ausweichlösung P.12 mit drei Jumo 205 vor. Schließlich projektierte er noch das Doppelflugboot P.13 mit vier Jumo 205. P.13, wurde aber vom RLM abgelehnt und dafür ein neuer an P.8 angelehnter Entwurf gefordert. Da es sehr fraglich wurde, ob der BMW 15 jemals zur Verfügung stehen würde, schlug Dr. Vogt den Bau folgender Musterflugzeuge vor: Ha 138 V 1 mit zwei BMW 15, Ha 138 V 2 mit drei Jumo 205 und Ha 138 V 3 mit zwei Daimler-Benz DB 600 (Benzinmotoren!). Bereits im März 1935 war die Attrappe der Ha (später BV) 138 V 1 fertig, die statt des BMW 15 nun

jedoch zwei Jumo 206 erhalten sollte. Das RLM war einverstanden, und der Bau begann.
Es war ein Flugboot mit einem kurzen Zentralbootskörper, dessen hochliegende Tragflügel in Rumpfnähe scharf nach unten abgewinkelt waren und in die Rumpfoberseite übergingen. Diese Anordnung ergab im Heck ein gutes Schußfeld für einen Drehturm, wie er auch im Bug eingebaut werden sollte. In dem Flügelknick waren die beiden Motoren eingebaut, die nach hinten in die beiden Leitwerksträger übergingen. Als im Herbst 1936 der Rohbau fast fertig war, kam von Junkers die Nachricht, daß der Jumo 206 nicht lieferbar wäre. So war man gezwungen, ein drittes Triebwerk, denn jetzt brauchte man drei Jumo 205, über dem Bootsrumpf einzubauen. Die dafür erforderlichen Konstruktionsarbeiten und Umbauten nahmen soviel Zeit in Anspruch, daß die Ha 138 V 1, D-ARAK, erst am 15. Juli 1937 zum Erstflug starten konnte. Auch die Ha 138 V 2,

D-AMOR, zeigte, daß sie noch nicht die Ideallösung darstellte. Nachdem dieses Boot am 6. November 1937 zur Erprobung nach Travemünde gegangen war, stellte sich heraus, daß die Zelle nicht hochseetauglich war. Daraufhin verzichtete man auf die Fertigung der Ha 138 V 3 und baute statt dessen die erste Vorserienmaschine BV 138 A-ol, D-ADJE, die im Februar 1938 zum Erstflug startete. Obwohl die Grundkonzeption der Ha 138 V 2 beibehalten wurde, war D-ADJE erheblich größer und stabiler. Der Bootsrumpf war von 12,20 Meter auf 15,14 verlängert und hydrodynamisch verbessert worden. Als Bewaffnung wurde im Bug ein Drehturm LB 204 (Kaliber 20 mm) eingebaut. In den beiden Heckständen, die offen blieben, befand sich je ein MG 15. Das Triebwerk bestand aus drei Jumo 205 C-4 von je 605 PS Startleistung. Die Erprobung dieses Bootes verlief so befriedigend, daß fünf weitere Boote in Auftrag gegeben wurden. Die vierte Versuchsmaschine wurde die BV 138 B-o, BI + AT, bei der man auf den LB 204 verzichtete, dafür aber die

Zelle weiter verstärkte. Dadurch erhöhte sich gegenüber der A-ol das Abfluggewicht von 13750 kg auf 15500 kg, maximal 17400 kg.
Inzwischen lief der Serienbau der ersten Serie A-1, von der 25 Maschinen gebaut wurden. Die erste BV 138 A-1 startete im April 1940. Der Bedarf an Transportern für den Feldzug in Norwegen (»Weserübung«) führte dazu, daß die beiden ersten A-1 ohne Erprobung in Travemünde sofort eingesetzt wurden. Die restlichen A-1 (zehn Boote) kamen nach Hörnum und wurden dort zu einer Seeflugstaffel zusammengefaßt. Schwierigkeiten gab es immer wieder mit den LB 204, die den laufenden Einsatz von Reparaturkommandos notwendig machten, bis die ersten MG 151 greifbar wurden. Im Oktober 1940 wurden alle flugfähigen BV 138 A-1 nach Frankreich verlegt.
Der Einsatz der Boote in der Biscaya und über dem Atlantik zeigte, daß der Bootskörper, die Stützschwimmer und die Landeklappen verstärkt werden mußten. Erfreulicherweise

58. Versuchsflugboot Blohm & Voß BV 138 V 1 △   59. Versuchsflugboot Blohm & Voß BV 138 V 2 ▽

war es möglich, diese Änderungen bei der BV 138 B-1, die ab Dezember 1940 ausgeliefert wurde, noch zu berücksichtigen. Im Winter stellte sich dann heraus, daß die Abgasführung des Mittelmotors zu Stauungen führte, die die Leistung um 70 PS minderten. Wegen des Eisgangs konnten die BV 138 erst im Juni 1941 wieder an die Front gehen. Im Juli gingen die Boote in neue Stützpunkte in Norwegen, wo mit ihnen gute Ergebnisse erzielt wurden. So flog im Oktober 1941 eine Staffel mit zehn BV 138 B-1 insgesamt 500 Stunden. Das bedeutete 100 000 km Fernaufklärung! Die BV 138 B-1 zeigte auch gute Kampfeigenschaften: eine englische Blenheim V wurde im Luftkampf vernichtet, desgleichen ein Catalina-Flugboot. Eine besondere Leistung zeigte eine BV 138, die einen englischen Geleitzug überwachte, trotz Angriffe englischer Trägerjagdflugzeuge eineinhalb Stunden am Geleitzug blieb, während Torpedoflugzeuge und Bomber ihn angriffen, und dann zwar beschädigt, aber sicher zum Stützpunkt zurückkehrte. Bis Ende 1941 gingen drei BV 138 verloren. In der Zwischenzeit wurden alle BV 138 A und die noch vorhandenen B-o soweit verstärkt, daß sie der B-1 entsprachen. Im Winter 1941/42 gingen weitere BV 138 nach Norwegen, eine Staffel kam ans Schwarze Meer.

Im Frühjahr 1941 lief die Serie B-1 aus, von der auch eine Version B-1/U1 gebaut wurde, die Abwurfgeräte für sechs SC 50-Bomben oder vier Wasserbomben zur U-Bootbekämpfung erhielt. Die folgende Serie BV 138 C-1 entsprach weitgehend der B-1, unterschied sich äußerlich hauptsächlich durch die vierflügelige Luftschraube des Mittelmotors. Die ersten sieben Maschinen dieser Serie wurden im März 1942 ausgeliefert. Bis Ende 1942 wurden insgesamt 72 BV 138 C-1 gebaut. Obwohl das Bauprogramm BV 138 die höchste Dringlichkeitsstufe hatte, führten Engpässe in der Rohstoffbeschaffung und die sich ab 1942 verstärkenden alliierten Luftangriffe zu laufenden Lieferschwierigkeiten. Nachdem der neue Jumo 205 D mit einer Startleistung von 880 PS verfügbar wurde, wurden nach und nach alle BV 138 auf dieses Triebwerk umgerüstet. Der Einbau dieser Motoren bedingte den Zusatz von zwei Ansaugstutzen in der oberen Triebwerksverkleidung, da der hinter der Propellerhaube liegende Luftspalt für die vom Motor benötigte Luft nicht ausreichte. Die Bewaffnung wurde bei allen Maschinen verstärkt: Bug Drehturm mit MG 151/20, Heckstand desgleichen, oberer Heckstand MG 131. Ein zusätzlicher Einbau eines MG 15 an der Steuerbordseite, das vom Funker bedient werden konnte, war möglich. Der Umrüstsatz U 1 (6 × SC 50 oder vier Wasserbomben à 150 kg) konnte auch bei der C-1 eingebaut werden. Eine begrenzte Anzahl von BV 138 C-1 wurde mit Minensuchring ausgerüstet, einer großen kreisförmigen Stromspule, wie sie auch bei der Ju 52 verwendet wurde. Um die Reichweite der Boote maximal zu erhöhen, wurde eine Anzahl mit Katapultbeschlägen versehen. Der Katapultstart wurden von den gleichen Schiffen durchgeführt, die vor dem Kriege, im Südatlantik liegend, der Deutschen Lufthansa die Durchführung des Luftpostver-

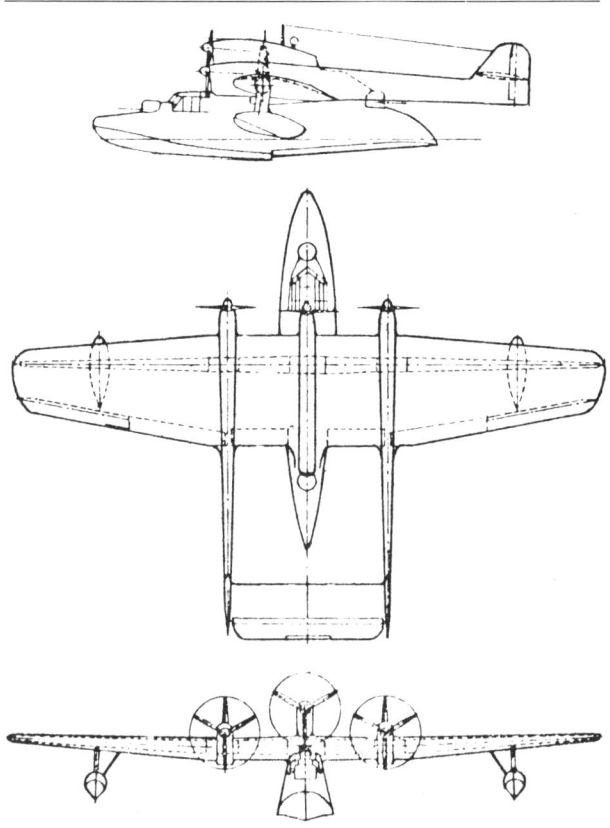

34. Blohm & Voß BV 138/B/C

kehrs nach Südamerika ermöglicht hatten. Bei Katapultstart konnte die BV 138 V-1 18 Stunden in der Luft bleiben, was einer Reichweite von 3 900 Kilometern entsprach. Alle BV 138 konnten mit R-Geräten (Startraketen) ausgerüstet werden. Die BV 138 wurden auch in begrenzter Zahl als Mannschaftstransporter eingesetzt, wobei zehn voll ausgerüstete Infanteristen mitgenommen werden konnten. Zum Aufspüren von gegnerischen Geleitzügen und zur Fühlungshaltung an diesen wurden einige BV 138 C-1 auch mit dem FuG 200 »Hohentwiel« ausgerüstet.

Insgesamt wurden 276 BV 138 gebaut, davon 25 A-1, 24 B-1 und 227 C-1. Außerdem wurden drei A-1 zu B-1 umgebaut.

Typ: Dreimotoriges Aufklärungsflugboot.
Flügel: Freitragender Hochdeckerflügel auf Pylon oberhalb des Bootsrumpfes. Dreiteiliger Metallaufbau mit Blechbeplankung, abgesehen von einigen stoffbespannten Flächen der Flügelunterseite. Zentraler Rohrholm, Mittelteil, zugleich als Kraftstoffbehälter herangezogen, aus Stahl, Außenteile aus Dural. Spreizklappen zwischen Querruder und Rumpf.
Rumpfboot: Kurzes einstufiges Ganzmetallboot mit stark gekieltem Boden und geraden Seitenwänden.

60. Fernaufklärungsflugboot Blohm & Voß BV 138 MS (CB + UA) △   61. Minensuchflugboot Blohm & Voß BV 138 MS ▽

Leitwerk: Leitwerksflächen an zwei Leitwerksträgern als Verlängerung der beiden Außenmotoren. Leitwerksträger mit rechteckigem Querschnitt aus Ganzmetall, jeder ein Seitenleitwerk tragend. Höhenleitwerk zwischen den Seitenleitwerken, zu ihnen durch je einen umgedrehten V-Stiel abgestrebt. Aufbau aller Leitwerksflächen aus Metall mit blechbeplankten Flossen und stoffbespannten Rudern.

Schwimmwerk: Zwei stufenlose Hilfsschwimmer mit stark gekieltem Boden und halbkreisförmigem Oberteil unter den Außenflügeln an kräftigem I-Stiel, je durch einen zweiten I-Stiel abgefangen.

Triebwerk: Drei Junkers Jumo 205 D flüssigkeitsgekühlte Sechszylinder-Gegenkolben-Schweröl-Reihenmotoren mit 3 × 700 PS Startleistung. Außenmotoren mit VDM-Dreiblatt-Metall-Verstell-Luft-

schrauben von 3,30 m Durchmesser. Mittelmotor mit Vierblatt-Luftschraube. Kraftstoffvorrat im Rohrholm des Mittelflügels.

Besatzung: Sechs Mann, bestehend aus einem Schützen im Bug, einem Piloten, einem Navigator, einem Funker und zwei weiteren Schützen im Heck.

Militärische Ausrüstung: 1 × 20 mm MG 151/20 in Drehturm im Bug. Zwei Drehtürme im Heck des Rumpfbootes, einer im Auslauf der Triebwerksgondel für den Abwehrbereich oberhalb des Flügels, einer tiefer am Ende des Bootes für den Abwehrbereich oberhalb des Flügels, einer tiefer am Ende des Bootes für den Abwehrbereich unterhalb des Flügels. 1 × 13 mm MG 131 im oberen Turm, 1 × 20 mm MG 151/20 darunter. Unter dem Mittelflügel können 6 × 50 kg Bomben für Tiefangriffe oder 2 × Seeminen mitgeführt werden.

Blohm & Voß Ha 139

Die Konstruktionserfolge Dr. Vogts veranlaßte die Deutsche Lufthansa 1935, bei Blohm & Voß ein katapultfähiges Postflugzeug für die Atlantikstrecken in Auftrag zu geben. Vogt entschied sich für ein Zweischwimmer-Flugzeug, das die Bezeichnung Ha 139 erhielt. Die beiden ersten Maschinen, die 1937 den Verkehr über dem Süd- und Nordatlantik aufnahmen, waren in den Abmessungen etwas kleiner als die dritte und letzte Maschine, die die Bezeichnung Ha 139 B erhielt. Diese drei Maschinen, die nach mehreren Versuchsflügen im Frühjahr 1938 den regelmäßigen Atlantikdienst aufnahmen, bewährten sich ausgezeichnet und vollbrachten Ende Juni 1939 ihre 100. Atlantiküberquerung, davon 40mal den Süd- und 60mal den Nordatlantik. Nach Ausbruch des Krieges wurden die drei Maschinen für militärische Zwecke eingesetzt. Aber nur für kurze Zeit blieben sie als Seeaufklärer oder Minenleger im Dienst.

Ha 139 A

Die beiden Muster der A-Reihe, die unter den Zulassungen D-AJEY »Nordwind« und D-AMIE »Nordmeer« flogen, waren freitragende Tiefdecker mit Junkers-Schwerölmotoren und doppeltem Seitenleitwerk. Untereinander unterschieden sie sich nur durch eine andere Form der beiden Seitenleitwerke als Endscheiben. Während das Erstmuster,

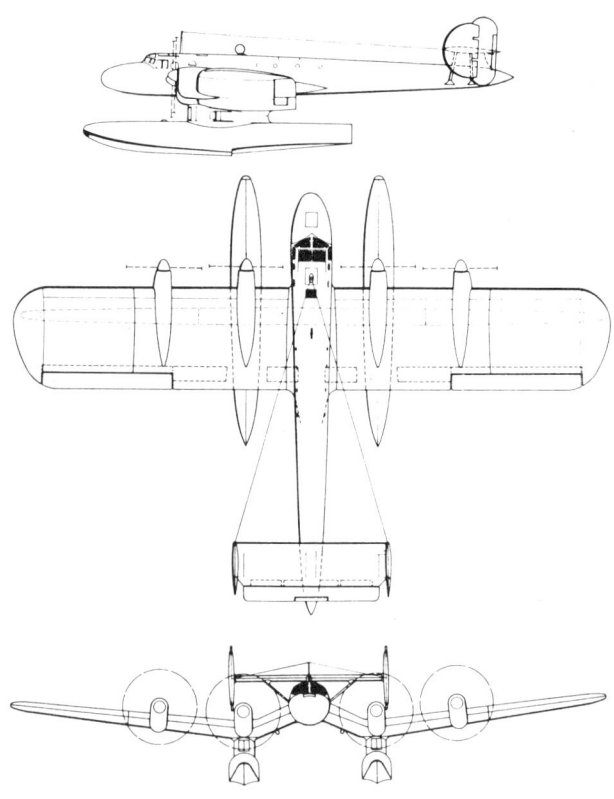

35. Blohm & Voß Ha 139 V 2 ▷

62. Langstrecken-Seeflugzeug Blohm & Voß Ha 139 V 1 ▽

100

63. Langstrecken-Seeflugzeug Blohm & Voß Ha 139 V 3 △   64. Minensuchflugzeug Blohm & Voß BV 139 V 3/MS ▽

die D-AJEY »Nordwind«, kreisförmige Seitenleitwerkscheiben besaß, erhielt die D-AMIE »Nordwind« vergrößerte, fast rechteckige Seitenruder, wie sie später auch bei der Ha 139 B verwendet wurden.

Ha 139 B

Diese Version besaß eine um 2,5 m weiter spannende Fläche größeren Inhalts und einen geringfügig verlängerten Rumpf. Das Seitenleitwerk entsprach dem der zweiten Ausführung der Ha 139 A, jedoch war die Höhenflosse über die Seitenleitwerke nach außen überstehend. Sonst entsprach sie rein äußerlich vollkommen den beiden Vorgängermustern. Die einzige gebaute Maschine der B-Reihe erhielt die Zulassung D-ASTA »Nordstern«. Die untenstehende Beschreibung gilt sowohl für die Ha 139 A als auch für die Ha 139 B.

Typ: Viermotoriges Transatlantik-Postflugzeug.
Flügel: Freitragender Tiefdecker, Knickflügel nach unten. Flügel dreiteilig, Aufbau aus Ganzmetall. Zentraler Rohrholm, im Mittelteil aus Stahl und zugleich Kraftstoffbehälter, in den Außenteilen aus Dural. Glattblechbeplankung. Vierteilige Spreizklappen zwischen Querruder und Rumpf.
Rumpf: Ganzmetall-Schalenbauweise mit rundem Querschnitt.
Leitwerk: Höhenflosse über dem Rumpf auf einem Pylon liegend und an jeder Seite durch zwei Parallelstiele zum Rumpf hin abgestrebt. Höhenruder mit Trimmkante. Doppelte Seitenleitwerke als Endscheiben (Ha 139 A) oder in die Höhenflosse eingesetzt (Ha 139 B). Ganzmetallaufbau.
Schwimmwerk: Zwei einstufige Ganzmetallschwimmer mit stark gekieltem Boden, unterteilt in zwölf wasserdichte Abteilungen, unter den beiden Innenmotoren. Beide Schwimmer durch Rohrholme zu den Flügelholmen abgefangen. Strebenverkleidung stromlinienförmig mit großer Tiefe.
Triebwerk: Vier Junkers Jumo 205 C flüssigkeitsgekühlte Sechszylinder-Gegenkolben-Schweröl-Reihenmotoren mit 4 × 600 PS Startleistung. Junkers-Hamilton-Dreiblatt-Metall-Verstell-Luftschrauben vom 3,30 m Durchmesser. Kraftstoffkapazität 6560 Liter im Rohrholm des Innenflügels, Schmierstoff 600 Liter.
Besatzung: 5 Mann in geschlossenem Führerraum, dahinter großer Raum für Post und Expreßgut.

Blohm & Voß Ha 140

Die Ha 140 wurde als zweimotoriges See-Mehrzweckflugzeug entworfen und in drei Versuchsmustern, *Ha 140 V-1* bis *Ha 140 V-3* gebaut. Der Aufbau des Musters erfolgte nach den bekannten Blohm & Voß-Prinzipien mit einem Rohrholm. Bemerkenswert war das freitragende Schwimmwerk.

Typ: Zweimotoriges See-Mehrzweckflugzeug.
Flügel: Freitragender Mitteldecker. Flügelmittelteil mit Rohrholm aus Stahl, Außenteile mit Rohrholm aus Dural. Ganzmetallaufbau. Vierteilige Spreizklappen zwischen Querruder und Rumpf.
Rumpf: Ganzmetallschale mit ovalem Querschnitt. Verglaste Rumpfnase mit unter dem Rumpfbug durchgezogenen Fenstern. Abgedeckter Raum für Bomben oder Torpedo.

Leitwerk: Abgestrebtes Leitwerk mit doppeltem Seitenleitwerk als Endscheiben. Höhenleitwerk auf Pylon über dem Rumpf, an jeder Seite durch zwei Parallelstiele zum Rumpf hin abgefangen. Höhenruder mit Trimmklappe und gewichtlich ausgeglichen. Seitenruder mit Trimmkanten und aerodynamischem Ausgleich.
Schwimmwerk: Zwei einstufige Ganzmetallschwimmer, freitragend an Rohrholmen, die stromlinienförmig verkleidet sind.
Triebwerk: Zwei BMW 132 L luftgekühlte Neunzylinder-Sternmotoren mit 2 × 800 PS Startleistung. Dreiflügelige VDM-Verstell-Luftschrauben aus Metall mit 3,30 m Durchmesser. Kraftstoffvorrat im Rohrholm des Mittelflügels.
Besatzung: 3 Mann, bestehend aus Pilot, Funker und Schütze.
Militärische Ausrüstung: Drehturm im Rumpfbug zwischen verglastem Rumpfbug und Führersitzaufbau.

Eine Blohm & Voß Ha 140 wurde als Sonderausführung mit verstellbaren Außenflügeln umgebaut. Gleichzeitig mit einer Vergrößerung des Einstellwinkels erfolgte automatisch das Ausfahren der Landeklappen und zusätzlich eingebauter Vorflügel. Die drehbare Aufhängung der Außenflügel wurde durch Kugellager vom Durchmesser des Rohrholmes erreicht, die an Stelle der sonst üblichen Flansche die Außenflügel an den Innenflügel anschloß. Beweggrund zu diesen Versuchen war die Verbesserung der Landeeigenschaften. Die Versuche ergaben, daß bei schlechter Sicht gefahrlos an die Wasseroberfläche herangegangen und ohne Abfangen aufgesetzt werden konnte. Die gewonnenen Erfahrungen konnten jedoch erst bei der BV 144 verwertet werden.

Blohm & Voß BV 141

Bereits im Ersten Weltkrieg wurde versucht, durch einen unsymmetrischen Aufbau der Flugzeuge Sicht und Feuerkraft zu verbessern. Die Gothaer Waggonfabrik ließ sich eine Reihe von Entwürfen patentieren und baute auch 1918 unter der Leitung der damaligen Konstrukteure Ing. Hans Burkhard und Karl Rösner mit der Gotha G VI das erste unsymmetrische Flugzeug der Welt. Mitte der dreißiger Jahre wurde das Problem der Unsymmetrik von zahlreichen Konstrukteuren erneut aufgegriffen und eine Reihe von diesbezüglichen Patenten angemeldet. Dr. Richard Vogt, der sich bereits während seiner Tätigkeit in den japanischen Kawasaki-Werken mit unsymmetrischen Flugzeugen beschäftigt hatte, ließ sich 1937 ebenfalls verschiedene Bauformen patentieren. Als im gleichen Jahr vom RLM ein einmotoriges Beobachtungsflugzeug mit besten Sichtverhältnissen ausgeschrieben wurde, beteiligte sich Vogt aus rein privater Initiative an dem Konstruktionswettbewerb. Sein Entwurf wurde, um der Forderung nach bester Sicht zu genügen, ein unsymmetrisches Flugzeug. Die Besatzung war in einer separaten Vollsichtkanzel auf der einen Seite des Flügels untergebracht, während Motor und Leitwerksträger auf der anderen, größeren Seite des Flügels Platz fanden. Dadurch wurde das größere Gewicht des Triebwerkes durch den größeren Auftrieb dieses Flügelanteiles ausgeglichen.

65. See-Mehrzweckflugzeug Blohm & Voß BV 140 V 1 △

65A. Blohm & Voß BV 140 ▽

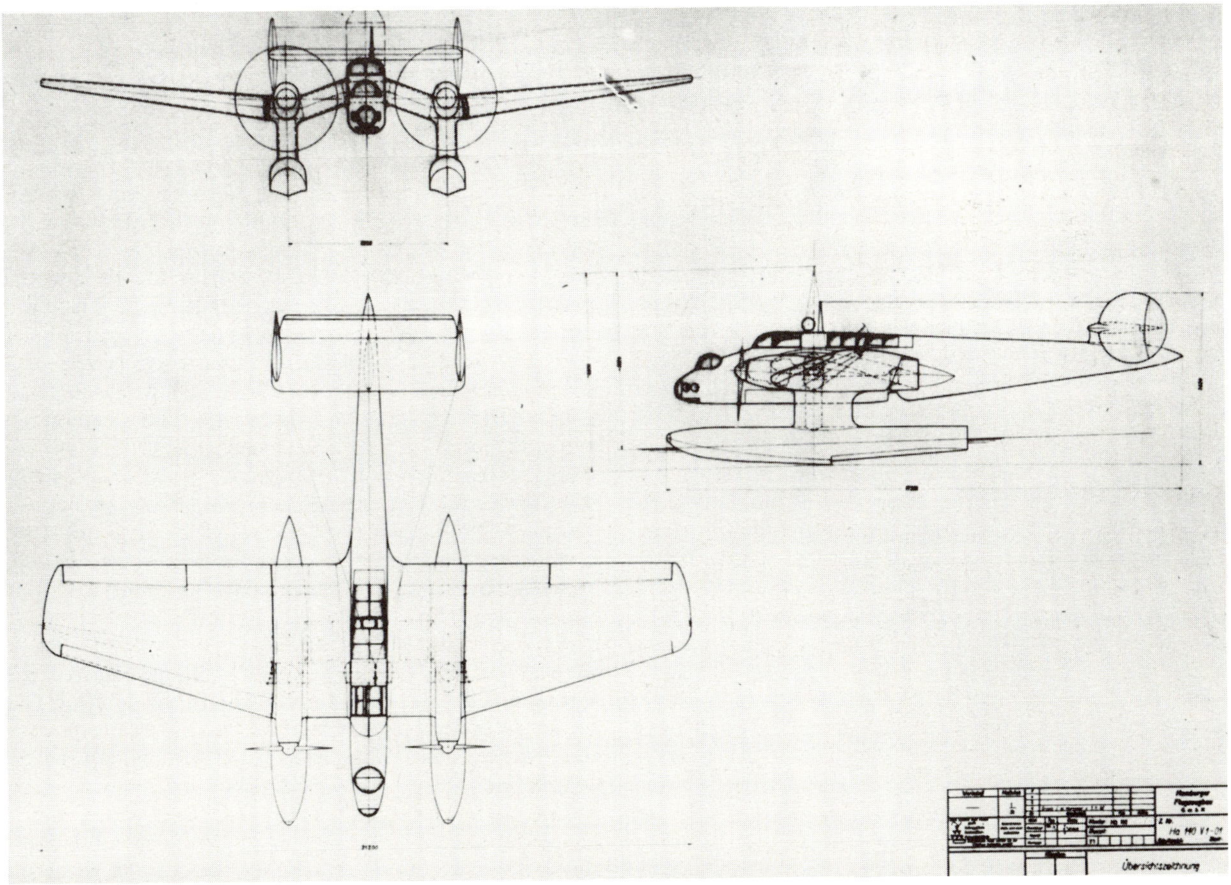

103

Vogts konstruktive Überlegungen zur Beherrschung des einseitigen Schraubenschubs waren folgende: Bekanntlich ist es nicht gleichwertig, ob bei einem zweimotorigen Flugzeug mit dem rechten oder linken Triebwerk allein geflogen wird, nämlich des Dralls der Luftschraube wegen. Nun sind Schub und Drall in einem ursächlichen Abhängigkeitsverhältnis, denn wenn der unsymmetrische Schub am größten ist, dann ist der Schraubenstrahldrall auch am größten. Demnach mußte die Unsymmetrie eines einmotorigen Flugzeuges so aufgebaut werden, daß diese ursächlichen Wirkungen zum Ausgleich der Unsymmetrie ausgenützt wurden. Das gelang sehr einfach über das im Schraubenstrahl liegende Seitenleitwerk. Wenn man also, wie es in Deutschland üblich ist, ein rechtsdrehendes Triebwerk hat, dann wird zweckmäßigerweise der Motor links und der Besatzungsraum rechts vom gemeinschaftlichen Flugzeugmittel angeordnet. Der links ziehende Propeller dreht dann das Flugzeug nach rechts um die Hochachse. Aber der Schraubendrall strömt das Seitenleitwerk mit einem gewissen Anstellwinkel von links außen an und dreht die Maschine nach links, kompensiert also den unsymmetrischen Schraubenzug. Vogt konnte den damaligen Generalluftzeugmeister Udet für seinen Entwurf gewinnen und erhielt einen Bauauftrag für das Muster, das die Bezeichnung BV 141 bekam. Obwohl die Auftragserteilung ohne jede Dringlichkeit vergeben wurde, da mit einer

schnellen Fertigstellung dieses ausgefallenen Musters nicht gerechnet wurde, flog bereits ein Jahr später (1938) die *BV 141 V-1* (D-OTTO). Ihre Flugleistungen übertrafen die gleichwertiger Normalflugzeuge, und flugeigenschaftsmäßig war das Muster so befriedigend, daß Generaloberst Udet sofort Rollen, Loopings und andere Figuren fliegen konnte. Die Kanzel dieses ersten Versuchsmusters entsprach mit dem separaten Führersitz und zwei Gefechtsständen im Bug und Heck noch der damaligen Auffassung. Aber bereits der zweite Prototyp, die *BV 141 V-2* (D-ORJE), erhielt die Vollsichtkanzel, die von den späteren Serienmustern nur geringfügig verändert übernommen wurde. Die BV 141 V-2 war die V-1 mit einem BMW-Bramo 323 von 1 × 1000 PS ausgerüstet und diente als Grundlage für die A-Reihe. Insgesamt wurden sieben Versuchsmaschinen gebaut.

Blohm & Voß BV 141 A-Reihe

Mit dem 1000 PS BMW-Bramo 323 wurde die Nullserie der A-Reihe, die BV 141 A-0, in Angriff genommen. Die Forderung nach erhöhter Kampfleistung ließ die Produktion nach zwei gebauten Maschinen zugunsten der BV 141 B stoppen.

Typ: Einmotoriger Aufklärer.
Flügel: Freitragend. Aufbau aus Ganzmetall mit zentralem Rohrholm aus Stahl. Flügelmittelteil rechteckig, aus mehreren Einzelseg-

67. Versuchsaufklärer Blohm & Voß BV 141 V 4

menten gebildet, in die bei der Montage der Rohrholm durch Klappen von unten eingeschoben wird. Zwei Außenteile mit Rohrholme aus Dural und Querrudern mit aerodynamischem Innenausgleich. Dreiteilige, hydraulisch betätigte Spreizklappen unter dem Mittelflügel.

Rumpf: Runder Leitwerksträger mit Aufhängepunkten für den Motor als durchlaufende Leichtmetallschale ohne Unterbrechungen oder Klappen, da er nicht zum Tragen irgendwelcher Ausrüstung herangezogen wird, daher extrem leicht. Besatzungsraum rechts davon separat als planverglaste Vollsichtkanzel, hinten in eine gewölbte Spitze auslaufend.

Leitwerk: Normal, freitragend. Seitenleitwerk vorgesetzt. Sämtliche Ruder gewichtlich ausgeglichen. Höhenruder durchgehend mit Trimmklappe auf der linken Seite. Aufbau aus Ganzmetall.

Fahrwerk: Einziehbares Normalfahrwerk. Bremsbare Hauptträger an Einbeinen, hydraulisch nach außen in die äußeren Teile des Mittelflügels einfahrbar. Starres Spornrad.

Triebwerk: Ein BMW-Bramo 323 luftgekühlter Neunzylinder-Sternmotor mit 1 × 1000 PS Startleistung. Dreiblatt-Metall-Verstell-Luftschraube. Kraftstoffkapazität 540 Liter im Rohrholm des Mittelflügels.

Besatzung: 3 Mann, bestehend aus Pilot (links), Beobachter (rechts daneben) und Schütze (dahinter) in geschlossener Vollsichtkanzel auf der rechten Flügelseite.

Militärische Ausrüstung: 1 × 7,9 mm MG 15 beweglich im Heck, 1 × 7,9 mm MG 15 in Linsenlafette im hinteren Teil auf der Kanzeloberseite und 2 × 20 mm MG FF starr vorne in der Kanzel. Außenaufhängung von 4 × 50 kg SC 50-Bomben unter dem Mittelflügel für Störangriffe.

Blohm & Voß BV 141 B-Reihe

Um höhere Kampfleistungen zu erreichen, wurde die B-Reihe der BV 141 in den Abmessungen wesentlich vergrößert und ein 1600 PS starker BMW 801-Motor eingebaut.

Weiterhin wurde das in das Schußfeld des Heckstandes hineinragende rechte Höhenleitwerk fallengelassen. Außer einer Vergrößerung des Schußfeldes erbrachte diese Maßnahme eine Stabilitätsverbesserung, weil jetzt eine größere Fläche in den aufsteigenden Schraubenstahl zu liegen kam.

Typ, Flügel und Rumpf: Analog BV 141 A.

Leitwerk: Unsymmetrisches Leitwerk, Höhenleitwerk, auf einem Pylon vor der Seitenflosse liegend, nur links, mit einer Strebe zum Rumpf hin abgefangen. Höhenruder mit geteilter Trimmklappe. Seitenruder nach unten durchgezogen, ebenfalls mit Trimmklappe. Sämtliche Ruder gewichtlich ausgeglichen. Aufbau aus Ganzmetall.

Fahrwerk: Analog BV 141 A, jedoch leicht veränderte Federbeine.

Triebwerk: Ein BMW 801 luftgekühlter Vierzehnzylinder-Doppelsternmotor mit 1 × 1600 PS Startleistung. Dreiblatt-Verstell-Metall-Luftschraube.

Besatzung und militärische Ausrüstung: Analog BV 141 A.

Drei Maschinen BV 141 B-0 wurden fertiggestellt, dann wurde die Serie abgebrochen, weil an der Front kein Bedürfnis für eine derartige Maschine vorlag. Keine der gebauten Maschinen gelangte zur Ablieferung an die Truppe, jedoch wurden die Muster von Werkpiloten versuchsweise an der Ostfront geflogen, um Erfahrungen zu sammeln.

Blohm & Voß Ha 142

Die Abwandlung der Blohm & Voß Ha 139 B als Langstrecken-Landflugzeug erhielt die Bezeichnung Ha 142. Bei diesem Muster waren die vier Junkers-Dieselmotoren durch vier luftgekühlte BMW-Sternmotoren, als Einheitstriebwerk aus-

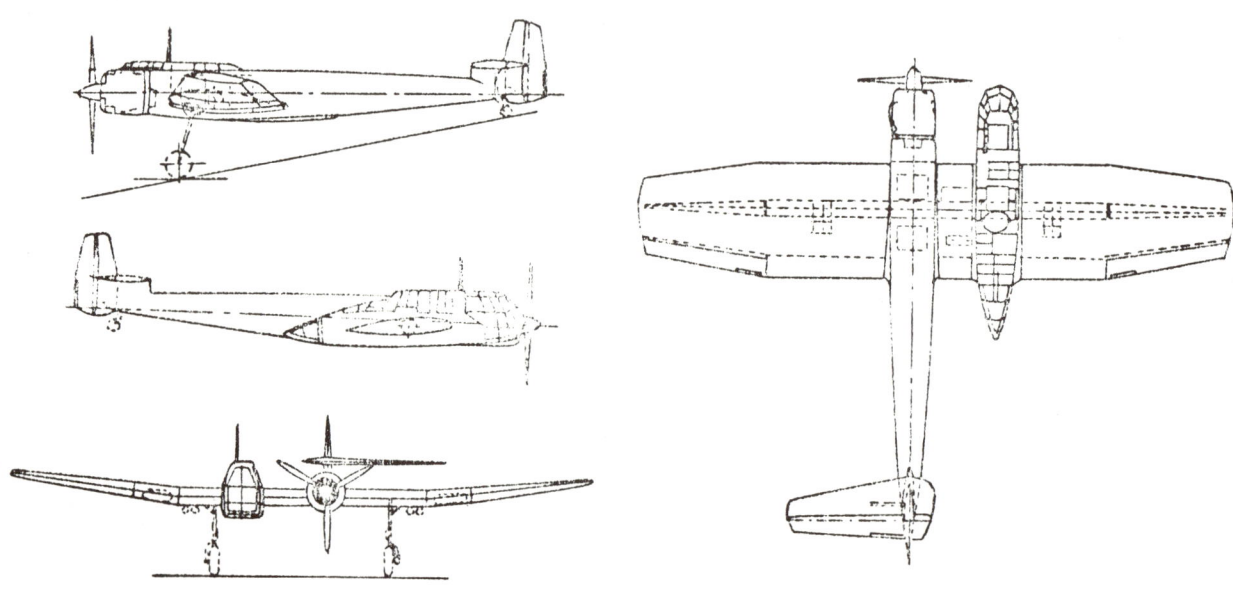

68. Versuchsaufklärer Blohm & Voß BV 141 V 12 (B-0) △

36. Blohm & Voß BV 141 B ▽

69. Transportflugzeug Blohm & Voß BV 142 V 1 △   70. Fernaufklärer Blohm & Voß BV 142 V 1/U2 ▽

gebildet, ersetzt worden. Davon und vom Fahrwerk abgesehen, entsprach die Ha 142 im Aufbau vollkommen der Ha 139 B. Es wurden nur wenige Muster gebaut, die versuchsweise bei der Deutschen Lufthansa eingesetzt wurden. Eine Maschine wurde mit Plexi-Nase als Fernerkunder ausgerüstet.

Typ: Viermotoriges Langstrecken-Landflugzeug.
Flügel, Rumpf und Leitwerk: Aufbau analog Ha 139 B.
Fahrwerk: Einziehbares Normalfahrwerk. Hauptträder zwillingsbe-
reift und mit EC-Doppelbremsrädern ausgerüstet, hydraulisch nach hinten in die Motorengondel der beiden Innenmotoren einfahrbar. Spornrad ebenfalls zwillingsbereift und nach hinten in den Rumpf einziehbar.

Triebwerk: Vier BMW 132-H-1 luftgekühlte Neunzylinder-Sternmotoren mit 4×880 PS Startleistung. Dreiflügelige Verstell-Luftschrauben aus Metall mit 3,50 m Durchmesser. Kraftstoffkapazität 6560 Liter im Rohrholm des Innenflügels, Schmierstoff 600 Liter.
Besatzung: 5 Mann in geschlossenem Führerraum, dahinter großer Raum für Post- und Expreßgut.

107

37. Blohm & Voß BV 142

38. Blohm & Voß BV 144

Blohm & Voß BV 144

Als nach Ausbruch des Krieges die altbewährte Ju 52 dem Kurz- und Mittelstreckenverkehr der Deutschen Lufthansa unter stärkster personeller und tageszeitlicher Einschränkung nicht mehr gewachsen war, entschloß sich die DLH noch im Jahre 1940, einen Entwicklungsauftrag für ein neues Verkehrsflugzeug herauszugeben, welches in der Kapazität etwas über der Ju 52 liegen sollte und somit auch für den erwarteten Nachkriegsluftverkehr von äußerster Wirtschaftlichkeit sein mußte. Die daraufhin von Blohm & Voß entwickelte BV 144 war von einer so fortschrittlichen Konzeption, daß die Lufthansa unverzüglich zwei Prototypen in Auftrag gab. Die Konstruktionsarbeiten wurden zum größten Teil von französischen Ingenieuren durchgeführt und der Musterbau überhaupt nach Frankreich verlegt. Es wurden zwei Flugzeuge bei der Société Louis Bréguet in Anglet bei Bayonne in Auftrag gegeben, aber nur noch eines fertiggestellt. Mitte August wurden von deutschen Funktechnikern Funkgeräte aus einer abgestürzten Ju 88 eingebaut. Am 15. August war die BV 144 bis auf einige Motorenprüfungen startklar. Die Maschine sollte dann von Anglet nach Deutschland starten. Dazu ist es aber nicht mehr gekommen.

Die Franzosen haben die Maschine dann übernommen. Über ihr weiteres Schicksal konnte nichts ermittelt werden. Die BV 144 V 2 befand sich zu diesem Zeitpunkt erst im Rohbau.

Die hervorstechendste konstruktive Besonderheit der BV 144 war der Flügel mit veränderlichem Einstellwinkel. Die Beweggründe für diese Maßnahme waren die von der Lufthansa geforderten Bequemlichkeiten für die Fluggäste beim Ein- und Aussteigen und während des Fluges. Der drehbare Flügel ermöglichte es, den Rumpf im geringsten Abstand über dem Boden zu halten und den normalen Steig- und Gleitflug ohne merkliche Längsneigung des Rumpfes auszuführen. Zugleich ergaben sich aerodynamische Vorteile, so ein widerstandsgünstiges Anströmen des Rumpfes bei allen Anstellwinkeln und eine ausgezeichnete Wirkung der Höhenflosse zum Erreichen höchster Flügelauftriebswerte. Die konstruktive Lösung der Verstellbarkeit des Flügels gestaltete sich durch die Verwendung des obligatorischen Rohrholmes besonders einfach. Die ganze Verstellanlage bestand aus hinter dem Holm angeschweißten Augenbeschlägen mit Kugellager und das Moment aufnehmenden und die Verstellung besorgenden elektro-mechanischen Spindeln in der Nähe der Vorderkante. Für dieses Muster wurden

71. Versuchs-Transportflugzeug Blohm & Voß BV 144 V 1

besonders wirksame Spalt-Landeklappen nach dem Fowler-System entwickelt und die Querruder zur Auftriebserhöhung herangezogen. Die Formgestaltung resultierte aus eingehenden Windkanalversuchen. Neuartig war auch die Heißluftenteisung von Flügelnase und Leitwerk durch einen Öl-Brenner.

Typ: Zweimotoriges Kurz- und Mittelstrecken-Verkehrsflugzeug.
Flügel: Freitragender Schulterdecker. Dreiteiliger Aufbau aus Ganzmetall. Flügelmittelteil rechteckig mit zentralem Rohrholm aus Stahl, der zur Kraftstoffaufnahme herangezogen wird. Jede Hälfte des Mittelteiles mit sechs festen Fachwerksrippen und durch zahlreiche Längsprofile versteifter Blechhaut. Flügelaußenteile mit Dural-Rohrholm. Spalt-Landeklappen, elektrisch betätigt, im Flügelmittelteil. Querruder mit Paddelausgleich in den Außenteilen mit den Landeklappen nach unten absenkbar. Der gesamte Flügel ist elektrisch und mechanisch im Anstellwinkel um 9° zu verstellen.
Rumpf: Ganzmetall-Schalenrumpf mit rechteckigem Querschnitt und rundem Rumpfrücken. Innenraum in sieben Sektionen aufgeteilt: Nasen-Bugraum, Pilotenkabine, Funkerkabine, vorderer Frachtraum im Propellerbereich, Haupt-Passagierkabine, Toilette und hinterer Frachtraum.
Leitwerk: Freitragend mit doppeltem Seitenleitwerk, welches in die Vorderkante der Höhenflosse eingeschoben ist. Sämtliche Ruder gewichtlich ausgeglichen und mit Trimmklappen versehen. Aufbau aus Ganzmetall.
Fahrwerk: Einziehbares Dreiradfahrgestell. Bremsbare Hauptträger an freitragenden Einbeinen hydraulisch nach innen in das Flügelmittelteil einfahrbar. Bugrad halb nach oben in den Rumpf einziehbar. Das Einziehen geschieht ebenfalls hydraulisch.
Triebwerk: Zwei BMW 801 MA luftgekühlte Vierzehnzylinder-Doppelsternmotoren mit 2 × 1600 PS Startleistung. Dreiflügelige VDM-Verstell-Luftschrauben aus Metall.
Besatzung: 3 Mann, bestehend aus Pilot, Co-Pilot und Funker. Normale Passagierzahl 18 Personen in der durch den Holmanschluß geteilten Hauptkabine. Durch den Umbau des hinteren Frachtrau-

mes konnte die Anzahl der Passagiere auf maximal 23 erhöht werden.

Blohm & Voß BV 155

Im Jahre 1941 erhielt Messerschmitt den Auftrag, aus der Me 109 einen Höhenjäger abzuleiten. Es entstand daraufhin die Me 155 A, eine abgewandelte Me 109 mit größerer Fläche und einem Turbolader. Zwei große Kühler befanden sich unter dem Flügel nahe der Wurzel. Obwohl das RLM von dem Entwurf befriedigt war, zögerte es den Baubeginn bis 1943 immer wieder hinaus. Inzwischen war jedoch die Produktionskapazität der Messerschmitt-Werke vollkommen ausgelastet und der Entwurf ging an Blohm & Voß, wo er von Grund auf überarbeitet wurde. Gleichzeitig wurde eine Attrappe gebaut und Ende 1943 der Prototyp in Angriff genommen, der die Bezeichnung Blohm & Voß BV 155 B erhielt.

BV 155 B

Der Prototyp machte seinen Erstflug im September 1944, ging jedoch durch einen Fehler des Piloten bei einem der ersten Flüge zu Bruch. Der zweite Prototyp war beim Einmarsch der Amerikaner nahezu fertiggestellt. Er wurde zuerst nach Farnborough und anschließend zum Luftfahrtmuseum in Freeman Field, Indiana, in die USA überführt. Die BV 155 B unterschied sich wesentlich von der Ausgangskonstruktion. Die Spannweitenvergrößerung erfolgte durch ein rechteckiges Mittelstück. Kernstück dieses Flügelteiles war ein aus zwei Stahlrinnen zusammengeschweißter Flügelholm mit rechteckigem Querschnitt, der zur Aufnahme des Kraftstoffes herangezogen wurde. Flügelnase und Hinterteil wurden als extrem leichte Kästen aus Leichtmetall gefertigt und an den Holm geschraubt. Die Außenteile entsprachen

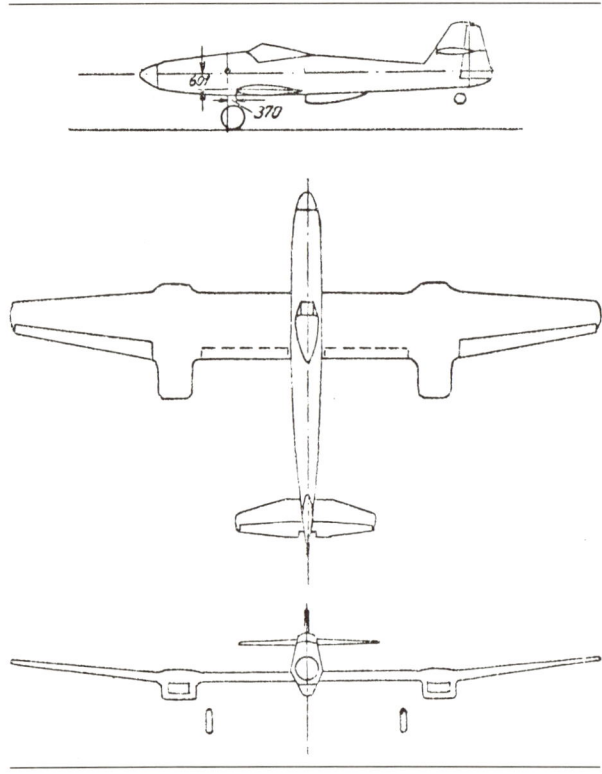

denen der Me 109. Sie besaßen über ihre ganze Länge Querruder, die geteilt ausgeführt waren. Jedes äußere Querruder und schmale Kanten des inneren konnten durch den Steuerknüppel direkt bewegt werden, während die inneren Teile über ein Servo-Werk gesteuert wurden, um die Knüppelkräfte kleinzuhalten. Der Rumpf wurde um eine geschweißte Druckkabine aufgebaut, die vorne das Gerüst für den Motor und hinten ebenfalls ein Gerüst für den Turbolader erhielt. Die durch aufblasbare Gummirohre abgedichtete Kabine konnte den Druck von 7650 m bis zur Gipfelhöhe aufrechterhalten. Der Kabinendruck wurde durch eine Abzweigung des Turboladers mit einem nachgeschalteten Spezialgebläse erreicht. Die zum Antrieb des Turboladers erforderlichen Abgase wurden durch Rohre an den Rumpfseitenwänden entlanggeführt. Durch ein Flüssigkeitsgetriebe war ein zweistufiger Kompressor mit der Abgasturbine gekuppelt. Die Verbrennungsluft trat in einem großen Hutzen unter dem Rumpf ein, passierte den Turbolader über einen ersten Zwischenkühler und erreichte dann den Motor über einen zweiten Zwischenkühler. Für die Kühlflüssigkeit des Motors waren zwei große Kühler vorgesehen, die jeweils am Ende der Flügelmittelteile hängend angeordnet waren.

Typ: Einmotoriger Höhenjäger
Flügel: Freitragender Tiefdecker. Aufbau in Ganzmetall aus drei Teilen. Flügelmittelteil bestehend aus einem Kastenholm aus Stahl und anschraubbaren Nasen- und Endteilen aus Leichtmetall. Flügelaußenteile im Aufbau ähnlich den Hauptflügeln der Me 109. Zweiteilige Querruder über die ganze Spannweite der Außenflügel.

39. Blohm & Voß BV 155 B △

72. Versuchs-Höhenjagdeinsitzer BV 155 V 3 im Bau ▽

Hydraulisch betätigte Landeklappen im Flügelmittelteil. Laminarprofil mit 40% Dickenrücklage nach »Mustang«-Vorlage.

Rumpf: Rumpfmittelteil als Druckkabine aus geschweißten Stahlblechen aufgebaut, dahinter Turbolader in einem Stahlrohrgerüst. Rumpfhinterteil als Ganzmetallschale, im Aufbau ähnlich der Rumpfschale der Me 109.

Leitwerk: Abgestrebt, normal. Höhenruder aus Holz hoch an der Seitenflosse aus Leichtmetall angesetzt und durch zwei I-Stiele zum Rumpf hin verstrebt. Höhenflosse im Anstellwinkel elektrisch verstellbar. Sämtliche Ruder gewichtlich ausgeglichen.

Fahrwerk: Einziehbares Normalfahrgestell. Als Hauptfahrgestell werden zwei geänderte Haupträder der Ju 87 D-6 verwendet, die hydraulisch nach außen in Verdickungen des Flügels vor den Kühlern eingefahren werden. Spornrad der Me 109, ebenfalls hydraulisch nach hinten in den Rumpf einziehbar. Die Betätigung der Abdeckklappen erfolgt über ein gesondertes System.

Triebwerk: Ein Daimler-Benz DB 603 U flüssigkeitsgekühlter Zwölfzylinder-∧-Motor mit 1 × 1810 PS Startleistung, aufgeladen durch eine Hirth TKL 15-Turbolader. Vierblatt-VDM-Verstell-Luftschraube aus Holz mit 3,9 m Durchmesser.

Besatzung: 1 Pilot in Druckkabine mit aufgesetzter Schiebehaube.

Militärische Ausrüstung: 1 × 30 mm MK 108 als Motorkanone durch die Propellernabe schießend und 2 × 20 mm MG 151/20 im Flügelmittelstück beiderseits des Rumpfes.

Lt. RLM-Typenblatt folgende Daten:

Spannweite:	20,50 m	
Länge:	12,00 m	
Höhe:	3,03 m	
Leergewicht:	4 969	kg
Rüstgewicht:	5 521	kg
Fluggewicht:	5 521	kg
Flächenbelastung:	142	kg/m2.
V/max:	420	km/h in 0 m
	690	km/h in 16 000 m Höhe
V/R:	395	km/h in 0 m
	645	km/h in 16 000 m Höhe
V/L:	135	km/h
Gipfelhöhe:	16 950	m
Reichweite maximal	1 440	km

BV 155 C

Die, wenn auch geringen, Flugerfahrungen mit dem ersten Prototyp der BV 155 B hatten gezeigt, daß die Hin- und Rückführung des Kühlmittels zu den Kühlern an den Außenteilen des Flügelmittelstückes Schwierigkeiten mit sich brachte. Deshalb wurde ein neuer Entwurf in Angriff genommen, bei dem die beiden Kühler als großer Bauchkühler direkt unter dem Triebwerk zusammengefaßt waren. Diese Version, die naturgemäß jetzt mit einer geringfügig verkleinerten Spannweite auskommen konnte, erhielt die Bezeichnung BV 155 C. Sie wurde vor dem Einmarsch der Amerikaner nicht mehr fertig, die nur eine Attrappe und verschiedene Einzelteile vorfanden. Sonst entsprach diese Version fast vollkommen der BV 155 B.

Während bei der BV 155 B trotz der einschneidenden Änderungen, die durch Blohm & Voß an dem ursprünglichen Messerschmitt-Entwurf vorgenommen worden waren, zu

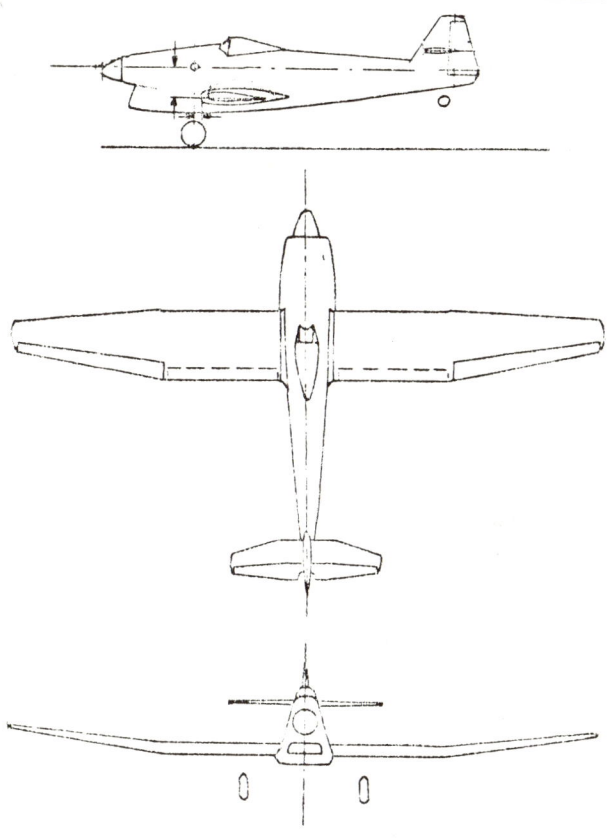

40. Blohm & Voß BV 155 C

erkennen gewesen war, daß die Bf 109 als Ausgangsmuster gedient hatte, so war die BV 155 C ein vollkommen neuer Entwurf. Das Fehlen der großen Tunnelkühler unter der Tragfläche und die durch den großen Stirnkühler klobig gewordene Rumpfnase gaben dem Flugzeug ein vollkommen anderes Aussehen. Der Höhenlader TKL 15 war hinter dem Führersitz eingebaut worden. Im hinteren Rumpfteil war auch der Einbau einer Reihenbildkamera vorgesehen.

Abmessungen:	Spannweite	19,10 m
	Länge	12,05 m
	Höhe	3,31 m

Blohm & Voß BV 222

Wie andere berühmte Flugzeuge des Zweiten Weltkrieges, z. B. Heinkel He 79 und He 111, verdanken die sechsmotorigen Flugboote BV 222 und 238 ihre Entstehung einer Initiative der Deutschen Lufthansa. Die Technische Abteilung der Lufthansa stellte die Grundforderung für ein Großflugboot auf, das im Transatlantik-Luftverkehr eingesetzt werden sollte.

Diese Forderung ging an die Firmen Heinkel, Dornier und Blohm & Voß (früher Hamburger Flugzeugbau). Heinkel besaß große Erfahrung im Seeflugzeugbau, Dornier bei Flugbooten, und Blohm & Voß hatte mit Ha 139 neue Wege im Seeflugzeugbau aufgezeigt. Dornier hatte mit der Do X von 1929 bereits gezeigt, wie man derartige »Flugschiffe« bauen konnte. Damals fehlten aber noch die dafür notwendigen Triebwerke.

Heinkel glaubte, mit vier Motoren auskommen zu können und bot die He 120, später als He 220 bezeichnet, an. Dornier lehnte sich mit seinem Entwurf Do 20 an die Konstruktion der Do X an, wollte aber Doppelmotoren einbauen. Acht Dieselmotoren sollten ihre Kraft auf vier Luftschrauben übertragen. Dr. Vogt, der Konstruktionschef von Blohm & Voß, wollte von vornherein sechsmotorig bauen und dafür den zuverlässigen BMW 132 verwenden.

Die Lufthansa hielt den Vogt'schen Entwurf für den am meisten Erfolg versprechenden. Drei Boote des Typs Ha, später BV 222, wurden in Auftrag gegeben. Dies geschah am 19. September 1937. Bei der Deutschen Schiffsbau-Versuchsanstalt wurden umfangreiche Schleppkanalversuche unternommen.

Im Dezember formulierte die Lufthansa den Auftrag genauer: Das Boot sollte bei einem Startgewicht von 45 000 kg 24 Passagiere bei Tag und 16 bei Nacht — in Liegekabinen — über den Atlantik befördern.

Nun begannen im Januar 1938 die Konstruktionsarbeiten und im August der Bau der BV 222 V1. Der Baubeginn von V2 und V3 erfolgte nur wenige Wochen später. Es war klar, daß der Bau von Flugbooten dieser Größenordnung, für den noch keine Erfahrung vorhanden war, Zeit brauchte. Dazu verlangte der Kriegsausbruch den Abzug von Arbeitskräften für das dringlichere BV 138-Programm. Trotzdem ging der Bau der BV 222 weiter.

Am 16. Juli besichtigten Beauftragte der Lufthansa die Attrappe der Inneneinrichtung und verlangten Änderungen. Nach deren Durchführung wurde die Attrappe am 7. August 1940 gebilligt. Zu diesem Zeitpunkt wußten aber alle Beteiligten bereits, daß die Lufthansa diese Boote nie erhalten würde, da die Luftwaffe dringend Transportraum brauchte! Ende August verließ die BV 222 V1 mit den zivilen Kennzeichen D-ANTE die Endmontage. Nach Absolvierung von Schwimmproben und Rollversuchen startete das Riesenboot unter Führung von Flugkapitän Helmut Wasa Rodig am 7. September 1940 zum Erstflug. Die Werkserprobung ergab, daß die Flugeigenschaften befriedigend waren, nur neigte das Boot im Geradeausflug zur Instabilität und begann — beim Rollen auf dem Wasser — zu schlingern.

Bis Dezember 1940 wurde immer wieder geflogen und geändert, dann mußte die Erprobung wegen des Eisgangs auf der Elbe unterbrochen werden. Um den für die Erprobung notwendigen Treibstoff nicht nutzlos zu verbrauchen, schlug man von Seiten der Luftwaffe vor, ein Langstreckentransportflugprogramm zwischen Hamburg und Kirkenes durch-

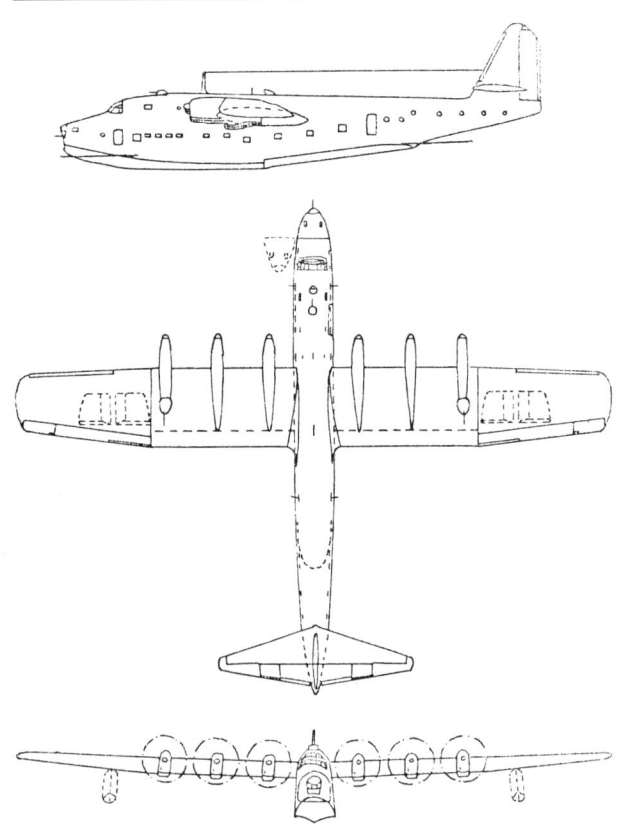

41. Blohm & Voß BV 222 C

zuführen. Blohm & Voß willigte ein. So erhielt die BV 222 V1 nun militärischen Tarnanstrich und die Kennzeichen CC+EQ. Das Erprobungsprogramm verlief erfolgreich. Das Boot legte bis zum 19. August 1941 sieben Flüge auf der genannten Strecke zurück. In 120 Stunden reiner Flugzeit wurden 65 000 kg Nachschubgut nach Kirkenes gebracht und von dort 221 Verwundete mit zurückgenommen. Die Gesamtstrecke betrug 30 000 km.

Danach erfolgte eine Generalüberholung, um dann nach Athen zu gehen, von wo aus Nachschub für das Afrika-Korps nach Derna gebracht werden sollte.

Der Muschelbewuchs des Bootsrumpfes machte aber erst eine Rückkehr nach Hamburg erforderlich. Dann aber flog die BV 222 V1 zwischen 16. Oktober und 6. November 1941 siebzehn Mal auf der Strecke Athen—Derna, beförderte 30 000 kg nach Libyen und nahm 515 Verwundete mit zurück. Da die Maschine keine Bewaffnung hatte, die Besatzung gehörte noch Blohm & Voß, erfolgte Begleitschutz durch zwei Bf 110.

Das Ergebnis dieser zweiten Truppenversuchsserie zeigte, daß die Schlingertendenz noch nicht beseitigt war und die

73. Transatlantik-Verkehrsflugboot BV 222 V 1 △   74. Langstrecken-Aufklärungs- und Transportflugboot BV 222 V 8 ▽

Triebwerksanlage, man hatte statt des BMW 132 den 200 PS stärkeren Bramo 323 eingebaut, nicht immer einwandfrei arbeitete. Die Leistungen an sich waren befriedigend. Höchstgeschwindigkeit 385 km/h in 4500 m Höhe, maximale Reichweite 7000 km. (Das Boot hätte also bereits damals Hamburg—New York non-stop fliegen können.) Als Nutzlast konnte die BV 222 V1 92 voll ausgerüstete Infanteristen oder 72 Verwundete auf Tragbahren befördern.

Im Winter 1941/42 wurde das Boot in Hamburg generalüberholt und mit Bewaffnung versehen. Diese bestand aus einem MG 81 im Rumpfbug, zwei Drehtürme mit MG 131 (DL 131) auf der Bootsoberseite und vier MG 81 in Seitenständen des Bootes. Die BV 222 V1 erhielt auch neue Kennzeichen X4 + AH und bildete den Grundstock der Luft-Transport-Staffel (LTS) 222. Am Leitwerk trug sie daher das Kennzeichen »S 1«. Das Boot war dann laufend im Mittelmeerraum im Einsatz, überlebte sogar einen Angriff von drei Beaufighters auf dem Weg von Tarent nach Tripolis und ging erst durch Kollision mit einem dicht unter der Wasseroberfläche liegenden Wrack im Hafen von Athen, bei dem der Rumpfboden aufgerissen wurde, verloren. Die Wasserung mußte wegen Fliegeralarm in völliger Dunkelheit erfolgen, so daß die dort stehende Boje nicht erkannt werden konnte. X4 + AH sank binnen weniger Minuten Mitte Februar 1943.

BV 222 V2, Werknr. 366, erstes Kennzeichen CC + ER, führte ihren Erstflug am 7. August 1941 durch und wurde nach eingehender Erprobung am 10. August 1942 von der LTS 222 mit dem Kennzeichen X4 + BH übernommen. Da die Maschine ursprünglich als Fernaufklärer für den Fliegerführer Atlantik vorgesehen war, erhielt sie zusätzlich zu der bei V1 eingebauten Bewaffnung zwei Hängestände unter den Tragflächen mit je zwei MG 131. Bei der Erprobung in Travemünde stellte man aber fest, daß der durch diese verursachte Luftwiderstand die Geschwindigkeit stark herabsetzte, sie wurden wieder ausgebaut.

In der Zwischenzeit war das dritte Boot, BV 222 V3, erstes Kennzeichen DM + SD, Werknr. 439, nach dem Erstflug am 28. November 1941 bereits am 9. Dezember 1941 von der LTS 222 übernommen worden und erhielt das Kennzeichen X4 + CH. Zwischen Januar und März 1942 führte BV 222 V3 21 Versorgungsflüge von Tarent und Brindisi nach Tripolis durch. LTS 222 hielt die Bewaffnung für überflüssig und ließ alle Waffen, außer dem Bug-MG 81, ausbauen. Nach dem Unfall der BV 222 V1 in Athen ging die V3 nach Hamburg zurück, wurde mit einer starken Bewaffnung versehen und dem Fliegerführer Atlantik unterstellt. Im Juni 1943 wurde sie von englischen Jagdbombern auf der Reede von Biscarosse in Frankreich vernichtet.

BV 222 V2 war ebenfalls in der Fernaufklärung über dem Atlantik tätig und verlegte dann nach Norwegen. Dort lag sie 1945 vor Anker.

Für die Arbeit über dem Atlantik eignete sich die BV 222 ausgezeichnet, solange der Gegner über nicht genügend Flugzeugträger verfügte. Das Boot konnte bei Spargeschwindigkeit bis zu 33 Stunden in der Luft bleiben. Neben der verstärkten Abwehrbewaffnung verfügten die Boote über die modernste deutsche Funkausrüstung: FuG 200 »Hohentwiel« zur Schiffsortung, FuG 16 Z zum Leitstrahl-Zielanflug, FuG 25 A als Freund/Feind-Erkennungsgerät und FuG 101 A als Höhenmeßgerät.

Die Bewaffnung bestand bei diesen Maschinen aus zwei MG 151 im Drehturm auf der Bootsoberseite (DL 151), je zwei MG 81 in Seitenständen und ein MG 131 vorn auf der Steuerbordseite. Durch die Waffen- und Antenneneinbauten erreichten aber diese so veränderten Maschinen nur noch eine Höchstgeschwindigkeit von 294 km/h.

Im Jahre 1942 erhielt die LTS 222 noch weitere Boote, die als BV 222 A-Aerie anzusehen sind: V4 X4 + DH ab 20. April 1942, V5 X4 + EH ab 7. Juli 1942, V6 X4 + FH ab 21. August 1942 und V8 X4 + HH am 26. Oktober 1942.

BV 222 V4 erhielt ein neues Höhenleitwerk, das für den Nachfolgetyp BV 238 erprobt werden sollte. Sie flog in der LTS 222 Nachschub für das Afrika-Korps, wurde zwar bei einem Angriff (10. Dezember 1942), an dem auch BV 222 V1 beteiligt war, zweimal schwer getroffen, konnte aber trotz-

dem ihr Ziel erreichen. Sie flog dann gemeinsam mit V2 Atlantik-Fernaufklärung. Im Oktober trafen die beiden über See mit einer Avro »Lancaster« zusammen. Eine von beiden konnte den englischen Viermotorer abschießen. BV 222 V4 war noch bis 1945 im Einsatz und wurde kurz nach dem Waffenstillstand von der eigenen Besatzung in der Kieler Bucht bei Holtenau versenkt.

BV 222 V5 flog ebenfalls anfangs Nachschubeinsätze im Mittelmeer, wurde aber nach den Unfall der V1 ebenfalls in die Heimat zurückgeholt und in der Lufthansa-Werft Travemünde strukturell verstärkt und stärker bewaffnet. Im April 1943 kam V5 zum Fliegerführer Atlantik, wurde aber bereits im Juni zusammen mit V3 durch englische Jagdbomber vor Biscarosse vernichtet.

Die kürzeste Lebensdauer hatte BV 222 V6. Am 21. August 1942 bei LTS 222 in Dienst gestellt, wurde das Boot — allein fliegend — auf dem Weg von Tarent nach Tripolis südlich der Insel Pantelleria von englischer Beaufighters gestellt und in Brand geschossen.

Das Kampfgeschwader z. B. V.2, dem LTS 222 unterstellt, ordnete als Gegenmaßnahme eine Änderung der Kursführung an. Da aber die BV 222 genau nach Plan flogen, stellten die englischen Fernaufklärer bald fest, zu welcher Uhrzeit die Boote einen Punkt passierten, der in Reichweite ihrer Zerstörer lag. Dabei kam es den Engländern nur darauf an, die nach Tripolis fliegenden Maschinen abzufangen, die Nachschub für Rommels Streitkräfte brachten. Die rückfliegenden Maschinen, die nur Verwundete an Bord hatten, wurden nicht angegriffen.

Am Morgen des 10. Dezember 1942 flogen die BV 222 V1, V4 und V8 in nur fünf Meter Höhe über dem Meer. Aber die Engländer gingen noch tiefer. Zwei Meter über dem Wasserspiegel zogen sie sich an die Riesenboote in deren totem Winkel heran. Die drei Boote versuchten, sich gegenseitig zu decken. Wie bereits geschildert, entkam nur V1 vollkommen unbeschädigt, V4 erhielt Schäden, blieb jedoch flugfähig; BV 222 V8 erhielt aber so schwere Treffer, daß sie nicht mehr zu halten war. Sie explodierte beim Aufschlag auf das Wasser. Der Kapitän der LTS 222, Hauptmann Führer, erklärte nach diesem Vorfall, daß die Bewaffnung der BV 222 erwiesenermaßen unzureichend sei. Nach dem Verlust von V3 und V5 vor Biscarosse standen nun nur noch V2 und V4 dem Fliegerführer Atlantik zur Verfügung.

Die geplante BV 222 B blieb als Zivilausführung Projekt. Um die Reichweite der BV 222 noch weiter zu erhöhen, wurde die BV 222 V7, TB + QL, mit Schweröl-Dieselmotoren Jumo 207 C mit einer Dauerleistung von 680 PS und einer Kampfleistung von 750 PS ausgerüstet. Der Jumo 207 erwies sich aber als ein sehr empfindliches Triebwerk, das zu Störungen neigte. Trotzdem konnte mit der BV 222 V7, die als Musterflugzeug der C-Serie anzusehen ist, bei einem Abfluggewicht von 50 000 kg eine maximale Reichweite von 6100 km erzielt werden. Der Erstflug der V7 fand am 1. April 1943 statt. Am 16. August 1943 übernahm der Fliegerführer

75. Langstrecken-Transportflugboot Blohm & Voß BV 222 V 7 (TB + QL)

Atlantik die Maschine, die dann bis zum Kriegsende im Einsatz war und 1945 von der eigenen Besatzung vor Travemünde versenkt wurde.

Von der C-0-Serie wurden noch neun Maschinen aufgelegt, aber nur fünf fertiggestellt. Davon sollten 014 bis 017 eine neue Serie D-0 mit Jumo D-Triebwerken bilden. Dazu kam es aber nicht mehr, da Junkers den Jumo 207 D nicht genügend betriebssicher machen konnte.

BV 222 C-09 wurde vom Fliegerführer Atlantik am 23. Juli 1943 übernommen und flog nach dem deutschen Rückzug aus Frankreich von norwegischen Basen aus noch Fernaufklärung. 1945 wurde sie vor Travemünde von englischen Hawker »Typhoons« vernichtet. C-010 wurde 1944 bei Biscarosse durch englische »Moskito«-Nachtjäger abgeschossen. C-011 fiel unbeschädigt den Amerikanern in die Hände und wurde zur Erprobung nach den USA überflogen. Nach intensiven Tests, die der amerikanischen Flugzeugindustrie viele neue Erkenntnisse über den Bau derartig großer Flugboote übermittelten, wurde das Boot verschrottet. Der Bau des achtmotorigen Flugbootes Hughes »Hercules« dürfte durch diese Erkenntnis angeregt worden sein.

BV 222 C-012 erlitt ein ähnliches Schicksal wie C-011, nur wurde dieses Boot in Norwegen erbeutet und von den Engländern trotz Ausfall eines Motors nach England überflogen. Auch die Engländer verfolgten die Konzeption der großen Flugboote und bauten die achtmotorige Saunders-Roe »Princess«. Aber die Zeit der Flugboote war vorbei. Das Strahlflugzeug machte sie überflüssig. Das letzte BV 222-Flugboot war C-013. Es wurde zwar fertiggestellt, kam aber nicht mehr zum Einsatz, wurde von den Amerikanern erbeutet und erlitt dasselbe Schicksal wie C-011. 014 bis 017 verfielen dem durch das Jägernotprogramm verursachten Baustopp.

Blohm & Voß BV 237

Die mit der BV 141 eingeleitete Entwicklung eines unsymmetrischen Flugzeuges wurde von Dr. Vogt in der Folgezeit immer wieder aufgegriffen und schlug sich in zahlreichen Projekten nieder, weil die Unsymmetrie eben gewisse Vorteile bei der Bewaffnung bot, die von Flugzeugen normaler Bauart nicht erreicht wurden. In Anlehnung an das Projekt P. 194 entstand 1944 der Entwurf eines Sturzkampf- und Schlachtflugzeuges mit der Bezeichnung BV 237. Die Maschine wies den grundsätzlichen Aufbau der BV 141 auf, besaß also auf der größeren linken Flügelhälfte das Triebwerk mit einem Leitwerksträger und rechts eine kurze Rumpfgondel für normalerweise einen Mann Besatzung. Allerdings war auch eine zweisitzige Abart der Gondel mit einem nach hinten blickenden Schützen projektiert. Als Sturzkampfflugzeug besaß die Maschine bei geringerer Bewaffnung Außengehänge für eine Bombenlast bis 1000 kg. Die Unterbringung der Bomben konnte ohne Abweiser erfolgen, da sie alle außerhalb des Schraubenkreises lagen. Die Konstruktion der BV 237 wurde bis zum Attrappenbau vorangetrieben und dann aufgegeben, weil zu diesem Zeitpunkt bereits kein Bedürfnis für eine solche Maschine mehr bestand. Projektweise wurde eine Abwandlung der BV 237 mit einer Luftstrahl-Turbine unter dem Mittelflügel zwischen Rumpf und Gondel vorgeschlagen.

Typ: Einmotoriges Sturzkampf- oder Schlachtflugzeug.
Flügel: Freitragender Tiefdecker. Dreiteiliger Aufbau aus Ganzmetall mit zentralem Rohrholm, im Mittelflügel aus Stahl, in den Außenflügeln aus Dural. Rohrholm des rechteckigen Mittelstückes zugleich Kraftstoffbehälter. Rohrholme der Außenflügel für Fahrwerksaussparung nach hinten geknickt. Zweiteilige Schlitz-Querruder in den Außenflügeln. Zweiteilige Fowler-Landeklappe im Mittelflügel.

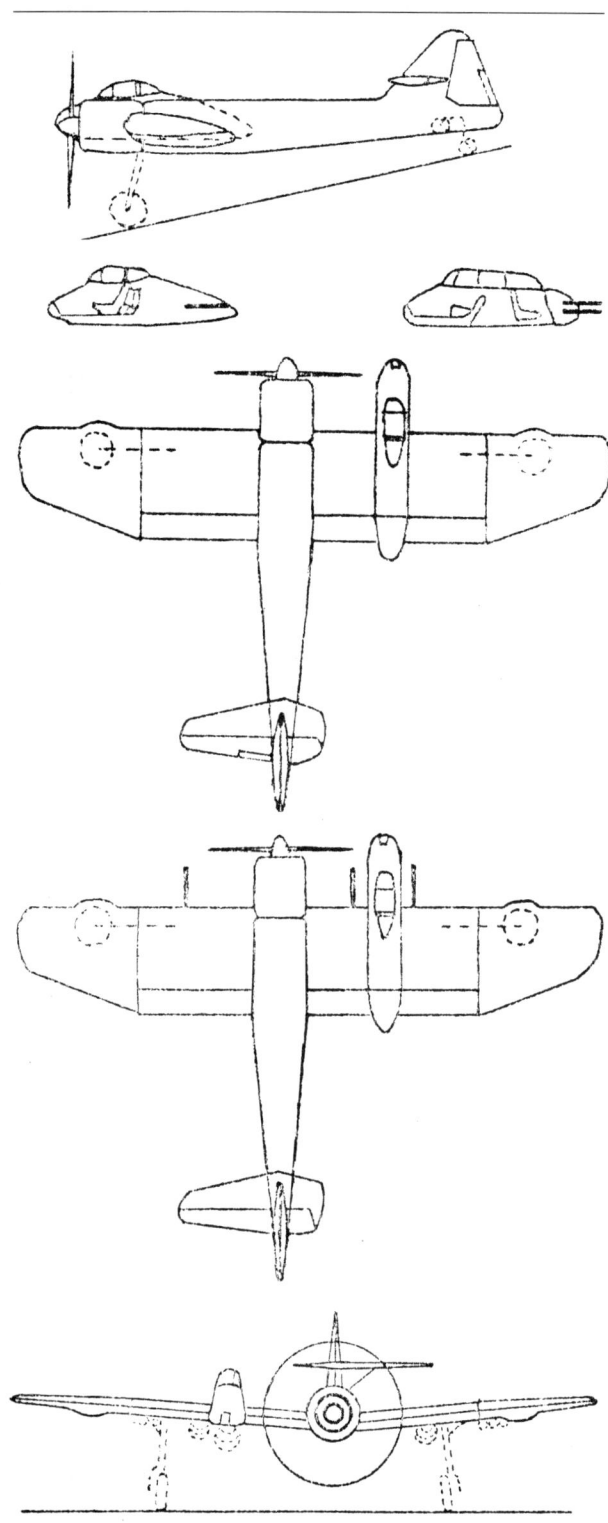

Rumpf: Durchgehender Leitwerksträger mit rundem Querschnitt als Duralschale in extremer Leichtbauweise, vorne mit Anschlüssen für den Motor versehen, unsymmetrisch auf der linken Flügelhälfte angeordnet. Auf der rechten Seite kurze, gepanzerte Rumpfgondel mit aufgesetzter Kabinenabdeckung und Sichtscheiben im Bug.

Leitwerk: Unsymmetrisches Leitwerk. Höhenleitwerk, hoch an der Seitenflosse angesetzt, nur links vollständig, rechts als Stummel. Auf der überhängenden Seite durch einen umgekehrten V-Stiel zum Rumpf hin abgefangen. Höhenruder mit Trimmklappe links. Seitenruder ebenfalls mit Trimmklappe. Sämtliche Ruder gewichtlich ausgeglichen. Aufbau aus Ganzmetall.

Fahrwerk: Einziehbares Normalfahrwerk. Bremsbare Haupträder an Einbeinen, hydraulisch nach außen in Verdickungen der Außenflügel einfahrbar. Nach vorne in das Rumpfheck einziehbares Spornrad.

Triebwerk: Ein BMW 801 D luftgekühlter Vierzehnzylinder-Doppelsternmotor mit 1 × 1700 PS Startleistung. Dreiflügelige VDM-Verstell-Luftschraube aus Holz.

Besatzung: 1 Pilot in gepanzerter Kanzel auf der rehten Flügelseite.

Militärische Ausrüstung: (Sturzkampfflugzeug) 2 × 13 mm MG 151 in der Rumpfgondel starr nach vorne und 2 × 13 mm MG 131 in der Rumpfgondel starr nach hinten. Bombenlast normal 500 kg. (Schlachtflugzeug) Bewaffnung wie Stuka, jedoch zusätzlich 3 × 30 mm MK 103 im Mittelflügel. Keine Bombengehänge.

Blohm & Voß BV 238

Bereits 1940 begann Dr. Vogt mit dem Entwurf eines achtmotorigen Flugboots für die Lufthansa, das 120 Passagiere über eine Distanz von 8600 Kilometern befördern sollte, das P. 200. Aber bereits im Januar 1941 stoppte das RLM diese Entwicklung und verlangte den Entwurf eines großen Mehrzweckflugbootes, das als Antrieb vier Jumo 223-Dieselmotoren von je 2500 PS Startleistung haben sollte. Da dieser Motor aber nie einsatzbereit wurde, verfiel dieses Projekt.

Im Juli 1941 bot Dr. Vogt einen überarbeiteten Entwurf an, der praktisch eine vergrößerte BV 222 darstellte. Als Triebwerk waren für die ersten drei Boote sechs Daimler-Benz DB 603 und für das vierte sechs BMW 801 vorgesehen. Als Typennummer erhielt dieses Boot die Bezeichnung BV 238. Um Schwierigkeiten beim Bau des Prototyps zu vermeiden, sollte ein verkleinertes, flugfähiges Modell gebaut werden. Der Bau dieses Modells sollte von der Flugtechnischen Fertigungsgemeinschaft GmbH in Prag durchgeführt werden. Als Typennummer erhielt das Projekt die Nummer FG 227.

Die Arbeiten selbst sollten von tschechischen Studenten in Verbindung mit dem deutschen Dipl.-Ing. Ludwig Karch, einem damals bekannten Segelflieger, durchgeführt werden. FG 227 war ein freitragender Schulterdecker mit gekieltem Boot und hochgesetztem Leitwerk. Als Triebwerk dienten sechs ILO-Zweitaktmotoren FL 2/400 mit einer Leistung von je 21 PS . Für die Erprobungsflüge, die ja vorerst auf Land durchgeführt werden mußten, hatte das Flugzeug am

42. Blohm & Voß-Projekt BV 237 ◁

76. Versuchsflugboot Fertigungsgemeinschaft Prag FG 227 △   77. Versuchs-Hochseeflugboot Blohm & Voß BV 238 V 1 ▽

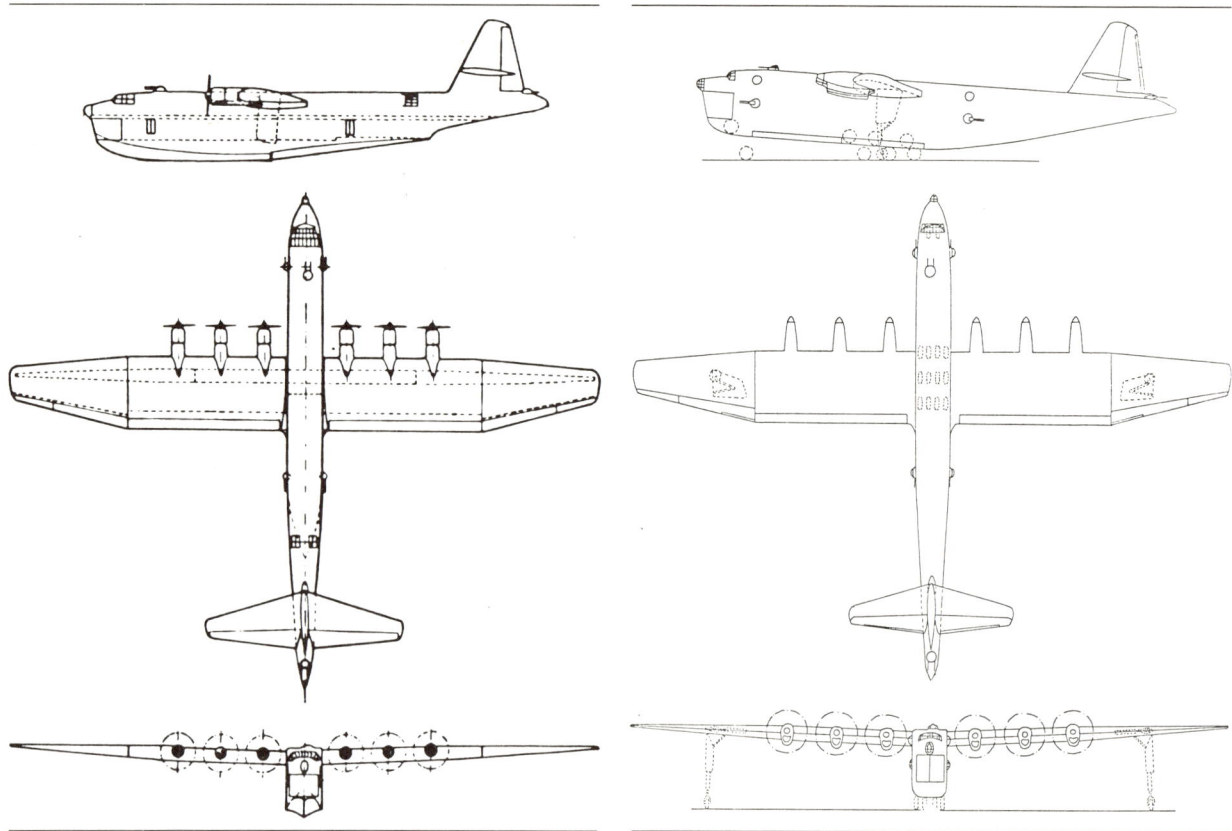

43. Blohm & Voß BV 238

44. Blohm & Voß-Projekt BV 250

Bug ein Zwillingsrad und an den Bootsseiten je ein Tandem-radfahrgestell. Kennzeichen der Maschine war BQ + UZ. Durch Sabotage wurde der Erstflug bis September 1944 hinausgezögert, der aber auch noch mit einer Notlandung endete.

Auf die Entwicklung der BV 238 hat also FG 227 keinerlei Einfluß gehabt. Die Teilefertigung der BV 238 V1 und der Bau der Vorrichtungen lief bereits 1942 an, so daß im Januar 1944 in Finkenwerder der Bau beginnen konnte. Durch die sich laufend verstärkenden Luftangriffe der Alliierten wurde die Fertigstellung bis März 1945 verzögert. Die Erprobung kam zu so guten Ergebnissen, daß bereits nach vier Versuchs-flügen die Truppenerprobung beginnen sollte, obwohl die Maschine noch keinerlei Bewaffnung besaß. Diese sollte aus einem Zwillingsdrehturm HD 151 Z mit zwei MG 151/20, zwei HL 131 V mit je vier MG 131 und zwei MG 131 Z in Seitenständen bestehen. Die BV 238 V1 lag getarnt auf dem Schaalsee, als sie von vier amerikanischen P-51 »Mustang« überrascht und vier Tage vor Kriegsende mit Bordwaffen versenkt wurde. 1947/48 wurde das Boot gesprengt, um seine Demontage zu erleichtern. Die Einzelteile wurden 1948/49

zur Verschrottung nach Hamburg gebracht. Bei Kriegsende befanden sich noch BV 238 V2 und V3 im Bau. Die im Bau befindlichen Boots- und Flächenteile wurden dann ver-schrottet.

Sowohl von BV 222 als auch von BV 238 waren Ausführun-gen als Landflugzeuge projektiert, die sich nur durch Vielradfahrwerke von den Booten unterschieden. Die Land-version der BV 222 erhielt die Projektnummer P. 187, die der Bv 238 die Typennummer BV 250. Weitere Projekte verbes-serter Boote dieses Typs waren bei Kriegsende noch in Arbeit.

Blohm & Voß BV 250

Die BV 250 war eine projektierte Abwandlung der BV 238 als Landflugzeug. Zwei Versionen wurden vorgeschlagen, ein-mal als Langstrecken-Truppen- oder Materialtransporter, einmal als Fernbomber. Für die Transporter-Ausführung war ein nicht einziehbares Fahrgestell in der Art, wie es bei der Me 323 verwendet wurde, vorgesehen. Diese Version sollte eine Abwehrbewaffnung von 4 × 20 mm MG 151/20 und 16 × 13 mm MG 131 erhalten. Die Besatzung umfaßte 11 Mann und die Zahl der zu befördernden voll ausgerüsteten Soldaten 150. Die aussichtsreichere Version war der Bomberentwurf, dessen Rumpfboden für die Aufnahme eines Einziehfahrwerkes umkonstruiert wurde. Das Hauptfahrwerk bestand aus drei Doppelrädern in Tandemform, die nach vorne in die Rumpfunterseite eingezogen werden sollten. Das Bugrad war ebenfalls als Doppelrad ausgebildet und ließ sich nach hinten in den Rumpfbug einziehen. Diese Version sollte eine Abwehrbewaffnung von 12 × 20 mm MG 151/20 erhalten, die teilweise in ferngesteuerten Zwillingsständen (FHDL 151 Z) gelagert waren. Die Steuerung dieser Stände sollte durch darüberliegende Sichtkuppeln erfolgen. Abgesehen von dem umkonstruierten Rumpfboden und den fortfallenden Stützschwimmern, an deren Stelle zwei Stützräder für die Stabilisierung auf dem Boden traten, unterschieden sich die Versionen der BV 250 strukturell nicht von der BV 238 V-2. Als Antrieb waren ebenfalls 6 × 1750 PS Daimler-Benz DB 603 vorgesehen, da auch für dieses Projekt noch nicht mit den Jumo-222-Triebwerken, die bei den ersten Planungen der BV 238 schon verwendet werden sollten, zu rechnen war. Zu einer Bauausführung kam es nicht mehr, weil die gesamte Produktionskapazität für den Jagdflugzeugbau eingespannt werden mußte.

Blohm & Voß BV 40

Nachdem bei Blohm & Voß umfangreiche Versuche mit Gleitflugzeugen, die, auf verschiedene Höhen geschleppt und ausgeklinkt, die Kampffähigkeit im Gleitflug gegen herannahende Bomberverbände erforschen sollten, zufriedenstellend verlaufen waren, entschloß man sich zur Konstruktion des Kampf-Seglers BV 40. Das Muster wurde als relativ kleiner Jäger ohne Eigenantrieb ausgelegt, das mit einem Minimum an Herstellungskosten und Arbeitsaufwand in Großserie gebaut und gegen die alliierten Bomberverbände

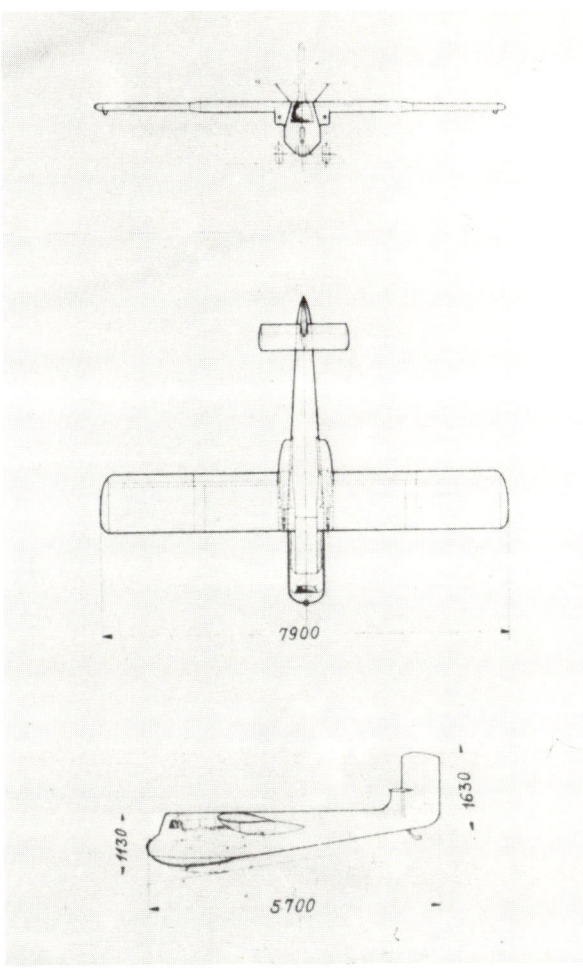

79. Blohm & Voß BV 40

78. Versuchs-Kampfsegler
Blohm & Voß BV 40 V 1

eingesetzt werden sollte. Es war vorgesehen, die BV 40 im Starrschlepp hinter einer Me 109 G auf eine Höhe zu bringen, die zwischen 250 und 700 m über der Einflughöhe der feindlichen Bomberverbände lag. Dort sollte die Maschine ausgeklinkt werden und in einem Gleitflug von 20° dem Verband entgegenfliegen. Beim Durchbruch durch die feindlichen Bomber, der infolge der kleinen Stirnfläche der BV 40 und der starken Panzerung des Pilotensitzes ziemlich gefahrlos verlaufen sollte, war eine einmalige Kampfhandlung mit den eingebauten Waffen möglich. Der Start der BV 40 sollte auf einem abwerfbaren Vierrad-Fahrgestell, die Landung auf einer Kufe erfolgen. Vier Maschinen wurden fertiggestellt, davon eine im Flug erprobt. Zum Einsatz kam keines der Muster, da die Jagdflugzeuge des Typs Me 109 kaum noch in der Lage waren, die Gipfelhöhe der feindlichen Bomber zu erreichen. Später wurde die Entwicklung ganz eingestellt, obwohl als Ausweichlösung der Starrschlepp von BV 40 durch Raketenjäger des Musters Me 163 B vorgeschlagen wurde.

Typ: Jäger ohne Eigenantrieb.
Flügel: Freitragender Schulterdecker. Zweiteiliger Rechteckflügel aus Ganzmetall mit zentralem Rohrholm. Klappen über die gesamte Hinterkante, außen als Schlitzquerruder, innen als Schlitzlandeklappen.

Rumpf: Kastenrumpf aus Ganzmetall. Rumpfvorderteil als Panzerkabine. Diese erfordert 25 % des Gesamtgewichtes der BV 40. Windschutzscheibe aus Panzerglas von 120 mm Stärke. Die sonstige Panzerung bestand aus Stahlblechen von 20 mm (Front), 8 mm (Seite) und 5 mm (Rücken).
Leitwerk: Abgestrebtes Normalleitwerk aus Ganzmetall. Höhenflosse durchgehend auf Pylon über Rumpf und mit je einer Strebe abgefangen. Sämtliche Ruder unausgeglichen.
Fahrwerk: Hauptkufe unter dem Bug, Schleifsporn.
Besatzung: 1 Pilot in liegender Anordnung im Rumpfbug. Einsteigeklappe auf dem Rumpfrücken.
Militärische Ausrüstung: 2 × 30 mm MK 108 starr nach vorne in Verdickungen der Flügel-Rumpf-Übergänge.

Blohm & Voß-Projekte

Nur wenige Entwürfe des Konstrukteurs Dr. Richard Vogt wurden verwirklicht; die meisten seiner beinah unwahrscheinlich anmutenden Projekte erreichten noch nicht einmal das Modellstadium. Trotzdem dürfte die nachstehende vollständige Liste aller bei Blohm & Voß, Abt. Flugzeugbau, bearbeiteten Entwürfe wegen der Vielfalt der Objekte von Interesse sein:

B & V-Proj.Nr.	Verwendungszweck	Triebwerk	Spann-weite in m	GL-C-Nr.
P. 1	Jagdeinsitzer	BMW 15 od. R. R. Kestrel		
2	Nicht bearbeitet			
3	" "			
4	Übungseinsitzer	Siemens Sh 14a		Ha 136 V-1
		Argus As 8		136 V-2
5	Mehrzweckeflzg.	BMW VI		
6	"	BMW 15		
6a	Stuka	BMW oder Jumo		137
7	Stuka-Doppeldecker	Wright »Cyclone«		
8	Flugboot 2-mot.	2 × BMW 15		
9	Doppelrumpfflugboot	"		
10	Mehrzweckeflzg.	BMW 15		
11	Träger-Stuka	BMW 132		137
12	Flugboot	3 × Jumo 205		
13	Doppelrumpf-Flugboot	4 × Jumo 205 1. Entwurf für (auch mit 2 Jumo 206 od. DB 600)		138
14	Aufkl. Flugboot	4 × Jumo 205		
15	Schwimmerflugzeug	4 × Jumo 205		
16	"	"		
17	"			139
18	Asymmetrischer Jäger	Jumo 210		
19	Aufklärer	2 × Jumo 210		140
20	Bomber	4 × Jumo 205 Räder-Ausführung der Ha 139		
21	Mehrzweckeflzg.	Jumo 210		
22	Jäger mit 2 Kanonen	"		
23	" m. vergr. Spannw.	"		

B&V-Proj.Nr.	Verwendungszweck	Triebwerk	Spann-weite in m	GL-C-Nr.
24	Jagdschulflugzeug f. Japan	400 PS		
25	Stuka	Jumo 210		
26	Nicht bearbeitet			
27	Stuka	SAM 333		
28	Doppelrumpf mit Drehflügel	2 × BMW 112		
29	Verkehrsflugzeug	4 × BMW 132, Jumo 205, DB 600 oder Jumo 206		
30-32	Nicht bearbeitet			
33	Langstreckenbomber	2 × Jumo 206		
34-36	Nicht bearbeitet			
37	Schwimmerflugzeug auch als Torpedojäger	4 × Jumo 205	29,50	Ha 139
38	Ha 139 Räderausf. m. vergr. Spannweite	4 × Jumo 207	29,50	
39	Bomber	4 × Jumo 205	29,50	
40	Schlachtflugzeug, asymmetr.	1 × DB 600	12,0	
41	Verbesserte Ha 137		11,15	
42	Doppelrumpf-Flugboot	6 × Jumo 206	46,0	
43	Flugboot	6 × Jumo 206	46,0	
44	Aufklärer, asymetrisch	1 × Jumo 210, DB 600 oder Bramo 329		
45	Verkehrsflugzeug mit R-Gerät	6 × Jumo 206	46,0	
46	Ha 142 für 4 Fluggäste und 1000 kg Nutzlast	4 × Wright »Cyclone«		
47	Verkehrsflugzeug mit R.-Gerät	4 × Bramo 329	38,0	
48	Ha 142 als Bomber für Japan	4 × BMW 132	29,54	
49	Verkehrs-Schwimmer-Flzg.	4 × BMW 132	36,0	
50	Fracht- „ „	6 × Jumo 205 D	38,0	
51	„ „ „	4 × BMW 132	32,0	
52	Verkehrs- „ „	4 × Bramo 132	39,0	
53	„ „ „	4 × Bramo 323	39,0	
54	„ -Flugboot	6 × BMW 132 B	46,0	Ha 222
55	Verbesserte Ha 140	2 × BMW 132 od 323	22,0	
56	Stuka-See	2 × DB 601 G	18,4	
57	37 t-Flugboot	6 × BMW 132 H	42,5	
58	Marine-Stuka	2 × DB 601 G	18,0	
59	Torpedoflzg. od. Stuka	2 × DB 601 G	20,0	
60	Flugboot f. 40 Fluggäste	4 × ?		
61	Verbesserte Ha 138			
62	Marine-Stuka, asymmetrisch	1 × DB 606	18,0	
63	Schnellbomber	1 × Jumo 212 B	17,5	
64	Fernerkunder	3 × Jumo 206 i. Rumpf		
65	Schlacht-Version der Ha 141			
66	Marine-Stuka	2 × Jumo 211	20,0	
67	Minenleger 45 t	4 × BMW 139	46,0	
68	Minenleger ähnlich Ha 222	4 × BMW 139	46,0	
69	Zielflugzeug	1 × Hirth Hm 508	10,4	
70	Schnellbomber	2 × DB 601/Jumo 211	17,0/20,0	
71	Bomber-Zerstörer	2 × Jumo 211	18,0	
72	Schlachtflugzeug ä. BV 141	1 × BMW 132		
73	Bomber	4 × Jumo 211 (Druckschrauben)		
74	Mehrzwecker ähnl. Ha 141	1 × Jumo 211	16,0	
75	„ „ „	1 × BMW 139	16,0	
76	BV 222 als Fernerkunder	6 × BMW 801	46,0	
77	„ „ „	6 × Jumo 208	46,0	
78	Fernerkunder mit 52 t 2 Schwimmern	6 × Jumo 208		
79	Dto. 75 t	4 × 2 Jumo 208	60,0	
80	Transozeanflzg. mit 2 Schwimmern 79 t	4 × 2 Jumo 208	60,0	

B & V-Proj.Nr.	Verwendungszweck	Triebwerk	Spannweite in m	GL-C-Nr.
81	Fernerkunder	4 × Jumo 218	55,0	
82	Nicht bearbeitet			
83	Transatlantikflzg. f. 32 Fluggäste	4 × Jumo 218	55,0	
84	Fernerkunder	4 × Jumo 218	46,0	
85	Transatlantikflzg.	4 × Jumo 218	46,0	
86	"	4 × Jumo 218	46,0	
87	Nicht bearbeitet			
88	Fernzerstörer	2 × BMW 801		
89	"	2 × DB 606		
90	"	3 × BMW 801		
91	Nicht bearbeitet			
92	Verkehrsflugzeug	3 × Jumo 208	31,0	
93	Nicht bearbeitet			
94	Verbesserte BV 138	3 × Jumo 207		
95	BV 222 als See-Fernerkunder	6 × Bramo 323	46,0	
96	Dasselbe	6 × Jumo 208	46,0	
97	Dasselbe	6 × BMW 801	46,0	
98	Dasselbe	4 × BMW 801	46,0	
99	Dasselbe	6 × BMW 800	46,0	
100	Zielflugzeug			
101	Dasselbe			
102	Nicht bearbeitet			
103	Verkehrsflugzeug, asymmetr.	3 × BMW 801		
104	Verkehrsflzg. m. Heckmotor	3 × Jumo 206 A		
105	BV 222 als See-Fernerkunder	4 × Jumo 222	46,0	
106	Weiterentwicklung der BV 222			
107	Dasselbe			
108	Weiterentwicklung BV 138	3 × Jumo 208	27,0	
109	" "	2 × Jumo 208 1 × Jumo 205 D	27,0	
110	" "	3 × Jumo 208	29,0	
111	"asymmetrisch "	3 × Jumo 208	29,0	
112	" " "	3 × Jumo 208	38,5	
113	Seefernerkunder, asymetr.	3 × Jumo 208	38,5	
114	Zerstörer Entw. d. BV 141 B	1 × BMW 801		
115	Nicht bearbeitet			
116	Weiterentwicklg. der BV 222	6 × BMW 801	46,0	
117	Weiterentwicklg. der BV 222	4 × BMW 801	46,0	
118	" " "	6 × BMW 800	46,0	
119	" " "	4 × Jumo 222	46,0	
120	Nicht bearbeitet			
121	" "			
122	See-Fernerkunder, 2 Schw.	4 × Jumo 208	38,0	
123	" , Doppelboot	4 × Jumo 208	38,0	
124	" , Zentralboot	4 × Jumo 208	45,5	
125	" , 2 Schwimmer	4 × Jumo 208	45,5	
126	Nicht bearbeitet			
127	Jagdeinsitzer	1 × DB 603		
128	" , asymmetrisch			
129	"			
130	Nicht bearbeitet			
131	Verkehrsflzg. m. Heckmotor	3 × Jumo 208		
132/33	Nicht bearbeitet			
134	Schnellbomber mit Druckschraube	1 × DB 613		
135	Schnellbomber, asymmetrisch	1 × DB 613		
136/37	Nicht bearbeitet			
138	Fernaufkl.-Flugboot	2 × Jumo 223	38,0	

B&V- Proj.Nr.	Verwendungszweck	Triebwerk	Spann- weite in m	GL-C-Nr.
139	Flugboot			
140	Verkehrsflugzeug,	2 × BMW 801	30,0	
141	„ asymmetrisch	3 × Bramo 323		
142	„ „Drehflügel	2 × BMW 801	27,0	
143	„ „			
144	Seefernerkunder	4 × Jumo 223		
145	„ , 2 Schwimmer	4 × Jumo 223		
146	P. 144 als DLH-Flugboot	4 × Jumo 223		
147	P. 142 als Transporter	2 × BMW 801		
148	Flugboot			
149	Flugboot			
150	Transatlantikflzg m. Druckkabine	4 × Jumo 223		
151/54	Nicht bearbeitet			
155	Stuka, asymmetrisch	1 × Jumo 222, BMW 801		
156/59	Nicht bearbeitet			
160	Transatlantikflugboot	6 × BMW 803	72,0	
161	Landausführung der BV 238	6 × BMW 801		
162	Bomber 16 t	1 × DB 613	21,0	
163	„ 12 t	1 × DB 613	18,0	
164	„ asymmetrisch	1 × Jumo 222	17,0	
166	Schnellbomber	2 × Jumo 222	17,0	
167	BV 250-Doppelflugzeug	12 × DB 603		
168/69	Nicht bearbeitet			
170	Schnellbomber	3 × BMW 801	16,0	
171	„	2 × BMW 801	14,0	
172	Stuka	1 × BMW 801		
173	Fernbomber	6 × BMW 801		
174	Gleitbombe			
175	Bordjäger	Junkers-TL	6,20	
176	BV 237 gepanzert	1 × BMW 801	15,2	
177	Jagdbomber	Strahlantrieb	12,0	
178	„	„	12,0	
179	„	1 × BMW 801	10,4	
180	„ m. Drehflügel	1 × BMW 801	10,4	
181	„	1 × BMW 801	10,4	
182	„			
183	Fernerkunder	6 × BMW 801		
184	„	4 × BMW 801	35,0	
185	Schlachtflugzeug			
186	Gleitjäger	—	5,0	
187	BV 222-Landflugzeug	6 × BMW TG	46,0	
188	Bomber	4 × Jumo 004		
189	Nicht bearbeitet			
190	Jagdeinsitzer	1 × Jumo 004		
191	Flak-Kreuzer (?)	8 × BMW 801		
192	Schlachtflugzeug	1 × DB 603	13,0	
193	„	1 × Jumo 213 A	11,4	
194	Stuka	1 × BMW 801 + 1 × TL	15,0	
195	Höhenjäger	2 × Jumo 213 + 2 × TKL 15	24,4	
196	Schlachtflugzeug	2 × BMW 003	15,0	
197	Jagdeinsitzer	2 × BMW 003	11,1	
198	Höhenjäger	1 × BMW 003	15,0	
199	„	1 × Jumo 004		
200	Transatlantikboot 210 t			
201	Höhenjäger	Walter-Triebwerk		
202	Jäger 5,4 t	2 × BMW 003	12,0	
203	Zerstörer	2 × BMW 801 + 2 × TL		

B & V- Proj.Nr.	Verwendungszweck	Triebwerk	Spann- weite in m	GL-C-Nr.
204	Schlachtflugzeug	1 × BMW 801 D + 1 × TL	14,3	
205	Weiterentwicklung BV 155	1 × DB 603 G		
206	Fernbomber	2 × Argus 413	36,0	
		2 × Jumo 213		
207	Jäger mit Druckschrauben	1 × Jumo 222, As 413 oder DB 603 G	12,0	
208	″ ″ ″	1 × Jumo 222 F oder As 413	12,0	
209	″	1 × He S 011		
210	″	″		
211	″	1 × BMW 003		
212	″	1 × He S 011		
213	″	1 × AS 014		
214	Bemannte Flugwehrbombe			
215	Nachtjäger	2 × He S 011		

Blohm & Voß P. 45

Entwurf eines Transozeanflugbootes aus dem Jahre 1937. Für den Start war ein Startboot mit Kielung und Kufen erforderlich. P. 45 selbst hatte flachen Bootsboden. Nach dem Abheben vom Startboot entsprach P. 45 einem Landflugzeug mit einziehbarem Fahrwerk, da ein solches fehlte. Der Rumpf war zweistöckig ausgeführt. Insgesamt konnte das Boot 24 Fluggäste befördern. Das obere Stockwerk war mit Betten ausgestattet, das untere mit Sitzen. Die Stützschwimmer waren geteilt und konnten nach beiden Seiten in die Tragflächen hochgeklappt werden. Als Triebwerk waren sechs Schwerölmotoren Jumo 205 C mit einer Startleistung von je 500 PS vorgesehen. Die Abmessungen des P. 45 waren: Spannweite 46 m, Länge 33,30 m Höhe 6,60 m. Flächeninhalt 310 m². Bei einem Leergewicht von 26 t und einem Fluggewicht von 51 t sollte eine Höchstgeschwindigkeit von 410 km/h erreicht werden. Die Reichweite betrug 8000 km.

BV-Projekt P. 110

Aufgrund der mit der BV 138 gemachten Erfahrungen entstand 1940 der Entwurf P. 110, ein Flugboot, das der BV 138 sehr ähnlich war, in dem aber alle Ergebnisse der Erprobung der BV 138 im Frontdienst ausgewertet waren. Vor allen Dingen sollte die Triebwerksanlage verstärkt werden. Zu diesem Zweck wurden für P. 110 Schwerölmotoren des Musters Jumo 208 von je 800 PS vorgesehen. Der Rohrholm des Mittelflügels, in drei getrennte Schotten unterteilt, war als Zusatzbehälter für große Reichweite vorgesehen. Das Rumpfboot war bei konstruktiv gleichem Aufbau um 2 m länger als bei der BV 138. Vollkommen neuartig war die vorgesehene Motorenaufhängung. Wegen der größeren Abmessungen des Jumo 208 war diese notwendig geworden. So entschied man sich, den Motor an einem einzigen freitragenden Rohrträger aufzuhängen. Als Bewaff-

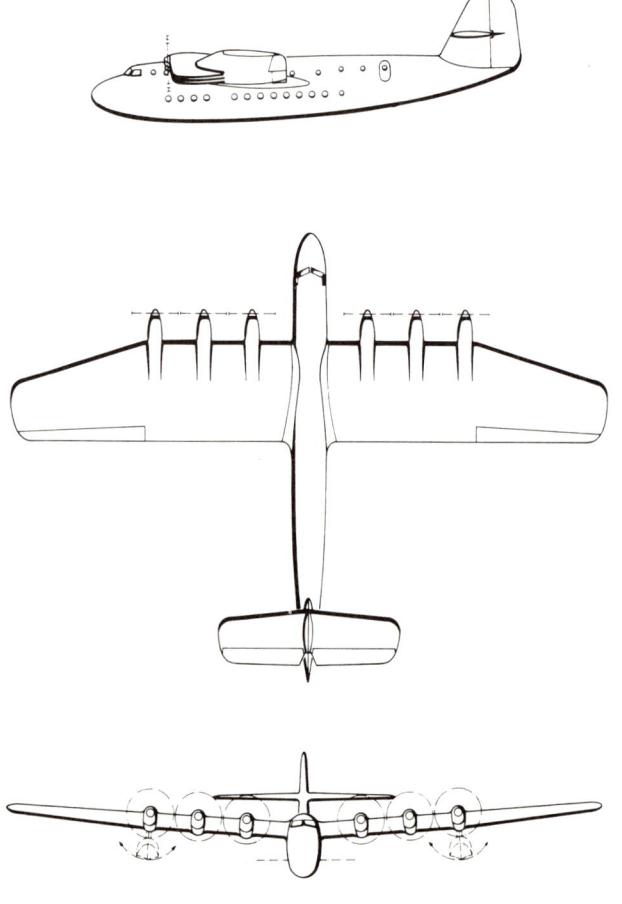

45. Blohm & Voß-Projekt P 45

124

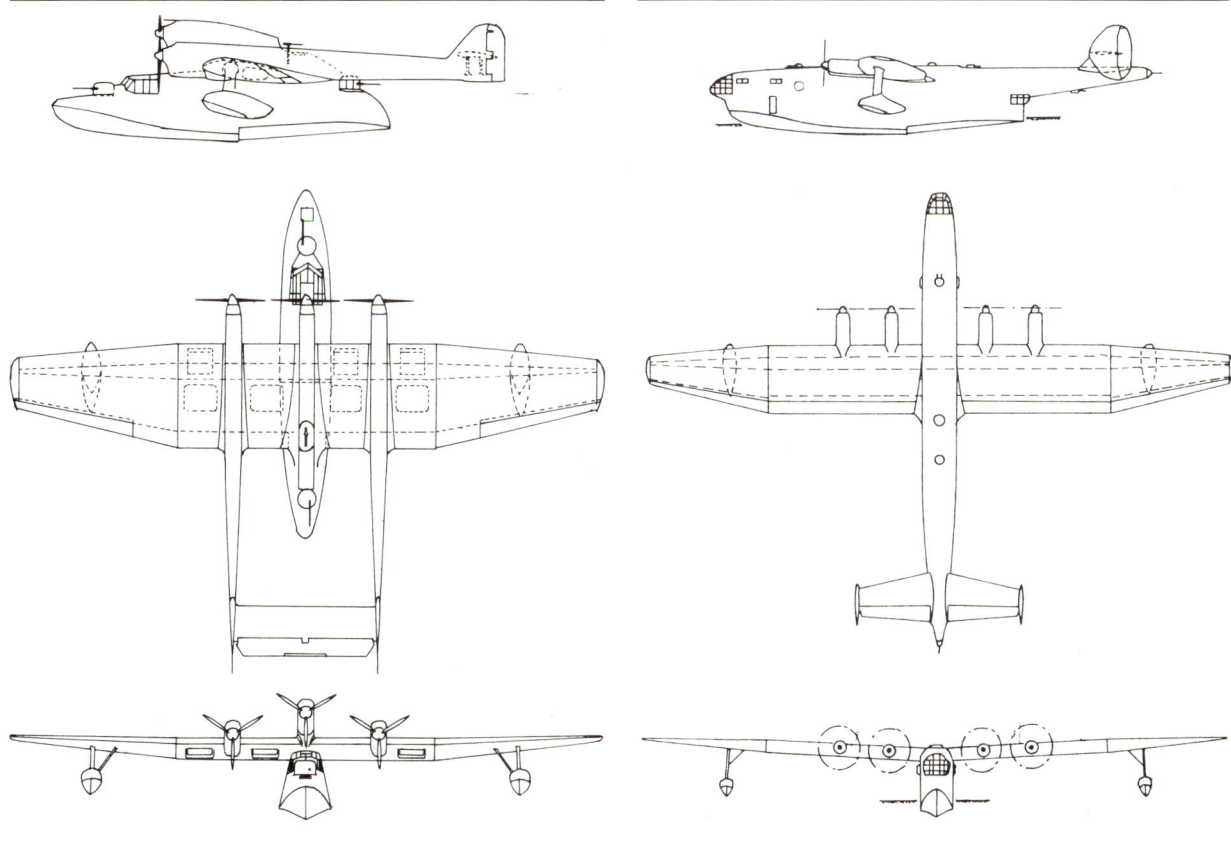

46. Blohm & Voß-Projekt P 110

47. Blohm & Voß-Projekt P 144

nung waren je eine DL 151 in Plexi-Kuppel im Rumpfbug und -heck vorgesehen sowie ein MG 131 erhöht hinter dem Mittelmotor.

Abmessungen: Spannweite   29,0   m
               Länge   22,25 m
               Höhe   5,85 m
               Flächeninhalt   ca. 123   m²

BV-Projekt P. 111

Auch hier handelte es sich um eine geplante Weiterentwicklung der BV 138. Dr. Vogt griff dabei wieder auf die von ihm bevorzugte unsymmetrische Bauweise zurück. Maßgebend für die Gestaltung des Entwurfs war der Wunsch nach einer Verbesserung der Abwehrmöglichkeiten nach hinten und oben. Um dies zu erreichen, sollte die Einengung zwischen den beiden Leitwerksträgern und dem Leitwerk verschwinden und ebenso der Mittelmotoraufbau. Anstelle von zwei Leitwerksträgern wurde nur noch einer angenommen und dieser zusammen mit dem Leitwerk seitlich weggeschoben. Das ergab mit zwei in der Höhe gestaffelten Waffenständen

eine Sichtfeldverbesserung. Um den störenden Mittelmotor verschwinden zu lassen, sollten auf der einen Seite des Rumpfbootes zwei, auf der anderen nur ein Triebwerk eingebaut werden, wodurch sich in Verbindung mit dem nach der Seite verlegten Leitwerksträger der Gesamtschwerpunkt seitlich neben das Boot verlegte. Hierdurch konnte man auch auf die zwei kleinen Stützschwimmer verzichten und nur einen etwas größeren einbauen. Bewaffnung und Triebwerksanlage entsprachen weitgehend denen des P. 110.

BV-Projekt P. 144

Dieser Entwurf stellt ein hochseefähiges Fernaufklärungsflugboot dar. Im Gegensatz zur BV 238, aus der dieses Boot abgeleitet wurde, ist es, zweifellos aus Gründen der Schußfeldverbesserung mit einem Doppelleitwerk ausgerüstet. Aus demselben Grunde wurde das Rumpfboot hinten steil hochgezogen und in dem entstandenen Knick ein Beobachtungsstand für die nach hinten feuernden ferngelenkten Waffen eingebaut. Ein ähnlicher Beobachtungsstand befindet sich in der Bootsnase. Die seitlichen Stützschwimmer sind nicht einziehbar. Zur Abwehr dienen zwei FDL 131 auf dem Rumpfrücken, eine weitere FDL 131 unter dem Bootsende in Höhe des Leitwerks und eine FDL 151 im Heck. Die Triebwerksanlage sollte aus vier Jumo 223 von je 1650 PS Startleistung bestehen.

Abmessungen:	Spannweite	53	m
	Länge	40	m
	Höhe	6,20 m	
Gewichte:	Rüstgewicht	38 300 kg	
	Fluggewicht	56 000 kg	

BV-Projekt P. 146.01

Dieser Entwurf sah Ausführung des Fernaufklärungsflug-bootes BV 238 als Verkehrsflugboot für 32 Passagiere vor. Rein äußerlich unterschied sich dieses Projekt von der BV 238 durch das doppelte Leitwerk und eine Triebwerks-anlage von nur vier Dieselmotoren des Musters Jumo 223. Der gesamte Rumpf war in zwei Decks aufgeteilt. Im unteren sollten sich neben einem Frachtraum von 10 m³, Toiletten und anderen kleineren Räumlichkeiten ein Speiseraum mit 12, in einer anderen Ausführung mit 18 Sitzplätzen befinden. Im oberen befanden sich der Arbeits- und ein Aufenthalts-raum für die Besatzung, ein Frachtraum von 13,5 m³, Fluggasträume und Toiletten. Dahinter noch ein weiterer Frachtraum von 11 m³. Die Motoren sollten durch Kriech-gänge auch während des Fluges beschränkt zugängig sein. Einziger Kraftstoffbehälter sollte der nach der bekannten Vogt'schen Bauweise hergestellte Rohrholm sein. Bei einem Rüstgewicht von 38 t sollte das Fluggewicht 66,1 t betra-gen.

Abmessungen:	Spannweite		53	m
	Länge		39,65	m
	Höhe		6,35	m
	Flächeninhalt		280	qm
Errechnete				
Leistungen:	Höchstgeschwindigkeit		380	km/h
	Reisegeschwindigkeit	ca.	325	km/h
	Dienstgipfelhöhe mit Last		5 900	m
	Reichweite	ca.	7 000	km

BV-Projekt P. 150.01-01

Auch hier handelt es sich um einen Entwurf für ein Transatlantik-Verkehrsflugboot. Das Neuartige besteht in einem Startschwimmer, auf dem das eigentliche Flugboot beim Start ruht. Durch diese Anordnung sollte es ermöglicht werden, auf die in aerodynamischer Beziehung ungünstige Ausgestaltung des Rumpfes als Boot mit den für die Wasserarbeit notwendigen Formen des Rumpfbodens zu verzichten, da der Startschwimmer nach dem Start abgewor-fen werden sollte. Für die Wasserung am Ziel waren einziehbare seitliche Stützschwimmer und eine geringe Kie-lung des Rumpfbodens vorgesehen, die sich aerodynamisch nicht nachteilig bemerkbar gemacht hätten. Da das Flugzeug

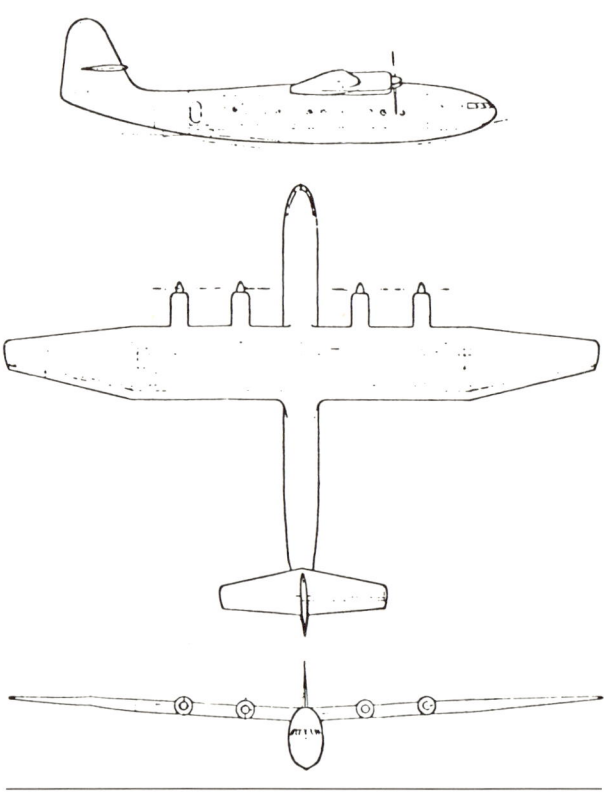

48. Blohm & Voß-Projekt P 150

für den Einsatz in größeren Höhen vorgesehen war, besaß es eine Höhenkabine von 21,4 m Länge zur Aufnahme der Besatzung und der 20 Fluggäste. Ausgerüstet mit vier Schwerölmotoren Jumo 223 von je 1650 PS sollte diese Maschine bei einem Rüstgewicht von 27 t ein Fluggewicht von 47 t haben.

Abmessungen:	Spannweite	43 m
	Länge	31,5 m
	Höhe	—
	Flächeninhalt	185 qm
Errechnete		
Leistungen:	Höchstgeschwindigkeit	525 km/h
	Reisegeschwindigkeit	420 km/h
	Dienstgipfelhöhe	10 000 m
	Reichweite	6 600—7 750 km
	Absolut maximale Reichweite	8 350 km

Blohm & Voß P. 163

Dieses Projekt war ein einmotoriger, schwerer Jagdbomber, in der Version *P. 163/01* mit einem 1 × 3900 PS Daimler-Benz DB 613, in der Version *P. 163/02* mit einem 1 × 4000 PS BMW 803 ausgerüstet. Beide Motoren sollten eine Dreiblatt-Luftschraube antreiben. Das Außergewöhnli-

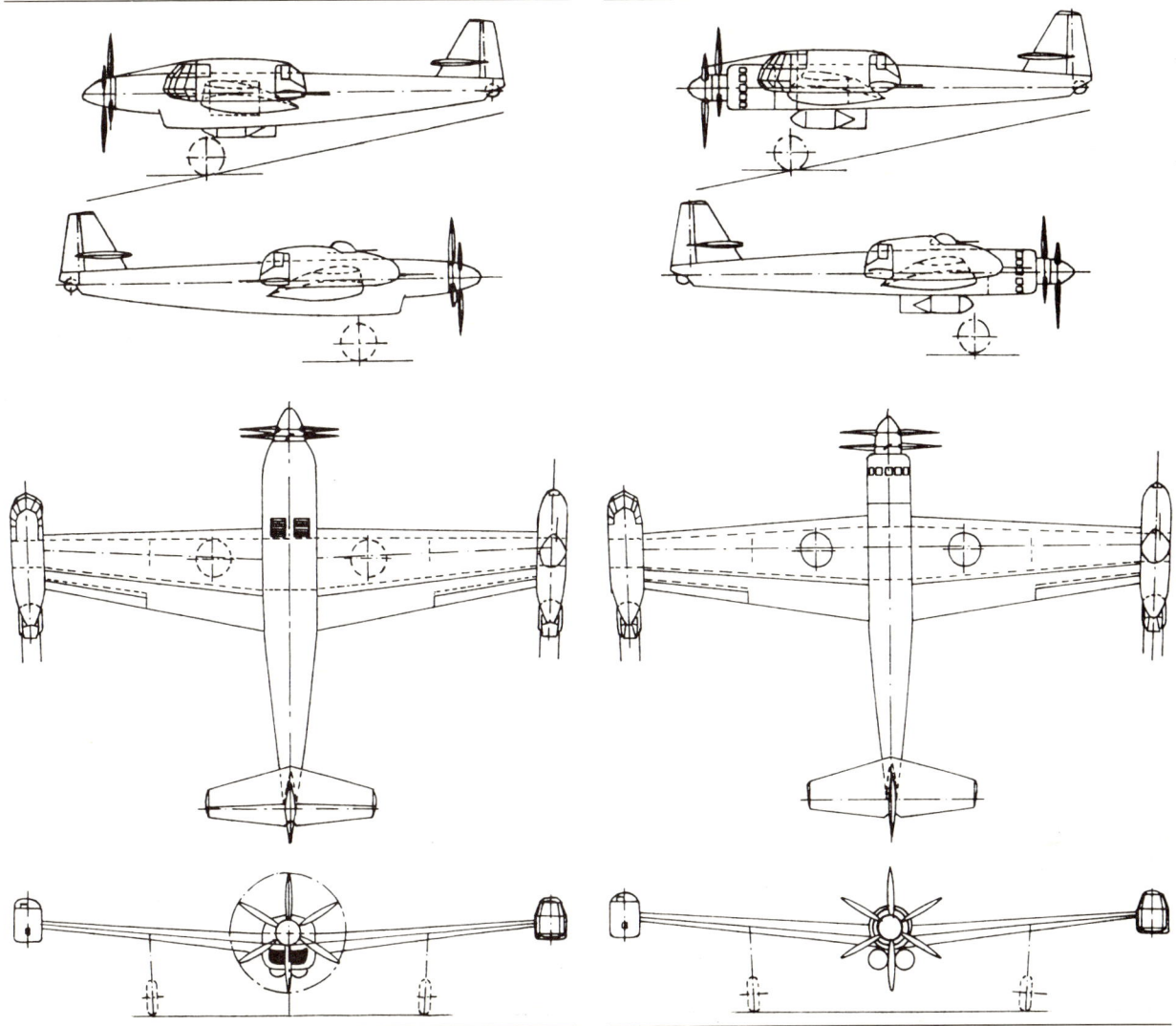

49. Blohm & Voß-Projekt P 163.01

50. Blohm & Voß-Projekt P 163.02

che dieser Maschine war die Anordnung der Besatzung in Gondeln an den Flächenenden. Der Rumpf war ganz normal in Flügelmitte angeordnet, trug aber vorne nur den Motor, in der Mitte die Bombenlast und am Ende das konventionelle Leitwerk. Der Pilot saß in einer Vollsichtkanzel am äußersten Ende der linken Fläche, hinter ihm der Navigator/Funker und dahinter ein Schütze. Am äußersten Ende der rechten Fläche war eine zweite Gondel angebracht, die zwei Schützen beherbergte. Zweck dieser Anordnung war, ein Schußfeld zu bekommen, das weder durch den Propellerkreis, noch durch Rumpf und Leitwerk einen toten Winkel aufwies. Die Bewaffnung war entsprechend stark vorgesehen. Jeder der beiden Heckschützen bediente 2 × 15 mm MG 151 als

Zwilling, dazu besaß die rechte Gondel noch 1 × 15 mm MG 151 in der Nase und 1 × 15 mm MG 151 auf einem Drehturm auf der Oberseite. Um die ungewöhnliche Anordnung des Piloten zu testen, wurde versuchsweise eine unsymmetrische BV 141 mit einer zweiten Kanzel am Tragflächenende ausgerüstet, deren Doppelsteuer mit dem in der normalen Kanzel gekuppelt war. Die Ergebnisse zeigten, daß die extreme Verschiebung des Piloten aus der Längsachse keine nachteiligen Folgen besaß. Kurzbeschreibung der P. 163: Freitragender Mitteldecker aus Ganzmetall mit vierteiligem Trapezflügel und durchlaufenden Klappen an der Hinterkante. Schalenrumpf mit rundem Querschnitt. Normales, freitragendes Leitwerk mit hochgesetzter Höhenflosse.

127

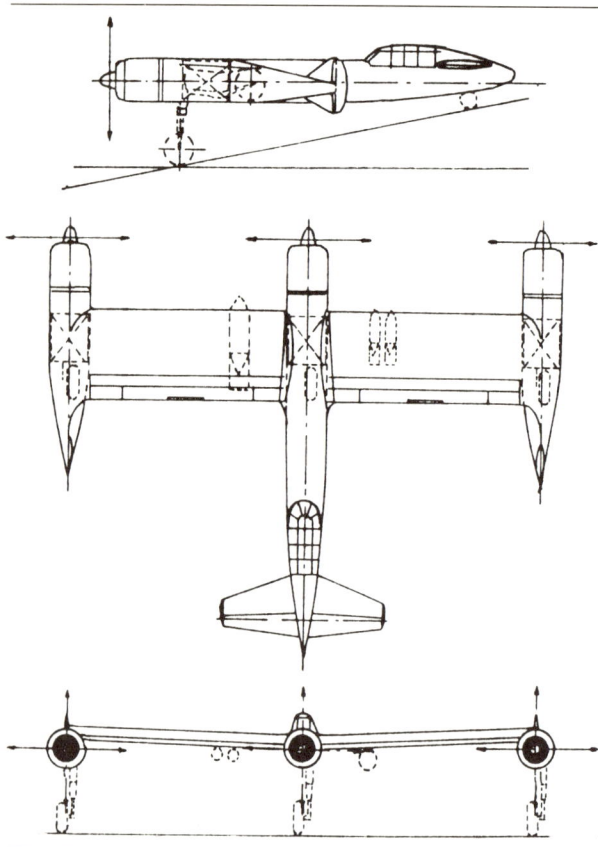

51. Blohm & Voß-Projekt P 170.01

Blohm & Voß P. 170

Ein weiterer Jagdbomber-Entwurf war die einsitzige P. 170, die zwar symmetrisch, jedoch ebenfalls von ungewöhnlichem Aussehen war. Um bei den vorhandenen leistungsschwachen Triebwerken zu einer leistungsstarken Maschine zu kommen, wählte Dr. Vogt für dieses Projekt 3 × 1600 PS BMW 801. Der mittlere Motor saß an der Spitze eines normalen Rumpfes, der, weit nach hinten verlegt, die Kanzel für den Piloten und das Höhenleitwerk trug. Die beiden anderen Triebwerke befanden sich in den Gondeln an den Flächen-enden. Diese Gondeln waren nach hinten über die Flügelhinterkante hinausgezogen und liefen in zwei normale Seitenflossen aus. Der Flügel besaß über die ganze Spannweite rechteckigen Umriß.

Blohm & Voß P. 177

Die Entwicklung unsymmetrischer Flugzeuge zieht sich wie ein roter Faden durch die ganzen Arbeiten Dr. Vogts. Das Projekt P. 177 war einer der Jagdbomber-Entwürfe, dessen

Projektarbeiten später bei der BV 237 ihren Niederschlag fanden. Für die einsitzige Maschine war ein Jumo 213 mit 1 × 1750 PS vorgesehen. Die Bewaffnung sollte aus 6 × 20 mm MG 151/20 im Bug der Rumpfgondel bestehen. Ansonsten war der Aufbau dem der BV 237 angeglichen.

Blohm & Voß P. 178

Ein weiterer unsymmetrischer Entwurf war die P. 178, die auf der linken Flächenseite einen kompletten Flugzeugrumpf mit der Kabine für den Piloten besaß und auf der rechten Seite eine Jumo 004-Strahlturbine. Der als Jagdbomber vorgesehene Entwurf sollte mit 2 × 15 mm MG 151 bestückt werden und Zusatzraketen erhalten.

Blohm & Voß P. 179

Ähnlich im Aufbau der P. 177, nur für den vorgesehenen Verwendungszweck als Sturzbomber kleiner, gedrungener und robuster, entstand im Projektbüro von Blohm & Voß die P. 179 mit einem BMW 801 D von 1 × 1600 PS. Auch sie diente bereits als Vorstudie für die BV 237. Bewaffnung: 2 × 20 mm MG 151/20.

BV-Projekt P. 184

Bei diesem Entwurf eines Langstrecken-Fernerkunders war besonders die Tragflächenkonstruktion aus Stahl bemerkenswert. Ähnlich wie bei den tragenden Rohrholmen anderer Entwürfe von Dr. Vogt, diente der kastenförmige mittlere Teil der Tragfläche als Kraftstoffbehälter. Die gesamte Haut der Tragfläche bestand aus 2 mm starkem Stahlblech. Im vorderen Drittel der Tragflächentiefe lief eine winklige Stahltrennwand von 5 mm Stärke, im hinteren Drittel eine glatte von 10 mm Stärke von einer Tragflächenspitze zur anderen. Der Raum zwischen den Trennwänden nahm den Kraftstoff auf. Dazu kam noch ein Rumpfbehälter von etwa 1,8 m Querschnitt.
Die Maschine hatte einfaches, aufgesetztes Seitenleitwerk und unausgeglichene Quer- und Höhenruder.
Das Triebwerk bestand aus vier BMW 801 E von je 1600 PS.
Das Fahrwerk war ein normales Heckradfahrwerk, bestehend aus vier einzelnen Federbeinen mit je einem Rad, die nach hinten oben in die Triebwerksgondeln eingezogen wurden.
Die Besatzung bestand aus vier oder fünf Mann.
Als Bewaffnung waren eine FDL 131 Z und eine MK 108 vorgesehen.
Ergänzend zu den bereits gemachten Ausführungen sind folgende Einzelheiten dieses Entwurfes bekannt geworden:

Abmessungen:	Spannweite	35,00 m
	Länge	17,00 m
	Tragflächentiefe	2,50 m
	Flächeninhalt	82,00 qm

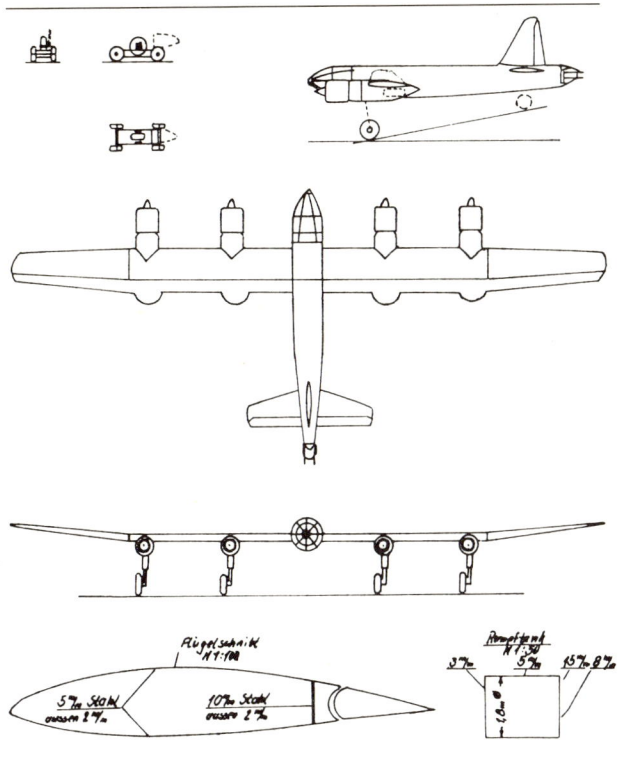

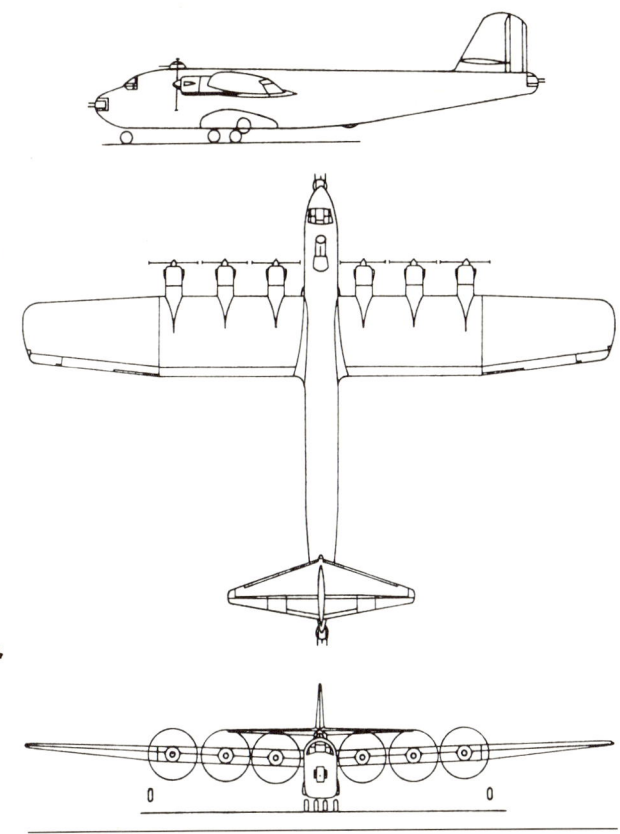

52. Blohm & Voß-Projekt P 184 mit Flügelquerschnitt △

53. Blohm & Voß-Projekt P 187.01-01 ▷

Gewicht:	Fluggewicht	39 235	kg
Errechnete			
Leistungen:	Höchstgeschwindigkeit	500	km/h
	Gipfelhöhe	8 840	m
	Reichweite	6 500	km

BV-Projekt P. 187.01-01

Es war beabsichtigt, diese Maschine nicht nur als Großraum-transporter, sondern auch als Langstrecken-Fernerkunder einzusetzen. Da die fehlende Fracht für Kraftstoffaufnahme ausgenutzt werden konnte, vergrößerte sich in diesem Fall die Reichweite von 7000 auf 9000 km. Die Bewaffnung änderte sich für diesen Einsatz wie folgt: 1 × FDL 131 Z auf Rumpfrücken, 1 × FDL 151/20 Z im Heck, 1 MG 131 Z im Rumpfbug und 4 einzelne MG 131 in den Rumpfseitenwän-den und im hinteren Teil des Rumpfbodens.

Abmessungen:	Spannweite	46,00 m
	Länge	34,30 m
	Höhe mit Fahrwerk	9,50 m
	Rumpfhöhe ohne Leitwerk	6,30 m

Beim Fahrwerk ist nachzutragen, daß die P. 187 je ein einziehbares Stützrad im Außenteil der Tragfläche hatte.

Blohm & Voß P. 188

Vierstrahliger Bomber mit kombinierten positiven und nega-tiven Pfeilflügeln. Das Flügelmittelstück war positiv gepfeilt und nahm die vier Luftstrahl-Turbinen Jumo 004 C mit 4 × 930 kp Schub auf. Die beiden Außenflügel besaßen negative Pfeilung. Vier Versionen wurden projektiert.
Von den vier Versionen dieses Bomber-Projekts wurden noch nachstehende Einzelheiten bekannt:

P. 188.01-01

Spannweite 27,0 m, Länge 17,45 m, Höhe 3,00 m.
Vier Einzeltriebwerke, einfaches leicht gepfeiltes Seitenleit-werk.
Keine Bordwaffen, Bombenlast 2 × SC 500.
Fahrwerk: Vier Lauräder, paarweise in den Rumpf vor und hinter Lastenraum einziebar. Je ein Stützrad auf jeder Seite der Flächenaußenteile.

P. 188.02-01

Spannweite 27,0 m, Länge 17,60 m, Höhe 3,45 m.
Vier Einzeltriebwerke, doppeltes Seitenleitwerk.
Bewaffnung: Heck FDL 151 Z, Periskopvisier PVE 11,

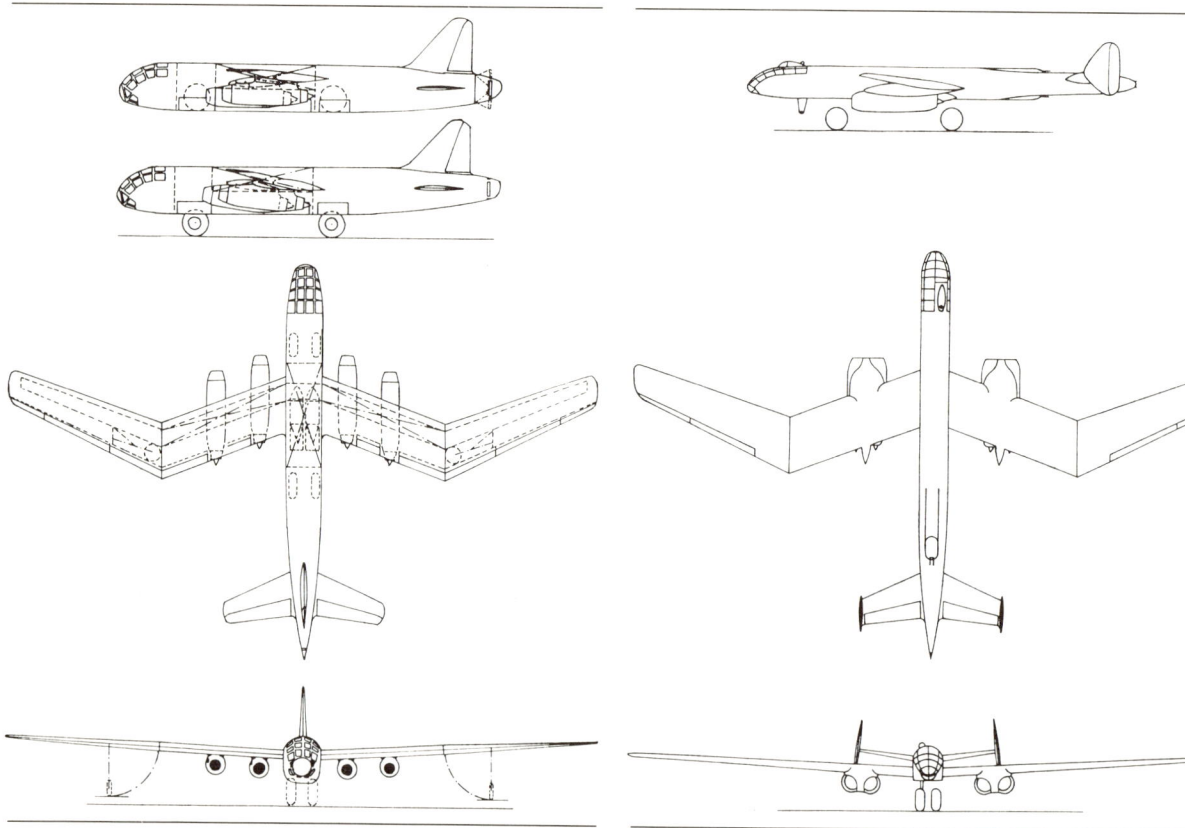

54. Blohm & Voß-Projekt P 188.01-01

55. Blohm & Voß-Projekt P 188.04-01

2 × MG 151 starr nach hinten feuernd im hinteren Rumpfunterteil.
Fahrwerk wie oben. Bombenlast unverändert.

P. 188.03-01
Abmessungen gegen 02-01 unverändert.
Triebwerke paarweise aufgehängt. Einfaches Seitenleitwerk.
Fahrwerk wie oben, keine Bordwaffen. Bombenlast wie oben.

P. 188.04-01
Spannweite unverändert, Länge 17,55 m. Rumpf bedeutend schlanker als Vorgänger. Triebwerke paarweise aufgehängt. Doppeltes Seitenleitwerk. Bombenlast zusätzlich 2 × SC 1000 zwischen Rumpf und Triebwerk unter Fläche aufgehängt.
Bewaffnung: je eine FDL 131 Z im hinteren Rumpfteil oben und unten. Je ein PVE 11 im Rumpfvorderteil oben und unten Fahrwerk wie oben.

Triebwerk: Jumo 004 C 4 × 1200 kp mit Nachbrenner
Leergewicht: 13 300—13 800 kg

Fluggewicht: 23 800—24 400 kg
Errechnete
Leistungen:

Höchstgeschw. in 0 m Höhe	790 km/h
„ in 10 km Höhe	820 km/h
Reisegeschw. in 0 m Höhe	725 km/h
„ in 10 km Höhe	705 km/h
Landegeschwindigkeit	172 km/h
Reichweite in 0 m Flughöhe	940 km
„ in 10 km Flughöhe	2 270 km
Gipfelhöhe	10 600—11 700 m

Blohm & Voß P. 192

Dies ist eines der ungewöhnlichsten Projekte Dr. Vogt's. Der Entwurf beinhaltete einen Sturzbomber bzw. ein Schlachtflugzeug mit Daimler-Benz DB 603 G-Triebwerk und einer Bewaffnung von vier starr nach vorn feuernden MG 151/20. Das Ungewöhnliche der Konstruktion lag darin, daß der gesamte Führerraum vom Rumpf getrennt an zwei Trägern vor der Flügelvorderkante angebracht war, die je ein MG 151/20 trugen. Die beiden restlichen waren im Bug eingebaut. Der Motor lag im Rumpf und trieb eine um den Rumpf umlaufende Luftschraube an, die hinter dem Führer-

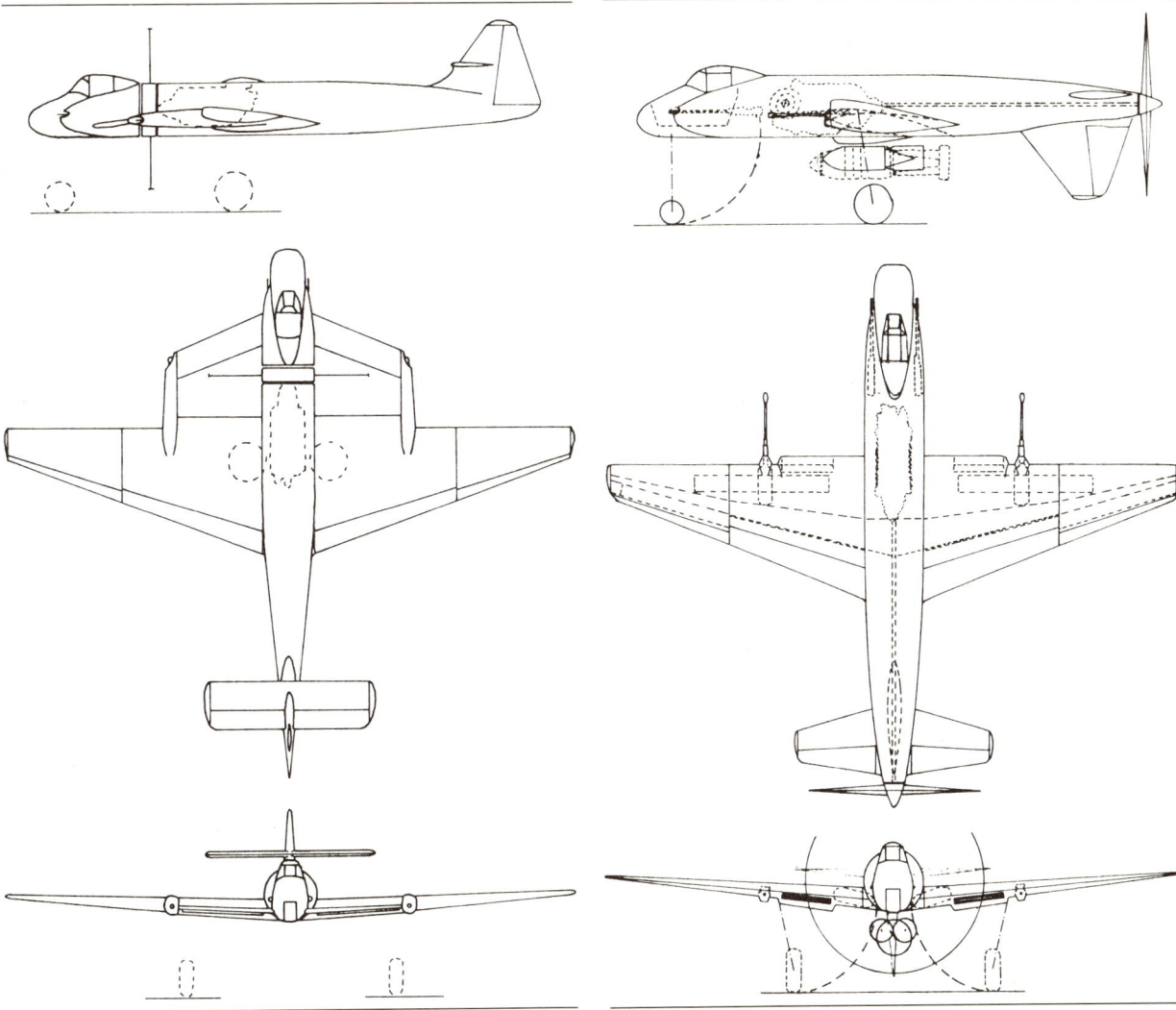

56. Blohm & Voß-Projekt P 192.01-01

57. Blohm & Voß-Projekt P 193.01-01

raum lag. Die Maschine hatte Bugradfahrwerk, dessen Haupträder in die Flügelwurzel eingezogen wurden. Bei einem Fluggewicht von 5868 kg konnte eine Bombenlast von 500 kg getragen werden. Die Spannweite der Maschine betrug 12,98 m.

BV-Projekt P. 193.01-01

Dieser Jagdbomber ist wahrscheinlich den gleichen Gedankengängen entsprungen, die zur Entwicklung der Dornier-Projekte P. 247, P. 252 und Focke-Wulf P. 0310251 führten. Er unterscheidet sich rein äußerlich von diesen hauptsächlich durch das nach unten verlegte Seitenleitwerk. Auffallend ist auch das weit nach vorn verlegte Triebwerk

mit der abnorm langen Schraubenwelle, die sicher zu konstruktiven Schwierigkeiten wegen der zu erwartenden Schwingungen geführt hätte. Als Triebwerk war der Jumo 213 A von 1750 PS vorgesehen. Die Maschine hatte ein Bugradfahrwerk. Die einsitzig geflogene Maschine war mit druckfester Kabine ausgerüstet. Die Bewaffnung bestand aus 2 × MK 103 und 2 × MG 151/20. Als Bombenlast kamen entweder 1 × 1000 kg oder 2 × 500 in Frage.

Abmessungen:	Spannweite	11,40	m
	Länge	10,30	m
Gewichte:	Fluggewicht	5 724	kg
Errechnete			
Leistungen:	Höchstgeschw.	520	km/h

131

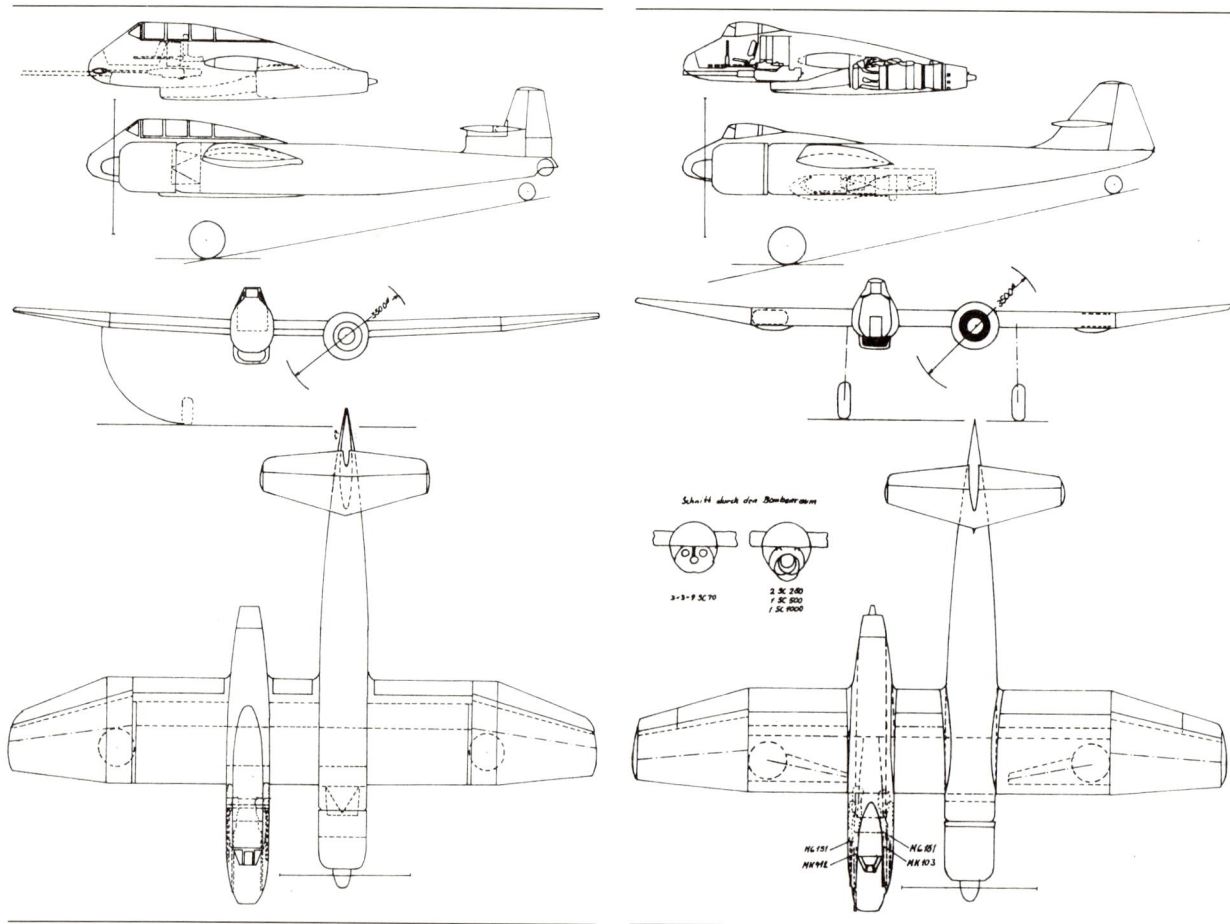

58. Blohm & Voß-Projekt P 194.00-101

58A. Blohm & Voß-Projekt P 194.01-02

BV-Projekt P. 194

Für diesen Entwurf waren mehrere Ausführungen vorgesehen, die sich nicht nur im konstruktiven Aufbau, sondern auch durch ihren Verwendungszweck unterschieden. Unabhängig von der konstruktiven Gestaltung sollte die P. 194 wahlweise als Schlachtflugzeug, Zerstörer, Stuka oder Aufklärer eingesetzt werden. Bei der Konstruktion selbst wurde auf möglichst hohen Anteil von Stahlbauteilen Wert gelegt, da B & V in der Bearbeitung, insbesondere der Verschweißung, besondere Erfahrung hatte. Das Verhältnis von Stahl zu Dural lag bei diesem Entwurf etwa bei 62 % zu 38 %. Der Motorrumpf, in Schalenbauweise hergestellt, sollte lediglich Bomben und Lichtbildgerät aufnehmen. Die Führerraumgondel war zweiteilig konstruiert. Der vordere Teil bildete die gepanzerte Kabine aus Stahl, der hintere eine Duralschale, die im unteren Teil das Strahltriebwerk trug. Die Tragfläche hatte den von Blohm & Voß bekannten Stahlkastenholm, der gleichzeitig Kraftstoffbehälter war, alle übrigen Bauteile

bestanden aus Dural. Das Fahrwerk war ein normales Heckradfahrwerk. Das Triebwerk bestand aus einem BMW 801 D von 1700 PS und einer Strahlturbine Jumo 004. Der gesamte Kraftstoffvorrat, der im Kastenholm des Flügels untergebracht war, betrug 2100 l. Die starre Bewaffnung bestand bei allen Ausführungen aus zwei MK 130 mit je 70 Schuß und zwei MG 151 mit je 250 Schuß. Als Bombenlast konnten im Rumpf wahlweise untergebracht werden: 9 × SC 70 oder 2 × SC 250 oder 1 × SC 500. In Sonderfällen konnte sogar eine SC 1000 geladen werden. Das Rüstgewicht betrug rund 6500 kg, das Fluggewicht maximal 9350 kg. Tragflächeninhalt 36,4 m². Die einzelnen Versionen unterschieden sich wie folgt:

P. 194.00-101
Flache Lufteintrittsöffnung für Turbine unter dem Rumpf in Höhe des Pilotensitzes. Spannweite 16,0 m, Länge 12,75 m.

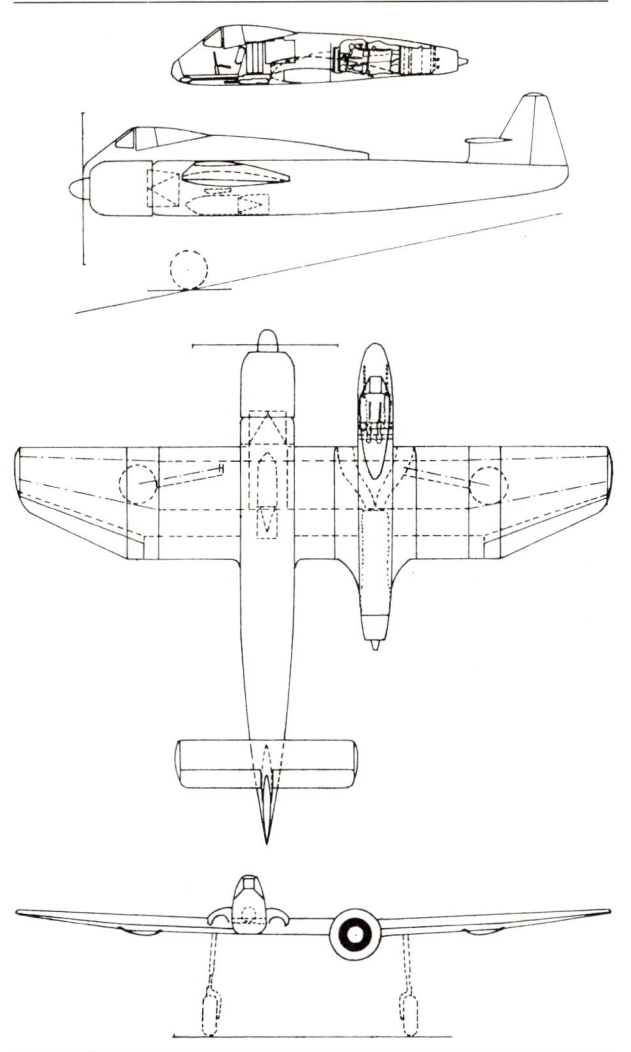

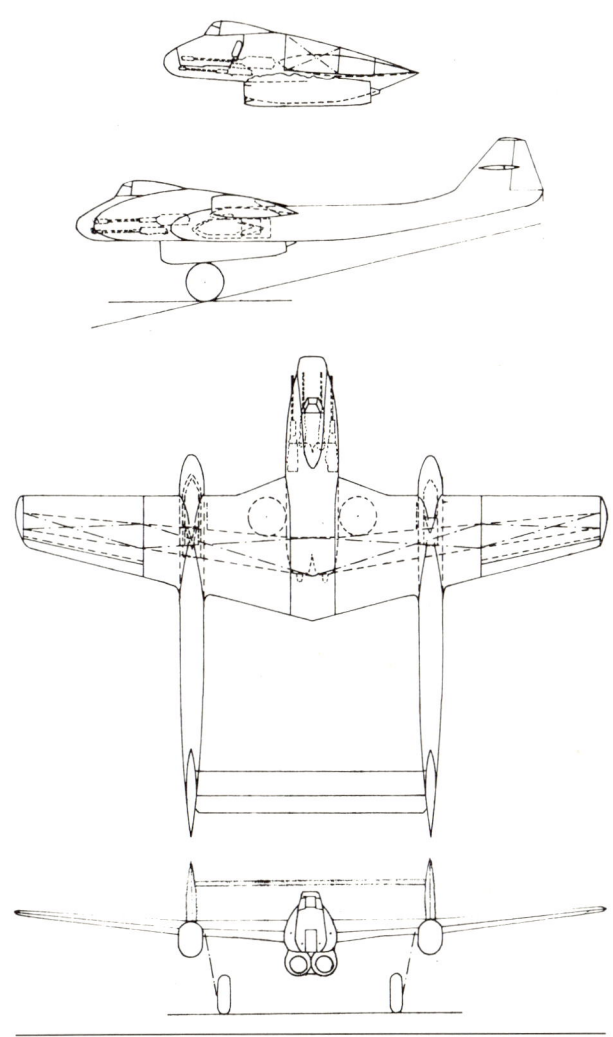

58 B. Blohm & Voß-Projekt P 194.03-01

59. Blohm & Voß-Projekt P 196.01-01

P. 194.01-02

Wie oben, jedoch 1 MK 103 durch MK 412 ersetzt. Spannweite 15,3 m, Länge 12,1 m, Höhe 3,7 m.

P. 194.02-01

Wie oben, jedoch Strahlturbine nicht im Heck der Führerraumgondel, sondern tiefer gelegt. Runde Lufteintrittsöffnung, Flächenvorderkante durch Fahrwerkskasten ausge-
baucht. Spannweite 15,3 m, Länge 11,8 m.

P. 194.03-01

Wie oben, jedoch Strahlturbine in Führerraumgondel eingebaut. Lufteintritt durch zwei Hutzen beiderseits des Führer-
raums auf der Tragflächenoberseite.

Abmessungen:	Spannweite	14,3 m	
	Länge	11,94 m	
	Höhe	3,92 m	
Errechnete	Höchstgeschw. in 0 m Höhe		640 km/h
Leistungen:	in 6900 m Höhe		775 km/h
	in 10900 m Höhe		600 km/h
	Gipfelhöhe		11100 m
	Landegeschwindigkeit		150 km/h
	Steigzeit auf 9000 m		15 min
	Reichweite		1070 km

BV-Projekt P. 196

Diese Maschine war für den Einsatz als schnelles Schlachtflugzeug vorgesehen. Die Leitwerksträger waren in dem mit

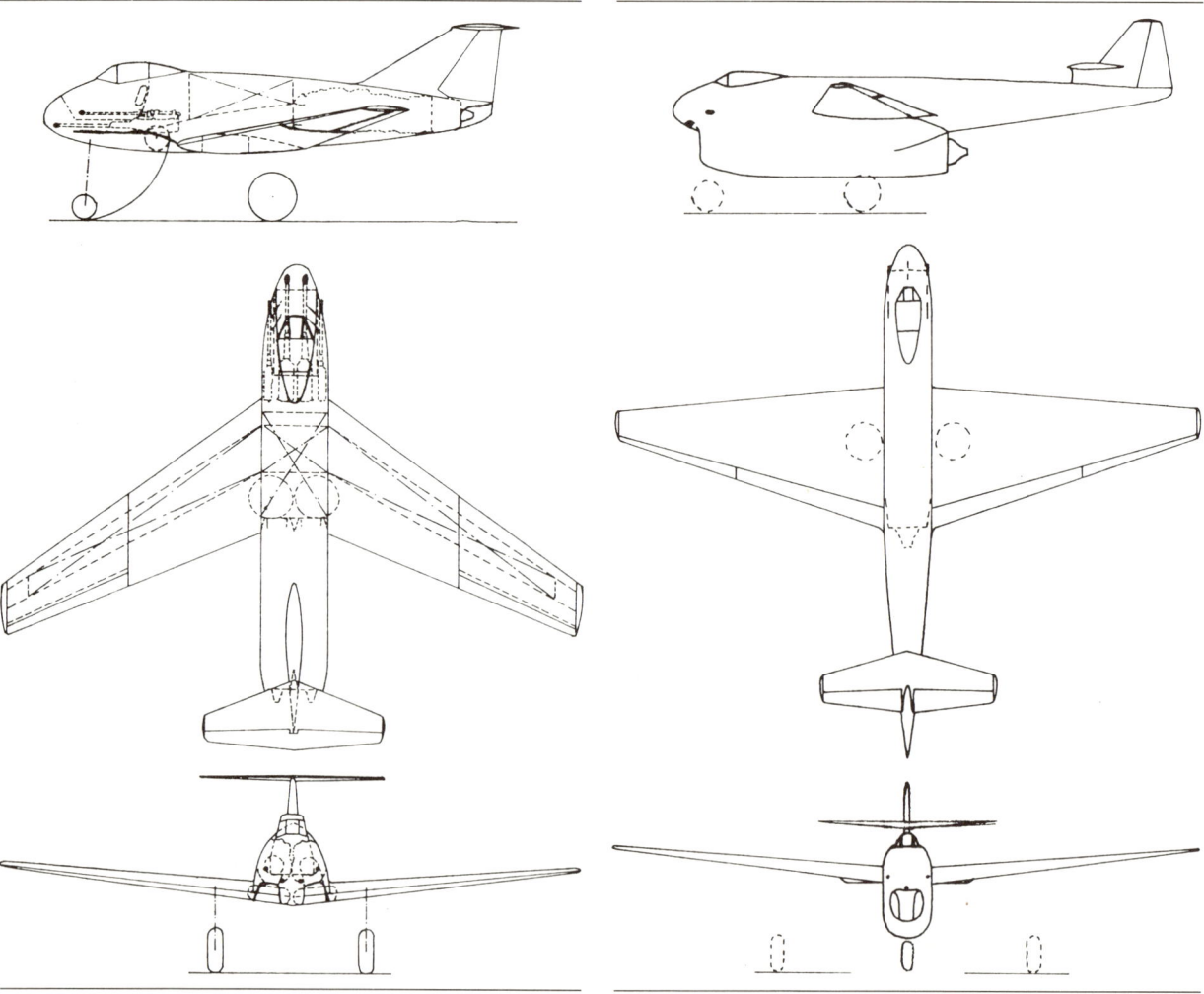

60. Blohm & Voß-Projekt P 197.01-01

61. Blohm & Voß-Projekt P 198.01-01

der Fläche verbundenen Teil als Bombenbehälter ausgebildet, die in der Lage waren, auf jeder Seite entweder eine SC 250 oder SC 500 zu tragen, mithin eine Gesamtbombenlast von maximal 1000 kg. Die einsitzig geflogene Maschine verfügte über eine Bewaffnung von zwei MK 103 und zwei MG 151/20. Sie hatte ein Heckrad-Fahrwerk, bei dem die Haupträder nach innen in die Tragfläche zwischen Rumpfgondel und Leitwerksträgern eingezogen wurden. Bei einem Fluggewicht von 9000 kg hatte die Maschine folgende Abmessungen: Spannweite 15,0 m, Länge 11,7 m, Höhe 3,25 m.

BV-Projekt P. 197

Das bei diesem Strahljäger erstmals angewandte Prinzip des Antriebsmittels zweier im Heck nebeneinander liegender

Strahlturbinen wurde nach dem Kriege erstmals von Frankreich bei der SE 2410 Grognard, später auch von russischen und amerikanischen Konstrukteuren aufgegriffen. Trotz nicht allzu großer äußerer Ähnlichkeit muß man bei näherer Prüfung die konstruktive Ähnlichkeit der P. 197 mit einem modernern Strahljäger wie z. B. der MiG 23 feststellen. Die P. 197 verfügte über eine Bewaffnung von zwei MK 103 und zwei MG 151/20. Das Triebwerk bestand aus zwei BMW 003 von je 800 kp Schub. Die Abmessungen waren: Spannweite 11,1 m, Länge 9,0 m und Höhe 3,64 m. Die Höchstgeschwindigkeit sollte bei 1000 km/h liegen.

BV-Projekt P. 198

Im Gegensatz zu dem sehr modern anmutenden Projekt P. 197 zeigt dieser Entwurf sehr konventionelle Linien. Der

Mitteldecker mit ziemlich spitz zulaufenden Trapezflügeln besaß ein Bugradfahrwerk, dessen Haupträder nach innen in die Tragfläche eingezogen wurden. Das Strahltriebwerk Jumo 004 von 890 kp war unter dem Rumpf aufgehängt und dann in die Rumpfverkleidung mit einbezogen. Die einsitzige Maschine verfügte über eine Bewaffnung von einem MK 103 und zwei MG 151/20. Für den Einsatz als Allwetter-Jäger war die Maschine mit Ortungsgerät in der Rumpfnase ausgerüstet. Die Spannweite der Maschine betrug 15,0 m, die Länge 12,8 m.

BV-Projekt P. 200

Obwohl dieser Entwurf aus dem Jahre 1941 stammt, handelt es sich um ein Flugschiff, das für den friedensmäßigen Transatlantik-Verkehr geplant war. Wenn man das wesentlich später entstandene achtmotorige Flugboot des Amerikaners Hughes mit diesem Projekt vergleicht, so kann man nicht umhin festzustellen, daß dieser amerikanische Luftriese sich ziemlich an das deutsche Projekt angelehnt hat. Die P. 200 sollte eine Triebwerksanlage von acht BMW-803-Motoren von je 4000 PS erhalten. 120 Passagiere sollten in zwei Kabinendecks untergebracht werden. Speisesaal, Bar, Tagesaufenthaltsräume, aber auch bequeme Unterbringungsmöglichkeiten für die Besatzung waren vorgesehen. Die Spannweite sollte 85,00 m, die Länge 70,40 und die Höhe 10,00 m betragen. Für die riesige Tragfläche war ein Flächeninhalt von 715 qm berechnet worden. Bei einem Rüstgewicht von 115 t sollte der Gigant 95 t Nutzlast tragen, so daß das Fluggewicht bei 210 t lag. Die Geschwindigkeit sollte bei etwa 400 km/h liegen. Es ist interessant festzustellen, daß nicht nur die Amerikaner, wahrscheinlich von diesem Entwurf, der in ihre Hände fiel, inspiriert wurden, die »Hercules« zu bauen. Es sei darauf hingewiesen, daß auch in England in der Saunders-Roe »Princess« die Ideen zu einem solchen riesigen Flugschiff aufgegriffen wurden. Leider sind Flugboote heute nicht mehr gefragt.

BV-Projekt P. 202

Im Verlauf des Krieges wurden bereits eingehende Untersuchungen über die Beeinflussung der Schnellflugeigenschaften durch gepfeilte Tragflügel angestellt, die eindeutig bewiesen, daß bei Pfeilflügeln die Kompressibilitätserscheinungen im schallnahen Bereich hinausgeschoben wurden. Gleichzeitig erbrachten diese Versuche aber die durch den Auftriebsabfall des Pfeilflügels hervorgerufenen schlechten Langsamflugeigenschaften, die Probleme bei Start und Landung auftürmten. Bei der P. 202 wurde versucht, sämtliche Nachteile des Pfeilflügels im Langsamflug durch einen um die Hochachse drehbaren Flügel zu beheben. Beim Start und bei der Landung lag der normale Trapezflügel, mit als

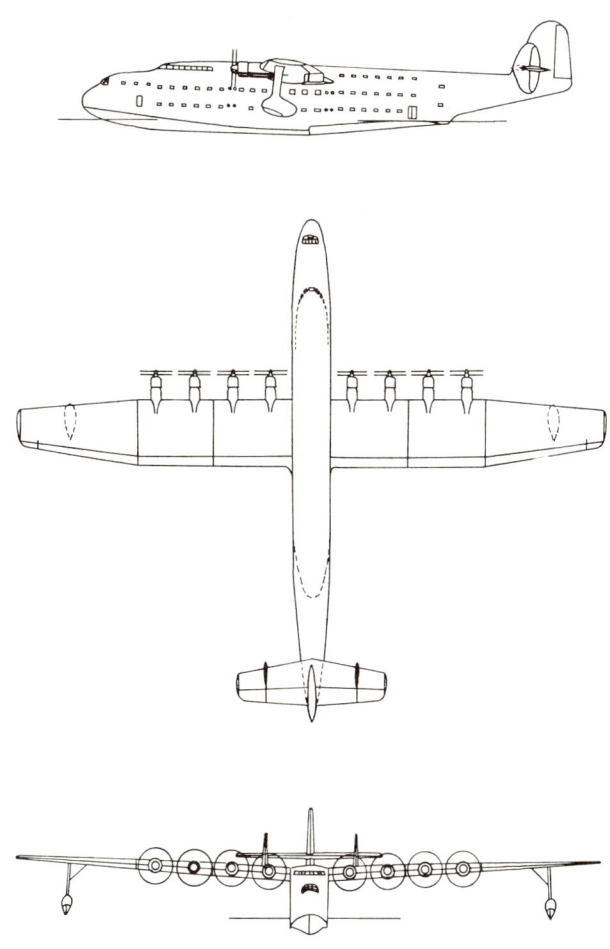

62. Blohm & Voß-Projekt P 200

Pfanne ausgebildetem Mittelstück, rechtwinklig zur Längsachse des Rumpfes, also in Normalstellung eines eingepfeilten Flügels, bei der sämtliche auftriebserhöhenden Mittel, wie Landeklappen und Vorflügel wirksam blieben. Beim Schnellflug sollte der Flügel um 35° gedreht werden, so daß die linke Fläche negative und die rechte Fläche positive Pfeilform aufwies. Der sonstige Aufbau des freitragenden Schulterdeckers war normal. Unter dem Rumpf waren nebeneinander zwei Jumo 004 Luftstrahl-Turbinen geschlungen, das Leitwerk war ungepfeilt. Die einsitzige Maschine sollte als Jagdflugzeug Verwendung finden. Bei Querstellung des Tragflügels betrug die Spannweite 11,98 m, bei Schrägstellung 10,00 m. Als Triebwerk waren zwei BMW 109-003 vorgesehen, als Bewaffnung eine MK 103 und zwei MG 151/20.

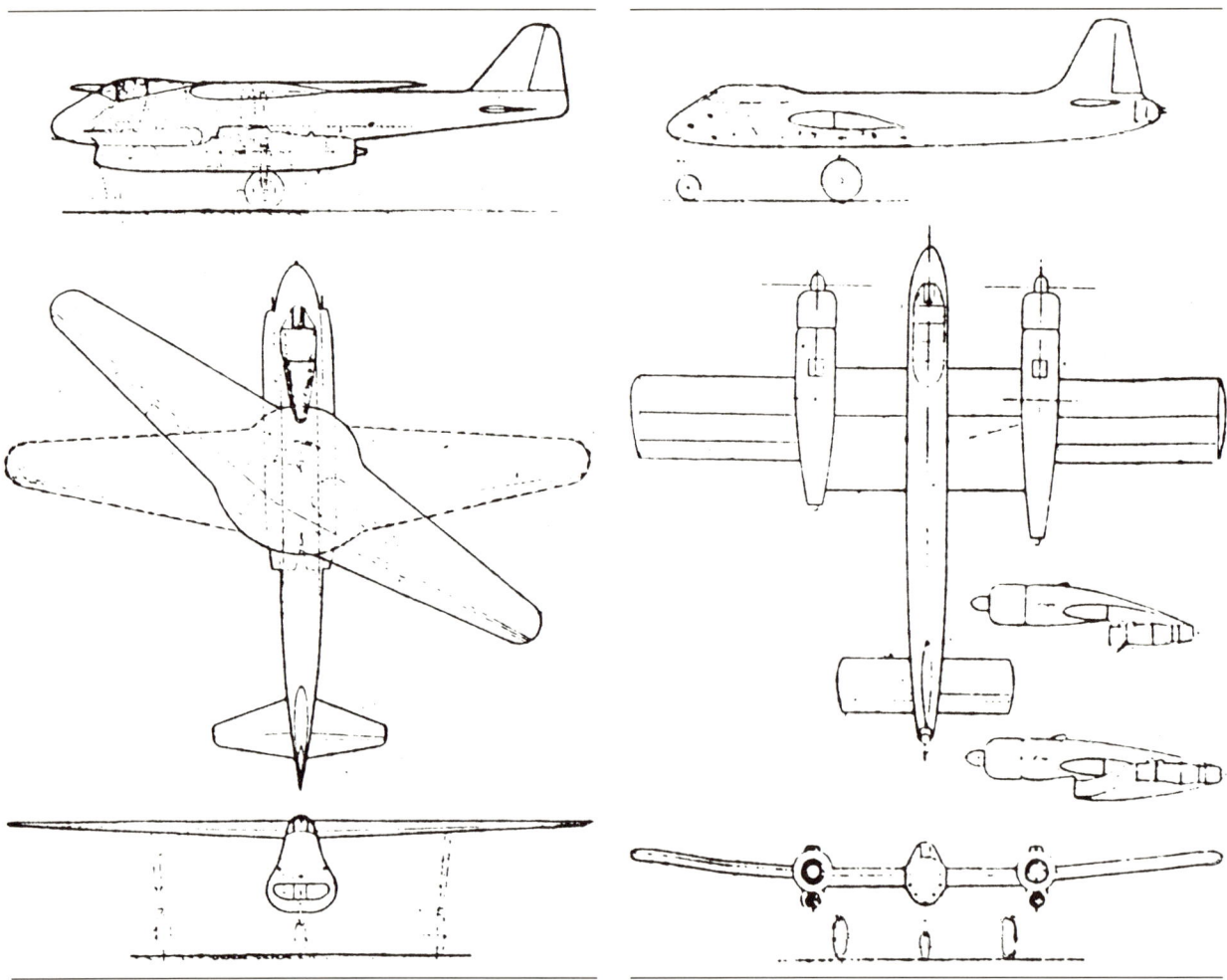

63. Blohm & Voß-Projekt P 202

64. Blohm & Voß-Projekt P 203

BV-Projekt P. 203

Die geradezu primitiv anmutende Konstruktion der Zelle dieses als Langstreckenflugzeug ausgelegten Aufklärers täuscht darüber hinweg, daß dieses Flugzeug durch seine Triebwerksanlage etwas revolutionierend Neues brachte. Daß der von Vogt beschrittene Weg richtig war, ist bewiesen durch die Tatsache, daß die US Navy die Idee aufgreifen ließ. Der von Glenn-Martin herausgebrachte P 4M-1 »Mercator« besaß bei völlig anderer Zelle im Prinzip die gleiche Triebwerksanlage von zwei Kolbenmotoren für Marschflug und zwei zusätzlichen Strahlturbinen als Kampfreserve. Trotz einer nur kleinen Stückzahl haben diese Maschinen noch während des Korea-Krieges ihre Kampfkraft unter Beweis gestellt.

Der Antrieb der P. 203 sollte aus 2 × 1600 PS BMW 801 D-Doppelsternmotoren mit VDM-Verstellschrauben und zwei

Heinkel He S 011-Strahlturbinen von je 1300 kp bestehen. Die Strahlturbinen befanden sich im hinteren Ende der Triebwerksgondel unter den Kolbenmotoren. Als Bewaffnung waren zwei starre MG 151/20 in der Rumpfnase und ein ferngesteuertes MG-Vierling im Heck vorgesehen.

BV-Projekt P. 204

Dieses Muster war ein aus der P. 178 abgeleiteter unsymmetrischer Jagdbomber-Entwurf. Er besaß wie dieser auf der rechten Flügelseite eine Luftstrahl-Turbine (Heinkel He S 011 mit 1 × 1300 kp Schub), jedoch in der Spitze des links liegenden Rumpfes mit dem Pilotensitz zusätzlich einen BMW 801-Motor mit 1 × 1600 PS.

Als Bewaffnung waren zwei MG 151/20 im Flügel außerhalb des Propellerkreises vorgesehen. Zusätzlich zwei weitere MG 151/20 über dem Motor. Die Bombenlast wurde im Rumpf

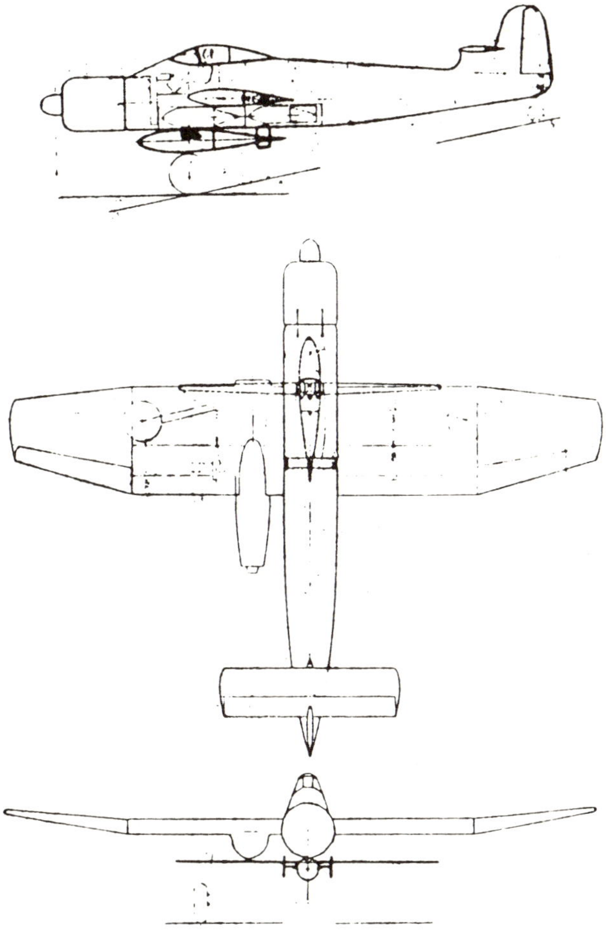

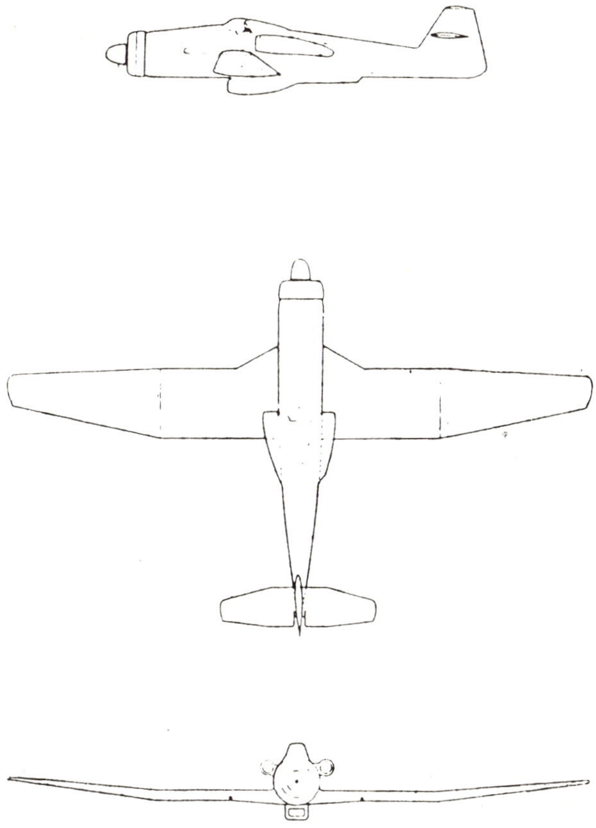

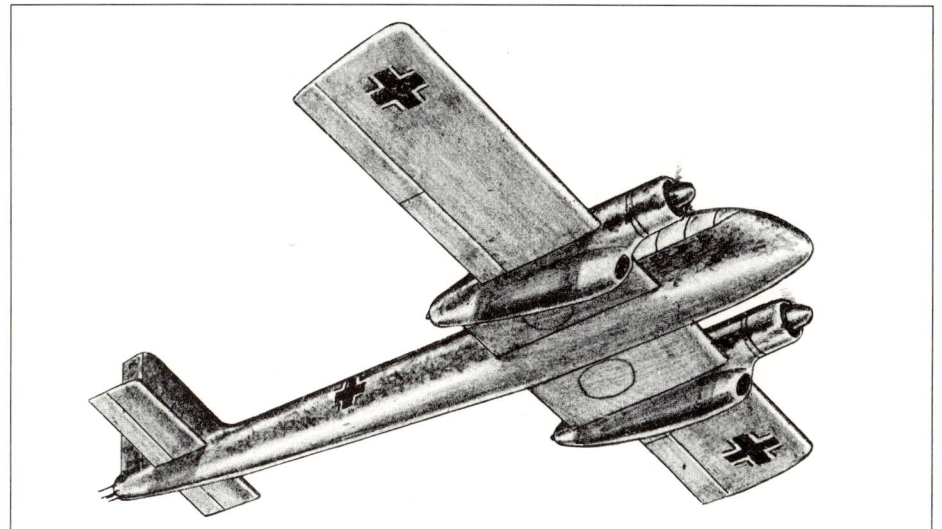

65. Blohm & Voß-Projekt
P 204 △

66. Blohm & Voß-Projekt
P 205 ▷△

80. Schaubild Blohm & Voß-
Projekt P 203

137

untergebracht. P. 204 war außerdem als Träger für die Gleitbombe BV 246 vorgesehen. Die Maschine hatte eine Spannweite von 14,33 m und ein Fluggewicht von 8 695 kg. Die Höchstgeschwindigkeit (mit MW 50) betrug in 0 m 648 km/h, in 7 000 m Höhe 752 km/h. Nur mit BMW 801 D konnten 512 bzw. 573 km/h erreicht werden. Die Gipfelhöhe lag bei 9 540 m, die Landegeschwindigkeit bei 145 km/h.

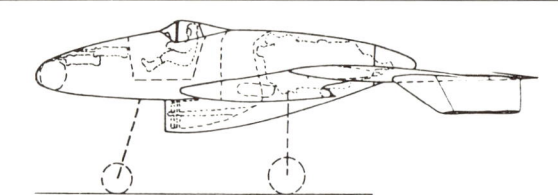

BV-Projekt P. 205

Dieses Projekt war der Vorentwurf für den Höhenjäger BV 155. Als Bewaffnung waren eine MK 108 und zwei MG 151/20 vorgesehen.

BV-Projekt P. 207

Ein Jagdflugzeug-Entwurf, inspiriert durch die P. 193, war die P. 207 mit einem Jumo 213 mit 1 × 1800 PS innerhalb des Rumpfes im Schwerpunkt und einer Heck-Luftschraube. Für den einsitzigen Tiefdecker war im Entwurf *P. 207/02* ein Kreuzleitwerk mit rechteckigen Flächen, ein normaler Führersitz und ein Lufteinlauf unterhalb des Rumpfbugs vorgesehen. Im Entwurf *P. 207/03* blieb das Seitenleitwerk auf eine senkrecht nach unten stehende Fläche beschränkt, die Führersitzabdeckung wurde auf den Rumpfrücken aufgesetzt und der Lufteinlauf lag hinter der Tragflächenhinterkante an der Rumpfunterseite. Die Bewaffnung sollte aus 4 × 30 mm MK 108 starr im Rumpfbug bestehen.

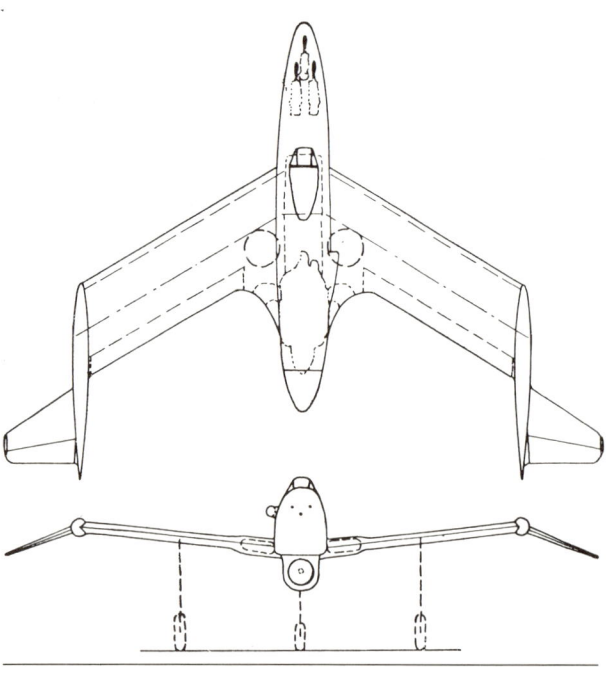

67. Blohm & Voß-Projekt P 208.03

BV-Projekt P. 208

Mit dem durch einen Kolbenmotor angetriebenen Jagdeinsitzer P. 208 wurde die Entwicklung einer Reihe schwanzloser Muster eingeleitet, deren Ziel die Erreichung einer

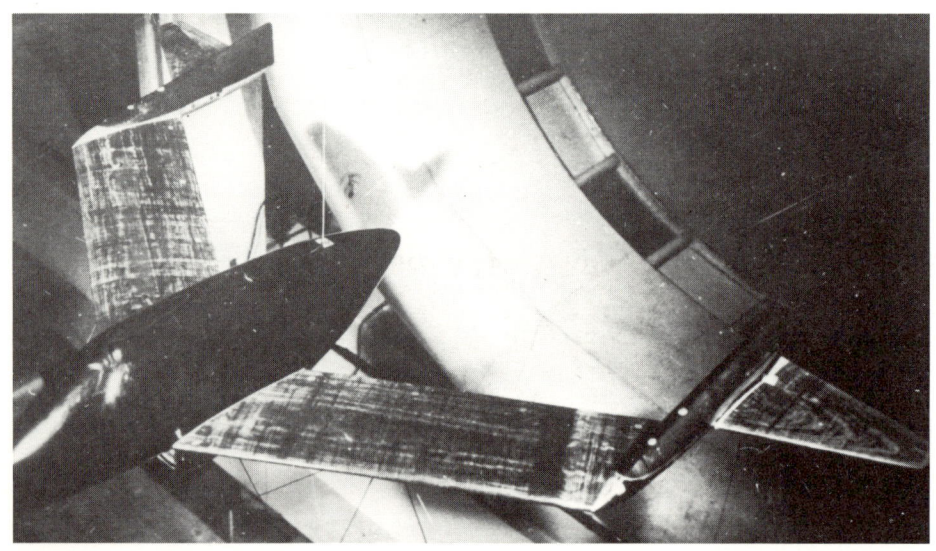

81. Modell Blohm & Voß-Projekt P 208 im Windkanal

138

kleinen luftumspülten Oberfläche war. Bei der P. 208 mit Luftschraubenantrieb spielte die Unterbringung des Motors im Heck mit einer Druck-Luftschraube ohne Wellenverlängerung noch eine weitere wesentliche Rolle. Der Entwurf P. 208/03 wurde vollkommen durchgearbeitet und hätte auch Aussicht auf eine Fertigung gehabt, wenn nicht zu diesem Zeitpunkt sämtliche Kolbenmotor-Jäger zugunsten von Strahljägern fallengelassen worden wären. Der freitragende Flügel der P. 208 war gepfeilt (30°) und besaß im Mittelstück konstante Tiefe. Kleine, nach unten gebogene Flügelaußenteile hingen an kleinen Gondeln hinter der Hinterkante des Mittelflügels. Sie wirkten kombiniert als Höhen- und Seitenruder. Um die Wirksamkeit dieser Steuerung zu erproben, wurde im Auftrag von Blohm & Voß das von Skoda-Kauba erstellte Versuchsflugzeug V-6 entsprechend geändert und flog unter der Bezeichnung SK SL-6 zufriedenstellend.

Typ: Einmotoriger Jagdeinsitzer.
Flügel: Freitragender Tiefdecker. Flügelmittelstück gepfeilt und von konstanter Tiefe. Vorderteil bis etwa 50 % der Tiefe durch einen geschweißten Stahlkasten gebildet, der durch eingeschweißte Längsstege verstärkt ist. Nasenteil als Enteisungskante mit den Auspuffgasen durchspült. Hauptteil als Kraftstoffbehälter ausgebildet. Hinterteil mit geteilten Klappen versehen, kombiniert als Querruder und Landeklappen wirkend. Kleine, abwärtsgebogene Flügelaußenteile für die Höhen- und Seitensteuerung. Flügelhinter- und -außenteile aus Dural.
Rumpf: Duralschale, um eine geschweißte Druckkabine aufgebaut.
Fahrwerk: Einziehbares Dreiradfahrwerk. Haupträder unter dem Mittelflügel, nach innen in Verdickungen der Flügelwurzel einfahrbar. Bugrad nach vorne in den Rumpfbug einziehbar.
Triebwerk: Ein Daimler-Benz DB 603 L flüssigkeitsgekühlter Zwölfzylinder-Λ-Motor mit 1 × 2100 PS Startleistung.
Besatzung: 1 Pilot in Druckkabine.
Militärische Ausrüstung: 3 × 30 mm MK 108 starr im Rumpfbug.

BV-Projekt P. 209

Der einsitzige Strahljäger P. 209 wurde in seiner Endauslegung *P. 209/02* als freitragender Schulterdecker mit stark negativ gepfeilten Flächen entworfen. Er war für eine Heinkel He S 011-Luftstrahl-Turbine mit 1 × 1300 kp Schub entworfen und sollte höchstmögliche Geschwindigkeiten erreichen. Der Flügel bestand durchweg aus Stahl mit einem 980 Liter fassenden Holm. Tragendes Element der Rumpfkonstruktion war ein Stahlrohr, welches gleichzeitig den Lufteinlauf für das Triebwerk darstellte. Das Rumpfhinterteil wurde durch ein zweites Stahlrohr gebildet, das auch zur Kraftstoffaufnahme herangezogen werden sollte. Das Leitwerk war normal und positiv gepfeilt. Die beiden Flächen des Höhenleitwerks besaßen negative V-Form. Als Bewaffnung waren drei MK 108 mit 3 × 30 mm rund um den Lufteinlauf im Bug gruppiert. Einziehbares Dreiradfahrgestell.

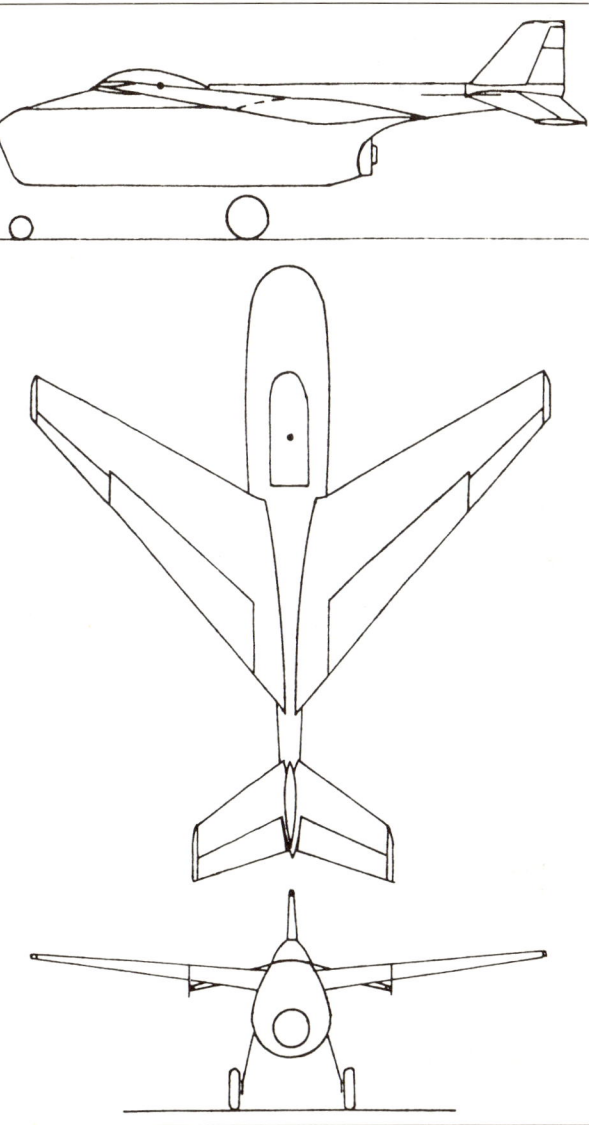

68. Blohm & Voß-Projekt P 209

BV-Projekt P. 210

Grundlegende Idee aller Entwürfe von Dr. Vogt war die Verwendung von Rohrholmen als tragendes Element der Flächenkonstruktion. Bei dem vorliegenden Entwurf wurde nun im Gegensatz dazu der Rohrholm als tragendes Element des Rumpfes verwendet. Tatsächlich ist der gesamte Rumpf um einen solchen, allerdings zweimal geknickten Rohrholm herumgebaut. Das Rohr beginnt als Lufteintritt für die Strahlturbine He S 011, läuft unter dem Pilotensitz hindurch, läuft nun nach oben geknickt weiter und bildet kurz

139

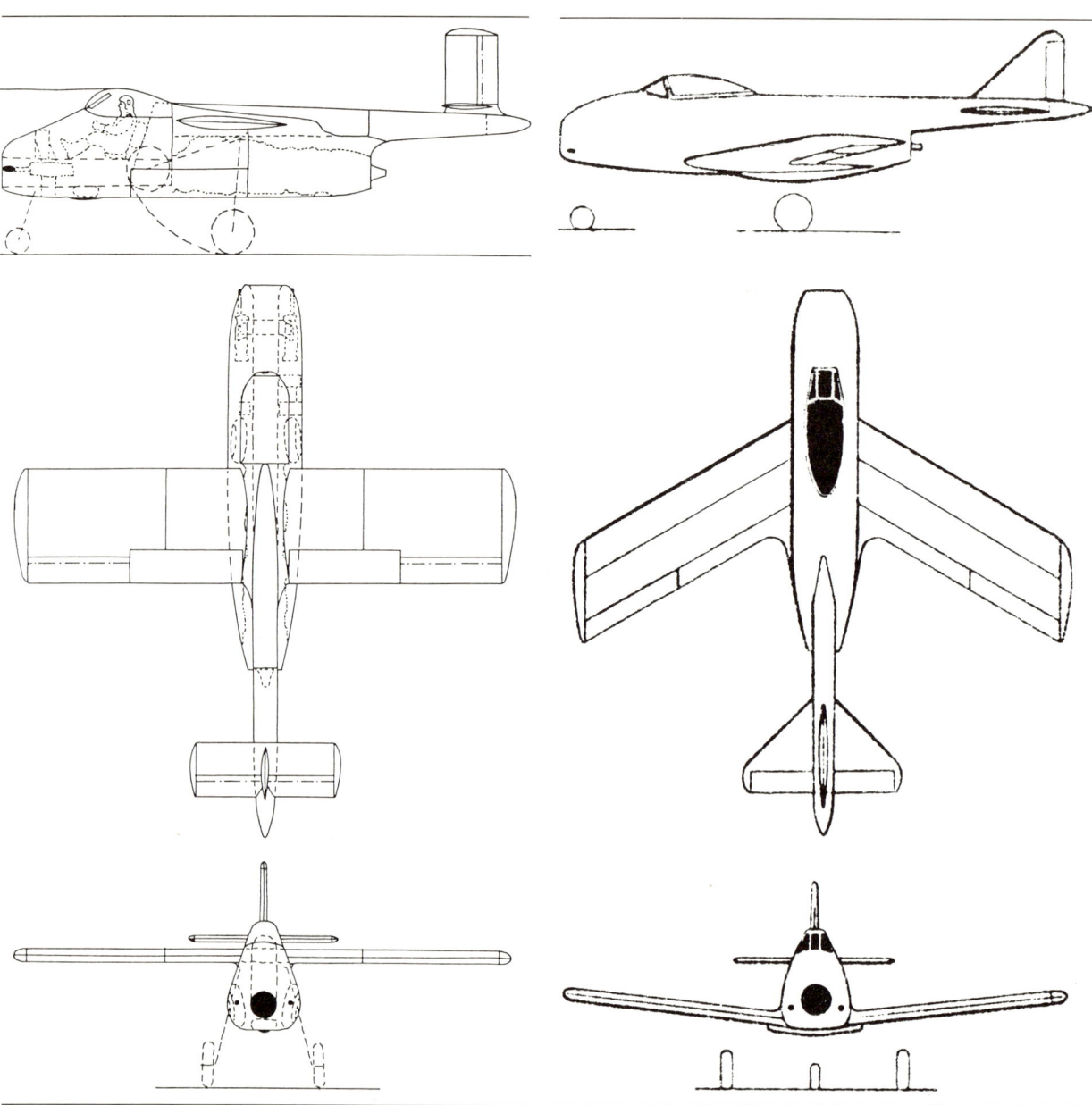

69. Blohm & Voß-Projekt 210

70. Blohm & Voß-Projekt P 211

danach, noch einmal in die parallele Anfangsrichtung geknickt, nun den Leitwerksträger. Das Triebwerk liegt direkt unter dem zweiten Knick. Dieser Rohrträger wurde 1944 versuchsweise hergestellt. Die Stabilitätsversuche damit verliefen erfolgreich. Spannweite 7,80 m, Länge 8,06 m, Höhe 3,30 m.

BV-Projekt P. 211

Dieser einsitzige Strahljäger entstand für die Ausschreibung eines »Volksjägers«, aus der die Heinkel He 162 als Sieger hervorging. Die P. 211 war ein konventioneller Tiefdecker mit einer unter dem Rumpf geschlungenen BMW 003-Strahlturbine mit 1×800 kp Schub. Der Entwurf wurde

140

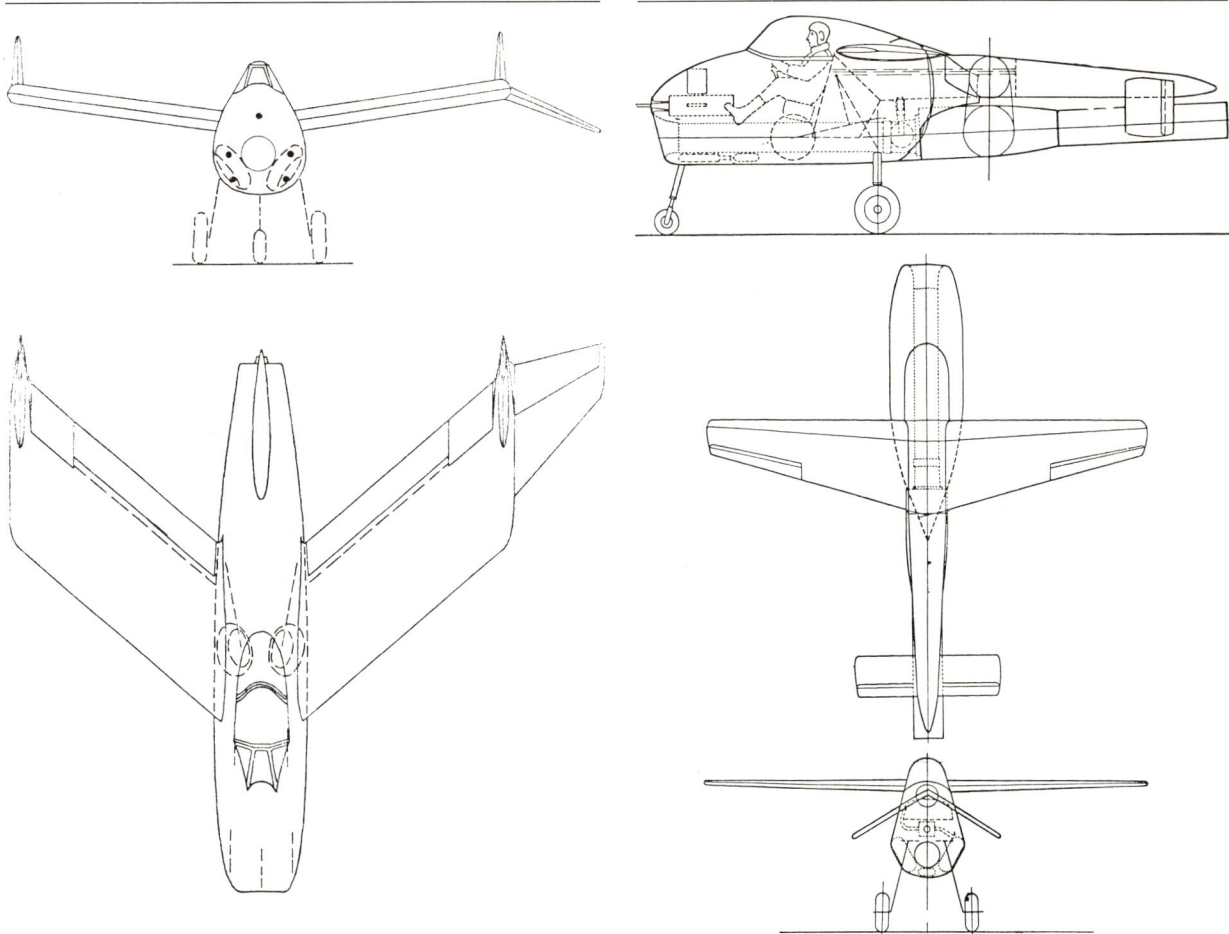

71. Blohm & Voß-Projekt P 212

72. Blohm & Voß-Projekt P 213

speziell für den Großserienbau entworfen und sollte vorwiegend aus nicht rationiertem Material bestehen. Als Hauptbaustoffe waren Stahl und Holz vorgesehen. Die einzelne Verteilung der Materialsorten gliederte sich wie folgt: Stahl 58 %, Holz 23 %, Dural 13 % und verschiedene Materialien 6 %. Trageelement des Rumpfes wurde ein geschweißtes Stahlrohr, welches gleichzeitig den Lufteinlauf für die Turbine stellte. Der gepfeilte Flügel besaß über die ganze Spannweite gleiche Tiefe. Er bestand aus einem geschweißten Stahlkastenholm, der zur Kraftstoffaufnahme herangezogen wurde. Rechte und linke Querruder und Landeklappen waren untereinander austauschbar vorgesehen. Einziehbares Dreiradfahrgestell.

BV-Projekt P. 212

Dieser Entwurf eines strahlgetriebenen Jagdeinsitzers für den Tageinsatz ging auf eine Ausschreibung des RLM

hervor, deren Konstruktionsvergleichswettbewerb zugunsten der Junkers EF 128 entschieden wurde. Nähere Einzelheiten über diese Ausschreibung sind unter dem Abschnitt der Messerschmitt Me P. 1101 zu finden. Im Aufbau entsprach die P. 212 der vorher beschriebenen P. 208, besaß jedoch an Stelle des Kolbentriebwerkes eine Strahlturbine Heinkel He S 011 mit 1×1300 kp Schub. 3×30 mm MK 108 sollten im Bug um den Lufteinlauf herum gruppiert werden.

BV-Projekt P. 213

Die P. 213 war der Entwurf für einen Miniatur-Jagdeinsitzer, angetrieben durch ein Schmidt-Argus As 014-Pulso-Strahlrohr. Der Trapezflügel aus Holz besaß eine extrem kleine Spannweite, gerade Vorder- und negativ gepfeilte Hinterkante. Er war in Schulterdeckeranordnung auf den Rumpf gelegt. Der Rumpf war vorne als Gondel ausgebildet und lief hinten in eine konische Röhre aus, an der als Leitwerk zwei Flächen mit 30° negativer V-Form befestigt waren. Diese Flächen übernahmen, über ein Differential gesteuert, die Funktion eines Höhen- und Seitenruders. Das Schmidt-Argus-Rohr lag im unteren Teil des Rumpfes und war, unterhalb des Leitwerkträgers liegend, bis zum Rumpfende durchgezogen. Die Bewaffnung sollte aus 1×20 mm MG 151/20 bestehen, die in der Rumpfnase über dem Lufteinlauf angeordnet war.

BV-Projekt P. 214

Offiziell als »Bemannte Fla.-Bombe« bezeichnet, war dies ein Flugzeug, das durch einen Flugzeugführer gesteuert, eine starke Sprengladung an den feindlichen Bomberverband heranbringen sollte. In genügender Nähe des Verbandes sollte der Pilot abspringen und die nunmehr unbemannte Maschine mit ihrer Sprengladung durch Zeitzündung zur Explosion bringen. Da das Abspringen im Anflug zwar theoretisch möglich, aber praktisch wahrscheinlich ausgeschlossen war, konnte man dies als eine »Selbstmordbombe« bezeichnen.

Die Arbeiten an diesem Projekt wurden im Sommer bis Herbst 1944 durchgeführt, anscheinend aber dann doch fallengelassen. Das sehr einfach gebaute Flugzeug hatte eine Länge von 7,25 m und eine Spannweite von 7,00 m. Der Flächeninhalt betrug 10 m².

Das Flugzeug, das ein Abfluggewicht von 3600 kg hatte, sollte am Boden beschleunigt werden, bis es eine Steiggeschwindigkeit von 700 bis 800 km/h erreicht hatte, und dann unter einem Winkel von 45° aufsteigen. Der Schub für die Beschleunigung am Boden sollte gleich dem Anfangsschub beim Steigen sein.

BV-Projekt P. 215

Mit diesem dreisitzigen Nachtjägerentwurf gewann Blohm & Voß eine Ausschreibung für einen Nachtjäger mit zwei Strahltriebwerken. Drei Wochen vor dem Zusammenbruch wurde noch ein Bauauftrag auf dieses Muster vergeben. Das Muster lehnt sich im Aufbau stark an die P. 212 an, war also ein schwanzloser Entwurf. Der Lufteinlauf für die beiden im Heck nebeneinanderliegenden He S 011-Triebwerke befand sich in der Nase. Oberhalb des Einlaufes befand sich eine Radarantenne, darunter eine Antenne zum Empfang feindlicher Radar-Ausstrahlungen. Für die Bauausführung wurde vorwiegend Stahl eingeplant.

Typ: Nachtjäger mit zwei Strahlturbinen.
Flügel: Freitragender Mitteldecker. Flügelmittelstück gepfeilt und von konstanter Tiefe. Flügelhauptelement ein aus Stahlblech geschweißter verdrehsteifer Kasten, durch den Rumpf durchlaufend. Anschlußteile der Flügelnase und -hinterkante aus Dural. Als Holm verwendeter Kasten als Kraftstoffbehälter herangezogen. Hinterteil des Flügelmittelstücks vollkommen als Klappe ausgebildet, außen als Querruder, innen als Landeklappe dienend. Kleine,

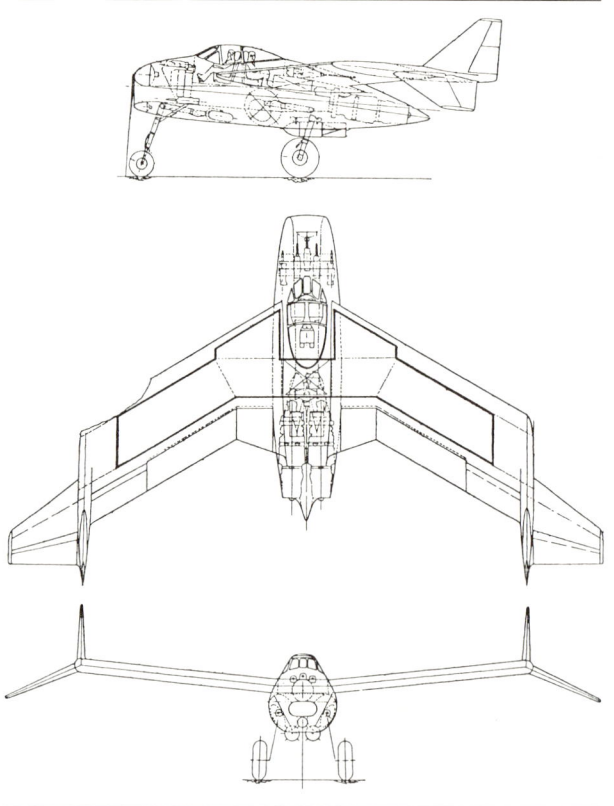

73. Blohm & Voß-Projekt P 215

abwärts gebogene Flügelaußenteile für die Höhen- und Seitensteuerung.
Rumpf: Schalenbauweise aus Metall. Haupttrageelement die aus geschweißten Stahlblechen bestehende Lufteinlaufröhre.
Fahrwerk: Einziehbares Dreiradfahrgestell. Haupträder seitlich, Bugrad nach hinten (Rad um 90° gedreht) in den Rumpf einfahrbar.
Triebwerk: Zwei Heinkel He S 011-Luftstrahl-Turbinen mit 2×1300 kp Schub.
Besatzung: 3 Mann in Druckkabine mit aufgesetzter Vollsichthaube.
Militärische Ausrüstung: Normalbewaffnung aus 5×20 mm MK 108 in der Rumpfnase bestehend. Weitere Bewaffnungsvorschläge: 2×50 mm MK 112; 4×30 mm MG 213/30 oder 56 R 4 M-Raketen in acht Magazinen rund um den Lufteinlauf. 2×500 kg Bomben konnten halbversenkbar unter dem Rumpf mitgenommen werden.

BV-Projekt Ae. 607

Dieser Nurflügeljäger ist nur eine Studie, die nicht in die Projektliste aufgenommen wurde. Die Größe des vorgesehenen Triebwerks, einer Strahlturbine He S 011 von 1290 kp Standschub, machte eine seitliche Verlagerung des Führer-

142

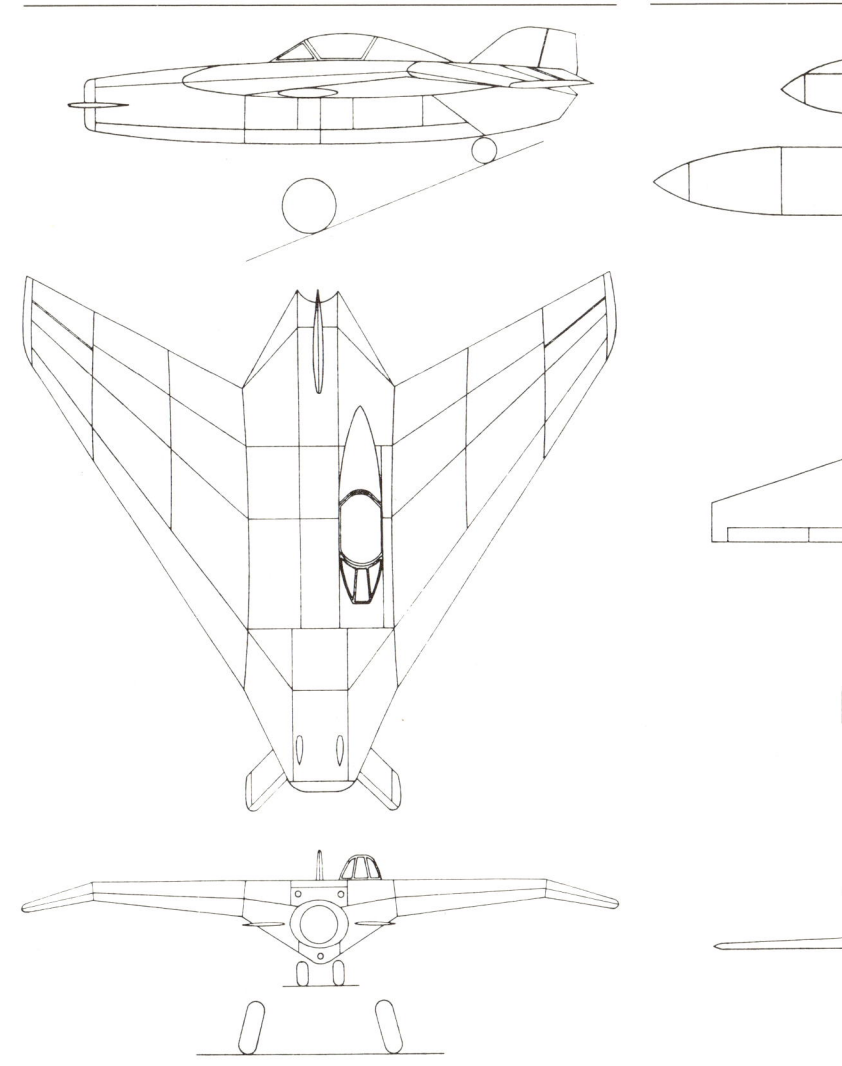

74. Blohm & Voß-Projekt Ae 607

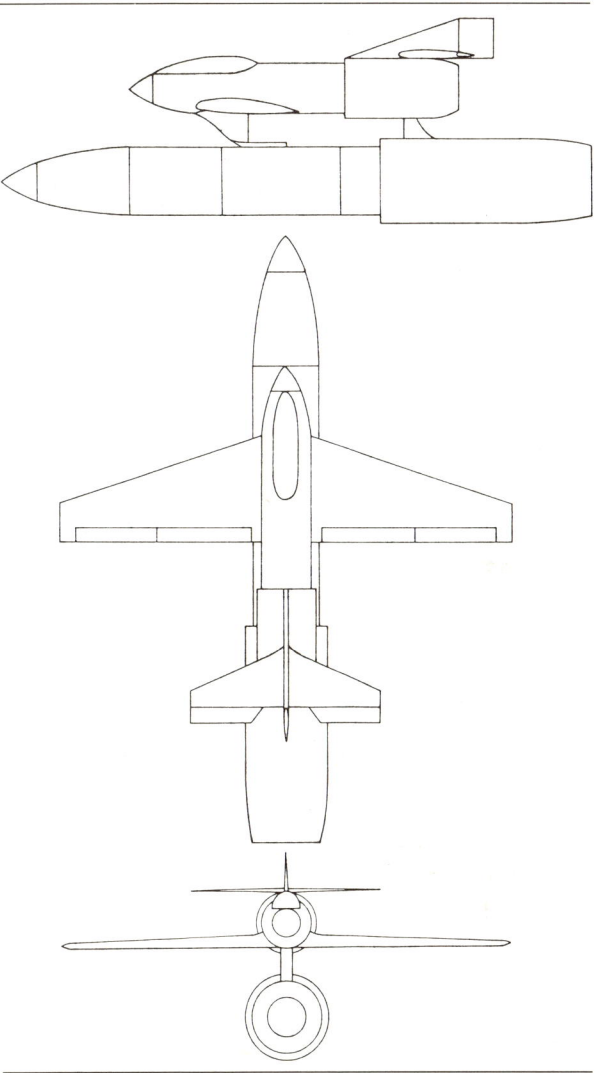

75. Ansicht eines von Blohm & Voß projektierten manuell gesteuerten Raketen-Projektils

sitzes notwendig. Die Maschine hatte ein Heckradfahrwerk. Die Haupträder wurden mit Drehpunkt im Rumpf-Tragflächen-Übergang nach außen in die Fläche eingezogen. Die Heck-Zwillingsräder, die die Hauptlast der im Heck liegenden Strahlturbine tragen mußten, wurden ebenfalls nach außen in den Rumpf-Tragflächen-Übergang eingezogen. Als Bewaffnung waren drei MK 108 vorgesehen.

Abmessungen:	Spannweite	8,00 m
	Länge	7,10 m
	Höhe in Landestellung	2,60 m
	Flächeninhalt	26,00 qm
	Flügelpfeilung	45°

BV-Manuell gesteuertes Raketen-Projektil

Dieses Gerät war zum Einsatz gegen Punktziele vorgesehen, die außerhalb der Reichweite der Fernkampfartillerie lagen. Es sollte aus einer Flüssigkeitsrakete oder einer Werferrakete mit Sprengladung und einem abklinkbaren Leitflugzeug großer Festigkeit, das den Piloten und die Führungsinstrumente trug, bestehen. Nach Projektilstart in Senkrechtanstieg mit etwa 2 g Beschleunigung sollte das Projektil dann Überschallgeschwindigkeit erreichen. Die Wurfbahn sollte nachsteuerbar sein, was durch den Piloten aufgrund der von der Startstelle per Funk durchgegebenen Kursberichtigungen vorgenommen werden sollte. Nach Anvisieren des in Sicht gekommenen Zieles sollte der Pilot des Leitflugzeuges ausklinken und in etwa 1000—500 m Höhe abfangen. Man rechnete aus, daß der Pilot hierbei eine Beschleunigung von etwa 20 g auszuhalten hätte, was man aufgrund seiner liegenden Stellung für möglich hielt. Die Landung des Leitflugzeugs sollte auf Kufen erfolgen. Für das Gerät hatte man eine Reichweite von 300 km errechnet. Der Lorin-Antrieb sollte einen Rückflug nach dem Abfangen mit Überschallgeschwindigkeit in der Stratosphäre ermöglichen. Das ganze Gerät sollte von einer Do 217 bis auf eine Entfernung von etwa 300 km an das Ziel herangetragen oder geschleppt werden.

Dieser Entwurf stammt aus dem Herbst des Jahres 1944!

Abmessungen:	Spannweite	6 m
	Länge	8 m
	Flächeninhalt	6 qm
Gewichte:	Projektil	1 200 kg
	Leitflugzeug	500 kg
	Kraftstoff	2 300 kg
	Startgewicht	4 000 kg
Leistungen:	Marschgeschwindigkeit	720 km/h
	Reichweite mit Trägerflugzeug	1 000 km

BMW
Bayerische Motoren-Werke GmbH, München

Die 1917 gegründeten BMW-Werke, die sich durch eine Reihe von Kolbentriebwerken und durch frühe Entwicklungen von Strahlturbinen, von denen die BMW 109-003 noch in einige Kriegsmuster eingebaut wurde, einen Namen gemacht hatten, begannen 1943 mit der Entwicklung der Strahlturbine BMW 109-018 mit 3450 kp Schubleistung und einer Propellerturbine BMW 028 von 3100 PS Wellenvergleichsleistung. Diese Triebwerke sollten 1947/48 einbaureif werden. Da in den Flugzeugwerken keine Konstruktionskapazitäten mehr frei waren, erhielt die Abteilung EZS bei BMW den Auftrag, eigene Entwürfe zu erstellen und ihre Entwicklungsmöglichkeit zu untersuchen. Die Abteilung »Entwicklungsstudien« unter Dipl.-Ing. Huber hat dann neben Bomberentwürfen auch einige strahlgetriebene Jäger entworfen und durchgerechnet. Aufgabe war, kurzfristig lieferbare Maschinen zu entwickeln, die trotz beschränkter Triebwerksfertigungskapazität mit ausreichenden Flugleistungen angeboten werden konnten. Aus Fertigungsgründen wurde auf einmotorige Ausführung Wert gelegt. Am 3. November 1944 legte Dipl.-Ing. Huber mit EZS-Bericht Nr. 58 drei Entwürfe vor, die die BMW 003 als Triebwerk vorsahen und einen mit BMW 018:

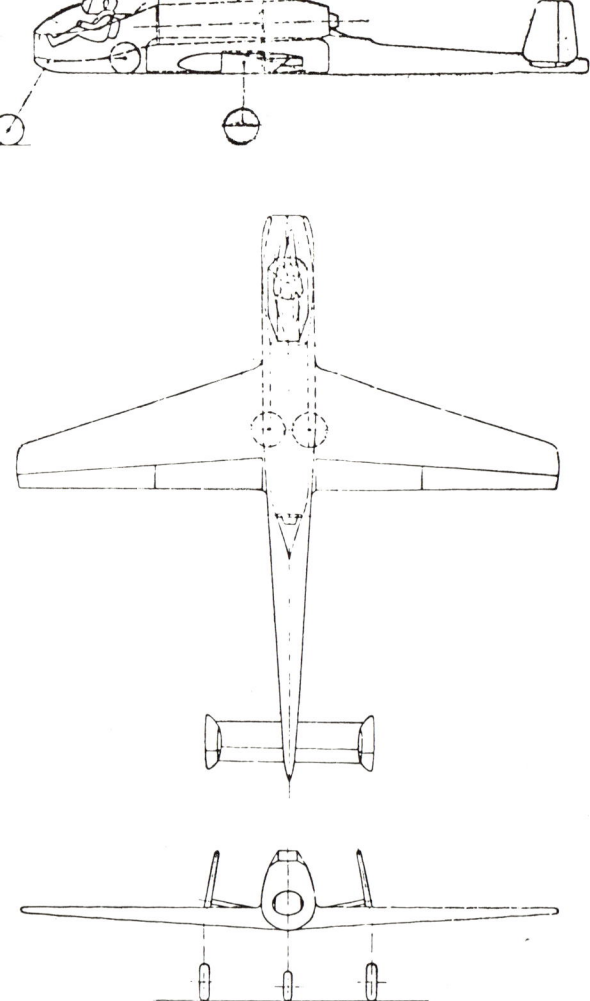

76. BMW-Strahljäger-Projekt I

TL-Jäger   I: Anlehnung an Heinkel He 162, Triebwerk auf Rumpfrücken, Lufteintritt aber im Bug und Zuführung zum Triebwerk unter Führersitz. Fluggewicht ca. 2800 kg. Fläche 15 m².

144

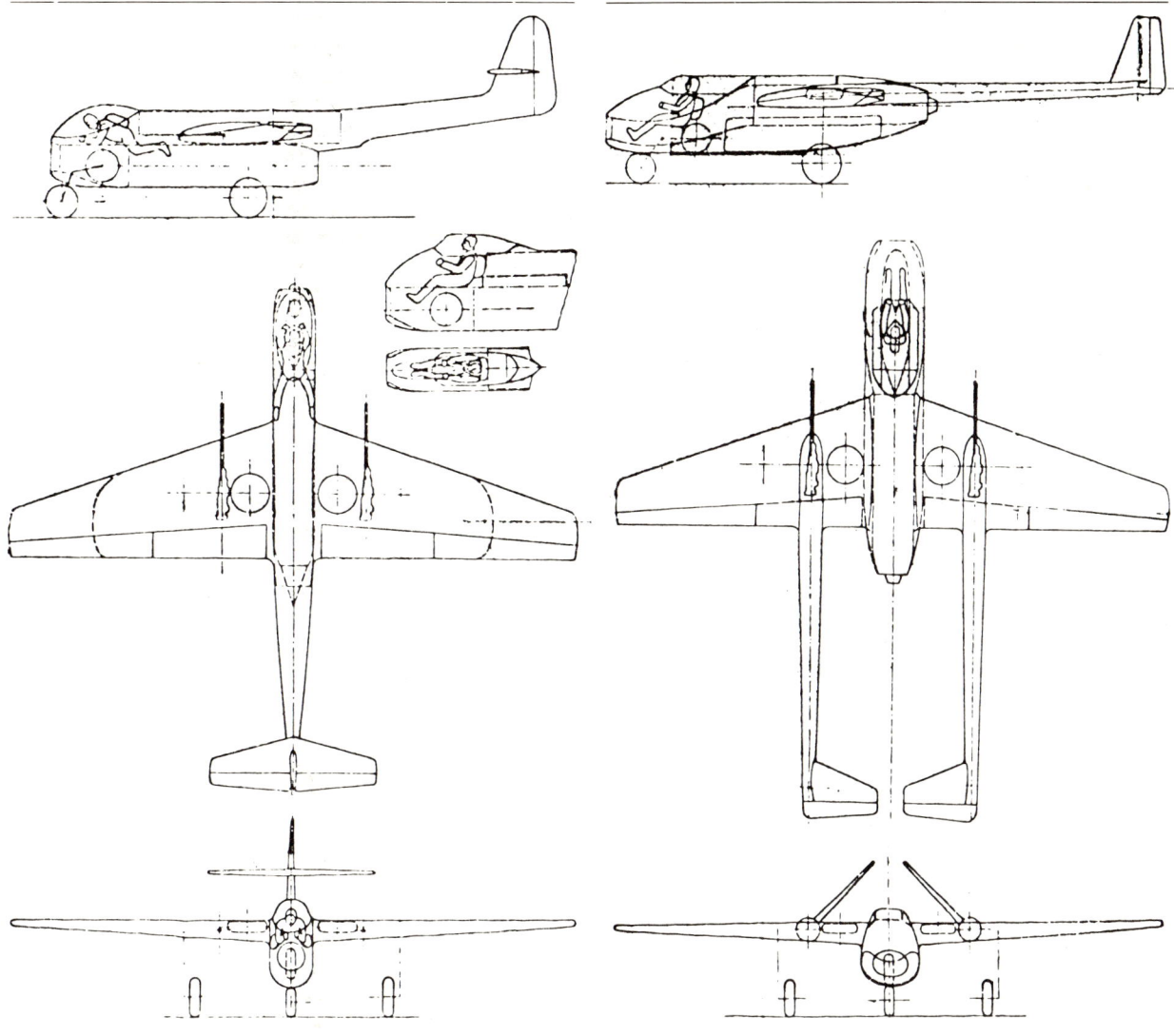

77. BMW-Strahljäger-Projekt II

78. BMW-Strahljäger-Projekt III

TL-Jäger II: Pilot in liegender oder sitzender Position. Ausführung mit großer und kleiner Spannweite. Lufteintritt im Bug, Luftzuführung zur Turbine unter Führersitz.

TL-Jäger III: Kurzer Zentralrumpf, Triebwerksanordnung wie bei I und II. Doppelte Leitwerksträger mit nach innen gerichtetem Schmetterlingsleitwerk. Waffeneinbau in Leitwerksträgern. Fluggewicht ähnlich wie bei I und II. Fläche 19 m².

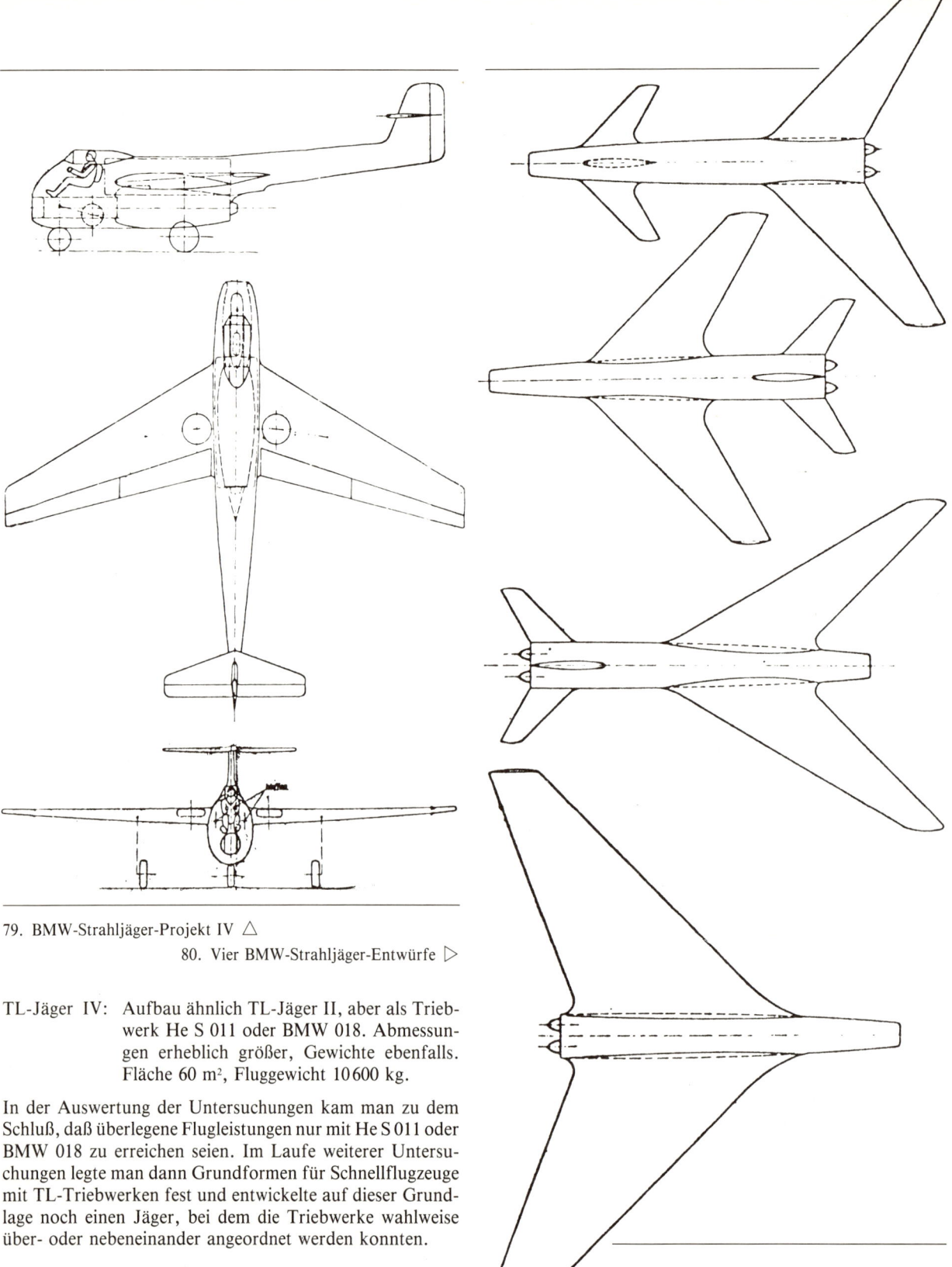

79. BMW-Strahljäger-Projekt IV △

80. Vier BMW-Strahljäger-Entwürfe ▷

TL-Jäger IV: Aufbau ähnlich TL-Jäger II, aber als Triebwerk He S 011 oder BMW 018. Abmessun-
gen erheblich größer, Gewichte ebenfalls.
Fläche 60 m², Fluggewicht 10600 kg.

In der Auswertung der Untersuchungen kam man zu dem
Schluß, daß überlegene Flugleistungen nur mit He S 011 oder
BMW 018 zu erreichen seien. Im Laufe weiterer Untersuchungen legte man dann Grundformen für Schnellflugzeuge
mit TL-Triebwerken fest und entwickelte auf dieser Grundlage noch einen Jäger, bei dem die Triebwerke wahlweise
über- oder nebeneinander angeordnet werden konnten.

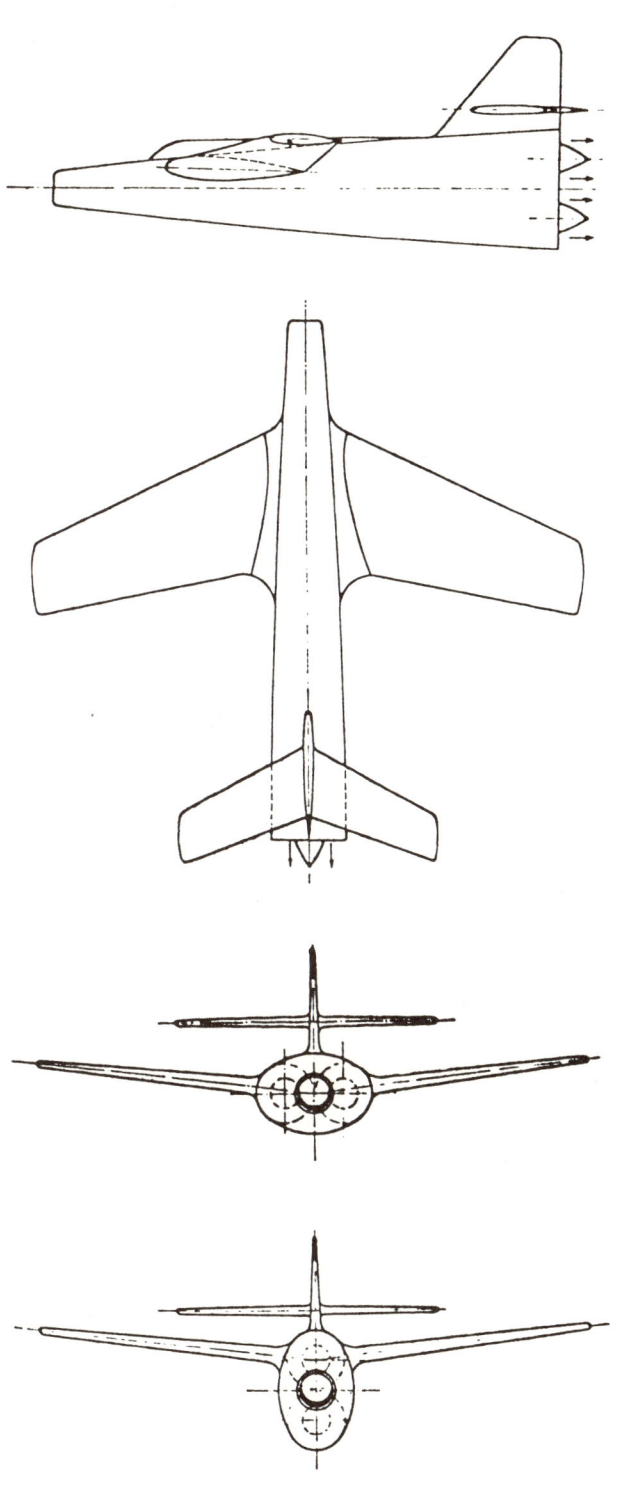

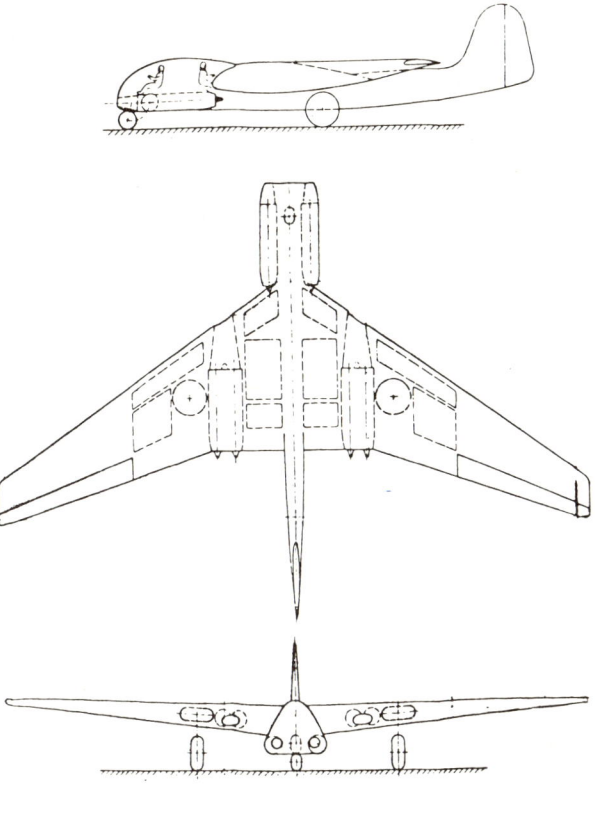

82. BMW-Strahlbomber-Projekt I △

81. BMW-Strahljäger-Projekt mit zwei Strahlturbinen in verschiedener Anordnung ◁

BMW Strahlbomber I

Bei diesem Bomberprojekt wurde, um die Beschuß- und Betriebssicherheit zu erhöhen, der Antrieb auf sechs BMW 003-Turbinen mit 6 × 800 kp Schub verteilt. Zwei der Triebwerke saßen in den Rumpfseitenwänden des Rumpfbugs und je zwei in jeder Tragfläche mit einer zentralen Ansaugöffnung. Der Rumpf trug vorne eine Druckkabine für zwei Mann und lief hinten in ein normales Seitenleitwerk aus. Ein Höhenleitwerk war nicht vorgesehen. Der als Schulterdecker angeordnete Flügel besaß positive Pfeilform, als kombinierter Quer- und Höhenruder wirkende Klappen außen und Spreiz-Landeklappen innen. Die Abwehrbewaffnung sollte aus zwei starren MK im Rumpfheck bestehen.

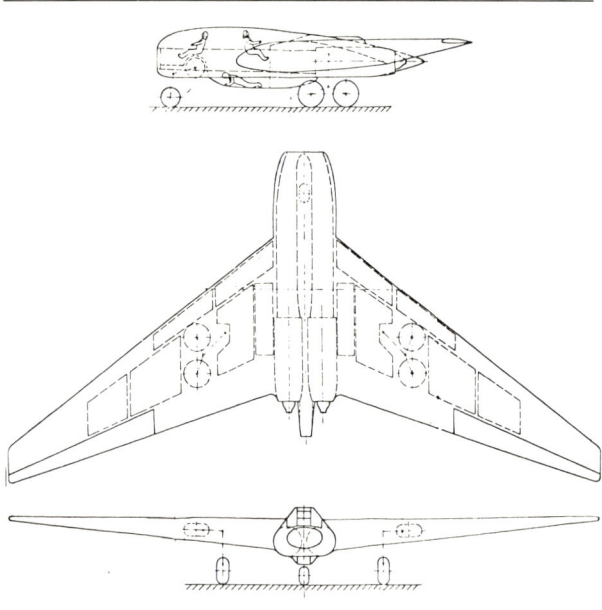

83. BMW-Strahlbomber-Projekt II

BMW Strahlbomber II

Dieser Entwurf war als Nurflügelflugzeug ausgelegt und mit einem stark positiv gepfeilten Flügel versehen. Die beiden BMW 018-Luftstrahl-Turbinen mit 2 × 3450 kp saßen nebeneinander im Heck der kurzen Rumpfgondel, der Lufteinlauf befand sich im Bug. Von der drei Mann starken Besatzung sollte der Bombenschütze in einer gesonderten Wanne unter dem Rumpf untergebracht werden, weil der Lufteinlauf im Bug keine ausreichenden Sichtmöglichkeiten zuließ. Auf dem Rumpfrücken befand sich in der Nähe des Hecks ein Drehturm mit zwei MK, der vom Funkersitz aus ferngesteuert werden sollte.

BMW Schnellbomber I

Dieses Projekt war der Entwurf eines Großbombers mit 2 × 3100 PS BMW 028-Propeller-Turbinen und 2 × 3450 kp BMW 018-Luftstrahl-Turbinen. Die beiden Propeller-Turbinen sollten in der Flügelvorderkante gelagert werden und den Antrieb beim Reiseflug übernehmen. Die unter der Flügelhinterkante aufgehängten BMW 018-Turbinen waren für erhöhte Leistungen beim Start und bei Kampfhandlungen zusätzlich vorgesehen. Der freitragende Mitteldecker-Flügel besaß im Mittelstück zwischen den Triebwerken und dem Rumpf starke V-Form und negative Pfeilform. Die Flügelaußenteile waren positiv gepfeilt. Das einziehbare Fahrgestell bestand aus drei hintereinanderliegenden zwillingsbereiften Rädern unter der Rumpfmitte, einem Bugrad und je

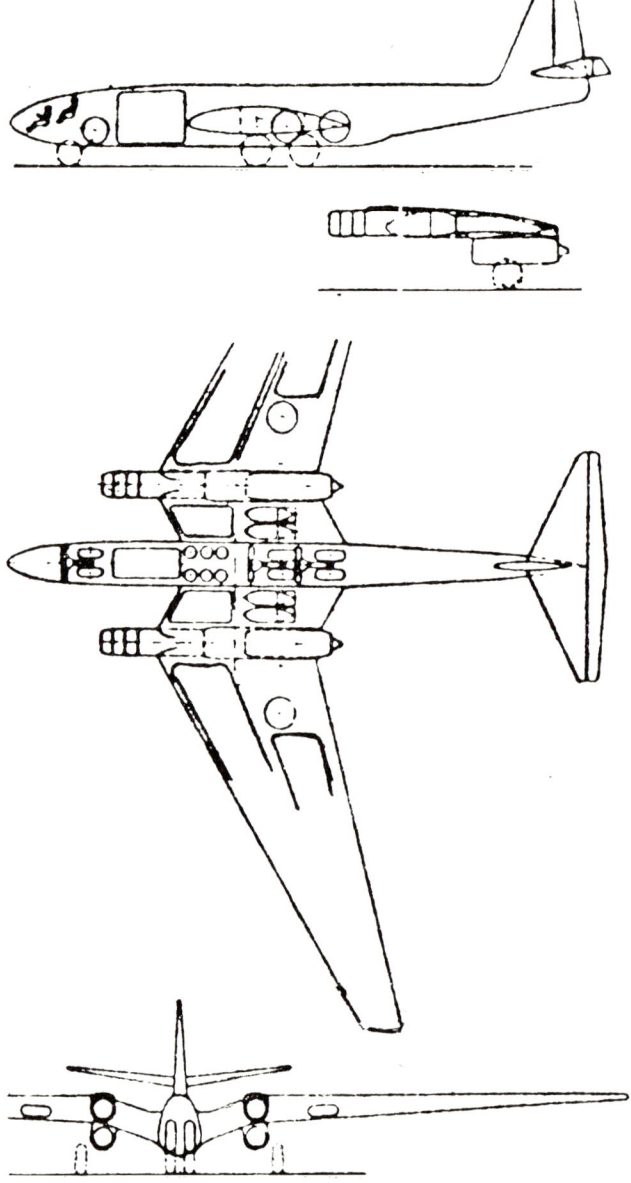

84. BMW-Schnellbomber-Projekt I

einem Stützrad unter den Flügeln. Die dreiköpfige Besatzung sollte im Rumpfbug in einer Druckkabine Platz finden. Je ein Drehturm mit zwei MK befand sich auf der Rumpfober- und -unterseite, durch Periskopvisiere von der Kanzel aus ferngesteuert. Kraftstoffkapazität 35120 Liter. Höchstgeschwindigkeit mit den BMW 028 allein 660 km/h, mit allen Triebwerken 850 km/h.

148

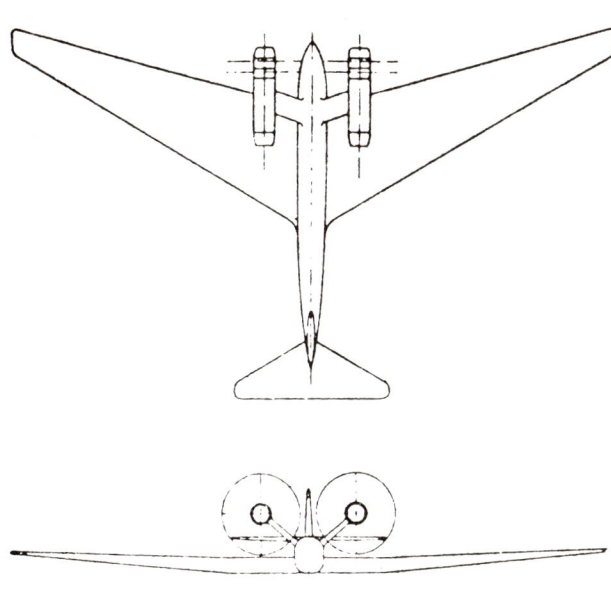

85. BMW-Schnellbomber-Projekt II

BMW Schnellbomber II

Bei diesem Entwurf waren zwei BMW 028-Propeller-Turbinen mit 2 × 3100 PS auf zwei Auslegern über dem Rumpf, die um 45° geneigt werden sollten, befestigt, um den Gasstrahl und die Propellerwirbel aus dem Bereich von Tragfläche und Leitwerk herauszunehmen. Infolge der hochgelegten Triebwerke konnte das einziehbare Dreiradfahrgestell sehr niedrig gehalten werden. Der freitragende Tiefdeckerflügel war dreiteilig und von starker negativer Pfeilform, das Leitwerk normal und ungepfeilt. Für die zweiköpfige Besatzung war im Rumpfbug eine Druckkabine eingebaut. Die Abwehrbewaffnung bestand aus zwei starr nach hinten eingebauten MK.

Bücker

Bücker Flugzeugbau GmbH., Rangsdorf bei Berlin

Direktor: Carl Clemens Bücker
Chefkonstruk-
teur: Anders Andersson
Werke: Rangsdorf und Wernigerode

Carl Clemens Bücker, der am 11. Februar 1895 geboren wurde, gehörte im Ersten Weltkrieg der jungen Seefliegerei an. Nach dem Kriege übernahm er das Flugzeugbeschaf-

fungsprogramm für die schwedische Marine, bis er 1923 in Stockholm die Svenska Aero AB gründete, deren Direktor er bis zum Zusammenschluß dieser Firma mit der ASJA im Jahre 1932 blieb. Nach seiner Rückkehr nach Deutschland gründete er im Oktober 1933 die Bücker Flugzeugbau GmbH. in Berlin-Johannisthal. Ende 1935 wurde das Werk nach Rangsdorf verlegt, wo vollkommen neue Werkanlagen entstanden waren. Bücker schuf eine Reihe weltbekannter Sportflugzeuge. Seine beiden Erstkonstruktionen »Jungmann« und »Jungmeister« wurden in 20 Ländern geflogen, der »Bestmann« ging als Einheitsschulflugzeug der deutschen und später auch der schwedischen Luftwaffe in die Fertigung und wurde auch in Ägypten gebaut, nachdem er in der Nachkriegszeit auch noch in der Tschechoslowakei unter der Bezeichnung Zlin 281 in Serie herausgebracht wurde.

Bücker Bü 131 »Jungmann«

Der »Jungmann« entstand aus dem Bedürfnis nach einem robusten und kunstflugtauglichen Doppelsitzer für Anfangsschulung und Übung. Um eine bestmögliche Wendigkeit zu erreichen, wurde die Maschine als kleiner Doppeldecker mit Rückenfluganlage und Doppelsteuer ausgelegt. Er wurde für die Anfangs- und Kunstflugschulung außer bei der deutschen Luftwaffe in 19 anderen Ländern eingeführt. Verschiedene hervorragende Plazierungen bei internationalen Wettbewerben konnten mit Maschinen des Musters Bü 131 »Jungmann« erreicht werden, so im Mai 1938 der 1. bis 3. Platz beim Internationalen Luftrennen »Round The Reef« in Südafrika, im Juni 1938 der 3. Platz bei den Niederländischen Kunstflugmeisterschaften in Holland und im Oktober 1938 der 1., 2. und 4. Platz im Rumänischen Kunstflugwettbewerb. Die Baulizenz wurde auch nach Japan vergeben. Der Nachbau erfolgte für die Heeresfliegertruppe bei der Nippon Kokusai K. K. unter der Bezeichnung Ki 86 und für die Marine bei Watanabe-Kyushu als K 9 W 1 »Momiji«.

Typ: Einmotoriges, kunstflugtaugliches Schul- und Übungsflugzeug.
Flügel: Einstieliger, verspannter Doppeldecker. Ober- und Unterflügel untereinander austauschbar. Oberflügel dreiteilig mit Baldachin auf zwei N-Streben, Unterflügel zweiteilig, durch je zwei Parallel-Stahlrohrstiele untereinander verbunden und kreuzweise verspannt. Aufbau zweiholmig aus Holz mit I-Holmen und Stoffbespannung. Querruder in Ober- und Unterflügel.
Rumpf: Geschweißtes Rumpfgerüst aus Chrom-Molybdän-Stahlrohr, stoffbespannt mit Ausnahme der Motorverkleidung und des blechbeplankten Rumpfoberteiles bis hinter den Sitzen.
Leitwerk: Normal, verspannt. Sämtliche Ruder unausgeglichen. Höhenruder mit Trimmkanten. Aufbau aus geschweißten Chrom-Molybdän-Stahlrohren mit Stoffbespannung.
Fahrwerk: Starres Normalfahrwerk. Haupträder an Stoßdämpfer mit Stahlfederung und Öldämpfung, durch ein X-Gerät zu den Achsen hin abgefangen. Mechanische Duo-Servo-Bremsen. Ballonräder. Lenkbare Spornrolle.
Triebwerk: ein Hirth HM 504 A-2 luftgekühlter hängender Vierzy-

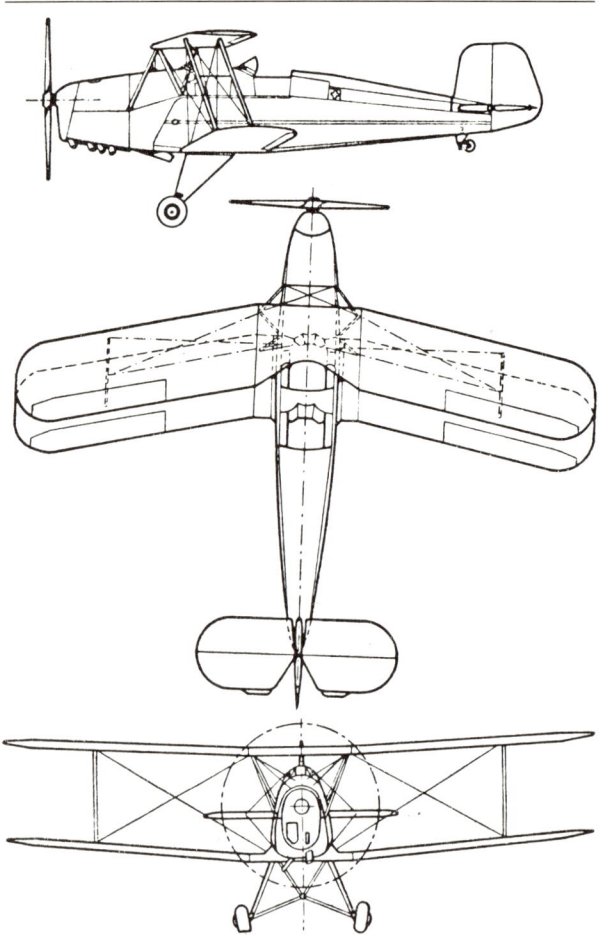

linder-Reihenmotor mit 1 × 105 PS Startleistung. Starre Zweiblatt-Holz-Luftschraube mit 2,10 m Durchmesser. Kraftstoffkapazität 87 Liter in Rumpftank, Schmierstoff 5 Liter.
Besatzung: 2 Sitze offen hintereinander mit Doppelsteuer.

Bücker Bü 133 »Jungmeister«

Zu den erfolgreichsten und beliebtesten Kunstflugzeugen der Welt gehört heute noch der Bücker Bü 133 »Jungmeister«, der im Aufbau der Bü 131 weitestgehend angeglichen ist. Der kleine Kunstflug-Einsitzer erhielt in seiner ersten Ausführung *Bü 133 V-1* einen luftgekühlten Sechszylinder-Reihenmotor Hirth HM 506 mit 1 × 160 PS Leistung, der jedoch bei den Serienmaschinen durch einen BMW-Bramo (Siemens)-Sternmotor Sh 14 A-4 mit ebenfalls 1 × 160 PS ersetzt wurde. Außer den großen Stückzahlen, die bei Bücker für zahlreiche Länder gebaut wurden, verließen größere Serien als Lizenzbau für die Schweizer Luftwaffe die Anlagen der Flug- und Fahrzeugwerke in Altenrhein, die ebenfalls die Bü 131 in Lizenz fertigten. An besonderen Leistungen, die mit dem »Jungmeister« erzielt werden konnten, sind folgende besonders bemerkenswert: Im Juni 1938 1. und 2. Platz in der Deutschen Meisterschaft im Geschicklichkeitsflug, im September 1938 1. Preis im Motorkunstflugwettbewerb in Cleveland (USA) im Rahmen der National Air Races, im Oktober 1938 Ehrenpreis des Generalgouverneurs von Mozambique beim Flugtag in Portugiesisch-Ostafrika, im November 1938 1. Platz in der Rumänischen Kunstflugmeisterschaft, im August 1939 1. Platz in der Deutschen Meisterschaft im Geschicklichkeitsflug und im Februar 1940 im Internationalen Kunstflugwettbewerb in Havanna auf Kuba.

86. Bücker Bü 131 ◁
82. Schulflugzeug Bücker Bü 131 »Jungmann« ▽

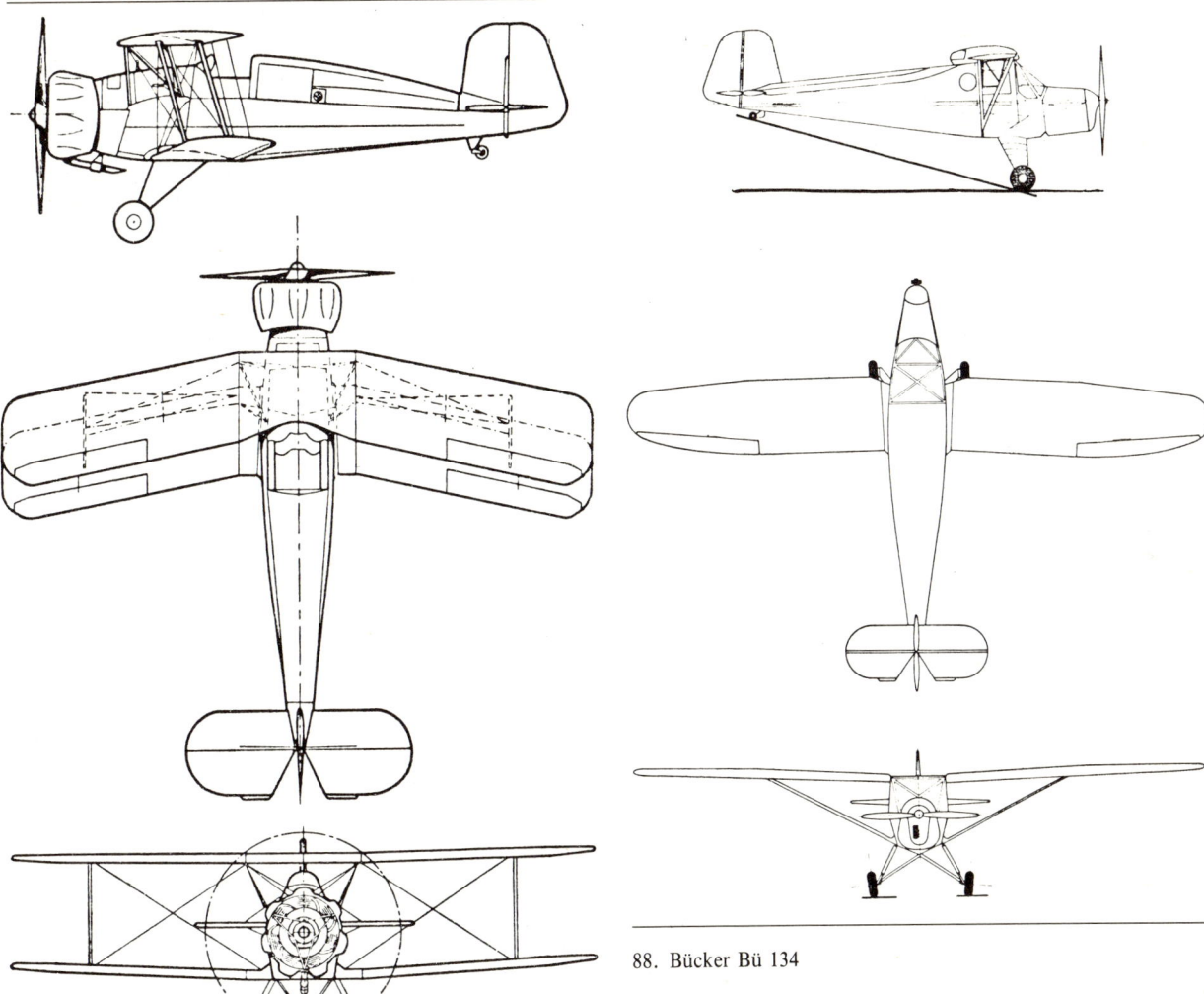

87. Bücker Bü 133

88. Bücker Bü 134

Typ: Einmotoriges Kunstflugzeug- und Fortgeschrittenen-Übungsflugzeug.

Flügel: Einstieliger, verspannter Doppeldecker. Ober- und Unterflügel untereinander austauschbar. Oberflügel dreiteilig mit Baldachin auf zwei N-Streben, Unterflügel zweiteilig, durch je zwei Parallel-Stahlrohrstiele untereinander verbunden und kreuzweise verspannt. Aufbau aus Holz, zweiholmig mit I-Holmen und Stoffbespannung. Querruder in Ober- und Unterflügel. Oberflügel gerade durchlaufend, Unterflügel mit leichter V-Form. Sämtliche Flügelaußenteile mit 11° Pfeilform.

Rumpf: Geschweißtes Rumpfgerüst aus Chrom-Molybdän-Stahlrohr, stoffbespannt mit Ausnahme des Rumpfvorderteiles und des Rumpfoberteiles bis hinter dem Sitz, welche mit Formblechen beplankt sind.

Leitwerk: Normal, verspannt. Sämtliche Ruder unausgeglichen. Höhenruder mit Trimmkanten. Aufbau aus geschweißten Chrom-Molybdän-Stahlrohren mit Stoffbespannung.

Fahrwerk: Starres Normalfahrwerk. Hauptträger an Stoßdämpfer mit Stahlfederung und Öldämpfung, durch ein X-Gerüst zu den Achsen hin abgefangen. Mechanische Duo-Servo-Bremsen. Ballonräder. Lenkbare Spornrolle.

Triebwerk: Ein BMW-Bramo Sh 14 A-4 luftgekühlter Siebenzylinder-Sternmotor mit 1 × 160 PS Startleistung. Rückenfluganlage. Starre Zweiblatt-Holz-Luftschraube mit 2,20 m Durchmesser. Kraftstoffkapazität 92 Liter in Rumpftank, Schmierstoff 9 Liter.

Besatzung: 1 offener Sitz.

Bücker Bü 134

Von dieser 1936 fertiggestellten Type wurde nur ein einziges Exemplar, die Bü 134V-1 D-EQPA, hergestellt. Es handelt sich um einen Kabinen-Hochdecker mit zwei nebeneinanderliegenden Sitzen. Als Triebwerk diente ein Hirth HM 504 von

83. Kunstflug- und Übungseinsitzer Bücker Bü 133 »Jungmeister« △   84. Schulflugzeug Bücker Bü 180 »Student« ▽

105 PS. Da die Maschine keine guten Flugeigenschaften zeigte und auch die Sicht für die Besatzung nicht günstig war, wurde die Entwicklung abgebrochen. Technische Einzelheiten konnten nicht mehr ermittelt werden.

Bücker Bü 180 »Student«

Um ein äußerst wirtschaftliches Sport- und Anfängerschulflugzeug zu schaffen, wurde der weitspannende Eindecker Bü 180 »Student« mit zwei hintereinanderliegenden Sitzen konstruiert. Sein Aufbau wurde konventionell als freitragender Tiefdecker durchgebildet. Der Flügel besaß eine stark gepfeilte Vorderkante (8°), während die Hinterkante fast gerade verlief. Ein Teil der Serie war mit einem Walter Mikron II luftgekühlten hängenden Vierzylinder-Reihenmotor von 1 × 60 PS Startleistung ausgerüstet, während später ein 1 × 50 PS-Zündapp 9-092-Reihenmotor zum Einbau gelangte. Bemerkenswerte Flüge mit Maschinen dieses Musters waren die Aufstellung eines Internationalen Geschwindigkeitsrekordes über 1000 km mit zwei Mann Besatzung bei einer Durchschnittsgeschwindigkeit von 171,95 km/h im April 1938 und ein 25 000 km Transafrikaflug.

Typ: Einmotoriges Sport- und Anfängerschulflugzeug.
Flügel: Freitragender Tiefdecker. Zweiteiliger Holzflügel mit einem Haupt- und einem Hilfsholm. Bis zum Hilfsholm Sperrholzbeplankung, dahinter stoffbespannt. Schlitzquerruder.
Rumpf: Rumpfvorderteil als geschweißtes Stahlrohrgerüst, auf der Oberseite mit Blech verkleidet, Seitenwände stoffbespannt. Rumpfhinterteil als Sperrholzschale mit zusätzlicher Stahlrohraussteifung.
Leitwerk: Normal, freitragend. Statisch und aerodynamisch ausgeglichene Ruder mit Trimmkanten. Aufbau aller Flächen aus Holz, Flossen sperrholzbeplankt, Ruder stoffbespannt.
Fahrwerk: Starres Normalfahrwerk. Haupträder als Niederdruckreifen an ölgedämpften Spiralfeder-Fahrwerksbeinen. Halbachsen von Rumpfunterseite durch Stahlrohr-V abgefangen. Mechanische Duo-Servo-Bremsen. Gefedertes und ölgedämpftes Spornrad entweder mit dem Seitenruder zu kuppeln oder um 360° freidrehend.
Triebwerk: Ein Zündapp 9-092 luftgekühlter hängender Vierzylinder-Reihenmotor mit 1 × 50 PS Startleistung. Starre Zweiblatt-Holz-Luftschraube von 1,80 m Durchmesser. Kraftstoffkapazität 50 Liter in geschweißtem Aluminiumtank im Rumpf, Schmierstoff 3,5 Liter.
Besatzung: 2 Sitze hintereinander mit Doppelsteuer. Normalausführung mit offenen Sitzen, jedoch auch Kabinenabdeckung möglich.

Als Zusatzausrüstung konnte die Bü 180 »Student« mit einer Segelflugzeugschleppanlage ausgestattet werden. Zu diesem Zweck war die Heckkappe abnehmbar.

Bücker Bü 181 »Bestmann«

Dieser Tiefdecker mit zwei nebeneinanderliegenden Sitzen für Anfangs- und Kunstflugschulung dürfte wohl die meistgebaute Type der von Bücker geschaffenen Maschinen sein.

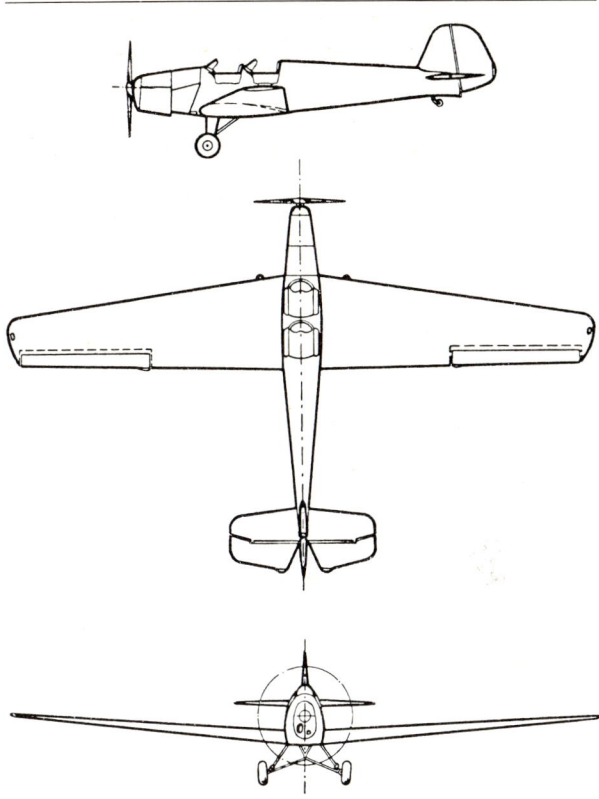

89. Bücker Bü 180

1938 ging er als Standardschulflugzeug für die Anfangsausbildung in der deutschen Luftwaffe in Serie. Das Muster bewährte sich so ausgezeichnet, daß es bei verschiedenen ausländischen Firmen in Lizenz gebaut wurde, so bei Fokker und in den Zlin-Werken, die das Muster noch nach Kriegsende unter der Bezeichnung Zlin 281 fertigten. Die staatliche ägyptische Werft produzierte eine erhebliche Anzahl dieser Flugzeuge. Anfang des Krieges wurde der »Bestmann« Standardschulflugzeug der schwedischen Luftstreitkräfte, die das Muster teilweise aus Deutschland bezogen, ab 1940 jedoch den Nachbau selbst übernahmen. Einige dieser Flugzeuge kehrten nach Deutschland zurück und fliegen zum Teil heute noch.

Typ: Einmotoriges Anfänger-Schulflugzeug, kunstflugtauglich.
Flügel: Freitragender Tiefdecker. Zweiteiliger Holzflügel, bestehend aus einem durchlaufenden Hauptholm, einem halb durchlaufenden Vorderholm und Fachwerk-Holzrippen. Flügelnase bis Hauptholm sperrholzbeplankt, Rest stoffbespannt. Mechanisch betätigte Leichtmetall-Spreizklappen für drei Stellungen (Start, Landung und Flug) zwischen Querruder mit Trimmkanten und Rumpf.
Rumpf: Rumpf in Gemischtbauweise. Aufbau in drei Teilen. Rumpfvorderteil als geschweißtes Stahlrohrgerüst mit Anschlüssen

153

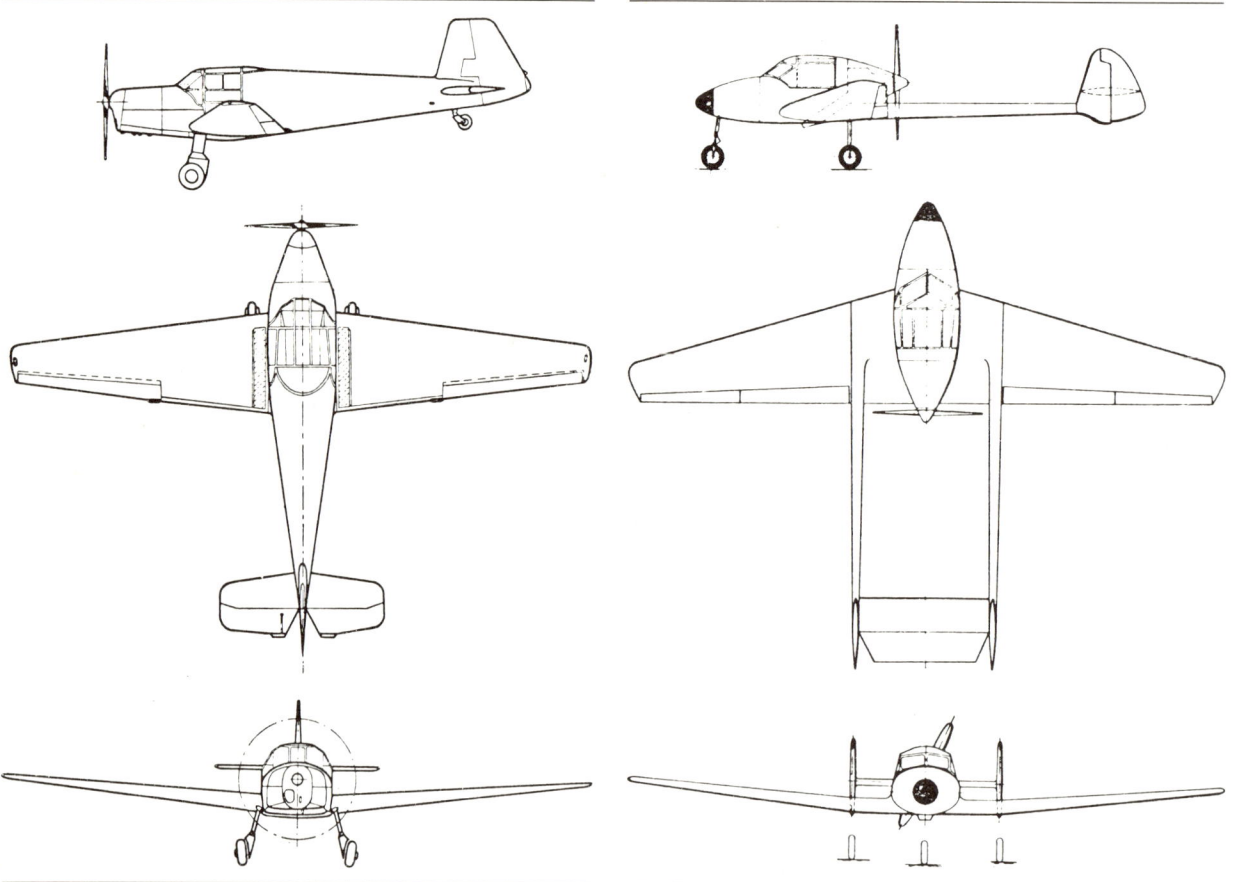

90. Bücker Bü 181   91. Bücker-Projekt BÜ P 181/2

für Triebwerk, Flügel und Fahrwerk, teils blechbeplankt, teils stoffbespannt. Rumpfhinterteil als Sperrholzschale, mit vier Bolzen am Vorderteil befestigt.

Leitwerk: Normal, freitragend. Normaler Holzaufbau, Flossen sperrholzbeplankt, Ruder stoffbespannt. Ruder aerodynamisch und statisch ausgeglichen. Im Fluge verstellbare Trimmklappe an der Hinterkante des linken Höhenruders. Trimmkante in dem Seitenruder nur am Boden verstellbar.

Fahrwerk: Starres Normalfahrwerk. Freitragende, verkleidete Spiralfederbeine mit Öldämpfung für die bremsbaren Niederdruck-Haupträder. Heckrad ebenfalls mit Spiralfeder und Öldämpfung, mit dem Seitenruder zu kuppeln, ausgekuppelt frei um 360° drehbar.

Triebwerk: Ein Hirth HM 504 A luftgekühlter hängender Vierzylinder-Reihenmotor mit 1 × 105 PS Startleistung. Starre Zweiblatt-Holz-Luftschraube von 2,10 m Durchmesser. Kraftstoffkapazität 100 Liter im Tank im Hinterteil der Kabine unterhalb des Gepäckraumes, Schmierstoff 4 Liter.

Besatzung: 2 Sitze nebeneinander in geschlossener Kabine von 1,25 m Breite mit Doppelsteuer. Zwei aufklappbare und abwerfbare Türen. Großer Gepäckraum hinter den Sitzen.

Bücker Bü 181/2 Projekt

Als Parallelentwurf zum »Bestmann« entstand bei Beibehaltung der Abmessungen der Bü 181 ein Schulflugzeug mit doppelten Leitwerksträgern und nebeneinanderliegenden Sitzen. Als Triebwerk war der 100/105 PS Hirth Hm 504 vorgesehen. Da sich bei der Erprobung des »Bestmann« bereits seine hervorragenden Eigenschaften herausstellten, wurde der 2. Entwurf fallengelassen.

Bücker Bü 182 »Kornett«

Als einsitzige Ableitung aus dem »Bestmann« entstand kurz vor Kriegsausbruch noch die Bü 182 »Kornett«. Bei der Konstruktion des »Kornett« wurde besonderer Wert auf gute Flugleistungen gelegt, weil man vor allem ein für die verschiedensten Zwecke geeignetes Übungsflugzeug schaffen wollte. Sie sollte vornehmlich jüngeren Flugzeugführern Gelegenheit geben, mit einem verhältnismäßig wirtschaftli-

85. Schul- und Übungsflugzeug Bücker Bü 181 »Bestmann« △   86. Übungsflugzeug Bücker Bü 182 »Kornett« ▽

chen Flugzeug die verschiedensten Übungen, wie Kunst- und Sturzflüge sowie Verbands- und Navigationsflüge durchzuführen. Ein besonderes Auge war auf die Verwendbarkeit als Trainer für Jagd- und Sturzkampfflieger geworfen worden. Nach dem Einbau verschiedener Motoren wurde für die endgültige Ausführung, die die Bezeichnung Bü 182 C erhielt, ein von Bücker selbst entwickeltes Triebwerk vorgesehen. Insgesamt wurden jedoch nur wenige Maschinen gebaut, da noch eine genügende Anzahl, wenn auch nicht spezieller Art, anderer Flugzeuge für Übungsflüge zur Verfügung standen.

Bü 182 C »Kornett«

Für diese Version wurde von Bücker ein 80 PS-Reihenmotor mit der Bezeichnung Bücker BüM 700 entwickelt.

Typ: Einmotoriges Übungsflugzeug für militärisches Training.
Flügel: Freitragender Tiefdecker. Zweiteiliger Holzflügel mit Spreizklappe. Im Aufbau entspricht er vollkommen dem der Bü 181.
Rumpf: Rumpf in Gemischtbauweise. Aufbau wie Bü 181.
Leitwerk: Normal, freitragend. Aufbau analog Bü 181.
Fahrwerk: Starres Normalfahrwerk, analog dem der Bü 181, jedoch Haupträder durch halboffene Radkappen verkleidet.
Triebwerk: Ein Bücker BüM 700 luftgekühlter hängender Vierzylinder-Reihenmotor mit 1 × 80 PS Startleistung. Starre Zweiblatt-Holz-Luftschraube von Heine. Kraftstoffkapazität 80 Liter in Rumpftank zwischen Gerätebrett und Brandschott, Schmierstoff 4 Liter.
Besatzung: 1 Pilot unter seitlich aufklappbarer Haube, abwerfbar. Sitz in der Höhe verstellbar.
Militärische Ausrüstung: Aufhängevorrichtung für 4 × 1,5 kg Übungsbomben.

Daimler-Benz

Daimler-Benz AG, Stuttgart-Untertürkheim

Die erdrückende Überlegenheit der Alliierten in der Luft, die auch Daimler-Benz schwere Schäden zufügte, führte dazu, daß man sich dort Gedanken darüber machte, wie man den Hauptgegner im eigenen Land angreifen könnte. Damit meinte man die USA als potentiellen Rüstungslieferanten aller Alliierten. Der technische Leiter des Werks, Dipl.-Ing. Fritz Nallinger, entwickelte in Zusammenarbeit mit Ober-Ing. Übelacker die Idee eines Schnellbombers, der mit Hilfe eines Trägerflugzeugs die Entfernung zum amerikanischen Kontinent überbrücken sollte. Da Daimler-Benz keine Erfahrung in der Flugzeugentwicklung hatte, trug Nallinger diese Idee dem Chef vom Focke-Wulf, Dipl.-Ing. Kurt Tank vor, der sie gern aufgriff. Der Entwurf von Nallinger und Übelacker wurde dann in dem nach Bad Eilsen verlegten Konstruktionsbüro von Focke-Wulf fertig durchgerechnet, nachdem Daimler-Benz bereits im März 1944 ein Patent Nr. 62c 27/01-891658 und zwei Monate später ein Zusatzpatent Nr. 901262 für Trägerflugzeug und Schnellbomber angemel-

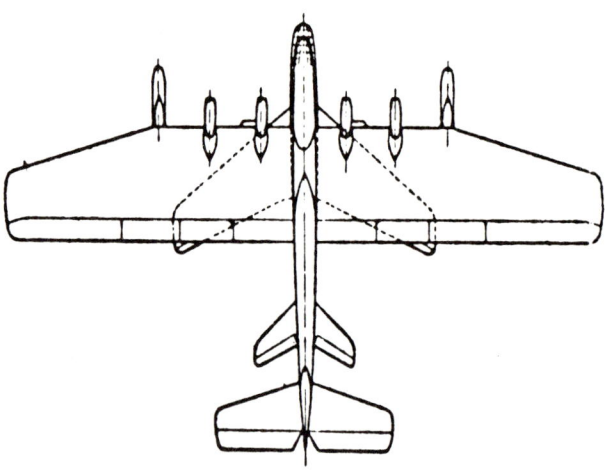

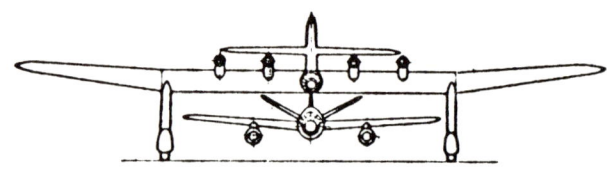

92. Daimler-Benz-Projekt A

det hatte. Nallinger trug die Einzelheiten des fertig durchgerechneten Projekts am 19. Januar 1945 als »Betrachtung über die Entwicklung eines Schnellstbombenträgers« im Hauptausschuß »Flugzeugzellen« den Beteiligten des RLM und der Industrie vor.

Daimler-Benz-Projekt »A«

Das Projekt »A« wurde als Trägerflugzeug ausgelegt, welches zwischen seinen Fahrwerksbeinen einen Bomber trug. Durch diese Kombination wollte man die Beförderung einer großen Bombenlast über weite Strecken ermöglichen. Das Trägerflugzeug war als riesiger Mitteldecker ausgelegt mit einem Antrieb durch vier oder sechs Strahlturbinen Heinkel He S 021 von je 3300 kp Schub, die in Gondeln oberhalb des

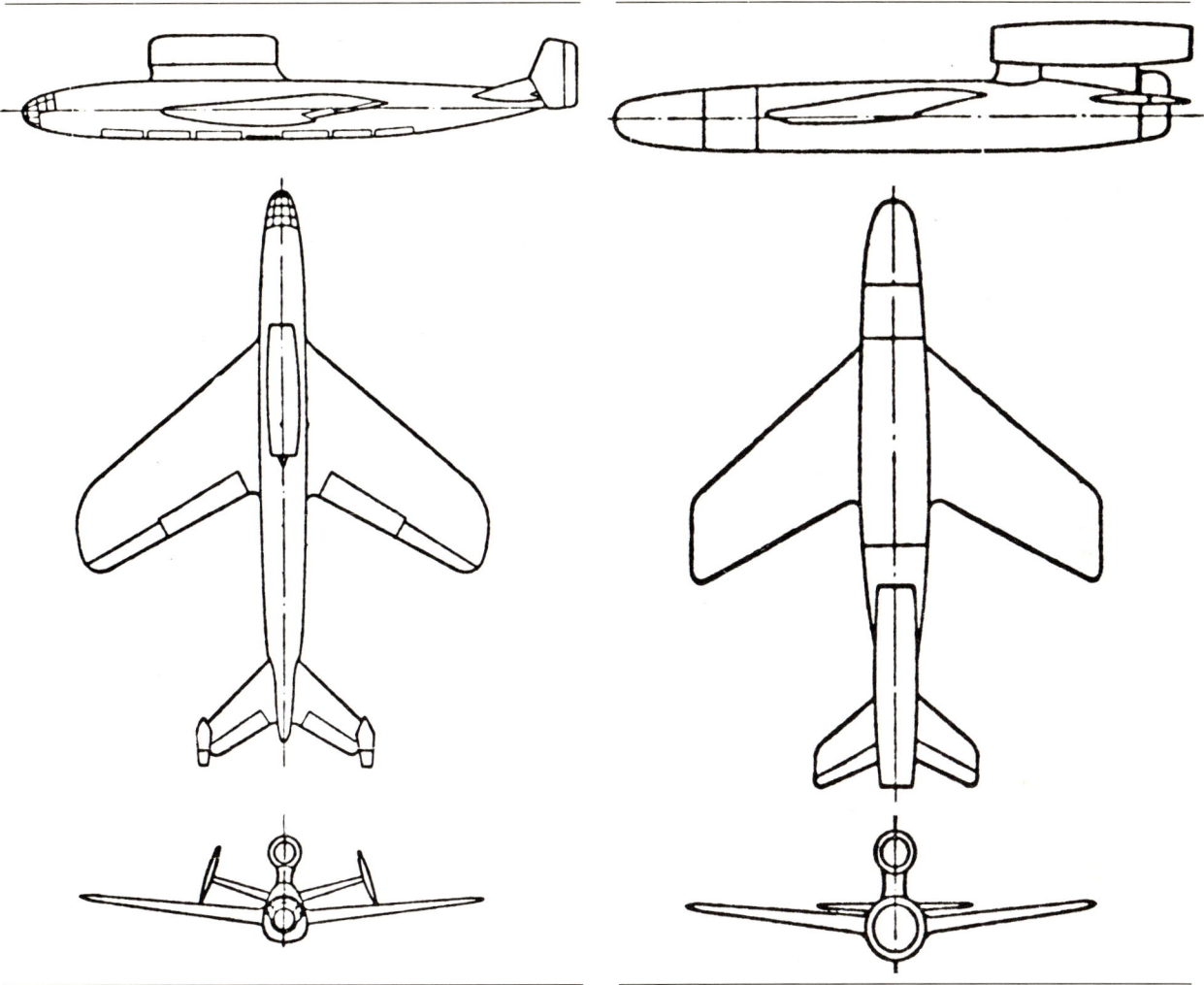

93. Daimler-Benz-Schnellbomber-Projekt

94. Daimler-Benz-Lenkbomben-Projekt

Flügels untergebracht werden sollten. Für die Besatzung war das Vorderteil des zylindrischen Rumpfes als vollsichtverglaste Druckkabine vorgesehen. Getragen wurde der Riese von zwei langen Fahrwerksgondeln, die je drei Räder in Tandemanordnung beherbergten. Die Gondeln waren starr an breiten Profilstreben unter den Enden des Mittelfügels aufgehängt. Der Bomber besaß ebenfalls eine vollsichtverglaste Druckkabine im Bug des Rumpfes mit kreisrundem Querschnitt. Flügel und Leitwerk waren gepfeilt, wobei das Leitwerk als V-Leitwerk ohne eigentliches Seitenleitwerk ausgeführt werden sollte. Der Antrieb des Bombers bestand aus zwei BMW 018-Luftstrahl-Turbinen mit 2 × 3450 kp Schub. Der Einsatz dieser Kombination sollte folgendermaßen vor sich gehen: Das Trägerflugzeug startet mit dem

untergehängten Bomber und fliegt bis zur äußersten Grenze seiner Reichweite, bei der es gleichzeitig seine Gipfelhöhe erreicht. An diesem Punkt schaltet der Bomber seine Triebwerke ein und wird abgesprengt. Das Trägerflugzeug kehrt hierauf zum Einsatzhafen zurück, während der Bomber mit seinen unverbrauchten Kraftstoffreserven sein fernes Ziel anfliegt. Nach Erfüllung des Langstreckenauftrages landet die Besatzung den Bomber an einen vorher bestimmten Punkt der feindlichen Küste, wo sie von einem U-Boot übernommen wird. Für diese Einsatzart war der Bomber als reines Verlustgerät konstruiert und besaß nicht einmal ein Fahrwerk oder wertvolle Ausrüstungsgegenstände. Ebenfalls war keine Abwehrbewaffnung vorgesehen, da Geschwindigkeiten in der Nähe von Mach 1 errechnet wurden.

157

87. Modell Daimler-Benz-Projekt A mit Schnellbomber

Daimler-Benz-Projekt »B«

Dieses Projekt war ein anderer Entwurf für ein Trägerflugzeug, welches dem des Projektes »A« ähnelte. Für den
Antrieb dieses Trägers waren 6 × 1750 PS Daimler-Benz DB
603-Kolbentriebwerke vorgesehen, von denen vier in der
Vorderkante des stark W-förmigen Flügels und zwei in dem
Hinterteil mit Druckschrauben untergebracht werden sollten. Während die Fahrwerksanordnung fast analog der in
dem Projekt »A« war, saß die Besatzung in der vollsichtver-
glasten Druckkabine einer kurzen Rumpfgondel. Das doppelte Seitenleitwerk saß in der Verlängerung zweier Leitwerksträger, zwischen denen das Höhenleitwerk angeordnet
werden sollte.
Während Projekt »A« nur die Mitnahme des Schnellstbom-
bers vorsah, konnten bei Projekt »B« statt des Schnellstbom-
bers sechs Lenkbomben mit Staustrahlantrieb (Weiterentwicklung Fi 103) mitgenommen werden.

Für den Schnellstbomber wurden folgende Daten errechnet:

Spannweite:	22,00 m
Länge:	30,75 m
Höhe:	8,50 m
Flächeninhalt:	140 m²
Rüstgewicht:	22 000 kg
Maximales Fluggewicht:	70 000 kg
Besatzung:	2 Mann

Für das Trägerflugzeug errechnete man:

Spannweite:	54,00 m
Länge:	35,00 m
Höhe:	11,20 m
Flächeninhalt:	500 m²
Rüstgewicht:	48 500 kg
Fluggewicht:	122 000 kg

Bei diesen Berechnungen wurden für den Bomber ein in
Entwicklung befindliches Strahltriebwerk DB S 06 mit
Gewicht von 13 t zugrunde gelegt. Die Bombenlast sollte 30 t
betragen. Als Antrieb für das Trägerflugzeug waren sechs
DB 603 vorgesehen.

Deicke

Arthur Deicke, München

Der am 18. Januar 1882 in Regensburg geborene Arthur
Deicke beschäftigte sich seit 1909 mit der Schaffung eines
billigen Flugsportgerätes für jedermann. Da ihm das ganze
Problem eine Motorenfrage zu sein schien, konstruierte und
baute er in den Folgejahren eine ganze Reihe von Kleinflug-
motoren zwischen 500 und 750 cm³ Zylinderinhalt, meistens
luftgekühlte Zweizylinder-Zweitakter. Nach einigen Zellen,

88. Sportflugzeug Deicke ADM 11

die nicht befriedigten, entstand in den dreißiger Jahren die *Deicke ADM 11,* die zuerst erfolgreich mit 12 PS flog, später den 22 PS Deicke ADM 7 erhielt. Diese Maschine (D-YHEX) gewann beim Olympia-Großflugtag 1936 in Berlin unter Toni Fehnbacher die ausgetragenen Konkurrenzen ihrer Klasse.

Typ: Einmotoriges Sportflugzeug.
Flügel: Freitragender Schulterdecker. Holzgerippe, sperrholzbeplankte Nase, sonst stoffbespannt.
Rumpf: Kastenrumpf mit viereckigem Querschnitt. Holzgerüst, durchgehend mit Sperrholz beplankt.
Leitwerk: Abgestrebtes Normalleitwerk. Aufbau in Holz, Flossen sperrholzbeplankt, Ruder stoffbespannt und mit Ausgleichshörnern versehen.
Fahrwerk: Starres Normalfahrgestell. Hochdruckreifen und Zuggummifederung. Schleifsporn.
Triebwerk: Ein Deicke ADM 7 luftgekühlter Zweizylinder-Zweitakt-Boxermotor mit 1 × 22 PS Startleistung. Starre Zweiblatt-Luftschraube aus Holz mit 1,25 m Durchmesser. Kraftstoffkapazität 20 Liter.
Besatzung: 1 Pilot unter abnehmbarer Kabinenhaube.

DFS

Deutsches Forschungsinstitut für Segelflug, Darmstadt-Griesheim

Leiter: Prof. Dr. Walter Georgii

Das Deutsche Forschungsinstitut für Segelflug ging aus der Rhön-Rossitten-Gesellschaft (RRG) hervor, die 1925 von den Pionieren der deutschen Segelflugbewegung zur Ent-wicklung der Segelflugmöglichkeiten gegründet worden war. Die Forschungsarbeiten fanden zuerst auf der Wasserkuppe statt, wurden aber 1933 infolge der ungünstigen Platzverhält-nisse nach Darmstadt-Griesheim verlegt. Im gleichen Jahr wurde die Leitung des Instituts Prof. Dr. W. Georgii übertragen, der es zu einem der bedeutendsten Forschungs-zentren der deutschen Luftfahrt machte. Das DFS war in mehrere Institute aufgegliedert, so in ein meteorologisches Institut unter der Leitung von Prof. Georgii, in ein Institut für Segelflug unter der Leitung des Konstrukteurs Ing. Hans Jacobs, in ein Institut zur Entwicklung schwanzloser Flug-zeuge unter Prof. A. M. Lippisch, in ein Institut für die Instrumenten-Entwicklung und ein Institut für flugtechni-sche Untersuchungen, Windkanal-, Funk- und Fernlenkver-suche. Während das DFS in seinen Gründerjahren seine Arbeit auf den rein zivilen Sektor des Segelfluges beschrän-ken konnte, gewann es ab 1936 durch die von Jacobs entwickelten Bremsklappen unerwartete Bedeutung für die Motor- und Militärfliegerei. Die DFS-Bremsklappen, ursprünglich als Sturzflugbremse für Segelflugzeuge kon-struiert, wurden Udet und anderen Generalen des OKL und später auch Abordnungen der Luftfahrtindustrie vorge-führt. Nach der Vorführung wurde der Einfliegerin des Instituts, Hanna Reitsch, der Titel Flugkapitän verliehen. Militärische Bedeutung erlangte das DFS besonders aber durch die Entwicklung von Lastenseglern, Höhenseglern und einem Hochgeschwindigkeits-Raketenflugzeug.

DFS 39 »Delta IV«

Um das Jahr 1930 fanden zahlreiche Versuche statt, zu einem brauchbaren Nurflügelflugzeug zu kommen, weil man sich

159

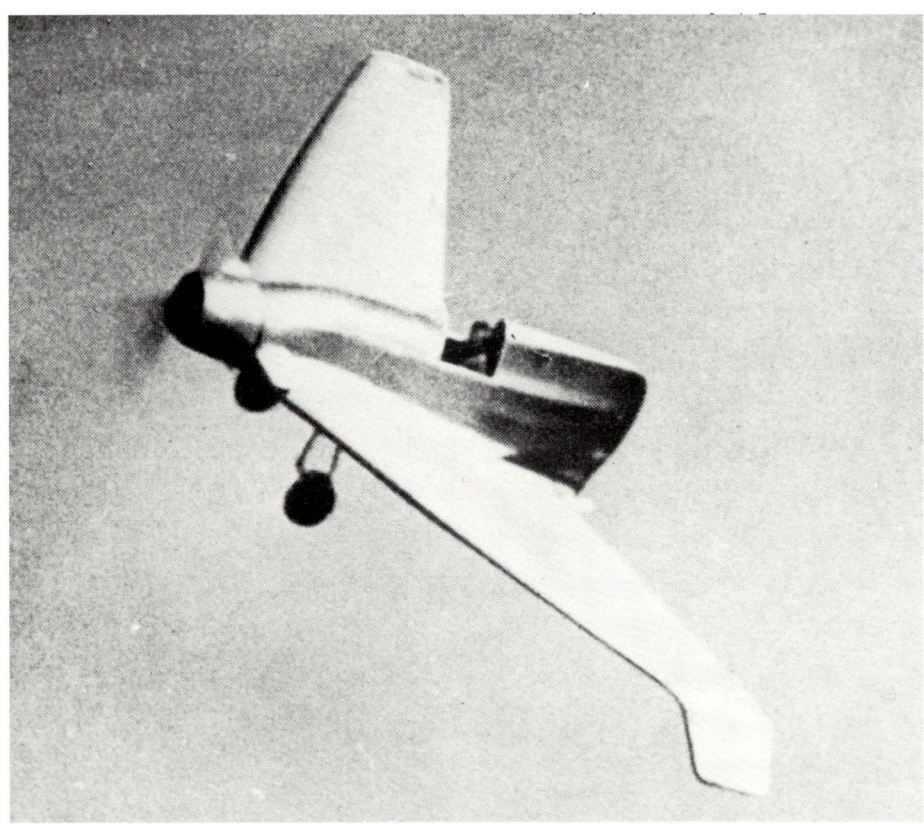

89. Versuchsflugzeug
DFS 39

von dieser Flugzeugform gesteigerte Flugleistungen versprach. Fast allen Konstruktionen war jedoch eine mangelhafte Stabilität um die Hochachse zu eigen. Die dadurch hervorgerufene geringe Seitenstabilität hatte eine fast völlige Unwirksamkeit der Querruder zur Folge. Prof. Lippisch wurde im Rahmen des DFS beauftragt, diese Erscheinungen zu untersuchen und eine befriedigende Lösung zu finden. So entstand die bekannte »Delta«-Reihe. Die »Delta I« konnte durch die finanzielle Unterstützung des Ozeanfliegers Hermann Köhl geschaffen werden. 1932 folgte die »Delta II«, ein einsitziges Flugzeug mit einem 20-PS-Motor. Die »Delta III« schließlich wurde bei Fieseler 1933 in zwei Exemplaren als Fieseler F 3 gebaut. Sämtliche Maschinen besaßen zur Seitensteuerung an den Flügelenden Endscheiben, die nicht zur Lösung der zu behebenden Probleme führten. Nach eingehenden Untersuchungen wurde ermittelt, daß Seitenruder in an den Flügelenden schräg nach unten hängenden und gekielten Flächenfortsätzen die besten Ergebnisse zeigen mußten. Das erste Versuchsflugzeug mit dieser Anordnung war die DFS 39 »Delta IV«, die die Richtigkeit der These unter Beweis stellte. Die Endlösung dieser Maschine war die zweisitzige *DFS 39 »Delta IV d«* mit einem 85-PS-Pobjoy-Motor, der in der Rumpfspitze untergebracht war. Das Heck

des kurzen Rumpfes lief in eine senkrechte Schneide aus. 1935 startete das Muster zum Erstflug.

Typ: Einmotoriges Versuchsflugzeug in der Nurflügelbauart.
Flügel: Zweiteiliger Holzflügel in Tiefdeckeranordnung mit Stoffbespannung. Klappen an der Hinterkante, außen als Querruder, innen als Höhenruder wirkend. Pfeilflügel mit 20° Pfeilform an der Vorderkante.
Rumpf: Kurzes Rumpfboot als Hydronaliumgerüst mit Stoffbespannung.
Leitwerk: Seitenleitwerk in an den Flügelenden schräg nach unten hängenden Flächenfortsätzen.
Fahrwerk: Starres Normalfahrwerk. Verkleidete Haupträder mit mechanischen Bremsen. Schleifsporn.
Triebwerk: Ein luftgekühlter Pobjoy-Sternmotor mit 85 PS Startleistung. Townend-Ring. Starre Zweiblatt-Holzluftschraube von 2,10 m Durchmesser. Kraftstoffkapazität 150 Liter. Schmierstoff 16 Liter.
Besatzung: 2 Mann hintereinander in getrennten Besatzungsräumen.

DFS 40 »Delta V«

Bei grundsätzlich gleichem Flügelaufbau und gleicher Steuerung der DFS 39 wurde die DFS 40 »Delta V« entworfen. Die

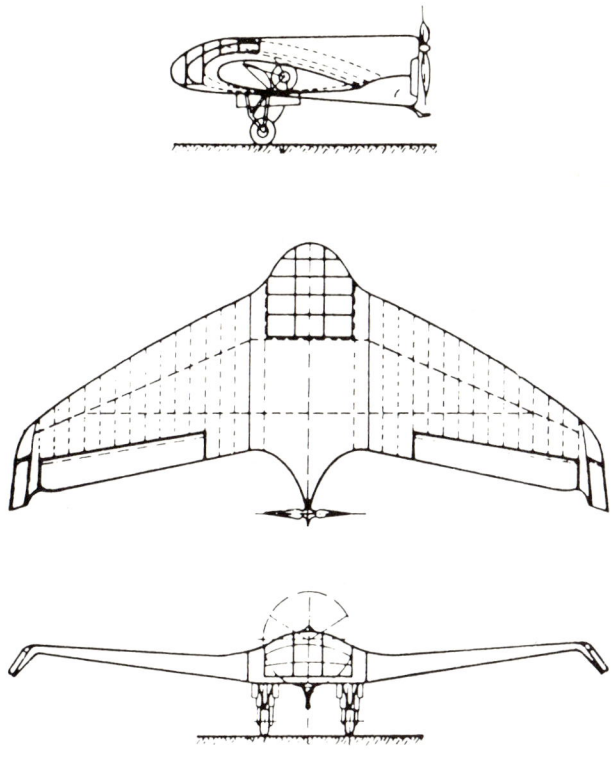

95. DFS 40

grundsätzlichen Unterschiede gegenüber dem Vorläufer waren eine liegende Anordnung des Piloten in der vollständig verglasten Flügelnase und die geplante Anordnung des Argus-Motors mit einer Druckschraube. Das ebenfalls als senkrechte Schneide ausgebildete Rumpfheck besaß erstmals ein schmales Ruder zur Erhöhung der Seitenruderwirksamkeit. Mit diesem Muster wurden ausgiebige Versuche als Segler durchgeführt. Als Schleppflugzeug diente eine He 46.

DFS 193

Dies war ein zweisitziges Versuchsflugzeug zur Erprobung der Brauchbarkeit eines schwanzlosen Hochdeckers für militärische Zwecke, ähnlich der von Kupper entworfenen und bei Gotha gebauten Go 147. Der Entwurf für DFS 193 stammt von Lippisch und Roth aus dem Jahre 1936. Ein Modell wurde bereits im gleichen Jahr bei der AVA Göttingen untersucht. Im Januar 1937 erwähnte Lippisch den Typ anläßlich einer Tagung der Arbeitsgruppe »Nurflügelflugzeuge« in Köln. Eine Attrappe der DFS 193 soll bei Siebel in Halle gebaut worden sein. Zum Bau eines Flugzeugs kam es nicht mehr.

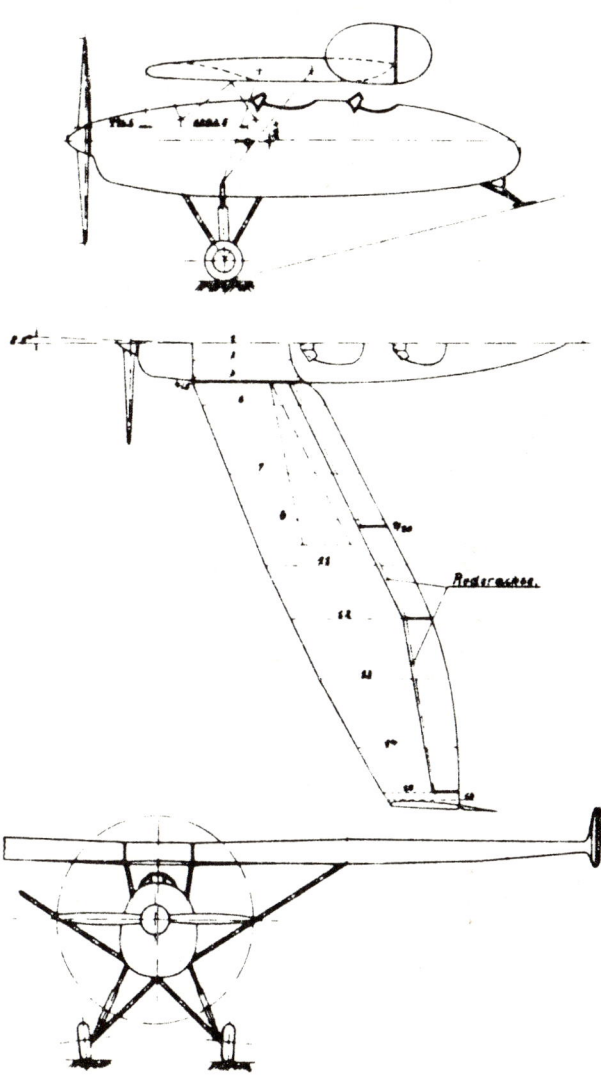

95A. DFS 193

DFS 194

1936 hatte der Kieler Chemiker Hellmuth Walter der DVL eine Versuchsrakete zur Verfügung gestellt, die nach dem kalten Prinzip arbeitete, indem Wasserstoffsuperoxyd-Treibstoff mittels komprimierter Luft in der Brennkammer auf einen festen Katalysator gespritzt wurde. Während 45 Sekunden konnte so eine Schubkraft von 135 kp erreicht werden. Dr. A. Baeumker von der DVL griff die Idee des Raketenantriebes für ein kleines Hochgeschwindigkeits-Versuchsflugzeug auf und ließ durch seinen Mitarbeiter Dr. Lorenz einen Auftrag an Prof. Lippisch gehen, für diese

90. Versuchsflugzeug DFS 40 △

91. Versuchs-Raketenjäger DFS 194 ▽

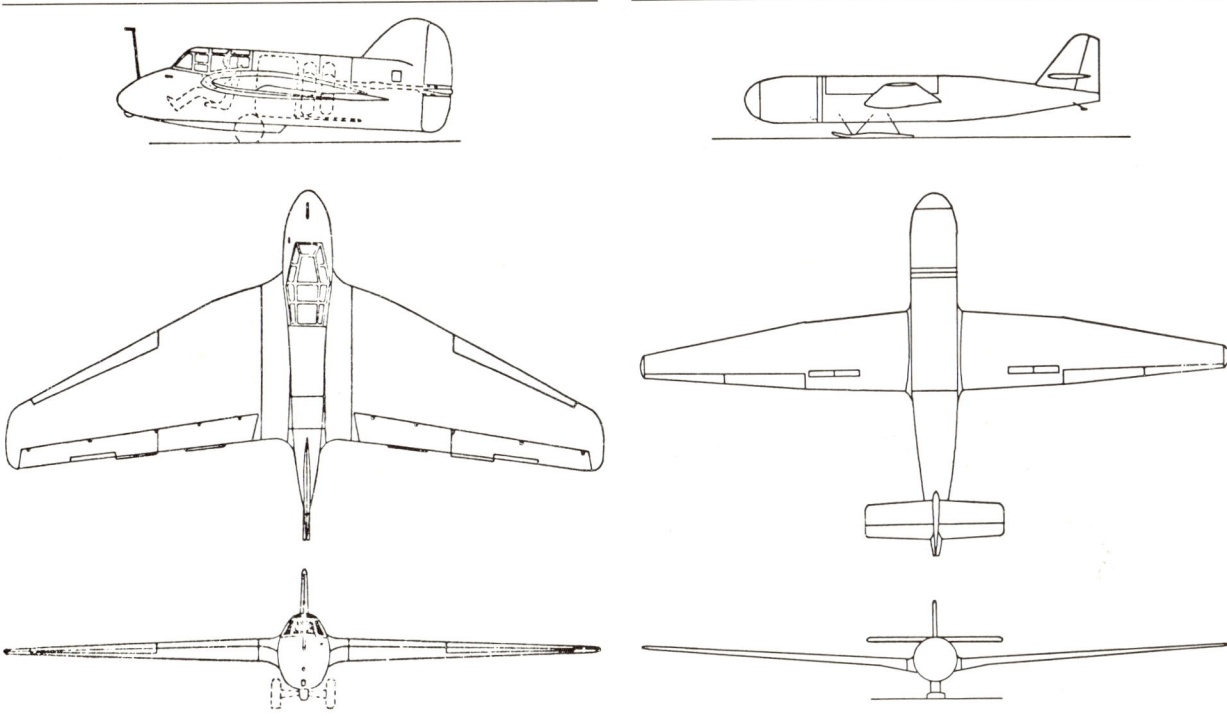

96. DFS 194

97. DFS 228

Maschine eine Spezialzelle aus den Erfahrungen mit der DFS 39 und DFS 40 zu entwickeln. Sowohl die DFS 39 als auch die DFS 40 hatten im Göttinger Windkanal und bei Freiflugversuchen gute Leistungen und eine ausgezeichnete Stabilität gezeigt. Lippisch übernahm deshalb für die neue Maschine, die die Bezeichnung DFS 194 erhielt, den Flügelumriß der Vorgängermaschinen, ersetzte aber die Seitenruder an den Flächenenden durch eine vertikale Schwanzflosse am Rumpf, weil die Flügelendflächen bei hohen Geschwindigkeiten zu Flattererscheinungen führten. Der Bau der DFS 194 erfolgte unter dem Namen »Projekt X« mit der Flächenfertigung bei dem DFS, während der Rumpf in den Heinkel-Werken gefertigt wurde. Da sich jedoch eine Fortsetzung des Projektes bei dem DFS nicht durchführen ließ, siedelte im Januar 1939 Lippisch mit zwölf seiner Mitarbeiter zur Messerschmitt AG über, wo sie als »Gruppe L« arbeiteten. Der Umzug von einem Forschungsinstitut in die Industrie brachte das RLM auf den Plan, und unter ihrer Kontrolle wurde dem Hochgeschwindigkeitsprojekt die Bezeichnung Me 163 gegeben. Die nahezu fertiggestellte DFS 194 wurde nach den Messerschmitt-Werken überführt, die sie nach einigen Änderungen für den Einbau einer Walter HWK I-203 Rakete fertigstellten und sie zur Erprobung des Gesamtentwurfs für mittlere und niedrige Geschwindigkeiten verwenden wollten. Die Rakete wurde jedoch nicht vor Anfang 1940

fertig. Für die Flugerprobung wurde die DFS 194 nach Peenemünde-Karlshagen überführt. Die Erprobung selbst begann im Sommer 1941 unter Flugkapitän Heini Dittmar. Mit der kleinen Walter HWR I-203 mit 1 × 300 kp Schub erreichte die DFS 194 Geschwindigkeiten bis zu 550 km/h. Im allgemeinen Aufbau entsprach die DFS 194 bereits fast vollkommen den beiden Prototypen für die Hochgeschwindigkeitsforschung Me 163 V-1 und V-2, die mit der stärkeren Walter HWK R II-203 mit 1 × 750 kp Schub ausgerüstet waren (siehe unter Messerschmitt Me 163).

DFS 228

1941 beauftragte das RLM das Deutsche Forschungsinstitut für Segelflug mit der Schaffung eines Höhenaufklärers. In der Grundauslegung war ein Segelflugzeug mit Raketenantrieb geplant. Die Entwicklungsarbeiten wurden Felix Kracht in Ainring übertragen, der sich auf die Höhenflugversuche stützte, die 1939 von dem DFS mit Segelflugzeugen bis 11 600 m Höhe durchgeführt wurden. Infolge der zahlreichen Probleme und der Überbelastung des DFS liefen diese Arbeiten nur am Rande mit, bis 1943 das RLM eine Dringlichkeitserklärung für das Projekt herausgab und die Bauaufnahme unter der Bezeichnung DFS 228 forderte. Da von dem Segelflugzeug beste Gleitfähigkeit erwartet wurde,

92. Höhen-Fernaufklärer DFS 228 auf Trägerflugzeug Do 217 K-3

mußte die Flächenbelastung niedriggehalten werden. Auf der anderen Seite erforderte die Höhe, in der das Muster operieren sollte, eine Druckkabine. Eine Druckkabine normaler Konstruktion war zu schwer, deshalb trat als Problem Nummer eins die Konstruktion einer leichten Druckkabine an das DFS heran. Man entschied sich, das gesamte Rumpfvorderteil als Druckkabine zu bauen, die als einziges Teil der DFS 228 in Metall ausgeführt werden sollte, da das DFS in der Metallbauweise keine Erfahrung besaß. Um den druckbelüfteten Raum so klein wie möglich zu halten, wurde eine liegende Anordnung des Piloten obligatorisch und der Rumpfquerschnitt aus statischen und fabrikatorischen Gründen kreisrund gehalten. Die Druckkabine wurde als zylindrischer Behälter mit halbkugelförmigem Vorder- und Hinterteil gebaut. Eine doppelte Beplankung wurde vorgesehen, von denen die innere den Innendruck, die äußere den Außendruck aufzunehmen hatte. Zwischen beiden Häuten lag Aluminium-Glimmer zur Wärmeisolation. Im Bug wurde eine sphärisch gewölbte Sichtscheibe aus Plexiglas vorgesehen. Infolge der Leichtbauweise konnte die Druckkabine ihren Innendruck nur bis 8000 m aufrechterhalten, darüber hinaus mußte zusätzlich mit komprimiertem Sauerstoff und mit Sauerstoffmaske gearbeitet werden. Der Pilot lag innerhalb der Kabine auf einem Polster mit Kinnstütze. Die gesamte Zelle bestand aus Holz. Das Rumpfmittelteil beherbergte außer dem Kufenkasten, den Kraftstoffbehältern und der Walter-Rakete noch zwei Zeiss-Infrarot-Reihenbildgeräte, während das Rumpfhinterteil die Brennkammer der Rakete aufnahm. Der Einsatz der Maschine war folgendermaßen geplant: Die DFS 228 wurde auf den Rumpf einer speziell umgebauten Dornier Do 217 K-3 montiert und auf eine Höhe von 10 000 m geschleppt. Dort wurde die Verbindung gesprengt und mit Hilfe des Raketenantriebes stieg der Segler auf 22 500 m. Durch eine schubweise Betätigung des Triebwerkes konnte diese Gipfelhöhe für die Dauer von 45 Minuten gehalten werden. Diese Zeit war für das Photographieren ausreichend. Der Rückflug erfolgte nun im Gleitflug. Bis auf eine Höhe von 12 000 m konnte eine Distanz von 750 km überwunden werden, die außerhalb des feindlichen Abwehrbereiches lag. Weitere 315 km Gleitflug waren ab der Höhe von 12 000 m möglich. Da jedoch in diesen Höhen mit feindlichen Jägern zu rechnen war, sollte der Restkraftstoff für zusätzliche Kampfleistungen in diesem Bereich verwendet werden. Interessant sind die Maßnahmen, die zur Rettung des Piloten aus diesen Höhen ergriffen wurden. Die gesamte Druckkabine war mit vier Sprengbolzen am Rumpf befestigt und konnte im Falle der Gefahr durch einen Hebelgriff abgesprengt werden. Sie fiel, durch einen kleinen Fallschirm gesteuert, mit dem Bug voran im freien Fall bis auf 4000 m Höhe. In dieser Höhe wurde, durch ein Barometer automatisch ausgelöst, mittels eines Preßluftkolbens die Plexiglasnase abgeworfen und der Pilot mit seinem Liegegerüst nach vorne herausgeschleudert. In einem Sicherheitsabstand von der Kabine lösten sich automatisch die Liege und der Fallschirm des Piloten. Etwa 12 Maschinen des Musters DFS 228 wurden vor Kriegsende noch fertiggestellt. In Rechlin wurden sie ausgiebigen Versuchen unterzogen, die sehr zufriedenstellend verliefen, auch wenn das Muster in großen Höhen eine Trägheit um alle Achsen zeigte. Zum Einsatz kam keine einzige der Maschinen.

Typ: Höhenaufklärer mit Raketenantrieb.

Flügel: Freitragender Mitteldecker. Flügelaufbau aus Holz. Von Flügelspitze zu Flügelspitze durchlaufender Hauptholm, Flügelhälften aus Holzrippen und komplett mit Sperrholz beplankt. Zweiteilige Querruder aus Holz mit Stoffbespannung, innere Teile bei der Landung als Landeklappen wirkend. Bremsklappen auf Flügelober- und -unterseite.

Rumpf: Dreiteiliger Rumpf mit kreisrundem Querschnitt. Vorderteil als Druckkabine aus Metall, Mittelteil und Hinterteil in Holz-Schalenbauweise.

Leitwerk: Freitragend, normal. Holzbauweise, Flossen sperrholzbeplankt, Ruder stoffbespannt. Höhenflosse an der Seitenflosse hochgesetzt und im Einstellwinkel verstellbar.

Fahrwerk: Breite Metallkufe unter dem Rumpfmittelteil, in dieses einziehbar. Schleifsporn.

Triebwerk: Eine Walter HWK 109-509 A-1-Flüssigkeitsrakete mit 1 × 1600 kp Standschub maximal, der auf 100 kp zu drosseln ist. Behälter für C-Stoff und T-Stoff im Rumpfmittelteil.

Besatzung: 1 Pilot in liegender Anordnung in Druckkabine, die den Rumpfbug bildet.

Militärische Ausrüstung: Unbewaffnet. Zwei Zeiss-Infrarot-Reihenbildkameras.

DFS 230

Bereits lange vor dem Kriege hatte in dem DFS der Plan bestanden, ein Großsegelflugzeug zu bauen, welches als fliegendes Observatorium besonders für meteorologische Flüge einsetzbar war. Später wurde dieser Entwurf in einen Transportsegler für bestimmte Lasten, z. B. Post, abgewan-

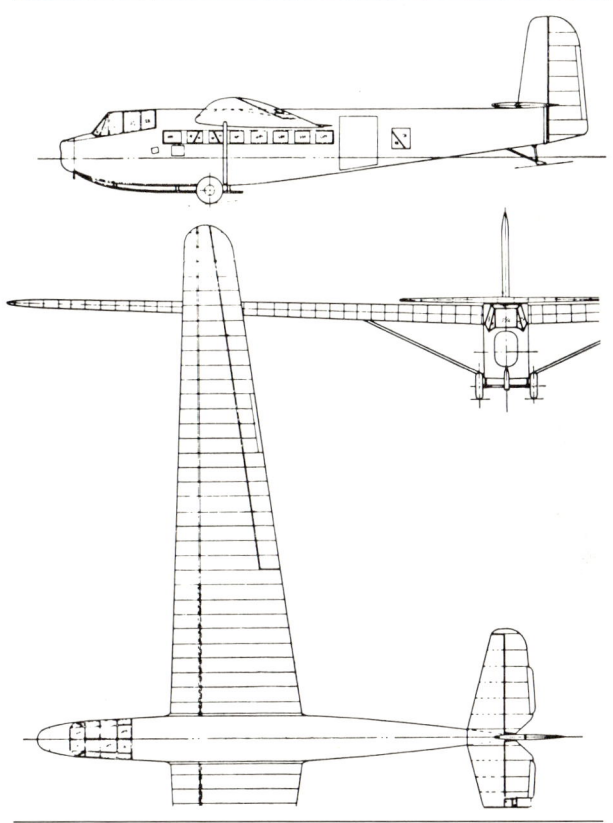

93. Lastensegler DFS 230 A-1 ▽   98. DFS 230 ▷

delt. Es war vorgesehen, diesen Segler hinter ein Verkehrsflugzeug zu hängen und über einem Ort auszuklinken, der nicht am Liniennetz angeschlossen war. Um die Probleme zu studieren, die das Schleppen eines großen Seglers hinter einem mehrmotorigen Muster mit sich brachten, wurde eine Versuchsausführung gebaut und von Hanna Reitsch hinter einer Ju 52 erprobt. Durch diese Versuche wurde das Militär aufmerksam und gab einen Auftrag für einen 10sitzigen militärischen Lastensegler, der Transportgut oder Luftlandetruppen hinter der feindlichen Front abzusetzen in der Lage war. Dieser Entwurf erhielt die Bezeichnung DFS 230 und wurde von Hans Jacobs konstruiert. Die erste Vorführung fand vor dem Kriege unter den strengsten Geheimhaltungsbestimmungen vor einem großen Kreis der Generalität, unter ihnen Udet, Ritter v. Greim, Kesselring, Model und Milch statt. Die von Hanna Reitsch geflogene Vorführung erwies sich als so überzeugend, daß nicht nur der zweite Flug mit der gesamten Generalität gemacht, sondern auch der Serienauftrag erteilt wurde. Noch vor Kriegsbeginn fand eine zweite Vorführung als Vergleich zwischen Fallschirmjägern und mit Lastenseglern abgesetzten Luftlandetruppen statt, die infolge der günstigen Witterung zugunsten der Lastensegler ausfiel. Die Geheimhaltung der Lastensegler-Entwicklung konnte bis zu ihrem ersten Einsatz im Mai 1940 in Belgien aufrechterhalten werden. Die DFS 230 wurde in Belgien, Kreta und Nordafrika eingesetzt.

DFS 230 A-1

Diese Version war die in den meisten Stückzahlen gebaute Standard-Ausführung. Sie besaß wahlweise ein starres Zweiradfahrwerk oder ein nach dem Start abwerfbares Zweiradfahrwerk mit durchgehender Achse. Im operativen Einsatz wurde hauptsächlich das abwerfbare Fahrwerk verwendet. Die Landung erfolgte dann auf einer Kufe. Zum Schleppen der DFS 230 konnten He 111, Hs 126, Ju 52, Ju 87 und Me 110 herangezogen werden.

Typ: Militärischer Lastensegler ohne Antrieb.
Flügel: Abgestrebter Schulterdecker. Flügel zweiteilig in einholmiger Holzbauweise, bis zum Holm mit verdrehsteifer Sperrholznase, dahinter stoffbespannt. Jede Flügelhälfte durch eine Stahlrohr-I-Stiel zum Rumpf hin abgefangen.
Rumpf: Rumpf mit rechteckigem Querschnitt. Aufbau als geschweißtes Stahlrohrgerüst mit Stoffbespannung.
Leitwerk: Normal, freitragend. Sämtliche Ruder unausgeglichen.
Fahrwerk: Nach dem Start abwerfbares Zweirad-Fahrgestell mit durchlaufender Achse. Unter dem Rumpfvorderteil durch Stoßdämpfer abgefederte Kufe, am Heck Schleifsporn.
Besatzung: 2 Mann im Bug hintereinander wahlweise mit oder ohne Doppelsteuer + 8 voll ausgerüstete Soldaten in Rumpfmitte (Kabine mit Seitenfenster). Einsteigetür Backbord hinter Flügel.

DFS 230 B-1

Abwandlung der DFS 230 A-1 mit pflugartigen Bremsen, die sich durch einen Hebelgriff auslösen ließen und die sich dann rechts und links neben der Kufe in den Boden fraßen. Mit diesen Bremsen ausgerüstet war die DFS 230 speziell für den Wintereinsatz vorgesehen, um die Maschine auf Eisflächen oder vereistem Boden schnellstens zum Stehen zu bringen.

DFS 230 C-1

Umbau einer Anzahl DFS 230 speziell für die Mussolini-Rettungsaktion. Diese Version besaß im Bug drei Bremsraketen und die Einsteigetür vor der Flügelstrebe.

DFS 230 F-1

Die Flugeigenschaften der DFS 230, besonders die hohen Steuerdrücke, ließen viel zu wünschen übrig. Dazu kam noch die geringe Schleppgeschwindigkeit und der viel zu enge Rumpf. Um diese Mängel zu beheben, wurde die *DFS 230 V-6* entwickelt, bei der aber, um den Produktionsausstoß nicht zu gefährden, Tragflügel-, Rumpf- und Leitwerksteile weitgehend übernommen wurden. Die Hauptänderungen betrafen das Rumpfvorderteil, welches breiter und länger wurde. Außerdem erhielt sie ein festes Fahrwerk mit einzeln bremsbaren Rädern. Sodann besaß sie, genau wie die DFS 230 C-1 im Bug einen Bremsraketenkasten und im Heck einen Bremsfallschirm. Aber auch diese Version befriedigte nicht und wurde schließlich durch eine vollständige Neukonstruktion ersetzt.

Bei der DFS 230 F-1 handelt es sich um eine vollkommene Neukonstruktion der Gothaer Waggonfabrik unter dem Chefkonstrukteur Hünerjäger. Da sie erst 1944 entstand, mußte sie dem RLM gegenüber als Eigenentwicklung geheim bleiben und man nannte sie, da die DFS 230 in Zusammenarbeit mit der Gothaer Waggonfabrik entwickelt worden war, *DFS 230 V-7*. Diese Bezeichnung wurde für die Serie in DFS 230 F-1 umgewandelt. Gegenüber der DFS 230 A-1 besaß sie kürzere Tragflügel, allerdings wieder einholmig in Holzbauweise mit Torsionsnase und Stoffbespannung sowie Stahlrohr-I-Streben, einen breiteren Rumpf und ein neues Leitwerk, vollkommen gewichtlich ausgeglichen und mit Trimmklappen versehen. Der Stahlrohr-Rumpf war wesentlich geräumiger geworden und faßte in der Führerkabine zwei Mann Besatzung nebeneinander und in der Kabine 15 voll ausgerüstete Soldaten. Zugänglich war der Rumpf durch eine geräumige Klappe auf der Backbordseite vor dem Flügel und durch eine große Ladeklappe auf dem Rumpf zwischen Holm und Hinterkantflügel. Das Fahrwerk bestand aus zwei starren Laufrädern und einem Schleifsporn.

DFS 203

Im Verlauf der Entwicklung der DFS 230 wurde auch der Bau einer Zwillingsversion erwogen. Zwei normale DFS 230-Rümpfe wurden durch ein Flügelzwischenstück und ein gemeinsames Höhenleitwerk verbunden und das Seitenleitwerk um 86 cm weiter zurück versetzt. Außen wurden normale linke bzw. rechte Tragflügel der DFS 230 angebaut. Dadurch erhielt dieses Flugzeug eine Spannweite von

94. Versuchs-Lastensegler DFS 230 V 7 △

98 A. DFS 203 ◁

94 A. Lastensegler DFS 230 A auf Schwimmern ▽

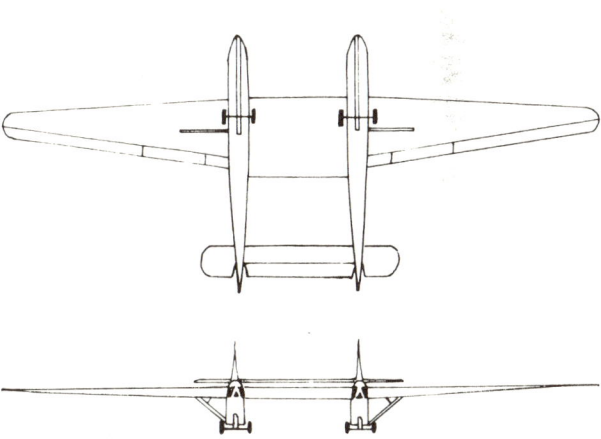

27,60 m, während sich die Länge auf 12,10 m vergrößerte. Eine Modell-Erprobung im Windkanal erbrachte aber keine wesentlichen Vorteile gegenüber der normalen DFS 230, sodaß die Entwicklung abgebrochen wurde.

DFS 331

Ebenfalls in Zusammenarbeit mit der Gothaer Waggonfabrik entwickelte das DFS einen Großraumlastensegler mit der Bezeichnung DFS 331. Das Muster ging nicht in Serie sondern wurde nur in einem einzigen Musterexemplar, der *DFS 331 V-1* gebaut. Interessant war der Vorschlag eines stark verglasten Rumpfbuges, einer aufgesetzten Führersitzabdeckung auf der linken Rumpfseite, eines doppelten Seitenleitwerks und des hinter dem Flügel hochklappbaren gesamten Rumpfhinterteiles.

Typ: Militärischer Lastensegler ohne Antrieb.
Flügel: Abgestrebter Schulterdecker. Flügel zweiteilig in einholmiger

167

95. Versuchs-Lastensegler DFS 331 V 1 △   99. DFS 332 ▷

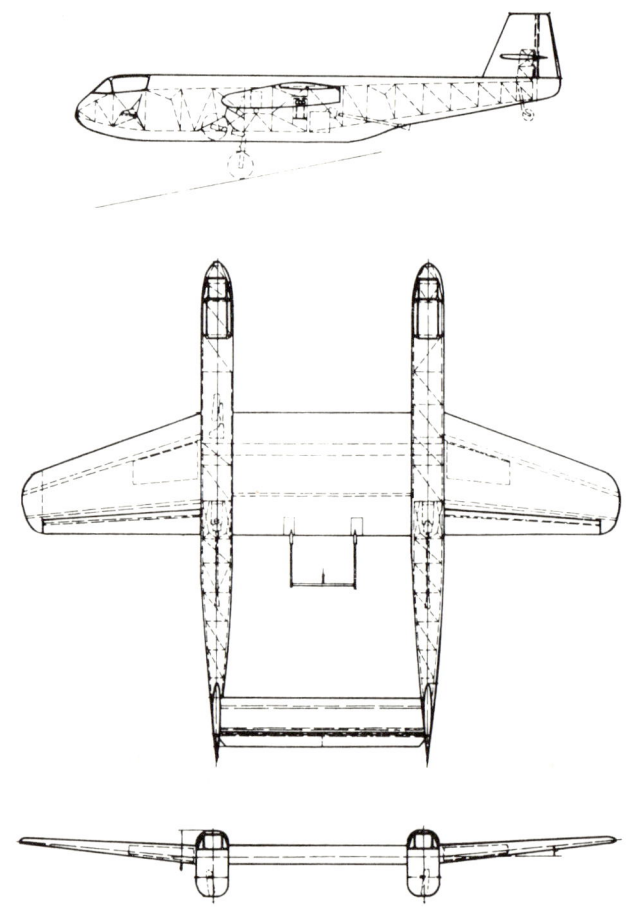

Holzbauweise mit verdrehsteifer Sperrholznase und Stoffbespannung. Bremsklappen. Spreizklappen als Landehilfe zwischen Querruder und Rumpf.

Rumpf: Kastenrumpf mit angenähert rechteckigem Querschnitt. Aufbau als geschweißtes Stahlrohrgerüst mit stark verglaster Rumpfnase. Rumpf hinter der Flügelhinterkante für die Beladung nach oben klappbar. Große Rumpfklappe zusätzlich auf der Backbordseite in der Rumpfseitenwand des Buges. Kleine Tür im Rumpfhinterteil ebenfalls auf der Backbordseite.

Leitwerk: Abgestrebtes Leitwerk mit doppeltem Seitenleitwerk als Endscheiben. Höhenflosse auf Pylon über dem Rumpf liegend und an jeder Seite durch eine umgedrehte V-Strebe abgefangen. Sämtliche Ruder ausgeglichen.

Fahrwerk: Start auf einem abwerfbaren Zweiradfahrgestell mit durchgehender Achse. Landung auf zwei ausschwenkbaren Stahl-Kufen unter dem Rumpfbug, an jeder Seite eine. Schleifsporn.

Besatzung: Pilot im Rumpfbug auf der linken Seite unter aufgesetzter Führersitzabdeckung.

DFS 332

Die DFS 332 war ein Segelflugzeug zur Untersuchung kompletter Flügel-Profilteile bei hohen Geschwindigkeiten. Der erste Prototyp befand sich gegen Ende des Krieges kurz vor der Fertigstellung. Die Maschine war als Doppelrumpf-Konstruktion ausgelegt. Die Versuchsfläche sollte zwischen den beiden Rümpfen befestigt werden und besaß bei 4,5 m Spannweite und 3 m Tiefe einen Flächeninhalt von 13,5 m². Sie sollte aus Holz um einen Duralholm aufgebaut werden, der durch einen Elektromotor gedreht werden konnte. So waren Untersuchungen bei den verschiedensten Anstellwinkeln möglich. Ein zweiter Elektromotor konnte entsprechend zur Trimmung die Höhenflosse verstellen. Der Pilotensitz sollte sich in dem rechten Rumpf befinden, während

168

96. Höhen-Versuchsflugzeug DFS 346 in der Sowjetunion △

100. DFS 346 ▷

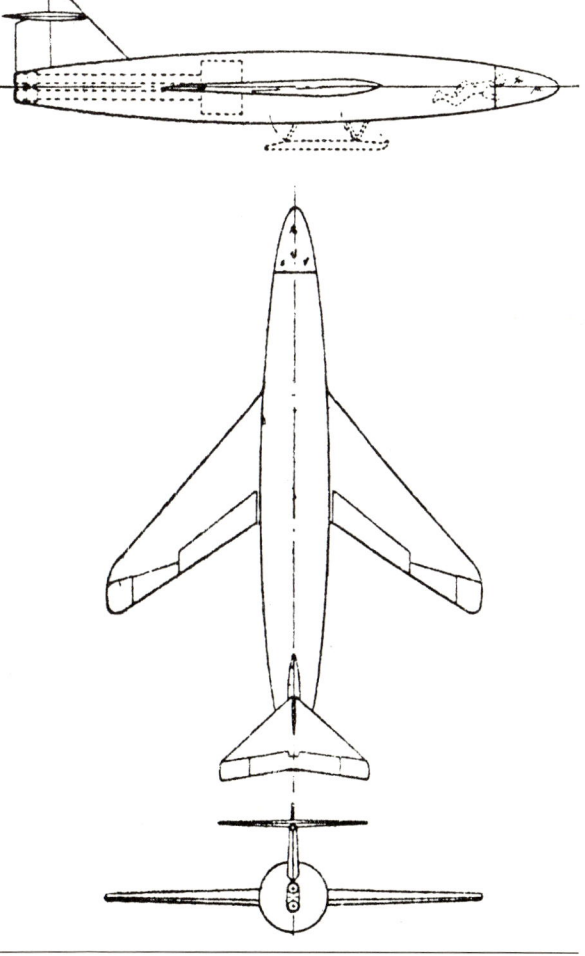

im linken Rumpf Platz für einen Beobachter zur Überwachung des Versuches geschaffen wurde. Die DFS 332 wurde von einem Schleppflugzeug in die Höhe geschleppt und konnte durch verschieden steile Gleitflüge ihre Geschwindigkeit bestimmen. Für höhere Geschwindigkeiten sollte später zusätzlich ein Raketentriebwerk mit kurzer Brenndauer eingebaut werden. Die Auswertung der Versuche sollte am Boden geschehen.

DFS 346

Die mit der DFS 228 erreichten guten Ergebnisse bewogen das RLM, dem DFS einen Entwicklungsauftrag für eine einsitzige Hochgeschwindigkeits-Versuchsmaschine als Weiterentwicklung der DFS 228 zu übertragen. Da für das Muster, das unter der Bezeichnung DFS 346 über 30000 m Höhe und dort eine hohe Überschallgeschwindigkeit erreichen sollte, nur mehr ein reiner Ganzmetallbau in Frage kommen konnte, wurde der Musterbau den Siebel-Flugzeugwerken übergeben. Dort befand sich die erste Mustermaschine im Endmontagewerk Schkeuditz gegen Kriegsende im Bau.

Da 1945 amerikanische Truppen als erste Schkeuditz besetzten und einige Wochen Gelegenheit hatten, dort alles zu untersuchen, die DFS 346 aber nicht nach dem Kriege in den USA auftauchte, nahm man allgemein an, daß die Maschine vor Einmarsch der Amerikaner zerstört worden sei. Photos, die erst etwa 1980 im Westen auftauchten, bewiesen dann aber, daß das Flugzeug nach Abzug der Amerikaner von den Sowjets aufgefunden und in die Sowjetunion gebracht worden war. Über das Schicksal des Flugzeugs in der UdSSR konnte nichts in Erfahrung gebracht werden.

Die DFS 346 war im Prinzip eine DFS 228 mit gepfeilten Flächen. Der Rumpf war wieder dreiteilig mit einem als Druckkabine ausgebildeten Rumpfbug, in der der Pilot auf einer Pritsche mit Kinnstütze liegend angeordnet werden sollte. Die Befestigung der Druckkabine mit vier Sprengbolzen am Restrumpf und die Rettungsmöglichkeiten für den Piloten wurden von der DFS 228 übernommen. Neu war die vordere Verkleidung der Kabine, die aus einer halbkugelförmigen Plexiglasscheibe und einer zweiten Scheibe, die dem Rumpfstrak entsprach, gebildet wurde. Zwischen die Scheiben wurde Warmluft geblasen. Am vorderen Rumpfteil befand sich ein langes Staurohr. Das Rumpfmittelteil nahm drei Kraftstofftanks für T-Stoff und C-Stoff und den Kufenkasten auf, während im Rumpfhinterteil zwei Walter-Raketen übereinander angeordnet waren. Flügel und Leitwerk wiesen 45°-Pfeilform auf und das Höhenleitwerk war in T-Form auf die Seitenflosse gelegt. Eine der hervorstechenden konstruktiven Einzellösungen an dieser Maschine war die Anordnung der Instrumente ohne Sichtbehinderung, die zum Teil über Spiegel abgelesen werden konnten, ohne daß der Pilot den Kopf zu bewegen brauchte.

Typ: Geschwindigkeitsversuchsflugzeug mit zwei Raketentriebwerken.
Flügel: Zweiteiliger Pfeilflügel mit 45°-Pfeilform in Ganzmetall-Schalenbauweise. Klappen über die ganze Flügelhinterkante, in der Mitte als Querruder, innen als hydraulisch betätigte Landeklappen und an den Flächenspitzen als kleine Hochgeschwindigkeits-Querruder und zur Trimmung.
Rumpf: Ganzmetall-Schalenrumpf mit kreisrundem Querschnitt in drei Teilen. Vorderteil als Druckkabine mit verglastem Rumpfbug. Mittelteil zur Aufnahme von Kraftstofftanks und Kufe vorgesehen, Hinterteil als Triebwerks- und Leitwerksträger.
Leitwerk: Freitragendes Normalleitwerk in Ganzmetall. Alle Flächen gepfeilt. Höhenleitwerk in T-Form auf Seitenflosse aufgesetzt.
Fahrwerk: Breite Metallkufe unter dem Rumpfmittelteil, in dieses einziehbar.
Triebwerk: Zwei Walter HWK 109-509 B-1-Flüssigkeitsraketen mit 2 × 2000 kp Standschub. Drei Kraftstoffbehälter für T-Stoff und C-Stoff im Rumpfmittelteil.
Besatzung: 1 Pilot in liegender Anordnung in Druckkabine, die den Rumpfbug bildet.

Die DFS 346 sollte von einem Mutterflugzeug bis auf 10 000 m Höhe geschleppt werden, dann mit eigener Kraft auf 20 000 m steigen und 2270 km/h erreichen.

Doblhoff

Friedrich Baron von Doblhoff, WNF, Zell am See

Kurz nach Beginn des Zweiten Weltkrieges schrieb die deutsche Marine einen Konstruktionswettbewerb auf ein Drehflügelflugzeug für die Verwendung auf kleineren Schiffen und U-Booten als Beobachtungsplattform aus. Eine

Anzahl Entwürfe wurde eingereicht, unter anderen auch die Konstruktion eines Hubschraubers mit düsengetriebenem Rotor, die von dem Österreicher Baron von Doblhoff stammte. Nachdem auf diese Konstruktion ein Entwicklungsauftrag vergeben wurde, stellte von Doblhoff ein Entwicklungsteam aus über zwanzig Ingenieuren zusammen, zu denen Dipl.-Ing. Laufer, der für die theoretische Seite des Projekts verantwortlich zeichnete, und der Statiker und Pilot Dipl.-Ing. Stefan gehörten. Für die Durchführung der Entwicklung wurden von Doblhoff die Wiener-Neustädter Flugzeugwerke in Zell am See zur Verfügung gestellt. Da keines der Mitglieder des Entwicklungsteams Erfahrungen in der Konstruktion von Hubschraubern aufwies, übernahm Prof. Henrich Focke die fachliche Unterstützung. Doblhoffs Prinzip des düsengetriebenen Rotors beruht darauf, daß mittels eines durch einen gewöhnlichen Flugmotor angetriebenen Gebläses ein Kraftstoff-Luftgemisch durch die hohlen Blätter des Drehflügels gedrückt und an deren Ende gezündet wird. Dabei wird der Reaktionsstrahl tangential ausgeblasen. Der große Vorteil ist die Unkompliziertheit und Gewichtsersparnis durch Wegfall des Getriebes und die selbst bei Verwendung eines einzigen Rotors erzielte Drehmomentenfreiheit, dem aber der sehr hohe Kraftstoffverbrauch gegenübersteht. Dies veranlaßte von Doblhoff, bei seinen späteren Versionen den Reaktionsantrieb nur für Start und Landung vorzusehen, während der Dauerflug mittels eines zusätzlich einkuppelbaren Druckpropellers als Autogiro vor sich gehen sollte. Wenn auch die Versuche von Doblhoff nicht vor Kriegsende abgeschlossen werden konnten, so war sein Modell WNF 342 jedoch der erste Hubschrauber der Welt mit Reaktionsantrieb, der geflogen ist.

Doblhoff WNF 342

Vor dem Bau des ersten Prototyps wurde ein umfangreiches Forschungsprogramm erfüllt, bei dem die Anordnung und Steuerbarkeit des Rotors an erster Stelle standen. Auf Anregung Prof. Fockes wurde der gesamte Rotorkopf drehbar angeordnet, weil diese Lösung bei einer Konstruktion ohne Getriebe ideal einfach durchführbar ist. Besondere Probleme brachte die Entwicklung der Brennkammern mit sich, bis das erforderliche hitzebeständige Material gefunden war. Mit dem Bau der *WNF 342 V-1* wurde 1942 begonnen. 1943 machte das Muster seinen Erstflug. Die Maschine wurde ziemlich klein. Ihr Rumpfgerüst bestand aus zusammengeschweißten Stahlrohren, auf dessen Vorderteil der Pilot hinter einem Windschutz aus Leichtmetall saß. Innerhalb des Stahlrohr-Pylons, auf dem der Dreiblatt-Rotor saß, befand sich vorne der Kraftstoffbehälter und dahinter das Triebwerk. Am Heck des Rumpfes befanden sich zwei Endscheiben, deren Form von Zeit zu Zeit geändert wurde, als Seitenleitwerk. Das Fahrwerk bestand aus drei Rädern an Öldämpfern. Die Triebwerksanlage umfaßte einen 1 × 60 PS-Walter Mikron II-Motor, der einen einstufigen

97. Versuchs-Hubschrauber Doblhoff Wn 342 V 3 △   98. Versuchs-Hubschrauber Doblhoff Wn 342 V 4 ▽

Argus-Kreiselverdichter trieb. Die Verbrennungsluft wurde unterhalb des Rotors angesaugt und dem Verdichter zugeführt. Hinter dem Verdichter wurde Kraftstoff mit niedriger Oktanzahl, der vorher durch die Auspuffgase des Kolbentriebwerkes vorgeheizt worden war, in die verdichtete Luft eingespritzt. Das Gemisch passierte durch einen Verteilerkopf die hohlen Rotorblätter bis zu den Brennkammern an den Rotorenden und wurde dort durch eine luftgekühlte Glühkerze entzündet. Die Rotorblätter bestanden aus einem Duralrohr mit ovalem Querschnitt, welches durch Ankleben einer Eichenholz-Hinterkante zum Profil NACA 23018 geformt wurde. Der erste Start der WNF 342 V-1 verlief innerhalb einer Halle erfolgreich. Weitere zufriedenstellende Starts wurden im Freien durchgeführt, allerdings zeigte sich, daß eine vergrößerte Heckflosse Verwendung finden mußte. Um den Widerstand der Brennkammern an den Blattenden zu messen, wurde die Maschine noch mit freidrehendem Rotor von einem Kraftfahrzeug geschleppt. Die *WNF 342 V-2* besaß bei einem der V-1 angeglichenen Aufbau einen 90-PS-Motor und eine einzelne Seitenflosse als überdimensioniertes Trapez. Im Vergleich mit der Focke-Achgelis FA 330, die als Konkurrenzentwicklung zur Doblhoff-Reihe geschaffen wurde, zeigte sich die WNF 342 als zu kompliziert und unwirtschaftlich. Von Doblhoff verfiel daraufhin auf den Gedanken, den Reaktionsantrieb nur für Start und Landung zu verwenden, für den Reiseflug aber einen zusätzlichen Druckpropeller vorzusehen und den Rotor autorotieren zu lassen. Die erste Maschine nach diesem Prinzip war die 1945 entstandene *WNF 342 V-3*. Ein 1 × 160 PS BMW-Bramo Sh 14 A trieb über Kupplungen wahlweise das bei der V-1 beschriebene Düsensystem oder eine Druckschraube. Eine zweite Luftschraube, mit der Druckschraube auf einer Achse sitzend, sorgte beim Steigflug für die Wirksamkeit der Seitenruder. Die beiden Seitenruder saßen am Ende von zwei Leitwerksträgern aus Stahlrohr mit Stoffbespannung und großen Seitenflächen. Für den Piloten war im Bug eine geschlossene Kabine vorgesehen. Der vierte Prototyp, die *WNF 342 V-4*, war der letzte, der vor Kriegsende fertiggestellt wurde. Er entsprach im Aufbau der V-3, hatte jedoch eine offene Kabine mit zwei nebeneinanderliegenden Sitzen und ein einfaches Seitenleitwerk, welches in der Mitte der Höhenflosse aufgesetzt war. Mit dieser Maschine wurden noch 25 Flugstunden vor Kriegsende absolviert. Jedoch betrug die höchste je erreichte Vorwärtsgeschwindigkeit nur 40 km/h. Nach dem Einmarsch der Amerikaner wurde die WNF 342 V-4 nach den USA verschifft.

Dornier

Dornier Werke GmbH., Friedrichshafen

Werke:	Friedrichshafen-Löwenthal, Manzell, Oberpfaffenhofen-Neuaubing
Angeschlossene Werke:	Norddeutsche Dornierwerke GmbH., Wismar, Berlin; A.G. für Dornierflugzeuge, Altenrhein (Schweiz).
Direktor:	Prof. Dr.-Ing. E. h. Dipl.-Ing. Claudius Dornier.
Chefkonstrukteur:	Dipl.-Ing. Pressel.
Chefpilot:	Flugkpt. Fath.

Prof. Claudius Dornier wurde am 14. Mai 1884 in Kempten im Allgäu geboren, studierte bis 1907 an der TH in München Maschinenbau und ging anschließend in den Eisen- und Brückenbau. 1910 trat er zur Versuchsanstalt des Zeppelin-Luftschiffbaues über. Dort betrieb er statische und aerodynamische Untersuchungen an Luftschiffen, entwarf Metall-Luftschrauben und eine drehbare Luftschiffhalle. Kurz vor Ausbruch des Ersten Weltkrieges arbeitete er ein 80 000 m³-Luftschiff für Fahrten nach Amerika aus, dessen Auftrag bei Kriegsbeginn zurückgezogen wurde. Dafür erhielt er nun den Auftrag, als Gegenstück zu dem vom Grafen Zeppelin an Hirth vergebenen Auftrag, ein Riesenflugzeug für das Heer zu entwickeln, ein Riesen-Wasserflugzeug zu konstruieren. Dornier ging an die Aufgabenstellung mit vollkommen neuen Gedankengängen heran, denn er verwendete für den Bau ausschließlich Dural und Stahl und zog die statisch beanspruchten Teile zum Tragen mit heran. Damit gehört Dornier zu den Pionieren der Ganzmetallbauweise und der selbsttragenden Schalen im Flugzeugbau. Sämtliche Dornier-Muster von der Rs I aus dem Jahre 1915 bis zu seinem jüngsten Produkt, der Do 27, sind aus Metall. Ein weiteres typisches Entwicklungs-Element Dorniers ist die Tandemanordnung der Triebwerke, die erstmals 1916 als Notlösung bei der Rs II angewendet wurde, weil die vorhandenen Motoren zu schwach waren. Später wurden die Vorteile der Tandemanordnung wissenschaftlich fundamentiert und bei zahlreichen Konstruktionen zur Ursache ihres Erfolges. Unbestritten besaß Dornier auch im Flugboot-Bau eine in der Welt führende Stelle. Hier sind die bewährten »Flossenstummel« ein Zeugnis seiner überzeugenden Ideen. Das unter der Leitung von Dornier stehende Zeppelinwerk Lindau GmbH, das 1916 von Seemoos nach Lindau-Reutin verlegt worden war, wurde 1922 in Dornier-Werke GmbH umbenannt. Durch das Verbot der Entente war jedoch ein Flugzeugbau unmöglich geworden. Dornier gründete in Italien ein Zweigwerk, wenig später weitere Werke in Spanien, in der Schweiz und in Japan. Inzwischen war der »Wal« erschienen, der die bekannteste Dornier-Konstruktion werden sollte. Eine Reihe weiterer bekannter Flugboote schloß sich an: 1929 die Do X (56 t), 1928 der »Superwal« (14 t), 1929 die Do S (15 t), 1932 der »8-t-Wal«, 1933 der »10-t-Wal«, 1936 die Do 18, 1938 die

99. Jagdzweisitzer Dornier Do 10 mit Schwenktriebwerk in Startstellung △

101. Dornier Do 10 ▷

Do 26 und 1940 schließlich der Entwurf des Riesen Do 214.
Nicht minder erfolgreich war die Reihe der Landflugzeuge.
»Komet I, II und III« sowie »Merkur« wurden viel geflogene
Verkehrsflugzeuge. Die Jagdflugzeugserie begann mit der
schnellen D I aus dem Jahre 1918 und lief über Do H »Falke«
(1922) bis zur Do C I (Do 10, 1931) und dem schnellsten
Kolbenmotorjäger des Zweiten Weltkrieges, der Do 335. Aus
dem Verkehrsflugzeug Do K entstand das Frachtflugzeug
Do F (1932), die Bomber Do 11 (1934), Do 23 (1935) und
schließlich die Do 17 (1936), aus der wiederum Do 215,
Do 217 und Do 317 abgeleitet wurden. Diese Typenauswahl
ist nur ein kleiner Ausschnitt aus den insgesamt 150 Baumustern, die Dornier seit seinem Eintritt in den Flugzeugbau
entworfen hat. Die Arbeit Claudius Dorniers wurde 1924
durch die Verleihung des Titels eines Dr.-Ing. E. h. der TH
Stuttgart anerkannt. 1931 wurde er Ehrensenator der TH
München, 1937 Senatsmitglied der Lilienthal-Gesellschaft,
deren Gedenkmünze ihm bereits 1932 überreicht wurde, und
1942 erhielt er den Professorentitel.

Dornier Do 10 (C 1)

Diese nur in einem Exemplar gebaute Maschine ist die
Radausführung der Schwimmerflugzeuge C II, II a und III.
Die ganze Gruppe bildet die Vorstufe zum Mehrzweckflugzeug Do 22. Während die Schwimmerversionen als Aufklä-
rungsflugzeuge vorgesehen waren, sollte C I = Do 10 als

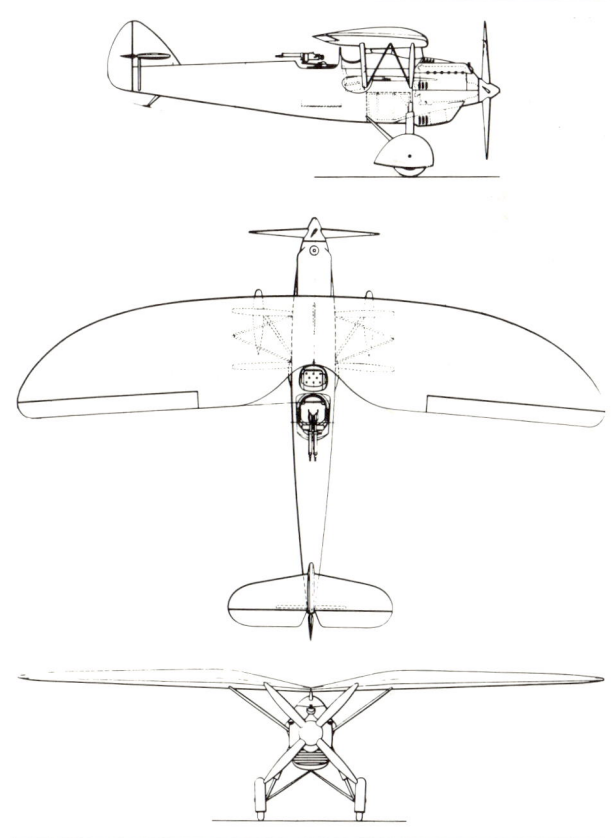

Jagdflugzeug entwickelt werden. Die Leistungen der Maschine befriedigten jedoch nicht, zumal besonders die für einen Jäger erforderliche Steiggeschwindigkeit trotz mehrfacher Änderungen der Triebwerksanordnung nicht erreicht wurde. Auch die von Dornier später so erfolgreich angewendete Schwenkbarkeit des Triebwerks führte nicht zum Erfolg.

Triebwerk: 1 × AMW VI m. Getr.

Startleistung:	1 × 710	PS
Spannweite:	15,00	m
Länge:	10,50	m
Höhe:	4,30	m
Tragfläche:	33,00	m²
Rüstgewicht:	2200	kg
Zuladung:	340—440	kg
Fluggewicht:	2540—2640	kg
Höchstgeschwindigkeit in 4,75 km Höhe:	288	km/h
Dienstgipfelhöhe:	7500	m
Steigzeit auf 5 km Höhe:	12,8	min
Flugdauer (Vollgas) in 6 km Höhe:	1,5 bis 2,5	Std.

Dornier Do 11

1925 schuf Dornier in Japan die mit zwei bei Kawasaki in Lizenz gebauten BMW-Triebwerken von 2 × 500 PS ausgerüstete Do F. 1926 wurde das Muster in der Schweiz mit 2 × 600 PS BMW oder 2 × 650 PS Rolls Royce-Condor-Motoren als Passagierflugzeug mit 18 Sitzen gebaut. 1932 schließlich wurde das Muster für Transportzwecke vollkommen neu durchkonstruiert und mit 2 × 550 PS Siemens-»Jupiter« ausgestattet. In dieser Version übernahm es 1933 die neue deutsche Luftwaffe als erstes Behelfs-Bombenflugzeug. Die ersten Ausführungen der 1932er Version besaßen ein einziehbares Fahrgestell, dieses wurde jedoch später zugunsten eines starren wieder aufgegeben. Anfang 1934 wurde die Do F durch die inzwischen entwickelte Do 11 abgelöst, die als reiner Bomber eine etwas geringere Spann-

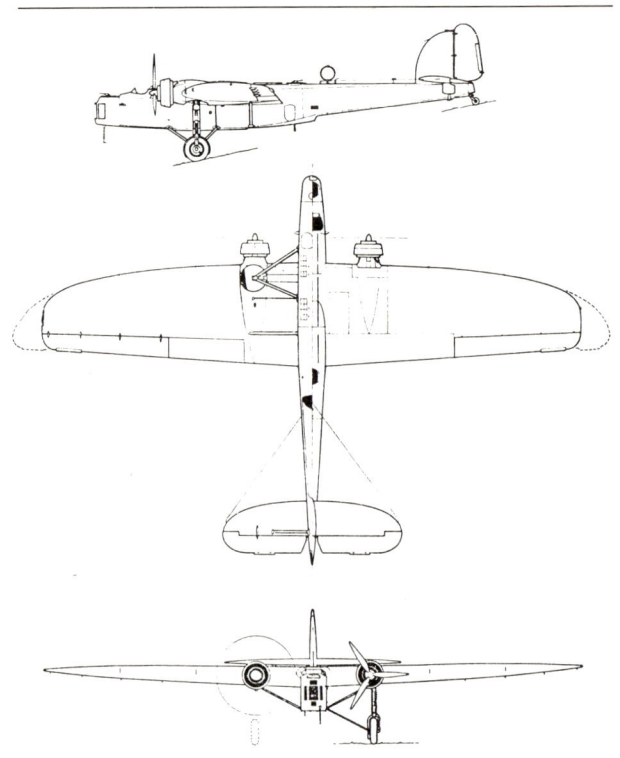

102. Dornier Do 11 (Do F)

weite besaß und von vornherein mit einem starren Fahrgestell versehen wurde, sonst aber vollkommen der Do F entsprach. Mit der Do 11 wurden die ersten regulären Bomberstaffeln der Luftwaffe ausgerüstet.

100. Bombenflugzeug Dornier Do 11 (Do F)

Typ: Zweimotoriger mittlerer Bomber.
Flügel: Abgestrebter Schulterdecker. Flächenumriß mit sichelförmiger Vorderkante in Anlehnung an die trudelsichere Form des Zanonia-Samens. Zweiholmiger Metallaufbau mit blechbeplankter Flügelnase, sonst stoffbespannt. Jede Flügelhälfte zum Rumpf hin durch zwei parallel I-Stiele abgestrebt. Normale Querruder.
Rumpf: Ganzmetall-Schalenbauweise mit rechteckigem Querschnitt. Drei große, planverglaste Fenster in der Rumpfspitze.
Leitwerk: Normalleitwerk mit durch I-Stiele zum Rumpf hin abgestrebte Höhenflossen. Senkrechte Stabilisierungsflächen unter den Höhenflossen. Höhenruder mit Trimmkanten, Seitenruder mit Trimmklappe. Sämtliche Ruder mit aerodynamischen Höhenruder auch mit gewichtlichem Ausgleich.
Fahrwerk: Starres Normalfahrwerk. Verkleidete, bremsbare Haupträder an gummigedämpften Federbeinen, zum Rumpf hin durch V-Stiele abgestrebt. Spornrad.
Triebwerk: Zwei Siemens »Jupiter« luftgekühlte Neunzylinder-Sternmotoren mit 2 × 600 PS Startleistung. Townend-Ring als Auspuffsammler. Starre Zweiblatt-Holzluftschrauben. Kraftstoffkapazität 1540 Liter, Schmierstoff 130 Liter.
Besatzung: 4 Mann, bestehend aus Pilot, Funker und zwei Schützen. Offener Führersitz mit zwei Sitzen nebeneinander.
Militärische Ausrüstung: 1 × 7,9 mm MG 15 im offenen Drehkranz auf dem Bug, 1 × 7,9 mm MG im offenen Drehkranz auf der Rumpfoberseite und 1 × 7,9 mm MG 15 in der Stufe der abgesetzten Rumpfunterseite. Bombenlast bis 1000 kg.

Dornier Do 12 »Libelle«

Aus dem Sportflugboot Do A »Libelle« (1921) mit 1 × 60 PS Siemens wurde 1924 der Dornier »Spatz« mit 1 × 100 PS Bristol »Lucifer« und 1932 das Do 12 »Libelle II«-Amphibium entwickelt. Die Do 12 war ein für Sport- und Reisezwecke entworfenes leichtes Flugboot, das mittels eines im Fluge ein- und auskurbelbaren Fahrgestelles sowohl auf dem Lande als auch auf Wasser starten und landen konnte. Die ersten Ausführungen erhielten einen luftgekühlten Achtzylinder Λ-Motor des Musters Argus As 10 mit 1 × 220 PS Startleistung.

Do 12 A »Libelle«

1934 wurde die Do 12 mit einem französischen Gnôme-Rhône-Sternmotor ausgerüstet und als Do 12 A bezeichnet. Eine Anzahl Maschinen dieser Version wurden bei der A. G. für Dornierflugzeuge in Altenrhein gebaut. Der »Fliegende Pater« Schulte benutzte eines dieser Amphibien für seine bekannten Missionsflüge.

Typ: Einmotoriges Amphibium für Sport, Reise und Sanitätsdienste.
Flügel: Halbfreitragender Schulterdeckerflügel aus Metall mit duralbeplankter Flügelnase, sonst stoffbespannt. Beplankung auf der Flügeloberseite im Bereich des Motorblocks durchgehend. Kurze Abstrebung durch umgekehrte V-Stiele vom Motorblock aus.
Rumpfboot: Ganzmetallaufbau, in fünf wasserdichte Abteile unterteilt. Flachkielung und einstufiger Bootsboden.
Leitwerk: Freitragendes Seitenleitwerk, auf dem Rumpfboot aufgesetzt. Hoch an der Seitenflosse angesetztes Höhenleitwerk, zur

Seitenflosse und zum Rumpfboot hin verspannt. Aufbau aller Flächen aus Duralrippen mit Stahlholmen und Stoffbespannung. Sämtliche Ruder aerodynamisch ausgeglichen.
Schwimmwerk: Zwei Stützschwimmer jeweils in Flügelmitte, an zwei Parallelstreben hängend und verspannt.
Fahrwerk: Einziehbares Normalfahrwerk. Haupträder mechanisch durch Kurbel in die Rumpfbootseitenwände einfahrbar. Warnlampe zur Fahrwerkskontrolle. Schleifsporn.
Triebwerk: Ein Gnôme-Rhône »Titan« 5 Ke luftgekühlter Fünfzylinder-Sternmotor mit 1 × 300 PS Startleistung auf einem in Bootsmitte über dem Flügel stehenden Bock. Starre Zweiblatt-Holzluftschraube in Druckanordnung. Kraftstoffkapazität 190 Liter in zwei Flügeltanks beiderseits des Rumpfes. Schmierstoff 12 Liter, Tank in der Motorengondel.
Besatzung: Zwei offene Sitze nebeneinander mit Doppelsteuer vor der Flügelnase. Unter dem Flügel im Boot Kabine für Notsitz oder Krankenbahre.

Dornier Do 13

1932/33 wurde eine verbesserte Do 11 unter der Bezeichnung Do 13 A gebaut. Aber auch diese zeigte im Flugbetrieb Schwächen, die zu einer weiteren Version Do 13 C führten. Der Hauptunterschied bestand in den Triebwerken. Do 12 A hatte Siemens-»Jupiter«-Motoren mit Getriebe und einer Startleistung von je 600 PS, während Do 13 C BMW VI-Reihenmotoren mit Getriebe und einer Startleistung von je 750 PS erhielten.

	Triebwerk: 2 × Siemens-»Jupiter«-Motoren mit Getriebe		Triebwerk: 2 × BMW VI mit Getr.	
Höchstleistung:	2 × 600	PS	2 × 750	PS
Spannweite:	28,00	m	28,00	m
Länge:	18,75	m	18,80	m
Höhe:	5,65	m	5,40	m
Tragfläche:	112	m²	112	m²
Rüstgewicht:	5 530	kg	6 050	kg
Zuladung:	2 470	kg	2 550	kg
Fluggewicht:	8 000	kg	8 600	kg
Höchstgeschwindigkeit:	245	km/h	260	km/h
Dienstgipfelhöhe:	3 600	m	4 600	m
Steigzeit auf 3 km Höhe:	27,4	min	18	min
Flugstrecke mit 1 055 kg Nutzlast:	1 300	km	1 200	km

Dornier Do 14

Die Dornier Do 14 wurde 1934 als reines Versuchsflugzeug für Antriebsstudien entwickelt. Konstruktiv wich das Flugboot nicht wesentlich von den bisherigen Dornier-Konstruktionen ab. Halbfreitragender Schulterdecker in Ganzmetall. Flügel mit gerader Hinter- und elliptischer Vorderkante. Zweistufiges Rumpfboot mit »Dornier-Stummeln«, zu denen der Flügel durch Parallelstiele abgefangen war. Offener Führersitz vor der Flügelnase. Auf den Rumpf aufgesetztes Seitenleitwerk mit hoch angesetztem, verstrebtem Höhenleitwerk. Die Eigenart der Do 14 lag in ihrer Trieb-

101. Sportflugboot Dornier Do 12 »Libelle« △

102. Bombenflugzeug Dornier Do 13 ▽

werksanlage. Erstmals war der gesamte Treibstoffvorrat in den Stummeln untergebracht, einmal um eine bessere Stabilität auf dem Wasser zu erzielen, zum zweiten, um eine höhere Brandsicherheit zu erlangen. Diese Anordnung wurde bei den späteren »Wal«-Booten und der Do 18 übernommen. Die beiden BMW VI-Triebwerke lagen in Tandemanordnung innerhalb des Rumpfbootes und drehten über Winkelgetriebe und Fernwellen eine relativ langsam drehende starre Vierblattluftschraube großen Durchmessers in Druckanordnung. Die Luftschraube befand sich am Ende eines kleinen Stromlinienkörpers, der, von zwei N-Streben getragen, über dem Flügel lag. Zwischen den Motoren war ein zweistufiges Wechselgetriebe geschaltet, das die günstigste Drehzahlabstimmung der Motoren sowohl für den Start als auch für den Reiseflug zuließ. Zur Erhöhung der Sicherheit beim Ausfall eines Motors war zusätzlich eine Kupplung eingebaut, die den Einmotorenflug zuließ. Außer Erfahrungen im Fernwellenbau erbrachte dieses Versuchsmuster allerdings keine praktischen Versuchsresultate, die sich auswerten ließen, denn während der langen Entwicklungszeit der Do 14 waren inzwischen Verstell-Luftschrauben auf den Markt gekommen, mit denen die günstigste Drehzahl beliebiger Motoren abgestimmt werden konnte. Nach dem einzigen gebauten Versuchsmuster wurde die Entwicklung der Do 14 abgebrochen.

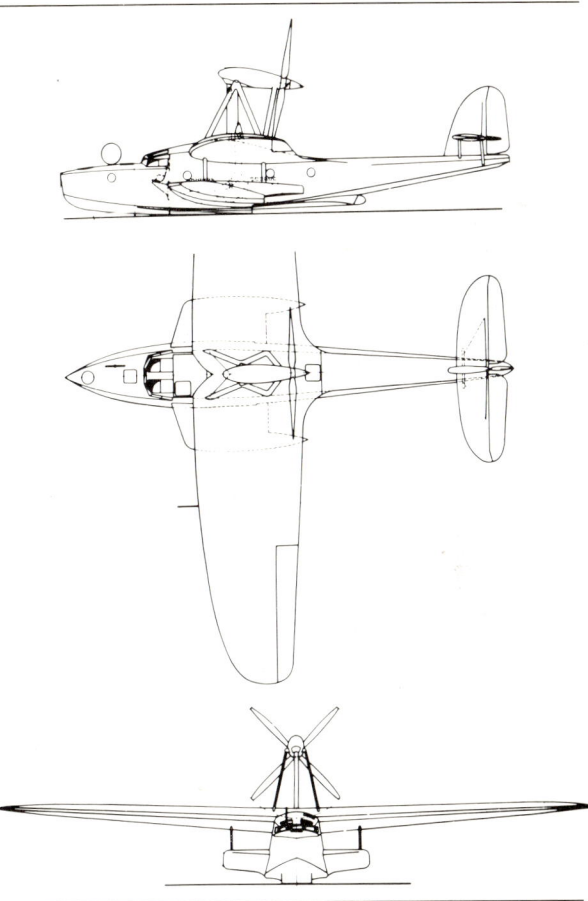

Triebwerk: 2 × BMW VI		
Startleistung:	2 x 690	PS
Spannweite:	25,00	m
Länge:	18,00	m
Höhe:	7,35	m
Tragfläche:	89,00	m²
Rüstgewicht:	6 120	kg
Zuladung:	5 280	kg
Fluggewicht:	11 400	kg
Höchstgeschwindigkeit:	227	km/h

103. Dornier Do 14 △
103. Versuchsflugboot Dornier Do 14 ▽

Dornier »Militär-Wal« 33

Der Tandemmotor mit je einem Zug- und Druckpropeller
zieht sich wie ein roter Faden durch sämtliche Dornier-
Konstruktionen seit der Rs II aus dem Jahre 1916. Seinen
größten Ruhm sollte er jedoch mit den »Wal«-Flugbooten
erreichen. Der »Wal« ist eine direkte Entwicklung aus der
Gs I (2 × 260 PS, 4,3 t) des Jahres 1919. Sie wies bereits alle
Merkmale der kommenden Dornier-Flugbootgenerationen
auf, nämlich das flache, zweistufige Rumpfboot mit »Dornier-Stummeln« zur Stabilisierung des Bootes um die Längsachse auf dem Wasser, Tandemmotoren in einer Gondel über
dem Flügel und zu den Stummeln hin abgestrebte Rechteckflügel. Dieses Boot, welches 1919 bei Flügen über der
Schweiz, Holland und Deutschland berechtigtes Aufsehen
erregte, wurde am 25. April 1920 vor Holtenau von der
Besatzung versenkt, als die Entente die Auslieferung verlangte. Die im Bau befindlichen zwei Gs II »Wal«-Boote mußten
in Seemoos zerstört werden. Doch der Nachhall des gezeigten
Interesses für den »Wal« ließ Dornier nicht eher ruhen, bis er
1921 in Marina di Pisa in Italien ein Zweigwerk zur
Herstellung von »Walen« eröffnet hatte. Am 6. November
1922 erfolgte dort der Erstflug des »J-Wal« (2 × 300 PS
Hispano-Suiza, 4,7 t). Spanien bestellte daraufhin sechs
solcher Boote für Militärzwecke (2 × 360 PS Rolls Royce
»Eagle« IX, 4,2 t), und auch aus Italien liefen die ersten
Bestellungen ein. Die Flüge mit Dornier-»Walen« erregten
bald in der ganzen Welt Aufsehen. Amundsen flog mit ihnen
bis zum 88. Grad nördlicher Breite in die Nähe des Nordpols,

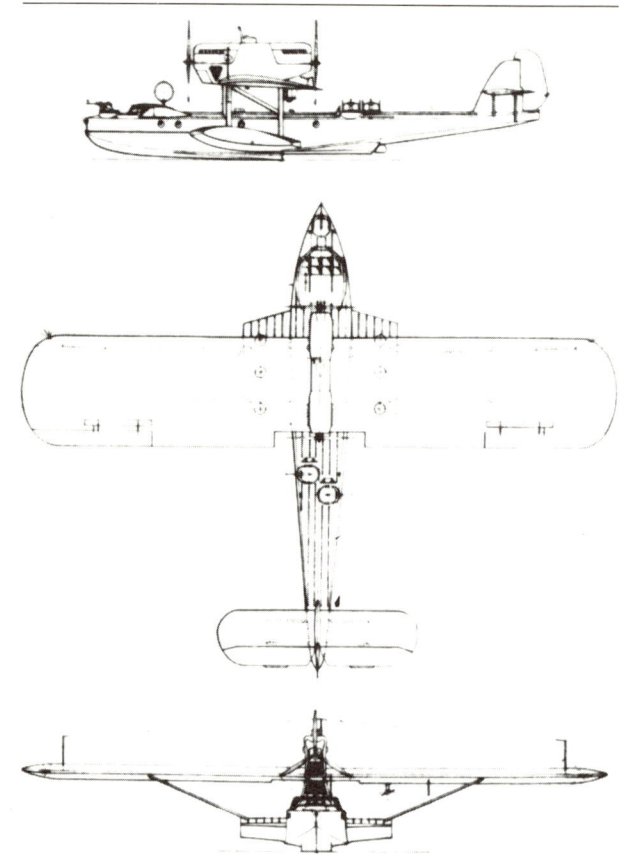

104. Dornier »Militär-Wal« 33 ▷
104. Fernaufklärungsflugboot Dornier »Militär-Wal« 33 ▽

178

Franco und de Beires bezwangen beide in »Walen« den Südatlantik und Wolfgang von Gronau landete nach einer Überquerung, des Nordatlantik im Hafen von New York. Zwei Jahre später umrundete er in einem 8-t-»Wal« den gesamten Globus. 1923 wurde der Bau von »Walen« mit Motoren von 180 bis 450 PS in der Schweiz aufgenommen, 1928 mit 600 PS-Motoren in Spanien und 1930 ebenfalls mit 600 PS-Motoren in Holland. Auf den normalen Verkehrs-»Wal« 1924 (2 × 360 PS, 6t) folgte 1927 der »Super-Wal« (4x500 PS, 14t) und 1932 respektive 1933 der 8-t- und 10-t-»Wal« für den Postdienst der Lufthansa. Der 8-t-»Wal« wurde 1933 als »Militär-Wal-33« für die neue deutsche Luftwaffe abgeändert. Eine Reihe dieser Boote wurde in Friedrichshafen gebaut.

Typ: Zweimotoriges Aufklärungsboot.
Flügel: Abgestrebter Hochdeckerflügel. Das kurze Mittelstück mit der Motorengondel, welches vollständig mit Blech beplankt ist, sitzt auf zwei N-Stielen oberhalb des Rumpfbootes. Die Außenteile werden durch zwei ausgekreuzt verspannte Parallelstiele von den Stummeln her abgefangen. Aufbau als zweiholmiges Metallgerüst mit blechbeplankter Nase, sonst stoffbespannt. Querruder in den Außenflügeln.
Rumpfboot: Ganzmetall-Schalenaufbau. Charakteristische Dornier-Form mit zwei »Dornier-Stummeln« zur Stabilisierung auf dem Wasser. Bootsboden vorne scharf gekielt, in eine flache Querstufe übergehend. Der hinter der Stufe angesetzte Verdrängungskiel läuft in eine spitze zweite Stufe aus, die vom Wasserruder abgeschlossen wird.
Leitwerk: Normal, mit durch je zwei Parallelstiele abgefangenem, hoch an der Seitenflosse angesetztem Höhenleitwerk. Metallgerüst, Flossen blechbeplankt, Ruder stoffbespannt. Sämtliche Ruder gewichtlich ausgeglichen.
Triebwerk: Zwei BMW VI flüssigkeitsgekühlte Zwölfzylinder V-Motoren mit 2 × 700 PS Startleistung in Tandemanordnung mit je einer Zug- und Druckschraube in Gondel auf dem Flügel. Zweiblatt-Metall-Einstellschraube. Kraftstoffkapazität 3150 Liter in vier Tanks in den Stummeln. Schmierstoff 170 Liter, Tank in Motorengondel.
Besatzung: 4 Mann, bestehend aus zwei Piloten, Funker (Schütze) und Bordmechaniker (Schütze).
Militärische Ausrüstung: 1 × 7,9 mm MG 15 auf offenem Drehkranz im Bug, 1 × 7,9 MG 15 auf offenem Drehkranz in zwei B-Ständen, die versetzt nebeneinander angeordnet waren.

Dornier Do 17

Bereits im Jahre 1932 erließ das damalige Heereswaffenamt im Reichswehrministerium eine Ausschreibung für ein zweimotoriges Schnellverkehrsflugzeug, das, wie die Ju 52, auch für militärische Zwecke geeignet sein sollte. Dies entsprach der damaligen, unter dem Druck des Bauverbots für militärische Zwecke existierenden Tendenz des Chefs des Heereswaffenamts. Bei Dornier entstand dann als Ableitung aus der Do K der Entwurf Do 15, an dem bis März 1933 gearbeitet wurde. Dieser Entwurf wurde aber von dem neu ernannten Reichskommissar für Luftfahrt abgelehnt. Bereits am 17. März 1933 legte Dornier ein neues Angebot für ein

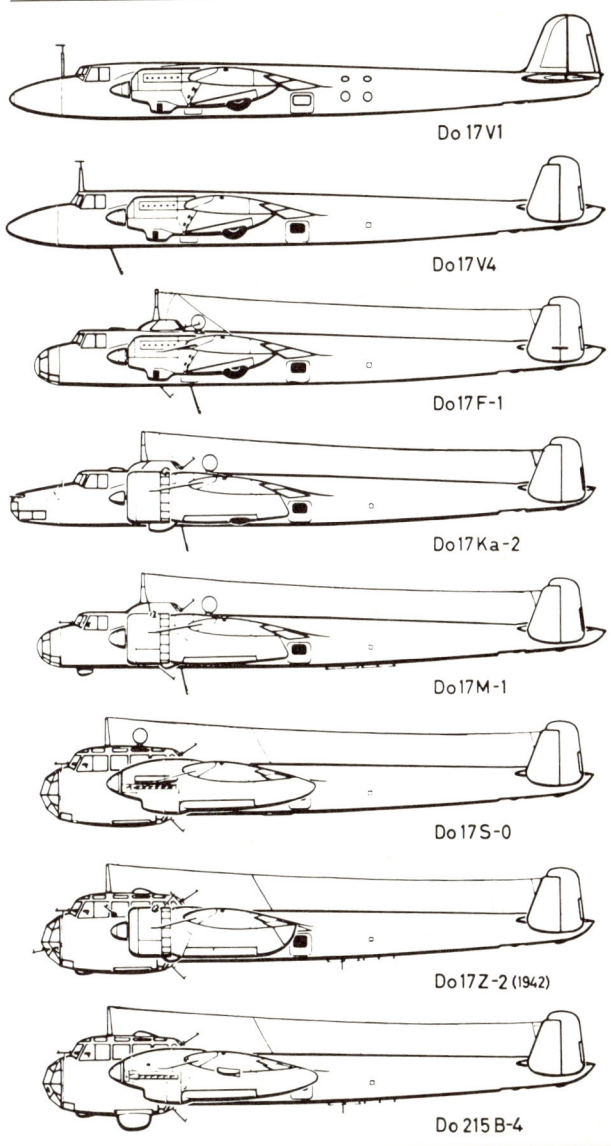

105. Seiten-Ansichten verschiedener Dornier-Do 17-Baureihen

Schnellverkehrsflugzeug Do 17 vor, für das aber bereits eine zweite Ausführung als »Lastenflugzeug« (Tarnname für Bomber) vorgesehen war. Bereits am 13. April wurden in Manzell in Zusammenarbeit aller Beteiligten die Einzelheiten dieses Projektes festgelegt. Wenn auch Vertreter der Deutschen Lufthansa an der Besprechung teilnahmen, so wurde doch hauptsächlich über Bordwaffen und Bombenabwurfgeräte der militärischen Version gesprochen. Dornier sollte die Attrappen, besonders der militärischen Version, bis 10. Mai 1933 fertigstellen. Am 24. Mai 1933 wurde seitens des

105. Versuchsflugzeug Dornier Do 17 V 1 △   106. Versuchsflugzeug Dornier Do 17 V 2 ▽

107. Versuchsflugzeug Dornier Do 17 MV-1 (D-AELE, später GL + AL)

Staatssekretärs im neu geschaffenen RLM der Auftrag für zwei Maschinen des Musters Do 17 erteilt, wobei festgelegt wurde, daß die militärische Version zuerst und dann erst die Lufthansa-Ausführung zu bauen sei und die militärischen Forderungen der Erprobungsstelle Rechlin vorrangig zu behandeln seien. Das »Sonderflugzeug des RLM«, Werk-Nr. 256 und die »Verkehrsausführung DLH« Werk-Nr. 257 sollten bis 15. März 1934 fertig sein. Werk-Nr. 256 wurde dann zuerst als Do 17 C, später Do 17 V 1 bezeichnet, Werk-Nr. 257 als Do 17 A, später Do 17 V 2. Später wurde noch eine dritte Maschine, Werk-Nr. 258 als Do 17 D bestellt, die dann zur Do 17 V 3 wurde. Do 17 C sollte den BMW VI D/7,3 erhalten, Do 17 A den BMW VI/6,0 und Do 17 D den französischen Hispano-Suiza 12 Ybrs. Aus diesen Bezeichnungen ergibt sich, warum die erste Serienausführung folgerichtig als Do 17 E bezeichnet wurde. Bereits während des Baus der ersten beiden Maschinen war man zu der Auffassung gekommen, daß das einfache Seitenleitwerk der Do 17 V 1 zu klein war. Do 17 V 2 und alle Folgemaschinen sind bereits mit Doppelleitwerk gebaut worden. Der Erstflug der Do 17 C (V 1) erfolgte unter Führung von Flugkapitän Fath am 23. November 1934. Mitte Februar erlitt die Maschine einen Fahrwerksbruch. Trotzdem sollte das Nachfliegen durch Angehörige der Erprobungsstelle bereits am 18. März 1935 stattfinden. Am 28. Februar 1935 fand eine weitere Besprechung zwischen den Beauftragten der Firma Dornier und des RLM statt, wobei bereits Termine für eine Nullserie festgelegt, Bewaffnungs- und Ausrüstungsfragen und die Umgestaltung des Rumpfbugs besprochen

wurden. Hierbei wurden zum ersten Mal die Bezeichnungen Do 17 V 1, V 2 und V 3 verwendet. V 1 und V 2 wurden zwischen dem 24. und 26. Juni 1935 zum ersten Mal von Rechliner Piloten geflogen.
Ein erneutes Nachfliegen am 8. August 1935 verlief zufriedenstellend. Die endgültige Musterprüfung fand dann vom 20. bis 31. August 1935 in Rechlin statt und verlief erfolgreich. Am 30. Dezember 1936 wurde erst der offizielle Auftrag zur Fertigung von elf weiteren Versuchsflugzeugen V 4 bis V 14 erteilt. In dieser Zeit interessierten sich die Japaner, mit denen anscheinend bereits damals eine enge Zusammenarbeit bestand, für die Do 17. Zum Nachbau kam es aber nicht. Do 17 V 3 machte ihren Erstflug wieder unter Fl.Kpt. Fath am 19. September 1935 und wurde am 23. September 1935 von der BAL (Bauaufsicht Luftwaffe) übernommen. Do 17 V 1 machte am 21. Dezember 1935 Totalbruch. Es wurde eine Ersatzmaschine, Werk-Nr. 686, gebaut, die das Kennzeichen D-AJUN erhielt, das schon die erste Do 17 V 1 gehabt hatte. Sie wurde Versuchsträger für die Elvemag (Elektr. Vertikalmagazine). Die zweite Do 17 V 1 hatte, wie alle anderen, Doppelleitwerk. Zum Musterflugzeug für die E-Serie wurde die D 17 V 2, D-AHAK. Versuchsträger für den Waffeneinbau wurden Do 17 V 3, D-ABIH und V 4, D-AGYA. Erst V 5, D-AKOH, wurde Musterflugzeug für die DLH-Ausführung, die aber nicht in Serie ging. Do 17 V 6 wurde als D-AKUZ, später GL + AJ, Reiseflugzeug des RLM. Do 17 V 7, D-AQYK, später KD + NE, wurde Musterflugzeug für die E-2-Serie und erhielt neue Abwehr- und Abwurfwaffen. Musterflugzeug

181

für die geplante Fernaufklärerserie F-1 wurde V 8, D-AXOM. Weitere Musterflugzeuge für die Aufklärerversion waren V 10, D-AKUU, später RB + DK und V 11, D-ATYA. Ein Spezialflugzeug wurde V 13, D-ATAH, die als erste den 950 PS DB 600 erhielt und für die Aufkl.Gr. (F) ObdL bestimmt war. (Später als Gruppe Rowehl bekannt.) Wahrscheinlich war auch die als »Lichtbildflugzeug« bezeichnete D 17 V 14, D-AFOU, ebenfalls für diesen Zweck bestimmt. V 18 war eine normale E-1, aber mit BMW 132 F und sollte Musterflugzeug einer geplanten, aber nicht gebauten J 1-Serie werden, V 19 mit gleichem Triebwerk J 2. Do 17 MV 1, D-AELE, später GL + AL wurde mit DB 600 oder 601-Triebwerk ausgerüstet. MV 2, D-AUQO, war Versuchsträger für den Bramo 323. MV 3, D-AAQU, erhielt den Bramo 323 D und wurde Musterflugzeug für die Bomberserie Do 17 M, während die entsprechende Fernaufklärerserie den BMW 132 N erhielt.

Die durch den spektakulären Erfolg in Zürich 1937 bekannt gewordene Maschine war die Do 17 MV 1. Sie trug in Zürich die zivilen Kennzeichen D-AELE, flog im Jahresübergang 1939/40 in Rechlin als GL + AL, erhielt aber Anfang Januar wieder ihr altes ziviles Kennzeichen und diente bis Kriegsende zur Erprobung von Schleppverfahren bei der DFS.

Musterflugzeug für die Z-Serie wurde die Do 17 ZV 1, Werk-Nr. 2180, D-ABVD. Die Aufkl.Gr. (F) ObdL erhielt später noch drei Do 17 S, die wahrscheinlich als Vorgänger der später bei diesem Verband eingesetzten Do 215 B anzusehen sind.

Do 17 E-1

Erste militärische Serienausführung mit verkürztem und verglastem Rumpfbug, in den später ein 7,9 mm MG 15 zur Erdbekämpfung eingebaut wurde. In der Frontscheibe des Führersitzes kam ein halbstarr gelagertes MG 15 zum Einbau. Der B-Stand (1 × MG 15) war offen ausgeführt. Hydraulische Fahrwerk- und Landeklappenbetätigung. 1937 wurde das »Edelweiß-Geschwader« als erster Verband der deutschen Luftwaffe mit dieser Maschine ausgerüstet. In Spanien erfolgte die Fronterprobung, die eine Umrüstung auf eine Splitterbombenanlage für Tiefangriffe erbrachte. Mit den beiden BMW VI-Motoren war die Do 17 E das seinerzeit schnellste Bombenflugzeug.

Typ: Zweimotoriger mittlerer Bomber.
Flügel: Freitragender Schulterdecker, zweiholmiger Ganzmetallflügel, Unterseite zum Teil stoffbespannt. Schlitzquerruder. Spreizklappen zwischen Querruder und Rumpf.
Rumpf: Ganzmetallrumpf in Schalenbauweise mit verglaster Rumpfspitze.
Leitwerk: Freitragendes Höhenleitwerk in Ganzmetall, Höhenflosse im Fluge verstellbar, Höhenruder mit Trimmklappen. Seitenleitwerk doppelt als Endscheiben ausgebildet, in Ganzmetall und freitragend. Alle Ruder haben Gewichtsausgleich.
Fahrwerk: Einziehbares Normalfahrwerk. Haupträder hydraulisch nach hinten in die Motorgondel hochziehbar, Radbremsen. Verkleidetes, einziehbares Spornrad.

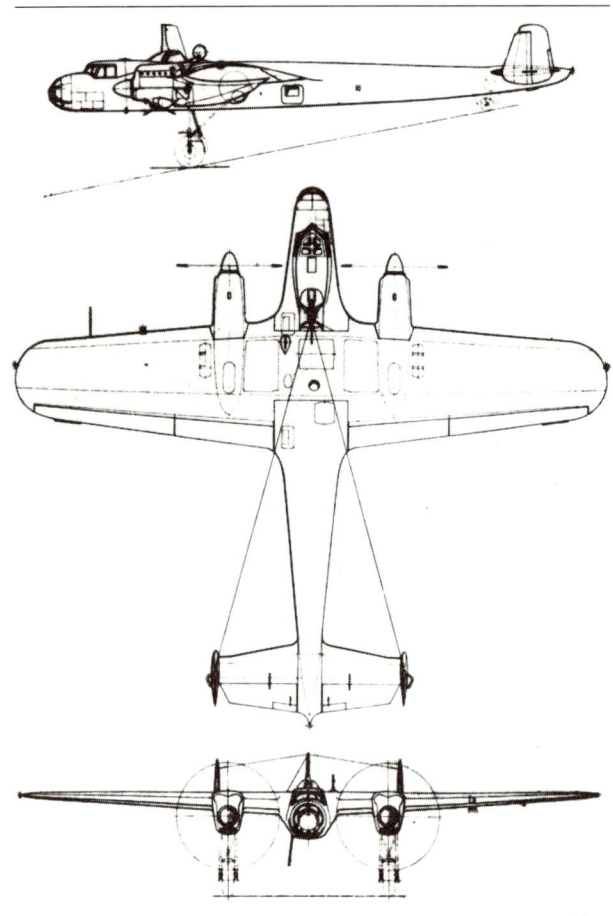

106. Dornier Do 17 F

Triebwerk: Zwei BMW VI flüssigkeitsgekühlte Zwölfzylinder V-Motoren mit 2 × 750 PS Startleistung. Starre dreiflügelige Holzluftschrauben. Kraftstoff- und Ölkapazität 1117 kg.
Besatzung: 3 Mann, bestehend aus Pilot, Funker und Bombenschütze.
Militärische Ausrüstung: 1 × 7,9 mm MG 15 halbstarr in der Frontscheibe des Führersitzes, 1 × 7,9 mm MG 15 im B-Stand und teilweise ein MG 15 im Rumpfbug. Maximale Bombenlast 500 kg, Aufhängemöglichkeit für 10 × SC 50 in zwei Magazinen, 5 × C 50 oder 1 × SC 250. Später Umrüstung für Tiefangriffe mit Elvemag C 10 für 10 kg Splitterbomben.

Do 17 F-1

Die F-1 war die Photo-Aufklärer-Version der E-1. Sie besaß gleich dieser 2 × 750 PS BMW VI mit Holzluftschrauben, drei Mann Besatzung und die gleiche Abwehrbewaffnung. Zusätzlich war sie an Stelle einer Bombenzuladung mit einem Reihenbildgerät Rb 50/18 oder Rb 50/30 sowie Blitzlichtbomben LC 50 F an ETC 50 ausgerüstet.

108. Bombenflugzeug Dornier Do 17 E des KG 153, später KG 77 △

109. Aufklärer Dornier Do 17 F-1 ▽

Do 17 Ka-1

1937 bestellte Jugoslawien als erste ausländische Macht die Do 17 für ihre Luftwaffe. Zur Abwicklung des Auftrages wurde nach den Wünschen des Bestellers eine spezielle Exportausführung entwickelt, die die Bezeichnung Do 17 Ka-1 erhielt. Sie besaß französische Gnôme-Rhône 14 NO-Sternmotoren von 2 × 985 PS und dreiflügelige VDM-Verstell-Luftschrauben aus Metall. Im verlängerten und mit einer neuen Kanzel versehenen Rumpfbug kamen zwei starre MG-FN zum Einbau. Ansonsten entsprach die Zelle der der E-1. Fahrwerk und Klappen wurden hydraulisch betätigt.

Do 17 Kb-1

Diese Version, die ebenfalls für den Export nach Jugoslawien gefertigt wurde, unterschied sich von der Ka-1 lediglich durch eine elektrische Betätigung des Fahrwerks und der Klappen und durch einen geschlossenen B-Stand.

Do 17 L

In einem Stück der E-Serie entnommenes Musterflugzeug als Erprobungsträger für Bramo 323 P-Motoren.

Do 17 MV-1

Wettbewerbsflugzeug für das Internationale Flugmeeting 1937 in Dübendorf bei Zürich. Diese in einem Stück gebaute Version besaß die E-1 Zelle mit langem, verglastem Rumpfbug und als Antrieb zwei DB 600 G mit 2 × 1050 PS. Die Maschine wurde bei diesem Wettbewerb unter Flugkapitän Polte Sieger im internationalen Alpenrundflug für Militärmehrsitzer.

Do 17 MV-3

Musterflugzeug für die M-Serie.

Do 17 M-1

Weiterentwicklung der E-1 mit elektrisch betätigten Klappen und elektrisch einziehbarem Fahrgestell, geschlossenem B-Stand und verbesserter Ausrüstung (Patin-Fernkompaß, Siemens-Kurssteuerung K 4 ü). Der Antrieb bestand aus 2 × 840 PS Bramo 323 A-Sternmotoren mit VDM-Verstell-Luftschrauben. Maximale Bombenzuladung auf 1000 kg erhöht, Aufhängemöglichkeit für 20 × SC 50. Zielgerät Lotfe C 7. Besatzung und Bewaffnung wie E-1.

Do 17 P-1

Photo-Aufklärer-Version der M-1, jedoch mit 2 × 870 PS BMW 132 N ausgerüstet. Zwei Reihenbildgeräte konnten mitgeführt werden, entweder Rb 20/30 und Rb 50/30 oder Rb 20/18 und Rb 50/18. Die weitere Zuladung bestand aus vier Leuchtbomben LC 50 F an ETC.

Do 17 R-1

Erprobungsträger für Zielgeräte, aus der E-1 entwickelt und in einem Stück gebaut. Diese Version wurde zuerst von zwei BMW VI angetrieben, später auf DB 600 umgerüstet.

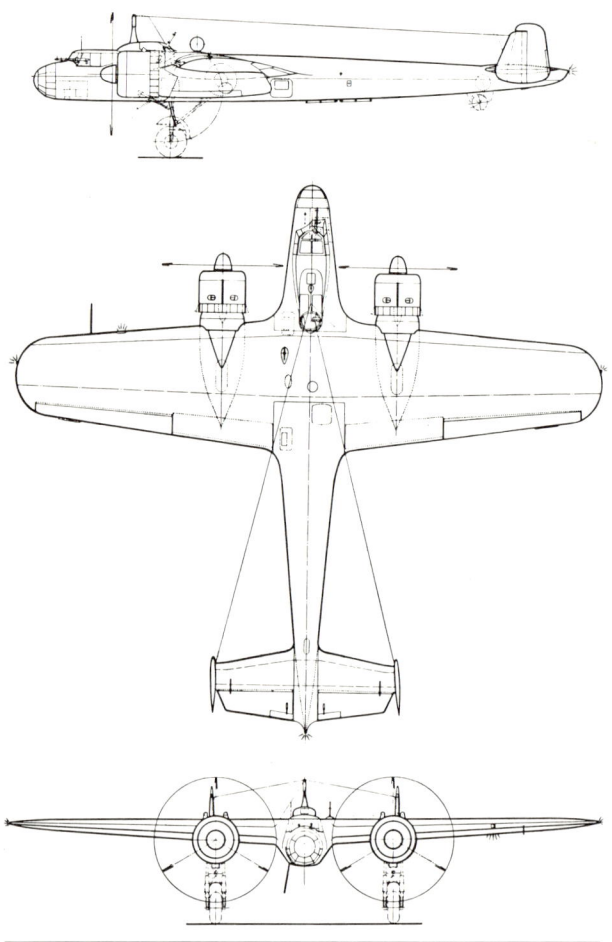

107. Dornier Do 17 M

Do 17 R-2

Ebenfalls aus der E-1 entwickelter Erprobungsträger für zwei DB 601-Motoren. In einem Stück gebaut.

Do 17 S-0

Aus der P-1 entwickelter Photo-Aufklärer mit großer Kanzel, wie sie in der Z-Serie verwendet wurde, jedoch ohne C-Stand. Drei Maschinen dieser durch 2 × 1050 PS DB 600 N angetriebenen Version wurden 1938/39 gebaut.

Do 17 U-0

Führungsflugzeug für Kampfverbände, aus der unten beschriebenen Z-Serie entwickelt. Sie unterschied sich von der Serienausführung durch eine geräumigere Kanzel für fünf Mann Besatzung (zwei Funker). 15 Maschinen wurden gebaut.

110. Kampfflugzeug Dornier Do 17 Ka-2 für Jugoslawien △

111. Bombenflugzeug Dornier Do 17 M ▽

112. Aufklärer Dornier Do 17 P der 3.(H)/15 △

107 A. Dornier-Projekt Do 17 Z auf Schwimmern ▷

Do 17 Z-Reihe

1939 lief die Z-Serie an, von der bis zum Auslaufen der Serie im Jahre 1940 insgesamt 506 Stück an die Truppe abgeliefert wurden. Sie unterschied sich von den Vorgängermustern durch eine neue Kanzel, die den Vorstellungen der Militärs vom »Waffenkopf« entsprach. Die auf vier Mann erhöhte Besatzung saß dichtgedrängt im Rumpfbug, dessen Spitze mit Planscheiben verglast war. Den rückwärtigen Abschluß bildeten oben der B- und unten der C-Stand. Ursprünglich sollte der Waffenkopf mit vier MG bestückt werden, doch wurden im Laufe der Zeit bis zu acht MG eingebaut. Die Do 17 Z-1 und Z-2 stellten bei Kriegsbeginn einen großen Teil der Kampfverbände in der Luftwaffe. Von diesen beiden Versionen, die den größten Anteil von der Gesamtlieferung abgaben, war die Z-2 wiederum die zahlreichere.

Do 17 Z-1

Serienausführung als Bomber. Einbau eines FuG 10. Bombenabwurfanlage wie M-1. Vier Mann Besatzung. Der Antrieb bestand aus zwei Bramo 323 A-Motoren mit VDM-Verstell-Luftschrauben. Sämtliche Muster wurden später zu Z-2 umgebaut.

Do 17 Z-2

Bomber wie Z-1, jedoch mit 2 × 1050 PS Bramo 323 P mit Zweiganglader.

Do 17 Z-3

Aufklärerausführung der Z-2 für bewaffnete Aufklärung. Zusätzliche Einbaumöglichkeit für Bildgerät Rb 50/30 im B-Stand und Rb 20/30 in entsprechend ausgeführter Einstiegklappe. 22 Maschinen wurden gebaut.

Do 17 Z-4

Schulflugzeug mit Doppelsteuerung, in den Frontwerften umgerüstet.

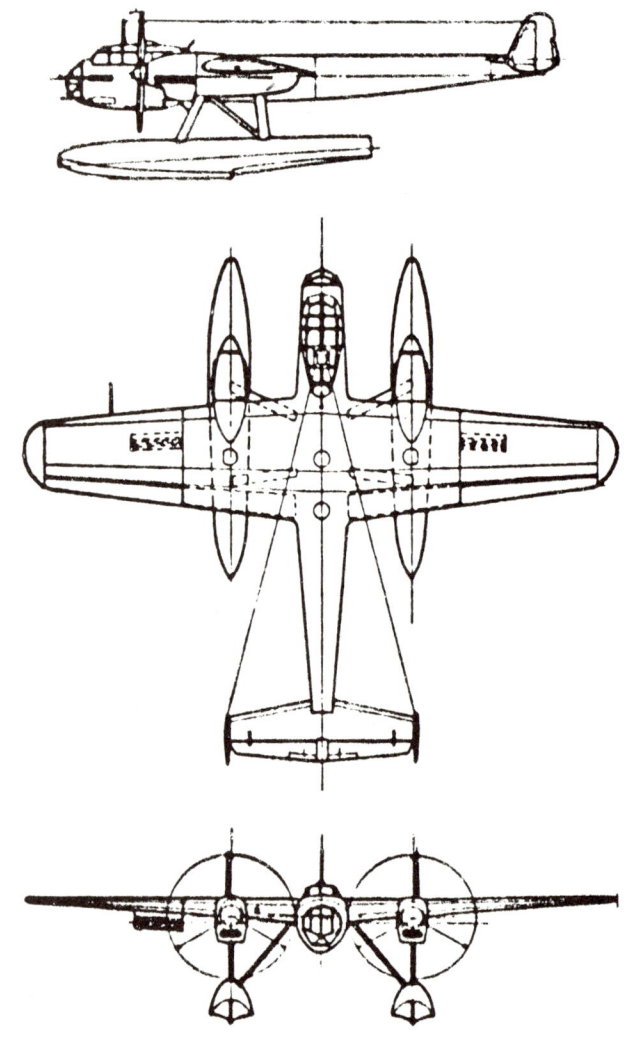

Do 17 Z-5
Umgebauter Z-2-Bomber mit Seenotausrüstung und aufblasbaren Auftriebskörpern links vorne am Rumpf und in den hinteren Motorgondeln. Je ein Schlauchboot (AK 750) am Führersitz gehalten.

Do 17 Z-6 Kauz I
In einem Exemplar gebautes Musterflugzeug für geplanten Nachtjäger. Erste Nachtjagdversion der Do 17 mit 1 × 20 mm MG FF und 3 × 7,9 mm MG 17 unter Verwendung des Rüstsatzes der Ju 88 C-1.

Do 17 Z-10 Kauz II
Nachtjäger mit neuem, gepanzerten Waffenbug mit folgender Bewaffnung: 4 × 7,9 mm MG 17 und 4 × 20 mm MG FF mit Trommelzuführung. Zeitweise wurde 1 × 7,9 mm MG 17 als sogenannte »schräge Musik« schräg nach oben eingebaut. An Nachtsuchgeräten war ein FuG 212 Lichtenstein C 1 und eine Spanner-II-Anlage vorhanden. Die Besatzung bestand aus drei Mann. Neun Flugzeuge dieser Version wurden 1940 gebaut.

Do 17 Z-10 Seeflugzeug
Geplante Ausführung der Do 17 Z auf Schwimmern. Verwendung als schnelles Seekampfflugzeug vorgesehen. Starke Bugbewaffnung: 2 × MG 17 und 2 × MG 204 (Kaliber 20 mm). Trotz Schwimmerausführung Sturzflugbremsen

wie Ju 88 A. Triebwerk: 2 × Daimler-Benz DB 601 A. MG 204 sollte MG/FF ersetzen, wurde aber nach ausgedehnten Versuchen abgelehnt.

Dornier Do 18

Die guten Erfahrungen, die die Lufthansa mit den »Wal«-Flugbooten machen konnte, bewog sie im Jahre 1934, Dornier einen Entwicklungsauftrag für ein ähnliches, aber leistungsfähigeres Postflugboot zu geben. Dornier konstruierte den »Wal« nach den neuesten technischen und aerodynamischen Erkenntnissen um. Das Produkt war die hochseetüchtige und katapultfähige Do 18, die mit dem »Wal« das Tandemtriebwerk, den flachen Bootsrumpf mit den Flossenstummeln und den abgestrebten Hochdeckerflügel gemeinsam hatte. Als Triebwerk wurden zwei Junkers-Dieselmotoren vorgesehen, die eine hervorragende Betriebssicherheit, einen wirtschaftlichen Verbrauch und eine vergrößerte Brandsicherheit garantierten. Das hintere Triebwerk drehte die Luftschraube über eine Fernwelle. 1935 startete die *Do 18 V-1* (D-AHIS »Monsun«) mit 2 × 540 PS Jumo 5. Nach den erfolgreichen Probeflügen gab die Lufthansa zwei Maschinen für den Südatlantikdienst in Auftrag.

Do 18 E-Reihe
1936 wurden diese beiden Flugboote, die *Do 18 V-2* (D-AANE »Zephir«) und die *Do 18 V-3* (D-ABYM »Aeolus«),

187

114. Langstrecken-Flugboot Dornier Do 18 E △   115. Langstrecken-Flugboot Dornier Do 18 F ▽

188

der Lufthansa übergeben. Sie erhielten die Bezeichnung Do 18 E. Ihre Triebwerksanlagen bestanden aus stärkeren Jumo 205 mit 2 × 600 PS. Eine der Maschinen stellte im März 1938 einen vielbeachteten internationalen Langstreckenrekord für Seeflugzeuge von England nach Caravellas in Brasilien über eine Entfernung von 8500 km auf. Zwei weitere Maschinen der Version E wurden an die Lufthansa 1937 abgeliefert. Mit diesen vier Flugbooten wurde ein regelmäßiger Postdienst über den Süd- und Nordatlantik bis zum Kriegsausbruch geflogen.

Typ: Zweimotoriges Transozean-Postflugboot.
Flügel: Abgestrebter Hochdecker. Das Mittelstück, welches die Motorengondel trägt, sitzt auf einem starken Pylon oberhalb des Rumpfbootes. Die Außenteile sind durch ausgekreuzt verspannte Parallelstreben zu den Flossenstummeln hin abgestrebt. Aufbau als Metallgerüst mit Stoffbespannung, ausgenommen ist das mit Blech beplankte Mittelstück, welches im Schraubenstrahl liegt. Über die ganze Spannweite reichende Klappen, die etwas unter der Flügelhinterkante hängend angeordnet sind, außen als Querruder, innen als Landeklappen wirkend.
Rumpfboot: Ganzmetall-Schalenaufbau aus acht wasserdichten Abteilen mit halbkreisförmigem Querschnitt. Charakteristischer Dornier-Aufbau mit zwei Stufen und »Dornier-Stummel« zur Stabilisierung auf dem Wasser. Rumpfboden vorne bis zur ersten Stufe stark gekielt mit beiderseits auf den Kielflächen befindlichen

parallellaufenden Stabilisierungsleisten. Hinter der Hauptstufe ein in eine Schneide auslaufender Verdrängungskiel, an dessen Ende sich das Wasserruder befindet. Das Rumpfende läuft organisch in das Seitenleitwerk über. Das gesamte Rumpfgerüst ist für den Schleuderstart verstärkt.
Leitwerk: Normal, mit durch je zwei Parallelstiele abgefangenem, hoch an der Seitenflosse angesetztem Höhenleitwerk. Seitenleitwerksflosse fest am Rumpf. Aufbau aus Metall, Flossen blechbeplankt, Ruder stoffbespannt. Mit Trimmklappe versehenes Seitenruder, aerodynamisch, Höhenruder aerodynamisch und gewichtlich ausgeglichen.
Triebwerke: Zwei Junkers Jumo 205 flüssigkeitsgekühlte Sechszylinder-Doppelkolben-Dieselmotoren mit 2 × 600 PS in Tandemanordnung mit je einer Zug- und Druckschraube in Gondel auf dem Flügel. Dreiblatt-Metall-Einstellschrauben von 3,30 m (vorne) und 3,20 m (hinten) Durchmesser. Kraftstoffkapazität 3920 Liter in vier Tanks in den Flossenstummeln, Schmierstoff 380 Liter.
Besatzung: 4 Mann, bestehend aus zwei Piloten, Funker und Bordmechaniker.

Dornier Do 18 F-Reihe
Die sechste und letzte Zivilausführung der Do 18 gelangte 1937 als Do 18 F (D-ANHR) zur Auslieferung an die Lufthansa. Sie besaß einen gegenüber der Do 18 E vergrößerten Flügel mit größerer Spannweite und Fläche. Als reines Versuchsmuster diente sie der Erprobung neuer Instrumente

116. Versuchs-Aufklärungs-Flugboot Dornier Do 18 L (Umbau D-ANHR)

und dem Zweck, große Nutzlasten über weite Entfernungen zu schleppen. Es wurde nur diese einzige Maschine dieser Reihe gebaut.

Dornier Do 18 L-Reihe
Ende 1939 wurde die Do 18 F (D-ANHR) versuchsweise mit zwei luftgekühlten Neunzylinder-Sternmotoren BMW 132 N mit 2 × 880 PS Startleistung ausgerüstet. Der hintere Motor erhielt durch ein auf der Fernwelle sitzendes Gebläserad Zwangsbelüftung. Die Kühlluft wurde durch einen Hutzen auf der Gondeloberseite angesaugt und durch zwei Hutzen seitlich der Gondel, weiter vorne liegend, wieder ausgeblasen. Die Flugleistungen stiegen durch die stärkeren Triebwerke und durch die Verwendung von Verstell-Luftschrauben mit größerem Durchmesser sprunghaft. Statt eines Fluggewichtes bei Katapultstart von 11 000 kg bei der Do 18 F konnte die Do 18 L normal mit 12 000 kg, bei Überlast sogar bis 13 500 kg ohne Starthilfe starten. Zu einer serienmäßigen Auswertung dieser Version kam es nicht.

Dornier Do 18 D-Reihe
Als *Do 18 D-1* und *Do 18 D-2* wurden 1937 die ersten Do 18 Flugboote für die Luftwaffe gebaut. Es waren abgewandelte Boote der E-Reihe für Seefernaufklärung, die im Bug und auf dem Rumpf hinter dem Flügel je einen Schützenstand mit je einem 7,9 mm MG 15 auf offenen Drehkränzen erhielten. Nur wenige Exemplare wurden gebaut.

Dornier Do 18 G-Reihe
Die D-Reihe wurde 1938 durch die verbesserte *Do 18 G-1* abgelöst, die fast vollkommen der D-Reihe entsprach, jedoch

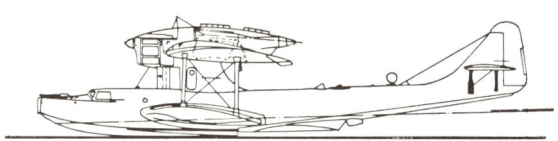
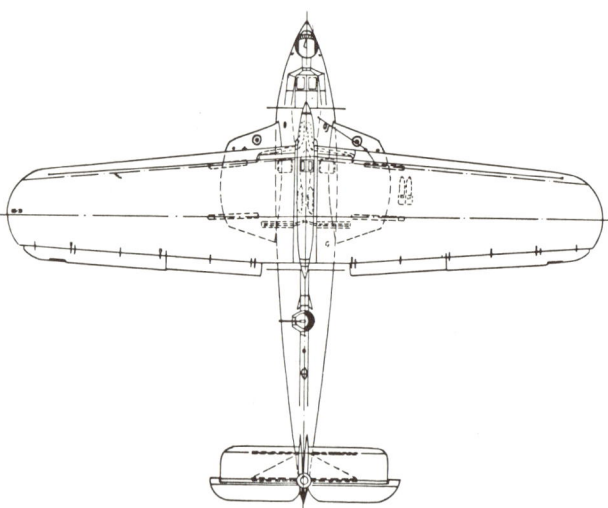
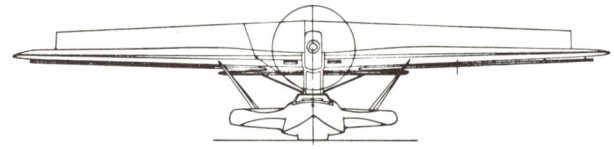

108. Dornier Do 18 G ▷
117. Aufklärungsflugboot Do 18 D der 2./Kü.Fl.Gr. 406 ▽

118. Fernaufklärungsflugboot Dornier Do 18 G-1

mit stärkeren Dieselmotoren Jumo 205 D mit 2 × 700 PS ausgerüstet war. Die Fertigung lief bis 1940. 71 Flugboote der G-Reihe wurden während des Krieges gebaut. Äußerlich erkennbar waren sie an ihrem Kreuzerbug im Gegensatz zum Rundbug der D-Reihe.

Dornier Do 18 H-Reihe
Abwandlung der Do 18 G-1 mit Doppelsteuer als Schulflugzeug unter der Bezeichnung *Do 18 H-1*. Die Bewaffnung entfiel bei dieser Version.

Dornier Do 18 N-Reihe
In den Jahren 1941 und 1942 wurden eine Anzahl Do 18 G als Seenotflugzeuge umgerüstet. Auch bei dieser Version entfiel die Bewaffnung.

Dornier Do 19

Die Entwicklung des viermotorigen Bombers Do 19 im Jahr 1933 bedeutete für Dornier in der Größenauslegung von Landflugzeugen einen gewaltigen Schritt nach vorn.

Das Luftkommando-Amt im RLM hatte einen Langstreckenbomber gefordert und die Spezifikationen für dieses Flugzeug formuliert. Die Firmen Junkers und Dornier wurden aufgefordert, ein Angebot abzugeben. Junkers projektierte die Ju 89, Dornier die Do 19.

Die Projektarbeiten begannen im Sommer 1933 und ein Jahr später war bereits die Attrappe der Do 19 fertiggestellt. Aufgrund des Dornier-Angebots erteilte das Reichsluftfahrtministerium Anfang 1935 folgenden Auftrag:

Entwicklung und Lieferung eines Flugzeuges vom Typ Do 19 V 1 mit vier getrennt laufenden, luftgekühlten Triebwerken SAM 22 B.

Bau einer Do 19 V 2 mit vier luftgekühlten Triebwerken BMW 133 (später BMW 135)

Lieferung eines Flugzeuges Do 19 V 3 entsprechend dem Typ Do 19 V 2

ferner

Entwicklung und Lieferung zusätzlicher Teile für die Do 19:
– ein weiteres Leitwerk mit einem Seitenleitwerk
– ein zweites Rumpfvorderteil

119. Schwererer Versuchsbomber Dornier Do 19 V 1 △

109. Dornier Do 19 V 1 ▷

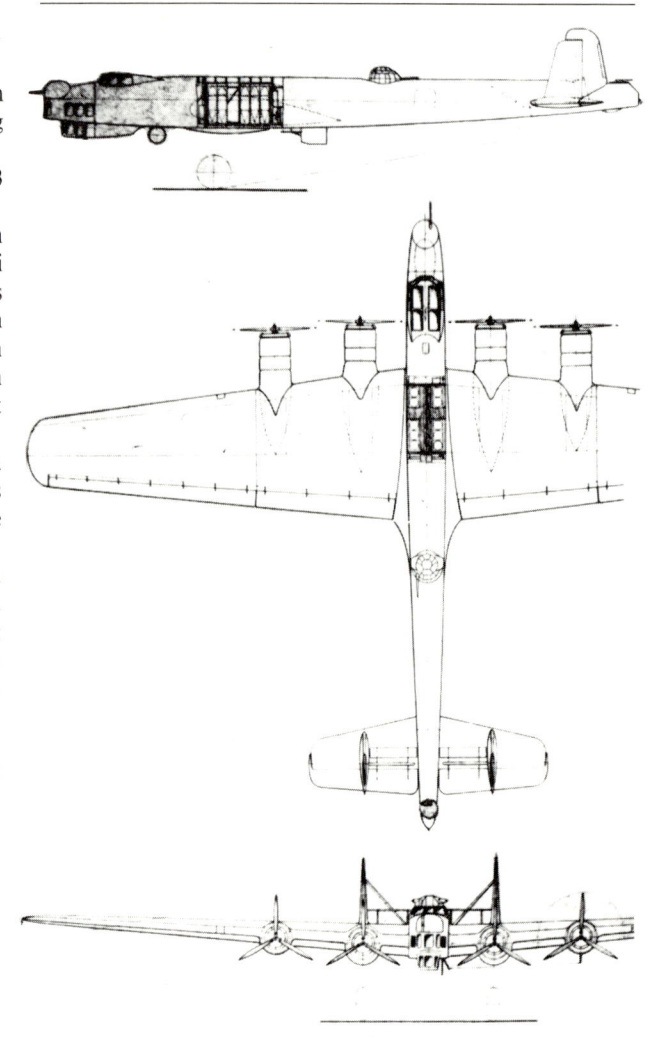

– Lieferung eines Flügels für Belastungsversuche bis zum
Bruch einschließlich Vorbereitung und Durchführung
der Belastungsversuche.

Die Do 19 V 1 – V 3 mit den Werknummern 701 – 703
waren für die Erprobungsstelle Rechlin bestimmt.

Am 28. Oktober 1936 startete die Do 19 V 1 mit dem
Dornier-Testpiloten Egon Fath vom Flugplatz Löwental bei
Friedrichshafen zum Erstflug. Inzwischen aber stoppte das
Reichsluftfahrtministerium (RLM) die Entwicklung von
Großbombern und gab der Entwicklung von zweimotorigen
Bombern den Vorzug. So wurde Dornier in einem Schreiben
des RLM vom August 1936 mitgeteilt, daß nicht beabsichtigt
sei, die Do 19 in den Serienbau gehen zu lassen.

Im Dezember 1936 führte Dornier mit maßgebenden Herren
der Deutschen Lufthansa Verhandlungen, die Do 19 als
Verkehrs- oder Transportflugzeug umzubauen, doch diese
Bemühungen blieben erfolglos.

Trotzdem wurde die Erprobung der Do 19 V 1 weitergeführt
und auch in Rechlin erprobt. Nach 83 Tagen Testflügen mit
insgesamt 32,11 Flugstunden wurde vom RLM endgültig
entschieden, die gebauten viermotorigen Prototoypen zu
verschrotten, und den Langstreckenbomber vom Programm
zu streichen.

Zur vollständigen Abrechnung des Auftrages Do 19 wurde
die Do 19 V 1 laut Übernahmeurkunde im Januar 1938
ordnungsgemäß und flugtüchtig übergeben. Gemäß einer
weiteren Abmachung gleichen Datums ging die Do 19 V 1
wieder an die Dornier-Werke zurück.

Soweit bekannt, wurde die Do 19 V 1 teilweise als Truppen-
transporter eingesetzt, die Do 19 V 2 und V 3 wurden
verschrottet.

Typ: Viermotoriger schwerer Bomber.
Flügel: Freitragender Mitteldecker in Ganzmetall-Schalenbauweise.
Zweiholmiger Aufbau in drei Teilen. Mittelteil mit Rumpfstück

zwischen den beiden Holmen starr verbunden. Zusätzlich waren die Flügelendteile ab Hinterholm abnehmbar. Schlitzquerruder. Schlitzlandeklappen zwischen Querruder und Rumpf.

Rumpf: Ganzmetall-Schalenbauweise mit rechteckigem Querschnitt. Dreiteilig, Trennstellen vor Führerraum, vor Vorderholm und hinter Hinterholm. Rumpfnase mit drei großen, planverglasten Fenstern ähnlich der in der Do 23 versehen.

An *Leit- und Steuerwerk* verfügte die Do 19 über das freitragende Höhenleitwerk, das im Flug verstellbar war. Das Seitenleitwerk bestand aus zwei Flächen, die auf die Höhenflosse aufgesetzt und gegen den Rumpf abgestrebt waren. Die Landeklappen wie auch das Querruder wurden über Zug- und Druckstangen betätigt. Die freitragenden Höhenflossen mit zwei Duraluminium-Holmen waren verstellbar. Der Ruderausschlag der Höhenruder betrug 28° nach oben bzw. 24° nach unten. Der Ausschlag des Seitenruders betrug ca. 24°.

Bei der Do 19 V 1 kamen vier luftgekühlte Bramo 322 J 2-*Triebwerke* mit einer Startleistung von je 715 PS zum Einbau. Die Motoren waren in aerodynamisch konstruierten Motorengondeln an den Flügelvorderkanten gelagert. Die Triebwerke einschließlich Triebwerkblock mit Verkleidung waren untereinander austauschbar (Einheitstriebwerk). Das gesamte betriebsfertige Aggregat war mit vier Schraubverbindungen an dem fest mit dem Tragwerk verbundenen Gondelteil angeschlossen. Es wurden dreiflügelige VDM-Metall-Verstell-Luftschrauben von 3,70 m Durchmesser verwendet. Die Luftschraubenebenen waren gegeneinander versetzt.

Das *Fahrwerk* der Do 19 war in den hinteren Teil der Motorgondel einziehbar. Die Spurweite betrug 5,7 m. Die Bremsen für das Fahrwerk arbeiteten zuverlässig. Das rückwärtige Spornrad war ebenfalls einziehbar.

Der *Kraftstoff* befand sich in zwei Cottonid-Behältern mit einem Fassungsvermögen von je 1750 Litern Treibstoff.

Diese Tanks waren links und rechts in den Tragflächen untergebracht. Auftankaußenbordanschlüsse waren jeweils installiert. Der Einbau der Tanks erfolgte von der Flügel-Unterseite her. Die Tanks waren beschußsicher verkleidet. Die vier Schmierstofftanks mit einem Fassungsvermögen von je 70 Litern Nutzlast waren ebenfalls geschützt und im hinteren Bereich der Motorgondeln gelagert. Die Schmierstofftanks verfügten über Inhaltsmesser und Wärmeregler.

Dornier Do 20

In starker Anlehnung an das 1929 entwickelte Großflugboot Do X wurde 1935 ein transozeanisches Verkehrsflugboot unter der Bezeichnung Do 20 projektiert. Bei fast gleichen Abmessungen sollte das hohe Rumpfboot, allerdings in einer aerodynamisch verbesserten Form, wieder aufleben. Für die Stabilisierung auf dem Wasser waren »Dornier-Stummel« vorgesehen. Der Flügel, ein Meter größer in der Spannweite als bei der Do X, besaß den gleichen rechteckigen Grundriß und war ebenfalls durch je zwei parallel liegende Stiele zu den Stummeln hin abgefangen. Als Antrieb waren acht Dieselmotoren einer späteren Entwicklungsreihe mit 8 × 800 PS Leistung vorgesehen. Die Motoren lagen vollkommen im hohen Flügel, und je zwei Triebwerke sollten über ein Getriebe und eine Fernwelle eine Luftschraube großen Durchmessers antreiben. Als zählende Nutzlast waren 2000 kg veranschlagt. Die Zahl der Passagiere konnte je nach Komfort bis zu 60 Personen umfassen. Die Do 20 kam über das Projektstadium nicht hinaus, da die DLH keinen Entwicklungsauftrag gab.

Dornier Do 22

1934 wurde in der Schweiz ein einmotoriges Mehrzweckflugzeug auf zwei Schwimmern mit der Bezeichnung Do C 3 entwickelt, das später in Do 22 umbenannt wurde. 1938

120. Modell des Großraum-Flugbootes Dornier Do 20

gestellte Jugoslawien eine Anzahl Maschinen dieses Musters. Dieser Bestellung schlossen sich Holland, Portugal und einige weitere Staaten an. 1942 wurden die letzten Maschinen, diesmal in einer Landausführung, für Finnland gebaut. Sämtliche Muster besaßen einen französischen Hispano-Suiza 12 Y brs V-Motor. Es existierten die Ausführungen Do 22 W und Do 22 L.

Do 22 W

Die Do 22 W war die Originalausführung, die, wie alle Versionen, lediglich dem Export diente. Sie konnte als Seeaufklärer, leichter Bomber oder Torpedoflugzeug eingesetzt werden.

Typ: Einmotoriges See-Mehrzweckflugzeug.
Flügel: Abgestrebter Hochdeckerflügel mit rechteckigem Umriß und 7,5° Pfeilform. Aufbau zweiholmig in Metallbauweise mit Stoffbespannung. Mittelteil fest über Rumpf, Außenteile je durch zwei I-Stiele in das Verstrebungssystem zwischen Flügel, Rumpf und Schwimmwerk einbezogen. Klappen über gesamte Flügelhinterkante.
Rumpf: Aufbau aus geschweißten Stahlrohren mit Formspanten und Längsträger aus Dural als Formgerüst für die Blechbeplankung (vorne) und die Stoffbespannung (hinten).
Leitwerk: Abgestrebtes Normalleitwerk. Seitenleitwerk als Kielflosse nach unten durchgezogen, Seitenruder mit aerodynamischem Ausgleich und Trimmklappe über die gesamte Hinterkante. Höhenruder gewichtlich ausgeglichen. Sämtliche Leitwerksflächen aus Metall mit Stoffbespannung.
Schwimmwerk: Zwei einstufige Ganzmetall-Schwimmer, je mit zwei V-Streben zum Rumpf und zum Verstrebungssystem des Flügels hin abgestrebt.

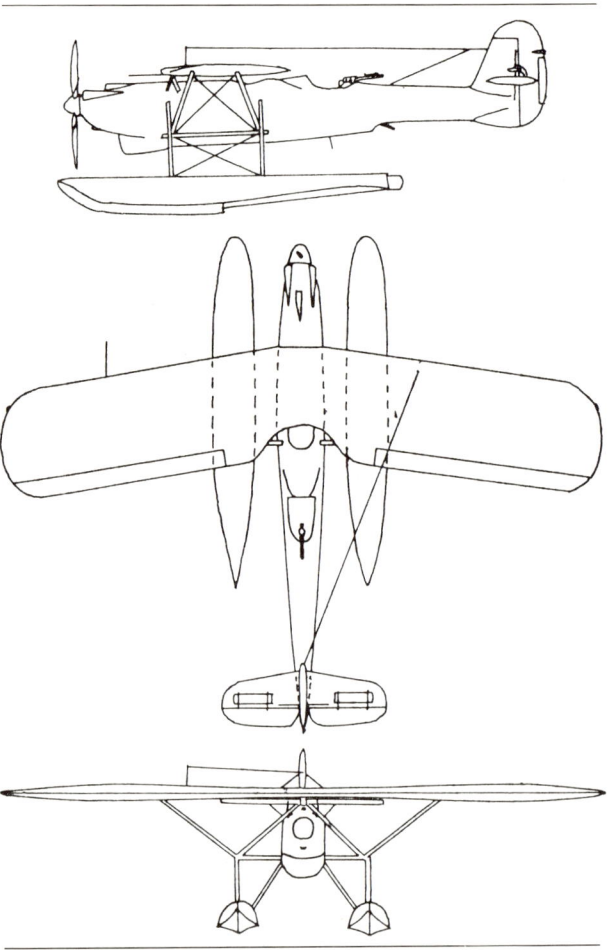

110. Do 22 W ▷

121. See-Mehrzweckflugzeug Dornier Do 22 W ▽

194

122. Mehrzweck-Flugzeug Dornier Do 22 L △   123. Bombenflugzeug Dornier Do 23 ▽

Triebwerk: Ein Hispano-Suiza 12 Y brs flüssigkeitsgekühlter Zwölf-zylinder V-Motor mit 1 × 860 PS Startleistung. Dreiblatt-Verstell-Luftschraube mit 3,5 m Durchmesser. Kraftstoff 990 Liter in Rumpftank, Schmierstoff 55 Liter.
Besatzung: 3 Mann, bestehend aus Pilot, Funker und Schütze.
Militärische Ausrüstung: Zwei Abwehrstände im Heck, einer auf dem Rumpf, einer unter dem Rumpf in einer kleinen Stufe. Bomben- oder Torpedogehänge unter dem Rumpf. Einbaumöglichkeit für Kamera im Rumpf.

Do 22 L

Diese Ausführung mit Fahrgestell unterscheidet sich nur durch dieses von der Do 22 W. Einsatzbereich: Aufklärer und leichter Bomber.

Fahrwerk: Starres Normalfahrwerk. Verkleidete, bremsbare Haupt-räder an V-Stielen zum Strebenknotenpunkt zwischen Flügel und Rumpf, zur Rumpfunterseite zusätzlich abgefangen. Verkleidetes Spornrad.
Triebwerk: Wie Do 22 W, jedoch Kraftstoffkapazität 860 Liter in Rumpftank, Schmierstoff 55 Liter.

Dornier Do 23

Die Do 23 entsprach vollkommen der Do 13, jedoch erhielt sie wieder die militärische Ausrüstung der Do 11, also Bugfenster und Drehkränze. Ebenfalls wurden die Stabilisie-rungsflossen wieder verwendet. Strukturell entsprach sie also, abgesehen von den zusätzlichen Klappen an der Flügel-

124. Minensuch-Flugzeug
Dornier Do 23 MS ◁

125. Dornier Do 23
(Versuchsausführung mit
Kampfstoff-Sprühdüsen) ▽

126. Modell der projektierten Schwimmerausführung Dornier
Do 23 △
111. Dornier Do 24 ▷

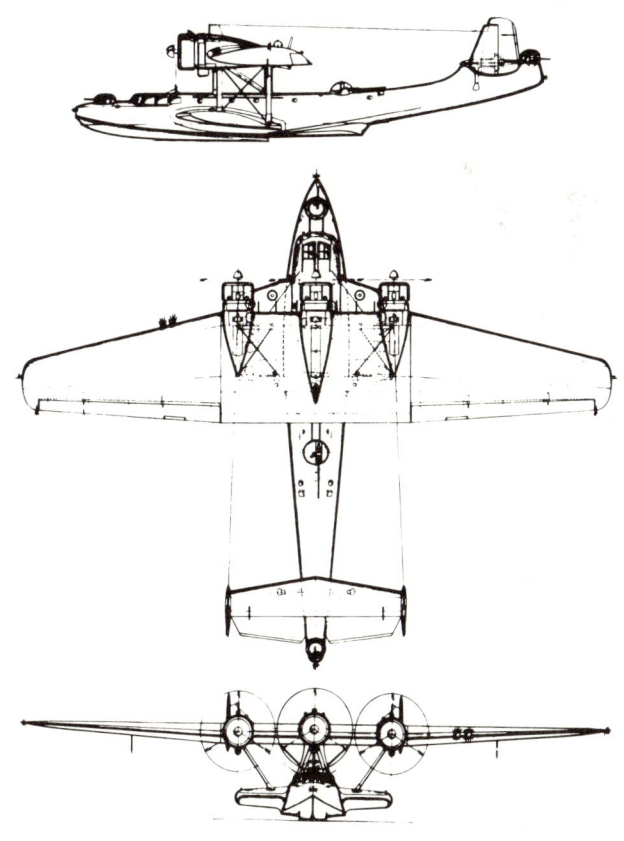

hinterkante, der Do 11. Analog dieser waren auch Besatzung und
militärische Ausrüstung.

Triebwerk: Zwei BMW VI u flüssigkeitsgekühlte Zwölfzylinder
V-Motoren mit 2×750 PS. Starre Vierblatt-Holzluftschrauben.
Kraftstoffkapazität 1860 Liter, Schmierstoff 152 Liter.

Mehrere hundert Dornier Do 23 wurden zwischen 1934 und
1935 für die Luftwaffe gebaut. 1936 wurden die Maschinen
durch die ersten Versionen der Do 17 abgelöst. Einige Do 23
fanden während des Krieges als Minenräumer mit elektrisch
geladenem Minenring unter den Flächen Verwendung. Auch
Versuche mit Sprühvorrichtungen zum Abblasen chemischer
Kampfstoffe wurden mit Do 23 durchgeführt.

Dornier Do 24

1935 vergab die holländische Regierung an Dornier einen
Entwicklungsauftrag über ein Hochseeflugboot für den
Einsatz bei der Marine in Niederländisch-Westindien. Dornier entwarf einen dreimotorigen Hochdecker, der mit der
Do 18 den flachen Bootsrumpf und die organisch damit
verbundenen »Dornier-Stummel« gemeinsam hatte. Diese
Do 24 genannte Maschine war vollkommen hochseetüchtig
und in der Lage, mit vollem Fluggewicht ohne Katapult zu
starten. Als Triebwerk waren von den holländischen Behör-
den amerikanische Wright-Motoren in Auftrag gegeben
worden, die nebeneinander in der Flügelvorderkante Platz
fanden. Da aber die Wright-Motoren nicht rechtzeitig zur
Auslieferung gelangten, wurden die beiden ersten Versuchs-

127. Versuchs-Hochsee-Flugboot Dornier Do 24 V 1 △   128. Aufklärungs- und Seenot-Flugboot Dornier Do 24 N ▽

129. Minensuch-Flugboot Dornier Do 24 MS (Werknr. 0006)

muster, die *Do 24 V-1* und die *Do 24 V-2,* mit Junkers-Dieseltriebwerken Jumo 205 C mit 3 × 600 PS ausgerüstet. Doch die Flugerprobung ergab, daß die Motoren zu schwach für ein Flugboot dieser Größe waren. Beide Prototypen fanden im Krieg Verwendung als Transporter bei Versorgungsflügen an der norwegischen Küste bis hinauf nach Narvik. Die *Do 24 V-3* war das erste Boot, in welches die geforderten Wright Cyclone GR-1820 G-Sternmotoren mit 3 × 760 PS Leistung zum Einbau kamen. Es wurde 1937 unter der Zulassung X-1 der niederländischen Marine für die Abnahmeflüge überlassen.

Dornier Do 24 K-Reihe

Die Serienausführungen der Do 24 V-3 erhielten die Bezeichnungen *Do 24 K-1* und *Do 24 K-2.* Elf Stück wurden noch in Friedrichshafen und Altenrhein gebaut und an Holland abgeliefert. Gleichzeitig damit lief bei Aviolanda (Holland) die Lizenzfabrikation der Muster an. 25 Maschinen wurden aufgelegt. Die Fertigstellung der Rümpfe erfolgte bei Aviolanda, die Flügel wurden bei De Schelde gebaut. Die Endmontage erfolgte ebenfalls bei Aviolanda. 1940 waren die ersten Maschinen nahezu fertiggestellt, als der Einmarsch der deutschen Wehrmacht erfolgte. Sämtliche Muster besaßen ebenfalls drei Wright Cyclone GR-1820 G mit 3 × 760 PS und drei flache Drehtürme.

Dornier Do 24 N-Reihe

Die in der Fabrikation befindlichen Maschinen der N-Reihe wurden nach der Besetzung Hollands fertiggestellt und nach verschiedenen Umbauten als *Do 24 N-1* unbewaffnet für den Seenotdienst von der deutschen Luftwaffe übernommen.

Dornier Do 24 T-Reihe

1940 wurde eine Maschine der N-Reihe mit drei BMW-Bramo 323 R-2-Motoren umgerüstet und mit drei Drehtürmen mit je einem MG 15 für bewaffnete Seeaufklärung erprobt. Die guten Ergebnisse führten zur Aufnahme des Serienbaues unter der Bezeichnung *Do 24 T-1* und *Do 24 T-2.* Sämtliche Maschinen erhielten 3 × 1000 PS BMW-Bramo 323 R-2-Sternmotoren und eine durch den Einbau einer 30 mm MK 101 im mittleren Drehturm verstärkte Bewaffnung. 1941 wurden sieben, 1942 46 und 1943 81 Maschinen der T-Reihe bei Aviolanda, De Schelde, bei der SNCAN und bei der Weserflug in Bremen gefertigt.

Typ: Dreimotoriges Aufklärungsflugboot.
Flügel: Halbfreitragender, dreiteiliger Hochdeckerflügel. Das die drei Motoren tragende Mittelteil mit dem Rumpfboot wurde durch umgedrehte V-Streben verbunden und zu den beiden Bootsstummeln durch Parallelstreben abgefangen. Außenteile freitragend angelenkt. Flügelaufbau aus Metall mit Stoffbespannung, abgesehen von den mit Blech beplankten Flächen, die im Schraubenstrahl liegen. Schlitzquerruder mit Trimmklappen gleichzeitig als Landeklappen

verwendbar, durchgehend über die Flügelaußenteile. Spreizklappen durchlaufend im Mittelteil.

Rumpfboot: Rumpf als hochseefähiges Ganzmetallboot. Normaler 2-stufiger Aufbau mit »Dornier-Stummel« zur Erhöhung der Querstabilität auf dem Wasser.

Leitwerk: Durch Einzelstiele abgefangenes Höhenleitwerk mit statisch ausgeglichenem Ruder. Seitenleitwerk doppelt als Endscheiben ausgebildet. Ruderflächen statisch und dynamisch ausgeglichen und mit Servoklappen ausgerüstet. Aufbau aus Metall, Flossen mit Blech beplankt, Ruder stoffbespannt.

Triebwerk: Drei BMW-Bramo 323 R-2 luftgekühlte Neunzylinder-Sternmotoren mit NACA-Hauben. 3 × 1000 PS Startleistung. Dreiblatt-Metall-Verstell-Luftschrauben. Kraftstoffkapazität 5200 Liter, Schmierstoff 390 Liter.

Besatzung: Normal 6. Ein Schütze im Bugstand; im geschlossenen Führerraum zwei Pilotensitze nebeneinander, dahinter Sitze für Funker und Navigator; in Rumpfmitte und Rumpfheck je ein weiterer Schütze. In Bootsmitte abgeschlossener Schlaf- und Aufenthaltsraum für die Besatzungsmitglieder.

Bewaffnung: 1 × 7,9 mm MG 15 im Drehturm im Bug, 1 × 30 mm MK 101 im Drehturm Mitte Boot und 1 × 7,9 mm MG 15 im Drehturm am Heck. Unter den Flächen Aufhängemöglichkeit für 12 × 50 kg Bomben.

Im Dezember 1944 erwarb Spanien die Lizenzrechte zum Nachbau der Do 24. An die schwedische Luftwaffe wurde ebenfalls eine Reihe Maschinen dieses Musters geliefert.

Dornier Do 26

1937 gab die Lufthansa als Gegenstück zur Blohm & Voß BV 139 bei Dornier ein Flugboot in Auftrag, das besonders als Postflugzeug für die Atlantikstrecke zwischen Lissabon und New York zum Einsatz kommen sollte. Gleich der Do 18 sollte diese Maschine hochseefähig sein und beim Start von einem Katapult abgeschossen werden. Die hieraus entstandene Do 26 wurde ein Glanzstück des Dornierschen Flugbootbaues. Mit 20 Tonnen Fluggewicht und vier Dieseltriebwerken entsprach die Maschine nicht nur sämtlichen Forderungen, sondern sie bestach darüber hinaus durch ihre aerodynamische Schönheit. Daraus resultierte eine für die damalige Zeit ungewöhnlich hohe Reisegeschwindigkeit, die 90 km/h über der der Do 18 lag und die auch bei starken Gegenwinden eine schnelle Beförderung der Post über weite Atlantikstrecken versprach. Bei dem Entwurf wurde eine Reichweite von 9000 km bei 900 kg Post als zahlende Nutzlast zugrunde gelegt. Das ergab bei der 5800 km langen Strecke Lissabon—New York eine Reichweitenreserve von 3200 km. Die Zelle bestand aus dem bekannten flachen Rumpfboot, diesmal jedoch ohne Stummel, die aus aerodynamischen Gründen fallengelassen wurden. Dafür waren im Flügel zwei vollkommen einziehbare Stützschwimmer angeordnet. Von den vier Triebwerken waren je zwei tandemförmig in einer Gondel zusammengefaßt. Der erste Prototyp *Do 26 V-1* (D-AGNT »Seeadler«) machte im Sommer 1938 seinen Erstflug. Sein Triebwerk bestand aus Jumo 205 C-Dieselmotoren mit 4 × 600 PS. Der zweite Prototyp

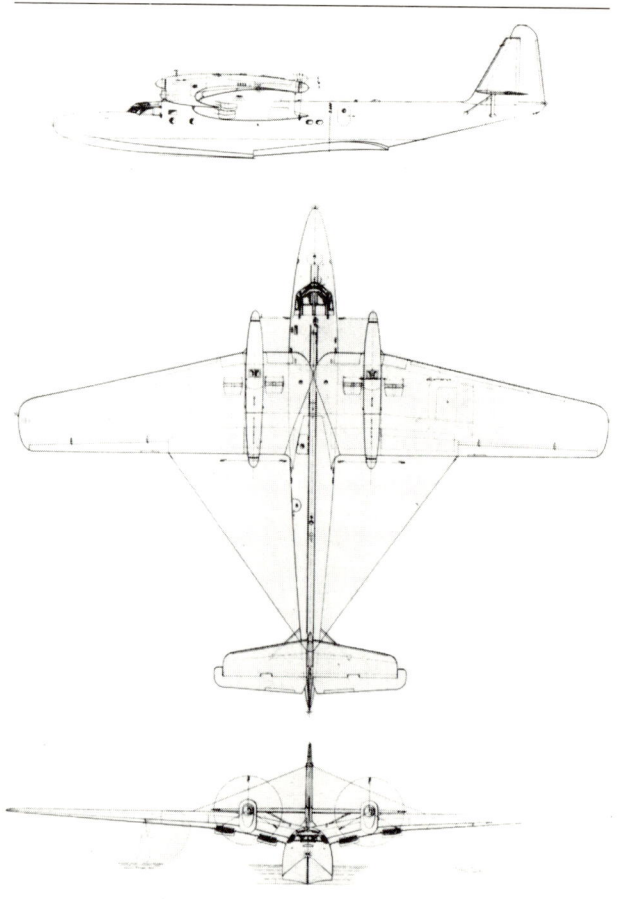

112. Dornier Do 26

Do 26 V-2 (D-AWDS »Seefalke«) folgte im Frühjahr 1939. Er unterschied sich durch 4 × 700 PS-Jumo 205 D-Dieselmotoren.

Do 26 A

Beide Flugboote wurden im Frühjahr 1939 an die DLH abgeliefert und absolvierten noch vor Ausbruch des Zweiten Weltkrieges mehrere Überquerungen sowohl des Nord- als auch des Südatlantiks unter der Bezeichnung Do 26 A.

Typ: Viermotoriges Transozean-Flugboot für Postbeförderung.

Flügel: Freitragender Schulterdeckerflügel in Ganzmetall. Mittelstück zwischen den Motorengondeln nach oben geknickt. Spreizklappen zwischen Querruder und Rumpf.

Rumpfboot: Hochseefähiger Bootskörper aus Ganzmetall, bestehend aus acht wasserdichten Abteilen. Rumpfboden zweistufig.

Leitwerk: Höhenleitwerk zum Rumpf hin durch umgedrehte V-Stiele abgefangen, am Seitenleitwerk hoch angesetzt. Aufbau als Metallgerippe, Flossen blechbeplankt, Ruder stoffbespannt. Sämtliche Ruder mit aerodynamischem und gewichtlichem Ausgleich.

Schwimmwerk: Zwei Stützschwimmer unter den Flügeln, hydraulisch nach innen vollkommen in den Flügel einziehbar.
Triebwerk: Vier Jumo 205 D flüssigkeitsgekühlte Sechszylinder-Doppelkolben-Dieselmotoren mit 4 × 700 PS Startleistung, je zwei Triebwerke in Tandemanordnung. Dreiflügelige Metall-Verstell-Luftschrauben. Antrieb der beiden Druckschrauben über Fernwellen. Zur Vermeidung von Propellerschäden durch Spritzwasser beim Start wurden die beiden hinteren Triebwerke schwenkbar gelagert. Kraftstoffkapazität 7300 Liter in vier Schotträumen innerhalb des Rumpfbootes. Schmierstoff 600 Liter.
Besatzung: 4 Mann, bestehend aus zwei Piloten, Navigator und Funker.

Do 26 B
Die Do 26 B sollte als Weiterentwicklung der A-Reihe eine geräumige Kabine für mehrere Reisende erhalten. Das Musterflugzeug dieser Ausführung, die *Do 26 V-3* (D-ASRA »Seemöwe«) konnte vor Ausbruch des Krieges nicht mehr fertiggestellt werden. Später wurde die mit 4 × 700 PS-Jumo 205 Ea-Motoren ausgerüstete Version von der Luftwaffe übernommen.

Do 26 C
Die Luftwaffe ließ die Do 26 V-3 für eine militärische Verwendung umbauen und rüstete sie als Do 26 C mit vier Gefechtsständen aus. Die für die B-Reihe vorgesehenen im Bau befindlichen Mustermaschinen *Do 26 V-4, Do 26 V-5* und *Do 26 V-6,* die triebwerksmäßig der V-3 entsprachen, wurden ebenfalls als Do 26 D fertiggebaut. Alle der insgesamt sechs gebauten Maschinen des Baumusters Do 26 wurden von der Luftwaffe für Versorgungsflüge nach Narvik eingesetzt.

Dornier Do 212
Die A. G. für Dornier-Flugzeuge, die heutige Flug- und Fahrzeugwerke A. G. in Altenrhein bei Rorschach in der Schweiz, die unter anderen Dornier-Erzeugnissen auch die Do 12 »Libelle« in Lizenz gebaut hatte, erhielt 1939 den Auftrag, aus den Erfahrungen mit der Do 12 ein neues viersitziges Amphibium, die Do 212, zu entwickeln. Bei dem

130. Hochsee-Flugboot Dornier Do 26 V 3

131. Hochseeflugboot Dornier Do 26 V 6 auf Katapult MS »Friesenland« △   132. Versuchs-Flugboot Dornier Do 212 V 1 ▽

202

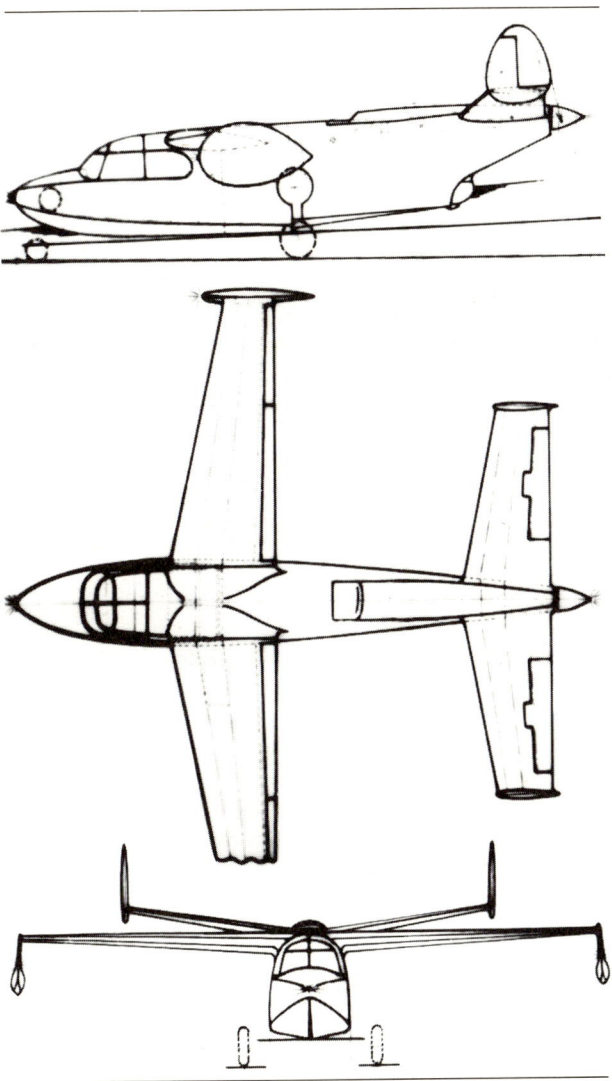

113. Dornier Do 212

Typ: Einmotoriges Versuchsamphibium.
Flügel: Freitragender Schulterdeckerflügel in Ganzmetall mit gewichtlich ausgeglichenen Querrudern. An den Flügelenden flache Tippschwimmer als Endscheiben.
Rumpfboot: Ganzmetall-Schalenbauweise mit stark gekieltem Boden, der nach der Hauptstufe in eine Schneide ausläuft, deren Abschluß durch das Wasserruder gebildet wird. Hinter der Schneide ist der Rumpf stark hochgezogen.
Leitwerk: Freitragendes, auf dem Rumpf aufgesetztes Höhenleitwerk mit V-Stellung. Doppeltes Seitenleitwerk als Endscheiben ausgebildet. Aufbau aus Metall, Flossen blechbeplankt, Ruder stoffbespannt. Höhenruder mit Trimmklappen versehen, alle Ruder gewichtlich ausgeglichen.
Fahrwerk: Einziehbares Dreiradfahrwerk. Bugrad in den Rumpf, Haupträder in die Rumpfseitenwände hochziehbar.
Triebwerk: Im Rumpf liegender Motor, der über eine schwenkbare Fernwelle die am Heck liegende starre Vierblatt-Holzluftschraube antreibt. Kühllufteintritt auf der Rumpfoberseite.
Besatzung: Kabine für vier Plätze, je zwei nebeneinander, vor der Flügelvorderkante.

Dornier Do 214

Zwischen 1936 und 1939 hatte die Lufthansa einen Nord- und Südatlantik-Postdienst mit durch Katapult gestarteten Seeflugzeugen aufgebaut. Obwohl sich die Methode des Katapultstartes für den Postdienst ausgezeichnet bewährte, ließ sie sich nicht ohne weiteres für den geplanten Passagierdienst auswerten. Das bewog die Lufthansa im Jahre 1940, als der Krieg für Deutschland einen erfolgreichen Ausgang versprach, Entwicklungsaufträge auf Großflugboote zu vergeben, die ohne Starthilfe vom Wasser freikamen. Ein Auftrag fiel an Dornier, dessen Bemühungen um ein transatlantisches Flugboot sich bereits auf erfolgreiche Vorarbeiten (Do X, Do 20) zu stützen wußte. Geplant wurde ein 145 Tonnen schweres Boot mit 60,0 m Spannweite. An Stelle des bisher bei Dornier üblichen Flossenstummels zur Stabilisierung des Bootes auf dem Wasser wurden bei dem neuen Entwurf sich längs der Rumpfseitenwände hinziehende Wülste vorgesehen, die im Grunde allerdings nur eine aerodynamisch verfeinerte Abwandlung der »Dornier-Stummel« darstellten. Trotzdem wurde ein verkleinertes Modell, die Gö 8, in Auftrag gegeben, mit dem die Eigenschaften der Wülste auf dem Wasser und in der Luft eingehend erprobt werden sollten.

Die *Gö 8* wurde 1940 von Hütter konstruiert und bei Schempp-Hirth gebaut. Sie war eine maßstäbliche Verkleinerung (Maßstab 1 : 5) des geplanten Dornier-Flugbootes, motorlos und ganz aus Holz gebaut. Die Rumpfspitze besaß eine eingestraakte Vollsichthaube, die den Führersitz der einsitzigen Maschine verschloß. Das fliegende Modell Gö 8 mit 12,0 m Spannweite wurde zuerst, von einem Motorboot geschleppt, zahlreichen Wassertests unterzogen und ging dann zur Versuchsanstalt nach Göttingen, die die aerodynamischen Eigenschaften eingehend untersuchte.

Nach den vorliegenden Versuchsergebnissen der Gö 8 wurde das Flugboot im Detail durchkonstruiert und erhielt vom

Entwurf sollte ein früheres Dornier-Patent, nach dem über eine Fernwelle eine schwenkbare Druckschraube angetrieben wurde, Berücksichtigung finden. Durch diese Forderung wurde das Boot im Aussehen unorthodox. Das Triebwerk lag im Rumpf, die Fernwelle lief an der Rumpfbootoberseite entlang bis zum Heck. Beim Start wurde die Fernwelle zusammen mit der oberen Rumpfverschalung nach oben geschwenkt, um Spritzwasserschäden an der vierflügeligen Luftschraube zu verhindern. Ungewöhnlich für ein Dornier-Boot waren weiterhin die starren Hilfsschwimmer an den Flügelenden. 1941 erfolgte der erste Start des Bootes unter der schweizerischen Zulassungsnummer HB-GOG. Über das weitere Schicksal des Bootes wurde nichts mehr bekannt.

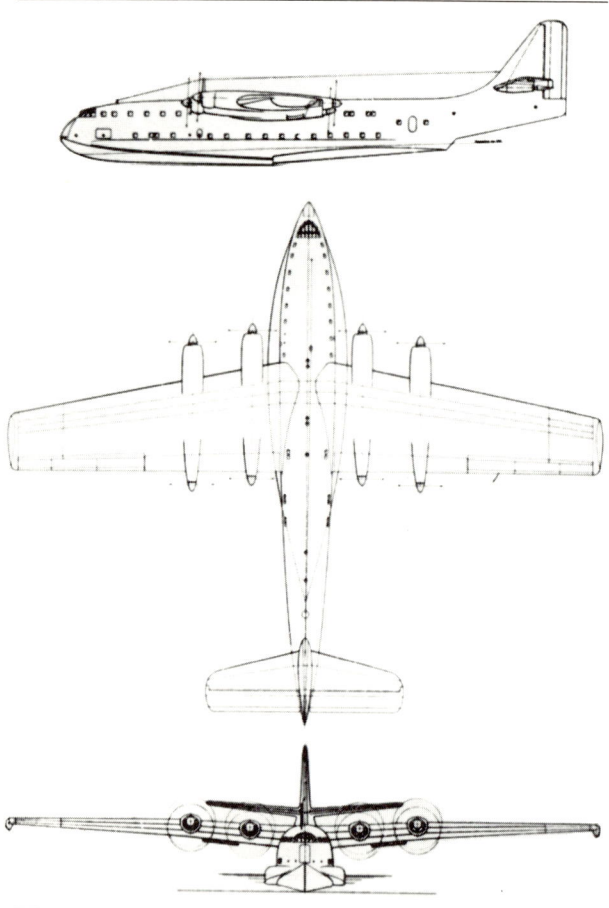

114. Dornier Do 214

RLM die Bezeichnung Do 214. 1941 wurde mit dem Bau einer Rumpfattrappe in natürlicher Größe begonnen. Diese Attrappe diente der Untersuchung der Raumaufteilung für die 40 Passagiere, denen jeder nur erdenkliche Komfort zur Verfügung stehen sollte. Inzwischen wurde auch der Triebwerkseinbau studiert. Für das Muster wurden acht Doppeltriebwerke DB 613, Weiterentwicklungen des DB 610, vorgesehen. Da es sich bei dem DB 613 um zwei gekuppelte DB 603-Motoren handelte, besaß die Maschine damit eigentlich 16 Triebwerke. 1942 wurden die Spanten des Rumpfes fertiggestellt.

Typ: Achtmotoriges Transatlantik-Passagierflugboot.
Flügel: Freitragender Schulterdecker in Ganzmetall. Aufbau aus einem riesigen Kastenholm, der durch zwei Holme gebildet wird, die durch Duralrohr-Auskreuzungen verbunden sind. Die Rohre besitzen die Form des Flügelprofils und sind mit Befestigungsaugen für die Aufbringung der selbsttragenden Flügelhaut versehen. Laufgang zwischen Rumpf und den Motoren innerhalb des Kastenholmes. Spreizklappen zwischen Querruder und Rumpf.

Rumpfboot: Ganzmetall-Schalenaufbau mit seitlichen Verdrängungswülsten zur Stabilisierung auf dem Wasser. Bug stark gekielt, in eine flache Querstufe übergehend. Der hinter der Stufe angesetzte Verdrängungskiel läuft in eine spitze zweite Stufe aus. Rumpfboot zweistöckig.
Leitwerk: Freitragend, normal. Aufbau aus Ganzmetall. Seitenflosse fest am Rumpfboot. Sämtliche Ruder gewichtlich und aerodynamisch ausgeglichen und mit Trimmklappen über die gesamten Hinterkanten versehen.
Triebwerk: Acht Daimler-Benz DB 613 A flüssigkeitsgekühlte Vierundzwanzigzylinder-∧-Motoren (je 2 × DB 603 auf gemeinsame Luftschraubenwelle gekuppelt) mit 8 × 3500 PS Startleistung. Vier Triebwerke normal vor der Flügelnase mit Zugschrauben und Ringkühler für Kühl- und Schmierstoff. Vier Triebwerke tandemförmig dahinter innerhalb der Flügelstruktur, die über Fernwellen Druckschrauben treiben. Kühl- und Schmierstoffkühler für die hinteren Triebwerke als Tunnelkühler unter den Flügeln. VDM-Metall-Verstell-Luftschrauben mit 5,0 m (vorne) und 4,6 m (hinten) Durchmesser. Kraftstoffkapazität 66 000 Liter in den Wülsten des Rumpfbootes, 1500 Liter in den Flügeln.
Besatzung: 12 Mann, bestehend aus Kapitän, zwei Piloten, Navigator, Funker, zwei Bordmechaniker, zwei Stewards, zwei Stewardessen und Reservemitglied. Jeder der zwei Bordmechaniker, die in einem gesondertem Maschinenraum in der Nähe des Hauptholmes untergebracht sind, überwacht die vier Triebwerke einer Seite. Die Motoren sind durch einen Gang im Hauptholm vom Maschinenraum aus zu erreichen. Die Aufenthaltsräume (Tag und Nacht) für 40 Passagiere befinden sich in zwei Decks. Die Aufenthaltsräume und ein großer Gesellschaftsraum bilden die untere Etage, während sich zwei Speiseräume im Stockwerk darüber befinden. Die Zahl der Fluggäste konnte zu Lasten der Ausstattung bedeutend erhöht werden. Raum für 2,6 Tonnen Fracht und Gepäck im Bug.

1942 kritisierte das RLM bereits die Bindung von Arbeitskräften an einem zivilen Objekt und sagte die Entwicklung ab. Kurze Zeit später konnten die Arbeiten wieder aufgenommen werden, als das Flugboot militärischen Zwecken dienstbar gemacht werden sollte. Die Attrappe wurde für das Studium der Einbaumöglichkeit verschiedener Waffenstände herangezogen und der Innenausbau für Transportzwecke umgestaltet. Aber auch dem militärischen Projekt war nur ein kurzes Leben beschieden. 1943 löste das RLM den Bauvertrag, obwohl Dornier auf die guten Verwendungsmöglichkeiten der Do 214 als fliegender Stützpunkt für U-Boot-Ferneinsätze hinwies. Die Zivilausführung der Do 214 wäre noch weit nach dem Kriege ein interessantes Projekt mit Propellerturbinen gewesen, dessen Komfort bis heute noch nicht erreicht wurde.

Dornier Do 215

Als 1939 die Do 17 Z-Serie anlief, gingen aus Schweden und erneut aus Jugoslawien Bestellungen auf Maschinen dieses Musters ein. Aber auch hier waren besondere Wünsche der Auftraggeber zu berücksichtigen. Deshalb wurde der abgewandelten Umkonstruktion die Bezeichnung D 215 gegeben. Die hauptsächlichsten Unterschiede gegenüber der Do 17 Z bestanden in der Verwendung von zwei DB 601 A-Triebwer-

133. Göppingen Gö 8: Vorversuch für Dornier Do 214 △   134. Modell des projektierten Großraum-Flugbootes Dornier Do 214 ▽

135. Versuchsbomber
Dornier Do 215 V 1 ◁

136. Fernaufklärer
Dornier Do 215 B-1 ▽

ken mit 2 × 1075 PS und in dem Einbau einer anderen Ausrüstung. Die *Do 215 V-1* ging bereits Ende 1938 in die Erprobung. Sie flog mit zwei DB 601 A unter der Zulassung D-AFFY, stürzte jedoch bei einem kritischen Flugzustand im Einmotorenflug ab und wurde restlos zerstört. Für die weitere Erprobung rüstete man eine Do 17 Z als Ersatzmaschine um, die unter der Zulassung D-AIIB mit zwei Bramo 323 A-Motoren flog. Die *Do 215 V-2* schließlich ging mit zwei Gnôme-Rhône 14 NO-Triebwerken durch die Flugversuche.

Dornier Do 215 A-Reihe
Unter dieser Bezeichnung sollte die Serienausführung für den Export freigegeben werden.

Do 215 A-1
Die erste und einzig fertiggestellte Version der A-Reihe besaß als Antrieb zwei DB 601 A-Motoren mit 2 × 1175 PS. An Funkausrüstung war ein FuG III a vorhanden. Durch die sich zuspitzende politische Lage wurde im August 1939 die Produktion der A-1 gestoppt und ein Auslieferungsverbot über alle gebauten Flugzeuge verhängt. Nach Kriegsausbruch wurden sämtliche Maschinen der A-Reihe für die Verwendung in der Luftwaffe umgerüstet und als zur B-Reihe gehörend umbenannt.

Dornier Do 215 B-Reihe
Von der B-Reihe wurden von 1939 bis 1941 92 Maschinen gebaut und an die Luftwaffe abgeliefert.

Do 215 B-0
Drei Mustermaschinen aus der A-Reihe für die Luftwaffe umgerüstet und mit FuG 10 versehen. Sie wurden mit der B-1 von der Luftwaffe als Aufklärungsbomber benutzt.

Do 215 B-1
Diese Einsatzbezeichnung bekamen die weiteren umgerüsteten Flugzeuge der A-Reihe, die sich ebenfalls nur durch eine verbesserte Ausrüstung von der A-1 unterschieden.

Do 215 B-2
Aufklärer mit DB 601 A und Schiebedeckel unter dem Bombenraum für Bildgerät Rb 50/30 im Bombenraum. Weitere Bildgeräte (maximal 3 Stück) Rb 20/30 in Einsteigeklappe und Rb 50/30 im B-Stand.

Do 215 B-3
Die B-3 ist die einzige Version des Exportflugzeuges Do 215, die wirklich exportiert wurde. Zwei Flugzeuge dieses Typs gingen im Winter 1939/40 auf Grund vertraglicher Abmachungen nach der Sowjetunion. Der Antrieb bestand ebenfalls aus DB 601 A a.

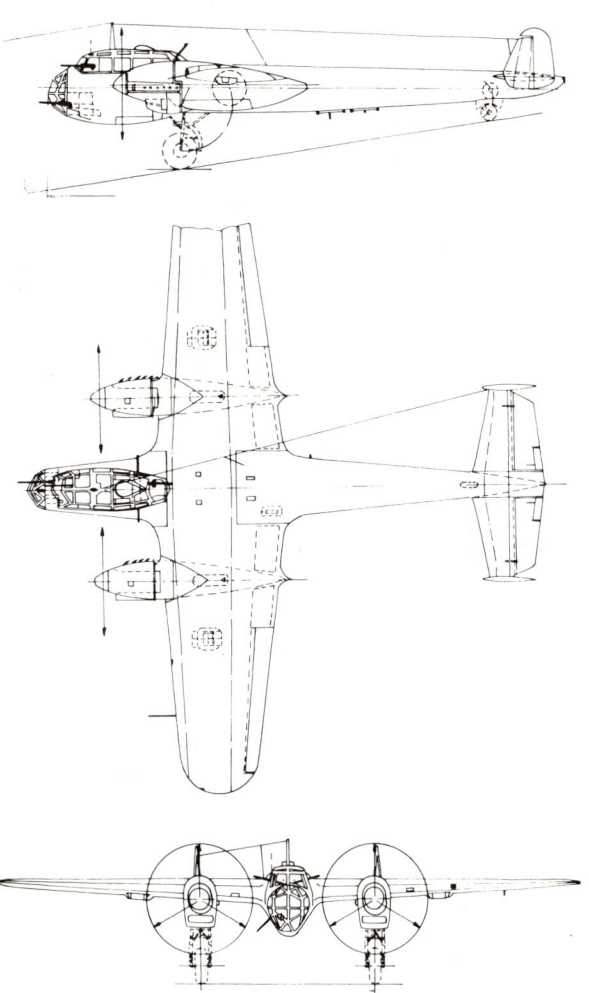

115. Dornier Do 215 B-1

Do 215 B-4
Photo-Aufklärer, entwickelt aus der B-2, mit einer verbesserten Ausrüstung ausgestattet.

Typ: Zweimotoriger mittelschwerer Photo-Aufklärer und Aufklärungs-Bomber.
Flügel: Freitragender Schulterdecker, zweiholmiger Ganzmetallflügel mit Schlitzquerruder und geteilten Spreizklappen zwischen Querruder und Rumpf, Klappen elektrisch betätigt.
Rumpf: Ganzmetallrumpf in Schalenbauweise. Rumpfspitze als Kampfkopf mit planscheibenverglaster Nase ausgebildet, Einstieg von unten.
Leitwerk: Freitragendes Höhenleitwerk in Ganzmetall, Höhenflosse im Fluge verstellbar, stoffbespanntes Höhenruder, zweiteilig, je mit einer Trimmklappe versehen. Ganzmetall-Seitenleitwerk doppelt als Endscheiben ausgebildet und freitragend, stoffbespannte Seitenruder mit Trimmkanten. Alle Ruder gewichtlich ausgeglichen.

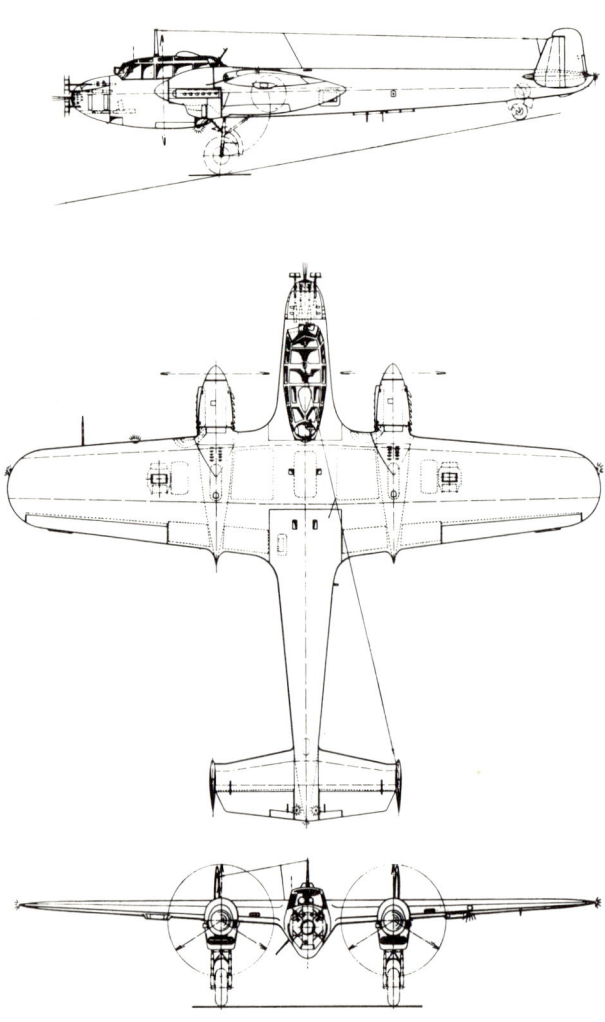

116. Dornier Do 215 B-5

Fahrwerk: Einziehbares Normalfahrwerk. Hauptträger elektrisch nach hinten in die Motorengondeln hochziehbar, Radbremsen. Verkleidetes einziehbares Spornrad.

Triebwerk: Zwei Daimler Benz DB 601 Aa flüssigkeitsgekühlte Zwölfzylinder V-Motoren mit 2 × 1175 PS Startleistung. Dreiflügelige VDM-Metall-Verstell-Luftschrauben von 3,30 m Durchmesser. Kraftstoff- und Ölkapazität 1970 kg. Zwei Ölkühler unter den Außenflügeln.

Besatzung: 4 Mann, bestehend aus Kommandant, Pilot, Funker und Bordmechaniker.

Militärische Ausrüstung: Normalbewaffnung, bestehend aus: 1 × 7,9 mm MG 15 halbstarr in Frontscheibe des Führersitzes, 1 × 7,9 mm MG 15 im Bug und je 1 × 7,9 mm MG 15 im B- und C-Stand. Maximale Bombenlast 1000 kg. Maximale Lichtbildausrüstung 3 Kameras.

Do 215 B-5 »Kauz 3«

Erster mit FuG 202 »Lichtenstein BC/S« ausgerüsteter Nachtjäger. Bewaffnung 1 MG/FF + 4 MG 17, später 3 MG/FF + 3 MG 17.

Dornier Do 216

Nach dem Baustopp für die Do 214 wurde von Dornier eine entfeinerte Ausweichlösung für militärische Zwecke, die kleinere, leichtere und billigere Do 216 vorgeschlagen. Ihr Antrieb sollte aus 4 × 2500 PS Jumo 222-Dieselmotoren oder 6 × 1750 PS DB 603 C-Triebwerken in Tandemanordnung bestehen. Der Rumpf entsprach im Aufbau dem der Do 214, war jedoch nur einstöckig, hatte eine verglaste Nase und eine aufgesetzte Führerkabine. Der Flügel war dreiteilig mit einem rechteckigen Mittelstück. Er besaß ebenfalls Spreizklappen zwischen Querruder und Rumpf. Die Besatzung sollte aus zehn Mann bestehen. Die militärische Ausrüstung umfaßte insgesamt sieben Gefechtsstände. Bomben sollten unter den Außenflächen mitgeführt werden können. Der Entwurf wurde vom RLM abgelehnt, weil kein Bedürfnis nach einem Flugboot derartiger Größe bestand.

Dornier Do 217

Bereits die Erfahrungen des Spanienkrieges hatten gezeigt, daß die Abwehrbewaffnung an herkömmlichen Bombern viel zu schwach war, um einen wirkungsvollen Schutz gegen angreifende Jagdflugzeuge zu gewährleisten. Diese Erkenntnis ließ eine Verstärkung der Abwehrbewaffnung wünschenswert erscheinen. Gleichzeitig wurde eine maximale Vergrößerung der Reichweite, der Geschwindigkeit und der Nutzlast angestrebt. Darüber hinaus machte die auf Hochtouren laufende deutsche Rüstungsindustrie eine Entfeinerung der Muster zur Bedingung, um die vorgesehenen Produktionsziffern einhalten zu können. Bei Dornier lief ab 1938 ein Programm an, durch welches ein nach diesem Schema auffrisiertes Flugzeug die laufende Do 17-Produktion ablösen sollte. Es entstand der Entwurf der Do 217, der wesentlich stärker als seine Vorgänger bewaffnet war, der der Forderung des RLM nach Sturzflugfähigkeit durch eine sich schirmartig öffnende Luftbremse am Heck Rechnung trug und der aerodynamisch entfeinert und, in sieben großen Baugruppen aufgeteilt, speziell für den Großserienbau zugeschnitten war. Die Leistungssteigerungen sollten durch die Verwendung der in der Entwicklung befindlichen BMW 801-Doppelsternmotoren sichergestellt werden. Weitere Feinheiten in konstruktiver und ausrüstungstechnischer Hinsicht wurden berücksichtigt. So enthielt der Do 217-Entwurf Einrichtungen für Starthilfen, eine automatische Sturzflugsicherung, Heißluftenteisung, verstellbare Trimmklappen an den Seitenrudern zum Austrimmen beim Einmotorenflug und ein neues elektrisches System als Ersatz für das bisher in der Do 17 verwendete Hydrauliksystem. Trotz des frühen Entwicklungstermins konnte 1939 erst ein Muster an die

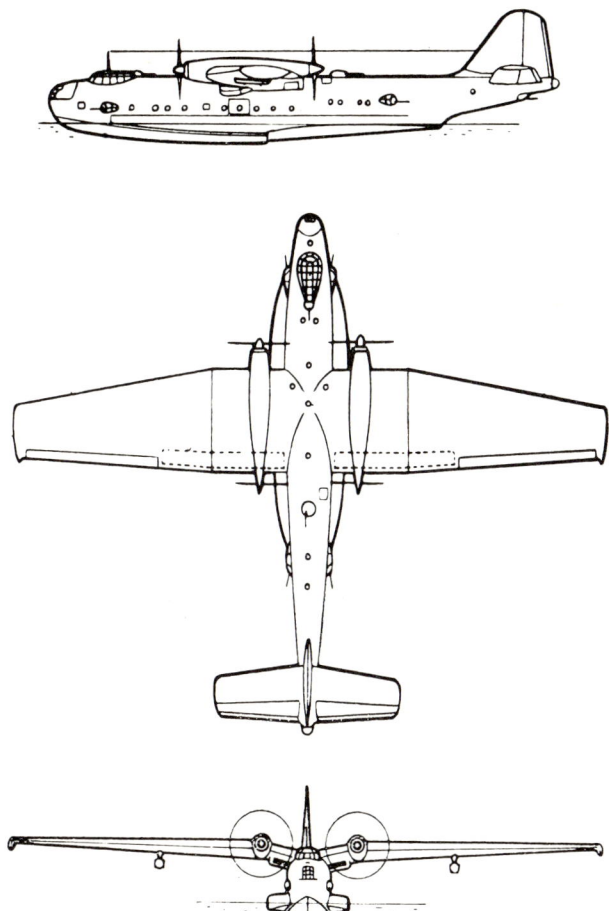

117. Dornier Do 216

Truppe abgeliefert werden. Auch 1940 war die Zuteilung von 40 Maschinen noch recht bescheiden. Zu einem serienmäßigen Ausstoß kam es erst 1941, als 277 Maschinen zur Ablieferung gelangten. Insgesamt wurden bis 1943 1730 Do 217 für die Truppe gebaut, davon 364 als Nachtjäger oder Zerstörer.

Dornier Do 217 A-Reihe

Das erste Versuchsmuster, die *Do 217 V-1,* flog im September 1939. Da die BMW-Triebwerke noch nicht zur Verfügung standen, war sie mit DB 601-Motoren ausgerüstet. Sie unterschied sich nur unwesentlich von der zur gleichen Zeit gebauten Do 215. Hauptsächlich lag der Unterschied bei den fehlenden Übergängen zwischen Flügel und Rumpf. Nach den ersten Erprobungsflügen stürzte die V-1 aus ungeklärten Gründen ab. Die beiden folgenden Versuchsmuster *Do 217 V-2* und *Do 217 V-3* erhielten daraufhin zwei Jumo

211-Triebwerke, aber bereits die *Do 217 V-4* flog wieder mit zwei DB 601 A-Motoren. Die *Do 217 V-5,* ebenfalls mit DB 601 A ausgerüstet, erhielt eine neue Getriebesteuerung. Sie wurde als Ersatz für die abgestürzte V-1 herangezogen und in Do 217 V-1 E (Ersatz) umbenannt. Dieses Modell diente als Grundmuster für die geplante A-Serie.

Do 217 A-1

Da die BMW-Triebwerke noch immer nicht greifbar waren, wurden in die erste Serienausführung zwei DB 601 A mit 2 × 1100 PS eingebaut. Die Do 217 A-1 fand als Fernaufklärer Verwendung. Zwei Lichtbildgeräte waren in der Kanzel unter 15° geschwenkt angeordnet und mit Schiebedeckel versehen. Zur Vergrößerung der Reichweite war die Tankanlage erweitert. Acht Flugzeuge dieser Version wurden gebaut.

Dornier Do 217 C-Reihe

Um schnell aus dem Engpaß, den die fehlenden BMW-Triebwerke bei der Erstellung der Bomberversion geschaffen hatten, herauszukommen, wurde als Übergangslösung die Produktion einer *Do 217 C* mit 2 × 1100 PS DB 601 A in Angriff genommen. Nach dem Bau von fünf Maschinen wurde die Fertigung zugunsten der E-Serie abgebrochen. Die Maschinen dienten danach zur Erprobung von Bomben-Zielgeräten, und später, als der BMW nach dem Einbau noch Schwierigkeiten machte, wurden sie als Erprobungsträger für DB 601- und Jumo 211-Triebwerke herangezogen.

Dornier Do 217 E-Reihe

Die Versuchsmuster *Do 217 V-6* und *Do 217 V-7* erhielten erstmals Doppelsternmotoren BMW 139, die Prototypen des vorgesehenen BMW 801. Die gleichen Triebwerke erhielt die *Do 217 V-8,* bei der der Rumpfbug erstmals wie bei der späteren E-Serie nach unten ausgebuchtet war. Normale Serientriebwerke BMW 801 A mit 2 × 1600 PS kamen zuerst bei der *Do 217 V-9* zum Einbau.

Do 217 E-1

Erste Serienausführung mit 2 × 1600 PS BMW 801 A. Verwendung als Horizontalbomber und bewaffneter Aufklärer. Vier Mann Besatzung. Vollelektrische Betätigung von Fahrwerk und Klappen. Elektrisch verstellbarer Führersitz. Langer Bombenraum zum Mitführen von Torpedos. Bewaffnung: 1 × 15 mm MG 151 starr nach vorne, 1 × 7,9 mm MG 15 im Bug, 1 × 7,9 mm MG 15 in handbetätigtem B-Stand, 2 × 7,9 mm MG 15 in Seitenfenster des Führersitzes und 1 × 7,9 mm MG 15 im C-Stand.

Do 217 E-2

Abwandlung der Do 217 E-1 mit verstärkter Bewaffnung, jetzt bestehend aus: 1 × 15 mm MG 151 starr nach vorne, 1 × 7,9 mm MG 15 im Bug, 1 × 13 mm MG 131 im elektrisch betätigten Turm des B-Standes (DL 131/1),

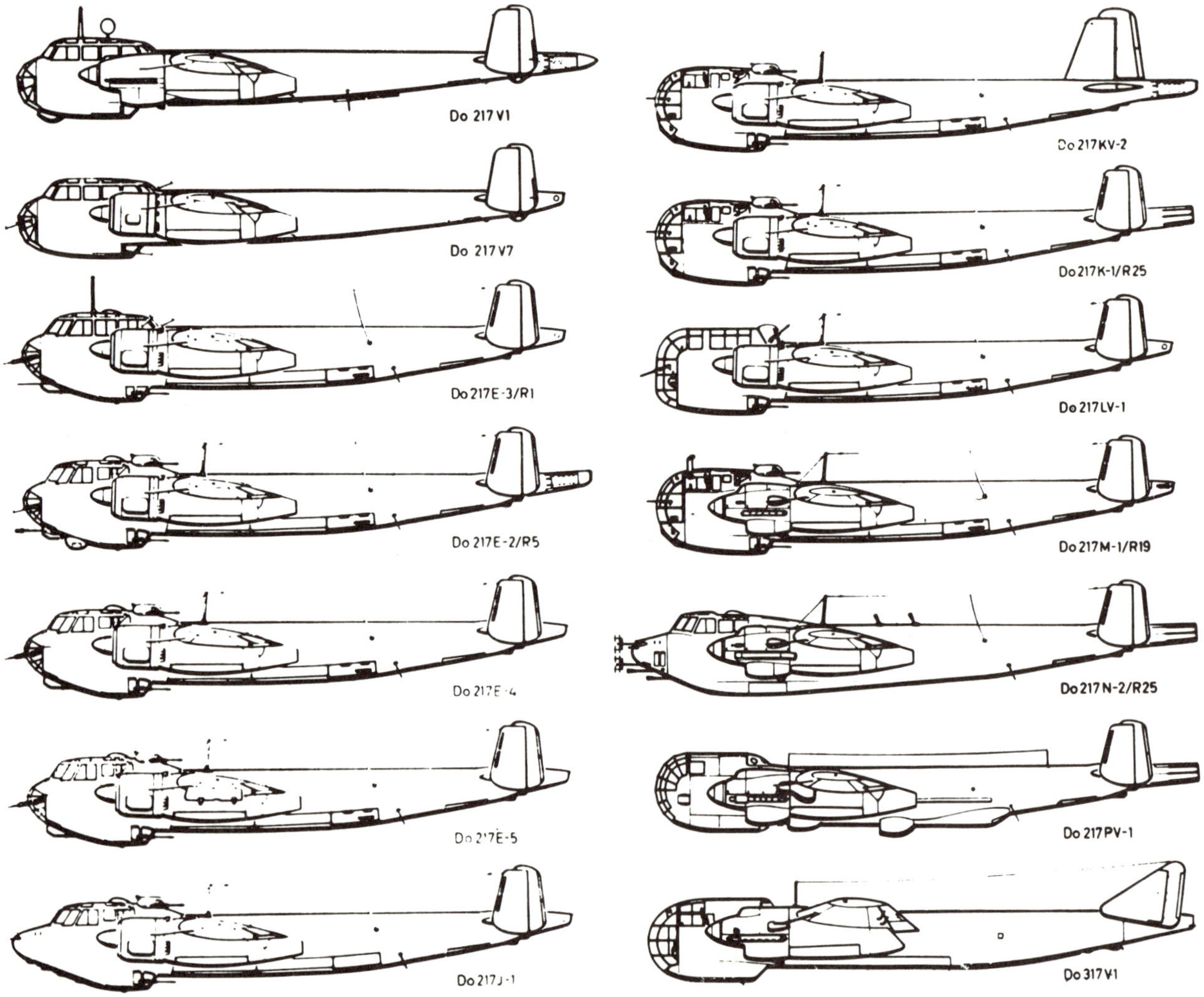

Do 217 V1

Do 217 V7

Do 217 E-3/R1

Do 217 E-2/R5

Do 217 E-4

Do 217 E-5

Do 217 J-1

Do 217 KV-2

Do 217 K-1/R25

Do 217 LV-1

Do 217 M-1/R19

Do 217 N-2/R25

Do 217 PV-1

Do 317 V1

118. Seitenansichten der Baureihen Dornier Do 217/317 △   137. Versuchs-Bomber Dornier Do 217 V 4 (C) ▽

1 × 13 mm MG 131 elektrisch betätigt im C-Stand (WL 131) und 2 × 7,9 mm MG 15 in Seitenfenster des Führersitzes. Erstmals fanden Sturzflugbremsen in Verbindung mit einer automatischen Sturzflugsicherung Verwendung. Die Sturzflugbremsen befanden sich zwischen Motorengondeln und Rumpf. Zusätzlich war eine vierteilige Schirmbremse im Heck untergebracht. Die unter den Flügeln liegenden Bremsen erzeugten selbst im Ruhezustand einen derartigen Luftwiderstand, daß sie entfernt werden mußten. Aber auch die Heckbremse erfüllte nicht die Erwartungen. Sie verzog bei hohen Sturzfluggeschwindigkeiten den Rumpf derart, daß die Flugzeuge nach kurzer Zeit nicht mehr einsatzfähig waren. Daraufhin wurde der Einsatz mit ausgefahrenen Bremsen verboten. Trotzdem verharrte das Technische Amt im RLM weiterhin auf seiner Forderung nach Sturzflugfähigkeit des Musters, und die Bremse wurde bei späteren Versionen immer wieder versucht. Ansonsten besaß die Do 217 E-2 gegenüber der E-1 noch eine Reihe kleiner Verbesserungen, so im Besatzungsraum, in der Abwurfanlage, in der elektrischen Ausrüstung und in der FT-Anlage. Eine beschränkte Anzahl Maschinen dieses Musters erhielt als Sonderausrüstung eine sogenannte »Gießkanne«. Dieser Rüstsatz bestand aus einer Heckkappe mit 2 × MG 81 Z (4 × 7,9 mm) und je einem MG 81 Z (2 × 7,9 mm) in den beiden Endkappen der Triebwerksgondeln. Alle MGs feuerten starr nach hinten und waren auf 400 m Entfernung justiert. Das Zielen geschah mit einem RF 1 A-Rückblickfernrohr im Dach der Führersitzverkleidung.

Do 217 E-3
Abwandlung der Do 217 E-1 für die Bekämpfung von Schiffen im Atlantikeinsatz. Für diesen Zweck wurde die Kanzelbewaffnung verstärkt, und zwar wurde das bewegliche MG 15 durch eine 20 mm MG FF-Kanone ersetzt. Zwei Zusatzbehälter mit je 750 Liter konnten im Bombenraum mitgeführt werden. Sonst entsprach das Muster vollkommen der Do 217 E-1. Von beiden Versionen wurden 100 Maschinen gebaut.

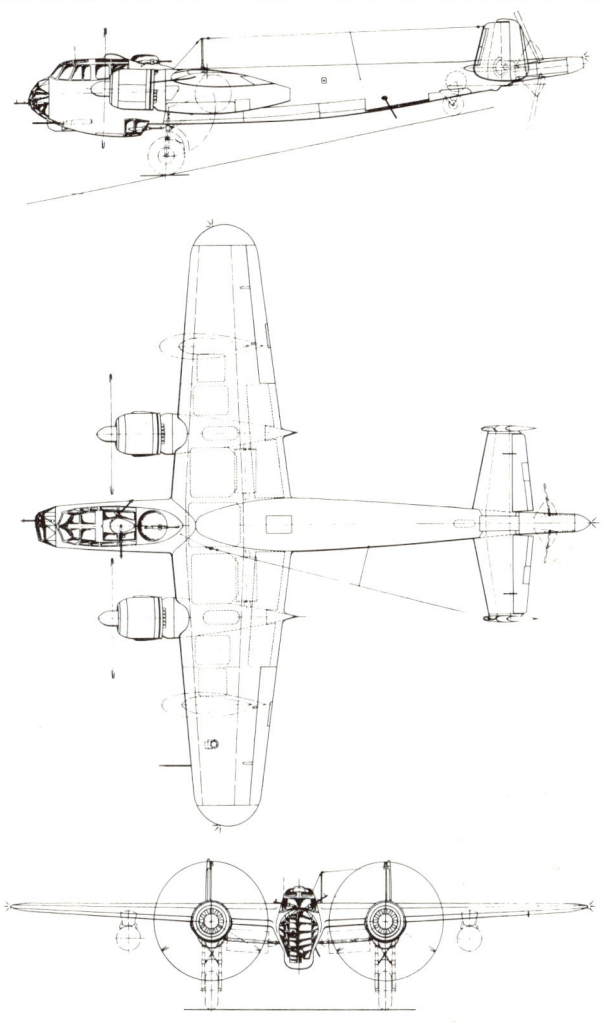

119. Do 217 E-2 △   138. Schwerer Bomber Dornier Do 217 E-2 ▽

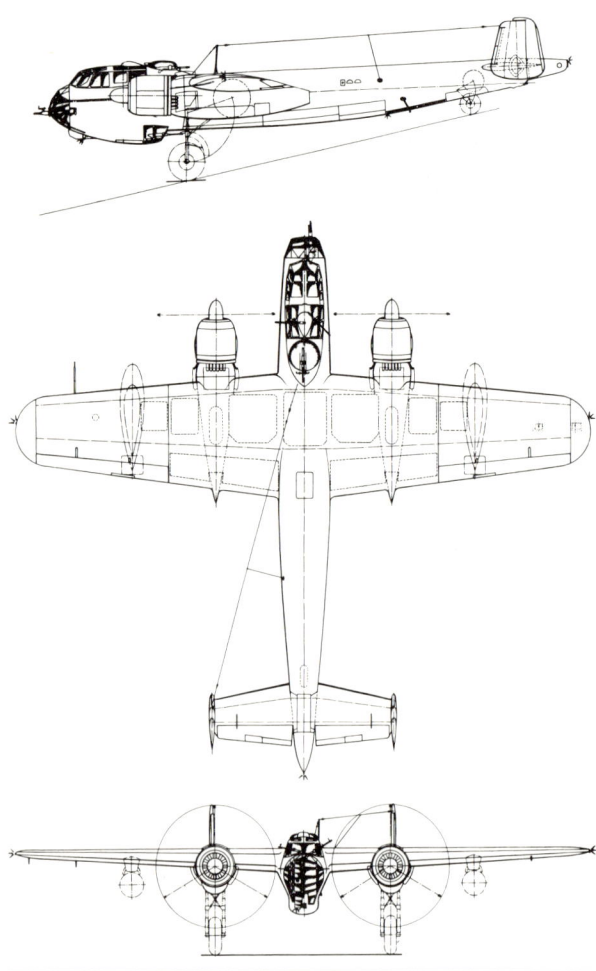

120. Dornier Do 217 E-4 △
139. Nachtjagd-Flugzeug Dornier Do 217 J-1 ▽

Do 217 E-4

Do 217 E-2 mit erhöhtem Abfluggewicht und 1 × 20 mm MG FF in der Planscheibenkanzel, sonst, abgesehen von kleinen Abweichungen in der Ausrüstung, analog der E-2. Zum Teil ebenfalls mit dem Rüstsatz »Gießkanne« versehen.

Do 217 E-5

Spezialausführung der Do 217 E-2 für die Mitführung von zwei Hs 293-Gleitbomben (Rüstsatz 10) an einem Gehänge unter jedem Außenflügel. Heizungsanlage für Hs 293 von der Flügelnasenheizung abgezweigt. Steuermechanismus für die Gleitbomben im Rumpf der E-5. Sonst entsprach diese Version vollkommen der Do 217 E-2. 65 Maschinen wurden gebaut.

Dornier Do 217 J-Reihe

Die J-Reihe entstand aus dem Umbau der normalen E-Version mit neuem, unverglastem Waffenbug als schwerer Jagdbomber oder Nachtjäger. Die Versionen Do 217 J-1 und J-2 wurden 1942 in 157 Stück gefertigt. Davon war die Do 217 J-2 zeitweise als Standard-Nachtjäger der Luftwaffe eingesetzt.

Do 217 J-1

Umbau der Do 217 E-2 als schwerer Jagdbomber für große Reichweiten. Die Nasenbewaffnung war ähnlich der der Do 17 Z-10 mit 4 × 7,9 mm MG 17 und 4 × 20 mm MG FF mit Gurtzuführung. Die Bewaffnung im B- und C-Stand blieb erhalten (2 × 13 mm MG 131), jedoch wurden die beiden MG 15 in den Seitenfenstern fallengelassen. Besatzung drei Mann.

Do 217 J-2

Weiterentwicklung der Do 217 J-1 mit etwas verkürzter Nase als Nachtjäger. Die vier MG FF in der Nase wurden

140. Dornier Do 217 E-5 mit Lenkbombe Henschel Hs 293

durch 4 × 20 mm MG 151/20 ersetzt. Sonstige Bewaffnung wie J-1. Als Nachtjagdausrüstung war ein FuG 212-Lichtenstein C 1-Gerät eingebaut. Drei Mann Besatzung. Später wurde die Sturzflugbremse im Heck als Fahrtbremse bei Kampfhandlungen verwendet.

Dornier Do 217 K-Reihe
1942 wurde die E-Reihe durch die K-Reihe abgelöst, deren Maschine einen neuen, vergrößerten Rumpfbug mit sphärisch gebogenen Scheiben erhielten. Die Instrumente um den Führersitz wurden weitaus aufgelöster untergebracht, um die Sicht zu verbessern. Die Bewaffnung war verstärkt, und Do 217 K-1 und K-2 erhielten teilweise ebenfalls den Rüstsatz »Gießkanne«.

Do 217 K-1
Horizontal- und Sturzflugbomber mit Sturzflugautomatik und Schirmbremse im Heck. Bewaffnung wie Do 217 E-2, abgesehen vom Ersatz der MG 15 durch MG 81 bzw. MG 81 Z im Bug. Abwurfanlage wie E-2 und E-4. Zielgerät Lotfe und BLG 2 mit Kreiselstabilisierung. Besatzung vier Mann.

Do 217 K-2
Umbau aus Do 217 K-1 mit vergrößerter Fläche und

Spannweite (24,5 m) für den Einsatz mit zwei gesteuerten Bomben SD 1400 X (Fritz X). Aufhängevorrichtungen zwichen Rumpf und Motorengondeln. Heizung für SD 1400 X von der Flügelnasenbeheizung abgezweigt. Bombensteuerung auf Steuertisch im Rumpf der Do 217 K-2. Steuerung erfolgte innerhalb gewisser Grenzen mit einem zweiachsigen UKW-Steuergerät. Mit einer solchen Version wurde am 14. September 1943 das Schlachtschiff »Roma« aus 6 400 m Höhe versenkt. Bewaffnung wie D 217 K-1.

Do 217 K-3
Verbesserte Do 217 K-2 mit vier Gehängen, zwei zwischen Rumpf und Motorengondeln, zwei unter den Außenflügeln. Dadurch wurde die wahlweise Mitführung von zwei SD 1400 X unter den Innenflügeln oder zwei Hs 293 unten den Außenflügeln möglich. Wie K-2 mit vergrößerter Spannweite gebaut.

Dornier Do 217 M-Reihe
Die M-Reihe entsprach vollkommen der K-Ausführung, wurde jedoch an Stelle der 2 × 1600 PS-BMW 801 A-Doppelsternmotoren mit 2 × 1750 PS-DB 603 A-Reihenmotoren ausgerüstet. Dadurch wesentlich verbesserte Flugleistungen.

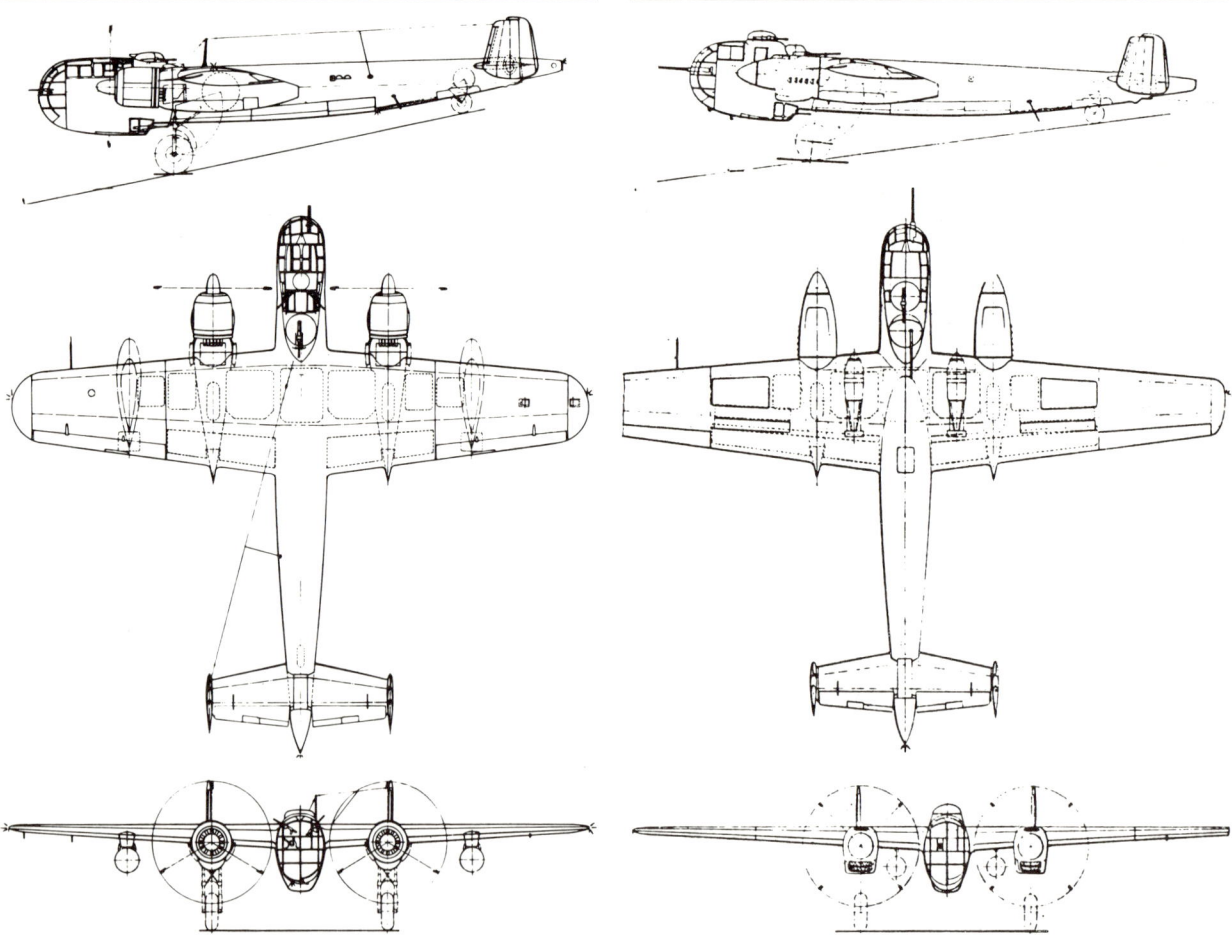

121. Dornier Do 217 K-1

121 A. Dornier Do 217 R

Do 217 M-1
Die Do 217 M-1 entsprach vollkommen bis auf die Daimler-Benz-Triebwerke der Do 217 K-1.

Typ: Zweimotoriger schwerer Bomber.
Flügel: Freitragender Schulterdecker. Aufbau in drei Teilen: das Mittelstück, welches einen Teil des Rumpfes erfaßt und die beiden Motoren trägt und die beiden Außenteile umfassend. Zweiholmiger Ganzmetallaufbau. Schlitzquerruder in den Außenflügeln. Elektrisch betätigte Spreizklappen zwischen Querruder und Motorengondeln und zwischen Gondeln und Rumpf, Ausschlagwinkel 55°. Klappen mit Querruder über Differential beim Ausschlagen gekuppelt. Flügelvorderkante doppelt beplankt; zwischen beiden Blechen Flügelnasen-Warmluftbeheizung.
Rumpf: Ganzmetall-Schalenbauweise in drei Teilen. Nasenteil als Kampfkopf mit sphärisch gebogenen Scheiben, Mittelteil mit Flügelmittelstück zusammen und Endteil mit vierflächiger Schirmbremse als Steiß.

Leitwerk: Freitragendes Leitwerk mit als Endscheiben ausgebildetem doppeltem Seitenleitwerk. Aufbau der Flossen zweiholmig in Ganzmetall, Ruder ebenfalls Ganzmetall. Die Seitenflossen besitzen an der Vorderkante einen festen Schlitz, Austrittskante an der Innenseite. Seitenruder mit kurzen Hörnern als zusätzlicher aerodynamischer Ausgleich, hauptsächlich doch gewichtlich ausgeglichen. Trimmruder über die gesamte Hinterkante. Höhenflosse verstellt sich automatisch beim Ausfahren der Klappen, jedoch auch manuell verstellbar. Gewichtlich ausgeglichenes und mit Trimmklappen versehenes Höhenruder.
Fahrwerk: Einziehbares Normalfahrwerk. Haupträder je an zwei Ölfederbeinen elektrisch nach hinten in die Motorengondeln, Spornrad ebenfalls elektrisch nach hinten in den Rumpf einfahrbar.
Triebwerk: Zwei Daimler-Benz DB 603 A flüssigkeitsgekühlte Zwölfzylinder V-Motoren mit 2 × 1750 PS Startleistung. VDM-Vierblatt-Verstell-Luftschrauben mit Schwarzblättern. Kraftstoffkapazität 2920 Liter. Haupttank mit 1050 Liter im Mittelstück über Bombenraum. Zwischen diesem und den beiden Motoren zwei

141. Schwerer Bomber Dornier Do 217 K-01 △   142. Schwerer Bomber Dornier Do 217 M-1 △

Tanks mit je 775 Liter und außerhalb der Motoren zwei Tanks mit je 160 Liter ebenfalls im Flügelmittelstück. Schmierstoff 400 Liter in Tanks im Mittelstück außerhalb der Motoren. Tanks aus gummiüberzogenem Metall. Zusätzlich können zwei Zusatzbehälter mit je 750 Liter im Bombenraum mitgeführt werden.

Besatzung: 4 Mann im Kampfkopf, bestehend aus Pilot (links), Kommandant (Bombenschütze, in der Nase oder neben Pilot), Funker (hinter Pilot) und Schütze (hinten).

Militärische Ausrüstung: 1 × MG 81 Z (2 × 7,9 mm MG 81 mit 1000 Schuß) in Nase, 1 × 13 mm MG 131 (500 Schuß) im elektrisch betätigten B-Turm, 1 × 13 mm MG 131 im elektrisch betätigten C-Stand und 2 bis 4 × 7,9 mm 81 (je 750 Schuß) in den Seitenfenstern des Führerstandes. Bombenzuladung bis 2500 kg im Bombenraum. Zusätzliches Mitführen von 2 × 250 kg Bomben unter den Flügeln außerhalb der Motoren möglich. Beheizter Bombenraum beim Einsatz als Torpedobomber.

Do 217 M-2

Die M-2 war eine Ableitung der M-1, jedoch mit Flügeln größerer Spannweite (24,8 m). Sie besaß wie die M-5 ein

Gehänge unter dem Rumpf, an das wahlweise eine Hs 293- oder SD 1400 X-Gleitbombe mitgeführt werden konnte. Aber auch diese Version befriedigte nicht, da die Unterbringung der Gleitbomben durch die geringe Bodenfreiheit sehr schwierig war. Aufbau, Bewaffnung und Besatzung wie Do 217 M-1.

Do 217 M-5

Diese Version war eine Sonderausführung der M-1 als Übergangslösung für eine unter dem Rumpf mitgeführte Hs 293-Gleitbombe.

Do 217 M-9

Geplant als Kampfflugzeug für Sondereinsatz. Triebwerk: 2 × DB 603 A je 1750 PS. Fluggewicht 16 700 kg. Spannweite 24,50 m, Flächeninhalt 67 m². Errechnete Höchstgeschwindigkeit 525 km/h. Bewaffnung: 1 × MG 151, 2 × MG 131, 2 × MG 81 Z. Bombenlast maximal 4500 kg. Kleinbildkamera und Reihenbildgerät. Leitwerk wie Do 317.

Dornier Do 217 N-Reihe

Die katastrophale Situation der deutschen Nachtjagd zwang 1943 dazu, auch von der M-Reihe eine Nachtjagdversion abzuleiten, die die Bezeichnung Do 217 N erhielt. Sie lehnte sich in der Ausrüstung an die J-Reihe an, besaß jedoch die DB 603 A-Triebwerke der M-Reihe.

Do 217 N-1

Aus der Do 217 M-1 entwickelter Nachtjäger mit dem Waffenbug der Do 217 J-1 (4 × 7,9 mm MG 17 und 4 × 20 mm MG FF). Drei Mann Besatzung.

Do 217 N-2

Verbesserung der Do 217 N-1 im Rahmen des Entfeinerungs- und Zweckbestimmungsprogrammes. Der Rumpfbug der J-2 mit 4 × 7,9 mm MG 17 und 4 × 20 mm MG 151/20 wurde verwendet, jedoch der B-Stand und die gesamte Bodenwanne mit dem C-Stand ausgebaut und der Rumpf durch Holzformteile im Anschluß am Einstieg glatt verschlossen. Zusätzlich wurden im Rumpf als sogenannte „Schräge Musik" noch 2 bis 4 × 20 mm MG 151/20, unter einem Winkel von 70° starr nach oben schießend, eingebaut. Die Radarausrüstung umfaßte ein FuG 212-Lichtenstein C 1- und bei den letzten Ausführungen ein Lichtenstein SN 2-Gerät. Drei Mann Besatzung.

Dornier Do 217 P-Reihe

Als 1943 entwickelter Höhenfernaufklärer unterschied sich die Do 217 P wesentlich von ihren Vorgängern, da eine Anzahl vollkommen neuer Bauteile verwendet wurde. Die Vollsichtkanzel war als Druckkabine ausgebildet und wurde aus einer großen Anzahl Planglasscheiben gebildet. Sie bot drei Mann Besatzung Platz. Der Antrieb bestand aus 2 × 1 750 PS-DB 603 A-Triebwerken, die von einem zusätzlichen DB 605 T im Bombenraum mit Ladeluft versorgt wurden. Die Ladeluft wurde in zwei Hutzen seitlich des Rumpfes angesaugt und in zwei riesigen Ladelufkühlern, die zwischen Rumpf und Motoren hingen, gekühlt. Der Flüssigkeitskühler für das DB 605-Triebwerk lag hinter dem Motor an der Rumpfunterseite, der Ölkühler auf der Rumpfoberseite. Das erste Versuchsmuster *Do 217 PV-1* besaß noch den kurzen Flügel von 19,15 m Spannweite. Die nachfolgenden *Do 217 PV-2* und *Do 217 PV-3* erhielten den größeren Flügel der K-Reihe. Sie dienten als Vorläufer der Vorserie Do 217 P-0. Doch nach drei an die Truppe ausgelieferten Mustermaschinen wurde noch 1943 die Entwicklung abgebrochen.

Do 217 P-0

Höhenaufklärer mit drei Mann Besatzung. Die Bewaffnung bestand aus je einem MG 81 Z im Bug, im B-Stand und im C-Stand. Eine Rb 20/30 Kamera im Rumpf zwischen Druckkabine und Lademotor, zwei Rb 75/30 Kameras im Rumpf hinter dem Lademotor. Im Heck war ein Bänderfallschirm als Luftbremse vorgesehen.

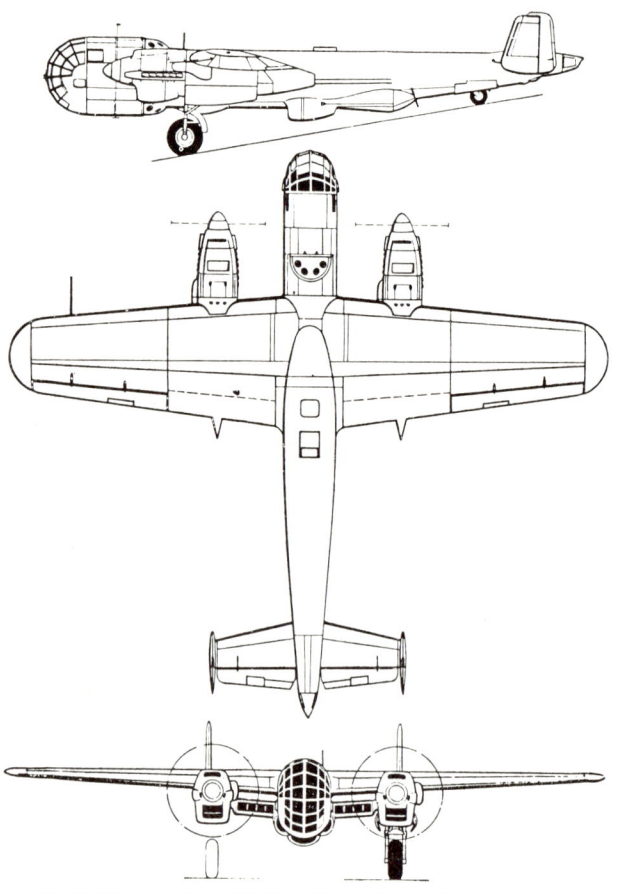

122. Dornier Do 217 PV-1

Dornier Do 317

Eine vollkommen neu durchgearbeitete Weiterentwicklung der Do 217 wurde 1942 unter der Bezeichnung Do 317 in Angriff genommen. Trotz der äußerlichen Ähnlichkeit mit der Do 217 wurden kaum noch Bauteile der Maschine übernommen. Der Zweck der Umkonstruktion lag darin, den Rumpf geräumiger zu gestalten, um eine Bombenlast von 3 000 bis 4 000 kg im Bombenraum unterbringen zu können. Geplant waren die Ausführungen A und B.

Dornier Do 317 A-Reihe

Die Do 317 A war eine Bomberversion ohne Druckkabine. In den Abmessungen war sie nur wenig größer als die Do 217. Der Antrieb bestand aus 2 × 1 750 PS DB 603 A. Das erste Versuchsmuster, die Do 317 V-1, flog ohne Bewaffnung erstmals im Frühjahr 1943. Die voll bewaffnete *Do 317 V-2* kam nicht mehr in die Erprobung.

143. Nachtjagd-Flugzeug Dornier Do 217 N-2 △

144. Höhen-Fernaufklärer Dornier Do 217 PV-1 ▽

145. Schwerer Bomber Dornier Do 317 A △

123. Dornier Do 317 (1. Entwurf) ▷

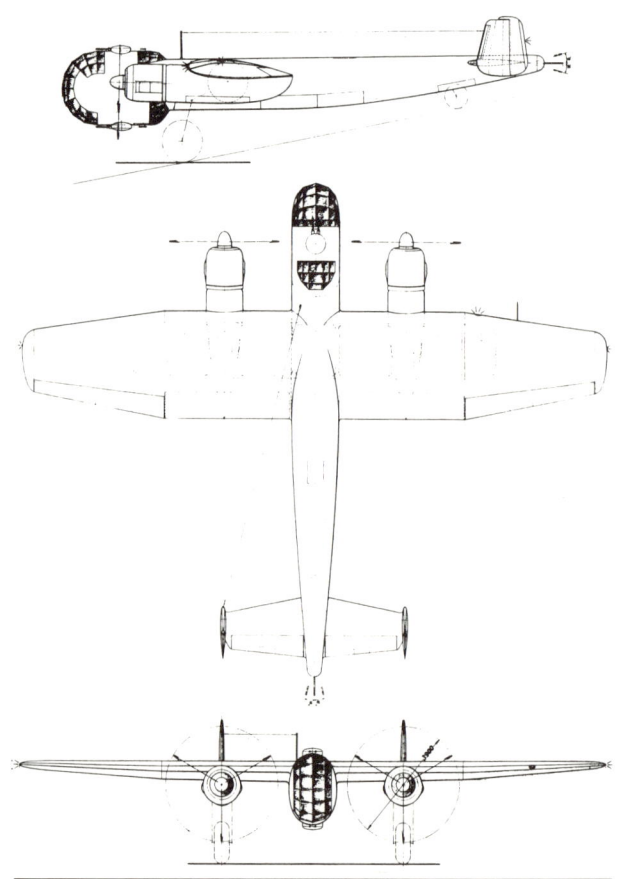

Typ: Zweimotoriger schwerer Bomber.

Flügel: Freitragender Schulterdecker in Ganzmetall. Aufbau in drei Teilen ähnlich Do 217. Schlitzklappen über die gesamte Flügelhinterkante, außen als Querruder, innen als elektrisch betätigte und mit den Querrudern gekuppelte Landeklappen wirkend. Flügelnasen-Warmluftenteisung.

Rumpf: Ganzmetall-Schalenbauweise mit großem Querschnitt und großem Bombenraum. Vorderteil als Kampfkopf mit Vollsichtkanzel aus sphärisch gebogenen Scheiben ähnlich Do 217 K ausgebildet.

Leitwerk: Freitragendes Leitwerk mit als Endscheiben ausgebildetem Seitenleitwerk. Aufbau der Höhenflosse zweiholmig aus Ganzmetall, automatisch beim Ausfahren der Landeklappen verstellbar, jedoch auch manuell zu betätigen. Ganzmetall-Höhenruder zweiteilig, mit geteilten Trimmklappen versehen und gewichtlich ausgeglichen. Seitenleitwerke von dreieckiger Form in Ganzmetall. Seitenruder aerodynamisch und gewichtlich ausgeglichen. Trimmklappen an den Hinterkanten.

Fahrwerk: Einziehbares Normalfahrwerk, von der Do 217 übernommen.

Triebwerk: Zwei Daimler-Benz DB 603 A flüssigkeitsgekühlte Zwölfzylinder V-Motoren mit 2×1750 PS Startleistung. VDM-Vierblatt-Verstell-Luftschrauben.

Besatzung: 4 Mann im Kampfkopf, Sitzordnung wie bei Do 217.

Militärische Ausrüstung: 1×15 mm MG 151 starr nach vorne, $1 \times$ MG 81 Z ($2 \times 7,9$ mm) beweglich in der Kanzel, 1×13 mm MG 131 im Drehturm über Kabine, 1×13 mm MG 131 im B-Stand und 1×13 mm MG 131 im C-Stand. Bombenlast bis 3 000 kg ausschließlich im Bombenraum.

Weitere Entwicklungsarbeiten an der Do 317 A wurden zugunsten der laufenden Do 217-Serie abgebrochen.

218

Dornier Do 317 B-Reihe

Als Beitrag zum vom RLM ausgeschriebenen »Bomber-B«-Programm, an dem sich die Firmen Arado mit der Ar 340, Focke-Wulf mit der Fw 191 und Junkers mit der Ju 288 beteiligten, vergrößerte Dornier den Entwurf Do 317 zur Do 317 B und reichte ihn am 1. Januar 1943 dem Technischen Amt des RLM zur Begutachtung ein. Diese Version besaß gegenüber der Do 317 A eine von 20,64 auf 26 m vergrößerte Spannweite, eine vergrößerte Bombenzuladung bis 4000 kg, eine Druckkabine und drei ferngesteuerte Waffentürme. Die Triebwerksanlage bestand aus DB 610 A/B-Motoren. Zu einer Fertigstellung dieser Version kam es infolge fehlenden Entwicklungsauftrages nicht.

Im konstruktiven Aufbau entsprach die Do 317 B der A-Ausführung, von der sie sich im Folgenden unterschied:

Triebwerk: Zwei Daimler-Benz DB 610 A/B flüssigkeitsgekühlte Motoren (Zusammenbau von 2 × DB 605, mit einem Getriebe auf eine Luftschraubenwelle gekuppelt) mit 2 × 2950 PS Startleistung. VDM-Vierblatt-Verstell-Luftschraube.
Besatzung: 4 Mann in Druckkabine mit Vollsichtkanzel.

Militärische Ausrüstung: Drei ferngesteuerte Drehtürme: Über der Kabine mit MG 131 Z (2 × 13 mm), auf dem Rumpfrücken in der Mitte des Rumpfes mit MG 131 Z (2 × 13 mm) und an der Unterseite der Kabine mit MG 81 Z (2 × 7,9 mm). Dazu kam noch ein starres MG 151 J im Rumpfsteiß (Heck).

Geschichtlicher Überblick zur Do 317 A:

8. 9. 1942	Erstflug der Do 317 A, V 1: VK + IY ab 9. 9. 1942 Mustererprobung.
	Keine wesentliche Verbesserung der Flugleistungen im Vergleich zur Do 217 E und Do 217 P;
1943	Fertigstellung der Do 317 AV 2; keine weitere Waffenerprobung.
	Einstellung des Do 317 A/B-Programms nach Fertigung von sechs Maschinen. (Lt. anderen Quellen nur zwei Prototypen gebaut.)
	Umrüstung auf Gleitbombeneinsatz mit Hs 293 und Umbenennung in Do 217 R.
	Zuführung zur II./KG 100 in Orléans-Bricy, Maschinen wurden dort aufgebraucht.

Technische Daten — Übersicht der DORNIER-Baumuster Do 17, Do 215, Do 217 und Do 317

Baumuster	Einsatzzweck	Triebwerk Baumuster	Küh- lung	Start- leistung PS	Trag- flügel- Fläche qm	Start- gewicht to	Zu- ladung to	V_{max} in H = 0 m km/h	V_{max} in Volldruckhöhe km/h in ... m	Gipfel- höhe m
Do 17 V-1	Versuchsträger für zivilen Einsatz	BMW VI	Wasser	2 × 750	55	6,5	2,3		435/ 4000	5000
Do 17 V-16	Nach Umbau als Militärflugzeug	BMW VI	Wasser	2 × 750	55	6,5	1,48	355		
Do 17 E	Schnellbomber	BMW VI	Wasser	2 × 750	55	7,0	1,87	355	326/ 3000	5500
Do 17 F	Tag- und Nacht-Fernerkunder	BMW VI	Wasser	2 × 750	55	7,0	1,85	355	326/ 3000	5500
Do 17 J	Schnellbomber	BMW 132 F	Luft	2 × 800	55	7,0	1,87	355	415/ 3750	7550
Do 17 Ka	Schnellbomber und Aufklärer	Gnôme-Rhône 14 K	Luft	2 × 850	55	7,5	2,28	345	420/ 3500	8500
Do 17 M	Schnellbomber	Bramo 323 A	Luft	2 × 900	55	8,0	2,36	355	415/ 4700	6700
Do 17 P	Tag- und Nacht-Erkunder	BMW 132 N	Luft	2 × 865	55	7,65	2,15	345	410/ 4000	6400
Do 17 U	Führungsflugzeug	Bramo 323 A	Luft	2 × 900	55	8,5	2,73	350	417/ 4700	7250
Do 17 Z	Schnellbomber	Bramo 323 A + P	Luft	2 × 900	55	8,8	2,80	350	426/ 4700	7250
Do 17 R	Sonder-Lichtbild-Flugzeug	DB 601 A	Wasser	2 × 1100	55	8,0	2,30	420	530/ 5200	9100
Do 17 S	Sonder-Lichtbild-Flugzeug ohne Schußwaffen	DB 601 A	Wasser	2 × 1100	55	8,6	2,35	430	500/ 4800	8200
Do 215	Fernerkunder und Nachtjäger	DB 601 A	Wasser	2 × 1100	55	8,6-9,5	2,0-2,6	410	500/ 4800	9100
Do 217 A	Lichtbildflugzeug mit Höhenkammer	DB 601 R/C3	Wasser	2 × 1350	65	11,0	2,8	410	510/ 6000	11700
Do 217 C	Kampfflugzeug	Jumo 211 A	Wasser	950/1200	57	11-12	3,65-4,8	395	475/ 5600	8500
Do 217 E	Kampfflugzeug, Gleitbomber	BMW 801 A	Luft	2 × 1550	57	16,5	5,93	430	515/ 5200	6500
Do 217 G	Kampfflugzeug auf Schwimmern	BMW 801 A	Luft	2 × 1550	73	14,9	4,1	400	455/ 4600	6800
Do 217 J	Nachtjäger	BMW 801 L	Luft	2 × 1550	57	15,25	4,4	400	455/ 4200	6200
Do 217 K-2	Lichtbildflugzeug	BMW 801 A	Luft	2 × 1550	67	16,85	6,3	450	520/ 5200	7800
Do 217 L	Lichtbildflugzeug	DB 603 HC3	Wasser	2 × 2000	70	13,45	3,5	460	580/ 6000	13000
Do 217 M	Kampfflugzeug	DB 603 A	Wasser	2 × 1750	57	15,5-16,7	5,0-5,8	440	560/ 6500	10400
Do 217 P-1	Höhenerkunder und Bomber mit Kompressormotor	DB 603 B und 1 DB 605	Wasser Wasser	2 × 1750	67	16,0	4,17	380	785/15900	15900
Do 217 R	Kampfflugzeug	DB 603 A	Wasser	2 × 1750	62	17,7	6,0	440	555/ 6400	9300
Do 217 N	Nachtjäger	DB 603 A	Wasser	2 × 1750	57	13,5	3,15	445	500/ 6000	9000
Do 317 A	Land-Gleitbomber	DB 603 B	Wasser	2 × 1750	68	18,65	6,47	448	560/ 6000	9800
Do 317 A	Land-Gleitbomber	Jumo 222 M	Wasser	2 × 2000	68	20,15	7,10	475	585/ 6000	9400

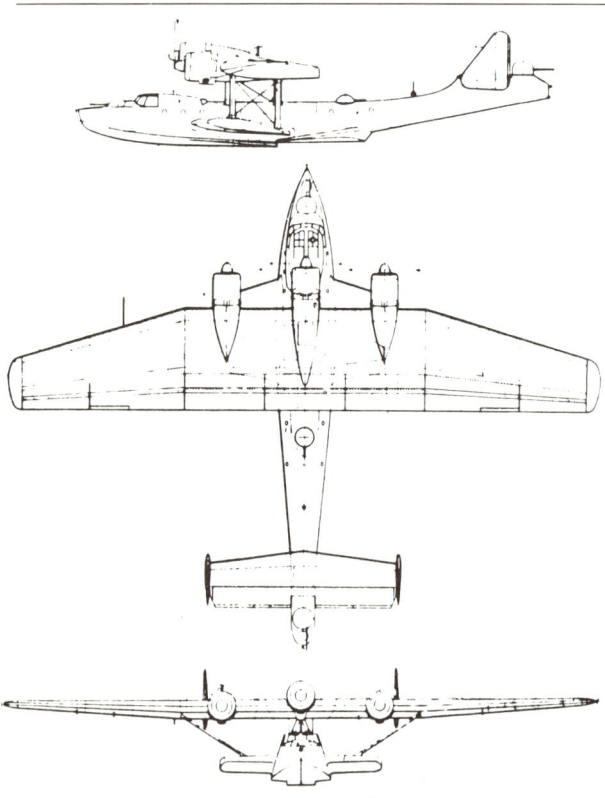

123 A. Dornier-Projekt Do 318

Dornier Do 318

In Anlehnung an die Do 24 entstand 1943 der Entwurf Do 318, einem dreimotorigen Flugboot für Fernaufklärung und Seenoteinsatz. Als Triebwerk waren drei Bramo 323 TA-Motoren mit einer Startleistung von je 1200 PS vorgesehen. Das Fluggewicht der Aufklärer-Version sollte bei etwa 20 000 kg, das der Seenot-Version bei 18 000 kg liegen. Außer den Abmessungen (Spannweite 30,00 m, Länge 24,00 m und Höhe 6,20 m) sind keine weiteren Daten dieses Entwurfes bekannt. Bei Weserflug arbeitete man 1944 an einer Weiterentwicklung der Do 318 mit Grenzschichtabsaugung.

Dornier Do 335 »Pfeil«

Während des Ersten Weltkrieges, in den Jahren 1915/16, baute Claude Dornier in sein zweites Riesenflugboot Rs II vier 240 PS-Maybach-Motoren paarweise in Tandem-Bauart ein und behielt dies auch bei den Folgemustern Rs III und Rs IV bei. Nach 1918 entstanden dann seine berühmten »Wal«-Flugboote und ihre Folgemuster, bei denen diese Motoren-Einbauweise immer wieder erfolgreich angewendet wurde. 1936 entstand dann das Flugboot Do 18, bei dem zum ersten

Mal der hintere Motor des Motorentandems über eine Kurbelwellenverlängerung angetrieben wurde. Dies brachte ihn dann auf die Idee, daß man den Flugzeugführer auch zwischen die beiden Triebwerke setzen könnte. So entstand das Patent Nr. 728044 (Klasse 62 b, Gruppe 303) vom 3. August 1937, auf dessen Grundlage Dornier den Schnellbomber P.59-04 entwickelte. Das Technische Amt des Reichsluftfahrtministeriums (GL-C) sah bei der 1940 herrschenden Kriegslage keine Notwendigkeit, einen so revolutionären Entwurf zu entwickeln, zumal Göring als Beauftragter für den Vierjahresplan am 3. Februar 1940 wörtlich an den Reichswirtschaftsminister Funk geschrieben hatte: »Es müssen daher mit allen Mitteln die Vorhaben gefördert werden, die im Jahre 1940 bzw. bis zum Frühjahr 1941 zur Auswirkung kommen. Alle anderen Programme, die sich erst später auswirken, müssen, falls es die Belegung der Wirtschaft erfordert, zugunsten der obigen Vorhaben, zurückgestellt werden.« Damit war P.59-04 vorläufig gestorben. Man legte den Entwurf zu den Akten!

Dornier war aber von der Leistungsfähigkeit des Entwurfs überzeugt und gab der Segelflugzeugbaufirma Schempp-Hirth den Auftrag, ein Erprobungsflugzeug Göppingen Gö 9 zu bauen, das die Vorzüge der Tandembauweise unter Beweis stellen sollte und vor allem die Möglichkeit, eine Luftschraube am Heck eines Flugzeugs über Fernwelle vibrationsfrei anzutreiben. Die Gö 9 wurde von Hütter konstruiert und in Wüsterberg noch 1940 eingeflogen. Sie war eine im Maßstab 1:2,5 verkleinerte Do 17 mit einem 80 PS-Hirth HM 60 R-Motor. Die Maschine hatte eine Spannweite von 7,20 m, eine Länge von 6,80 m und ein Fluggewicht von 720 kg. Sie erreichte eine Höchstgeschwindigkeit von 220 km/h. Die Erprobung der Gö 9 bewies das einwandfreie Arbeiten der über Fernwelle angetriebenen Luftschraube am Heck. Die Haltung des RLM blieb trotzdem ablehnend. Dornier aber war von einem Erfolg seiner Idee überzeugt und ließ auf der Grundlage des alten P.59 ein neues Projekt P.231 in drei Ausführungen durcharbeiten: P.231/1 mit zwei DB 605 E, P.231/2 mit zwei DB 603 G und geänderter Flügelgeometrie und P.231/3 mit gemischtem Antrieb. Aus P.231/3 wurde bis Mai 1943 dann das Projekt P.232/2 mit Mischantrieb DB 603 + Jumo 004 C weiterentwickelt, das eine Höchstgeschwindigkeit von 773 km/h bei einer Reichweite von 1 250 km erreichen sollte. Dieses Projekt wurde dann im Herbst 1943 gestrichen. Das RLM hatte sich inzwischen für eine andere Lösung entschieden. Das Projekt P.231 sollte in etwas abgeänderter Form als Do 335 gebaut werden. Der Leiter der Entwicklungsabteilung im Technischen Amt der Luftwaffe, Dr. Pasewaldt, verzögerte die Auftragserteilung, so daß sich Dornier direkt an den Inspekteur der Luftwaffe Generalfeldmarschall Milch wandte, der dann einen Auftrag zum Bau von etwa einem Dutzend Versuchsmaschinen erteilte. Vorerst sollten aber nur acht V-Maschinen gebaut werden. Anschließend sollten dann 35 Do 335 als Schnellbomber gebaut werden, dazu zusätzlich eine Reihe Do 335 als

124. Göppingen Gö 9 △

146. Versuchsflugzeug Gö 9 (Vorversuch für Do 335) ▽

eine Art Jagdbomber. Die Großserie sollte im Februar 1945 anlaufen. Am 7. Juni 1943 schaltete sich Hitler selbst in das Do 335-Programm ein, in dem er neben der Me 262 die Forcierung des Do 335-Schnellbomber-Programms forderte. Erst nachdem Messerschmitt am 7. September 1943 Hitler durch Hinweise beeinflußte, daß seine Me 262 als Schnellbomber besser geeignet sei als Arado Ar 234 und Do 335, erhielt die Me 262 die alleinige Priorität. Alle Darlegungen Milchs zugunsten von Ar 234 und Do 335 wurden beiseite geschoben. Inzwischen war die Do 335 V 1, CP + UA, aus der Halle gerollt und startete am 26. Oktober 1943 unter Führung von Flugkapitän Dieterle von Mengen in Württemberg zum Erstflug. Trotz kleiner Kinderkrankheiten, die jeder neue Typ an sich hat, überzeugte die Maschine. Der General der Kampfflieger Generalmajor Peltz und Oberst Petersen von der Entwicklungsstelle Rechlin waren beeindruckt. Milch, der immer noch für den Bau der Do 335 plädierte, wies in einem Schreiben im November 1943 an die Reichskanzlei darauf hin, daß die Do 335 als Schnellbomber in der Lage sei 1 000 kg Bombenlast zu tragen, während die Me 262 nur 500 kg schaffte. Auf Grund der überlegenen Geschwindigkeit der Do 335 von 640 km/h in Bodennähe wurden nun 14 V-Maschinen, zehn Vorserienmaschinen A-0, elf Do 335 A-1 und drei Schulmaschinen in Auftrag gegeben. Derweil ging die Do 335 V 2, CP + UB, in die Erprobung und erbrachte noch bessere Leistungen als die V 1.

Hitler war zwar immer noch mehr für Me 262 und Ar 234, also die Strahlflugzeuge, meinte aber, man solle ruhig die Do 335 in Reserve halten, da man einen Fehlschlag bei den Strahlflugzeugen nicht ausschließen könne. In einer Diskussion zwischen dem General der Jagdflieger Galland, Oberst Knemeyer und Diesing von Rechlin sowie Direktor Reidenbach von Dornier forderte Knemeyer, daß der Schnellbomber und die Zerstörerausführung zellenmäßig möglichst ähnlich sein sollten, um je nach Notwendigkeit durch geringe

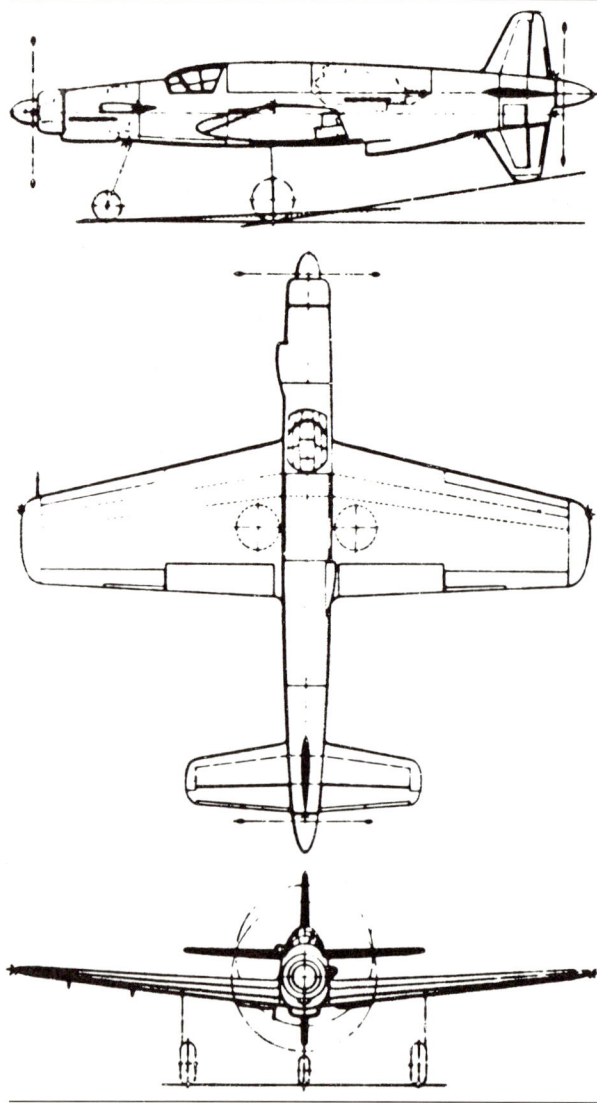

125. Dornier Do 335 V 1

gern vor allem durch die Einbeziehung des bisher unter dem Ringkühler angebrachten Ölkühlers in den Ringkühler. Die Maschine war unbewaffnet, erhielt aber ein Reihenbildgerät Rb 50/30 und flog mit neuer Kennung T 9 + ZH für die Fernaufklärungsgruppe ObdL (Oberbefehlshaber der Luftwaffe). Do 335 V 4, CP + UD, sollte als Musterflugzeug für die geplante Weiterentwicklung Do 435 dienen, die aus dem P. 232/2 entwickelt worden war. Do 335 V 5 erhielt als erste die vorgesehene Bewaffnung von einer MK 103 (30 mm) und zwei MG 151/20, dazu Lastenträger für verschiedene Bombenlasten bis zu 500 kg Gesamtgewicht. Die Maschine mit der Kennzeichnung CP + UE ging zur Waffen-Erprobungsstelle Tarnewitz.

Am 23. Mai 1944 mußte selbst der größte Optimist zu der Erkenntnis kommen, daß mit den bisher gebauten Me 262 und Ar 234 eine Invasion der Alliierten in der Normandie nicht zurückzuschlagen war. Als der Chef des Jägerprogramms Saur Hitler die tatsächlichen Produktionszahlen vorlegte, befahl dieser die Do 335 als Schnellbomber so schnell und soviel wie möglich in Serie zu bauen. Anfang Juli wurde ihm dann mitgeteilt, daß der Anlauf der Do 335 vorläufig noch nicht abzusehen war. Daraufhin befahl er die Produktion dieser Maschine mit allen Mitteln voranzutreiben. Eine entsprechende Anordnung Hitlers erging am 7. Juli 1944. Bei der Erprobung in Mengen (Württbg.) stellten sich zwar immer wieder Schwierigkeiten insbesondere durch Überhitzung des Hecktriebwerkes ein, an der Einsatzfähigkeit des Typs bestand jedoch kein Zweifel. Um die den deutschen Luftraum bereits weitgehend beherrschende alliierte Luftwaffe abzulenken, hatte man in der Nähe von Mengen einen Scheinflugplatz angelegt, der seinen Zweck auch oft erfüllte, wenn amerikanische Jagdbomber im Tiefflug herankamen. Die Ausrüstung der III./KG 2 kam nicht zum Tragen, da gar nicht genügend Do 335 zur Verfügung standen und die dafür vorgesehenen Flugzeugführer inzwischen versetzt worden waren. Besonders bei der Nachtjagd griff man auf sie zurück.

Do 335 V 6, CP + UF, wurde in dieser Zeit bei Dornier als Werksflugzeug verwendet, an dem man die vom Erprobungskommando 335 geforderten Änderungen ausprobierte. Do 335 V 7, CP + UG, wurde nach Dessau zu Junkers überführt und diente dort als fliegender Prüfstand für den Hochleistungsmotor Jumo 213 E. Zu diesem Zeitpunkt plante man im Dezember 1944 mit dem Serienbau der Zerstörerversion mit DB 603 E oder LA zu beginnen. Für die Versuche mit diesem Triebwerk ging Do 335 V 8, CP + UH, zu Daimler-Benz. Mit der Do 335 V 9, CP + UI, wurde dann das Grundmuster für die endgültige Ausführung der Do 335 A-0, bzw. A-1 fertiggestellt. Etwa um diese Zeit, es war bereits Herbst 1944, wurde bei Reims eine Do 335 beschädigt von den Alliierten zur Landung gezwungen. Es ist möglich, daß es sich um die V 3 handelte, die ja bereits in der Fernaufklärung eingesetzt war. Zu diesem Zeitpunkt war zwischen den verschiedenen Luftwaffendienststellen eine

Änderungen — wie einen GM-1-Einbau (Einspritzanlage) — immer beide Ausführungen bei der Hand zu haben. Galland forderte für den Zerstörer eine zusätzliche Flächenbewaffnung mit MK 103. Dies wurde mit Attrappen an der Do 335 V 2 erprobt und führte zur V 13, dem ersten Musterflugzeug für die geplante B-Serie. Im Mai 1944 wurde unter Führung des Hauptmanns Schreiweis, vorher Kommandeur der III./KG 2, ein Erprobungskommando Do 335 aufgestellt. Die dafür vorgesehenen Piloten wurden unter Leitung der Dornier-Werkpiloten Dieterle und Padell umgeschult. Do 335 V 3, CP + UC, unterschied sich von den beiden Vorgän-

146A. Versuchs-Jagdeinsitzer Dornier Do 335 V 1 △

147. Jagdeinsitzer Dornier Do 335 V 3 (T9 + ZH) ▽

intensive Diskussion über die Einführung eines Do 335-Nachtjägers und dessen Bewaffnung im Gange. Als Prototyp war die Do 335 V 10, CP + UK, vorgesehen. Einmal sollte sie als Träger für die Luft-Rakete X-4 dienen, dann wollte man statt der MK 103 die MK 114 einbauen. Dabei handelte es sich um eine Kanone von 55 mm Kaliber, die eine Feuergeschwindigkeit von 150 Schuß pro Minute und eine maximale Reichweite von 2000 m haben sollte. Das RLM forderte für diese Waffe ein Maximalgewicht von 1000 kg. Da man bei Rheinmetall-Borsig aber nicht unter 1 265 kg kam, wurde die Entwicklung eingestellt. Die Do 335 V 10 wurde in Heidfeld bei Wien zum Nachtjäger umgebaut, da Heinkel-Wien die Maschine in Serie bauen sollte. Da Heinkel aber mit dem Anlaufen der Serie des »Volksjägers« He 162 überlastet war,

wurde der Umbau nicht termingerecht durchgeführt. Vor allem kamen die notwendigen Ortungsgeräte nicht zur Zeit. Do 335 V 10 ging am 24. Januar 1945 nach Diepensee und sollte von dort zur Erprobungsstelle für Nachtjagdgeräte nach Werneuchen gehen. Da die Russen aber zu diesem Zeitpunkt bereits am Rande der Neumark standen, verlegte die E-Stelle nach Stade. Dort sollte dann das FuG 218 »Neptun« eingebaut werden. Da durch die kriegsbedingten Schwierigkeiten Dornier nicht termingerecht liefern konnte, wurde die Nachtjagdversion Do 335 A-6 gestrichen.
Bis zu diesem Zeitpunkt waren weitere V-Muster fertig geworden. Do 335 V 11, CP + UL, und V 12, CP + UM, entsprachen weitgehend der V 10, waren aber unbewaffnet, da sie als Schulflugzeuge vorgesehen waren. Sie blieben die

148. Übungs-Jagdzweisitzer Dornier Do 335 V 11

einzigen Vertreter der Baureihe A-10. Do 335 V 3 kann als Grundmuster für die geplante Aufklärerversion A-4 angesehen werden und V 10 für die Nachtjagdausführung A-6. A-6 und A-10 waren zweisitzig.

Eine zweite Trainer-Ausführung war die A-12. Während die A-10 aus der A-0-Vorserie abgeleitet wurde, war die A-12 ein Umbau aus A-1. Diese Serie lief zwar noch an, es wurden aber nur noch wenige Maschinen fertiggestellt. Als Ende April die ersten amerikanischen Truppen im Dornier-Werk Oberpfaffenhofen einrückten, fanden sie dort einige A-1, vier A-4 und einige A-10 und A-12 vor. Unter diesen befand sich die Do 335 A-12 Werk-Nr. 240112. Sie wurde von dem englischen Flight-Lieutenant Taylor am 7. September 1945 nach Reims geflogen und von dort von Squadron-Leader McCarthy zur Siegesschau nach Farnborough überführt. Eine zweite Maschine Werk-Nr. 240121 wurde sowohl von amerikanischen wie englischen Piloten wiederholt geflogen und dann ebenfalls nach England überführt. W.Nr. 240112 stürzte am 18. Januar 1946 über England ab, wobei der Pilot Group Captain A. F. Hardest den Tod fand. W.Nr. 240121 ging bereits am 13. Dezember 1945 zu Bruch. W.Nr. 240122, die beschädigt in Oberpfaffenhofen vorgefunden wurde, wurde verschrottet.

Die Baureihe Do 335 B unterschied sich von der A-Reihe hauptsächlich durch die Flächenbewaffnung, die aus zwei MK 103 bestand. Eine Weiterentwicklung war die Version B-4, die eine vergrößerte Spannweite von 18,40 m hatte und als Höhenzerstörer vorgesehen war. Von der B-Reihe sind wahrscheinlich nur noch 2 oder 3 Maschinen fertiggestellt worden. Es waren Do 335 V 13, RP + UA, und V 14, RP + UB, und eine B-6 einer geplanten Nachtjägerausführung. Diese drei Maschinen fielen in französische Hände. Die erwähnte B-6 scheint Do 335 V 17, RP + UE, gewesen zu sein. Do 335 V 14 wurde unter französischer Aufsicht von deutschen Monteuren vervollständigt und zum Centre Experimentale de Voile nach Brétigny gebracht, wo sie von Lt. Col. Roger Receveau mehrmals geflogen wurde. Die ebenfalls erwähnte B-6 (V 17?) ging im Herbst 1945 bei Bron in Frankreich zu Bruch. Von der Do 335 wurden die Versuchsmuster V 1 bis V 14 bis Kriegsende fertiggestellt, zehn Do 335 A-0, W.Nr. 240101 bis 240110, drei A-12 W.Nr. 240112 und 240121, 240122. Etwa 15 bis 20 Do 335 befanden sich bei Kriegsende noch im Bau. Zwei Do 335 A-0 oder A-1 sind im Rahmen der US-Operation »Seahorse« (Sicherstellung hochwertiger deutscher Flugzeuge) mit dem Flugzeugträger »Reaper« nach USA gebracht worden. Hiervon hat die Werk-Nr. 240102, Kennzeichen VG + PH, ein wechselvolles Schicksal gehabt. Sie ging im Spätherbst 1944 nach Rechlin.

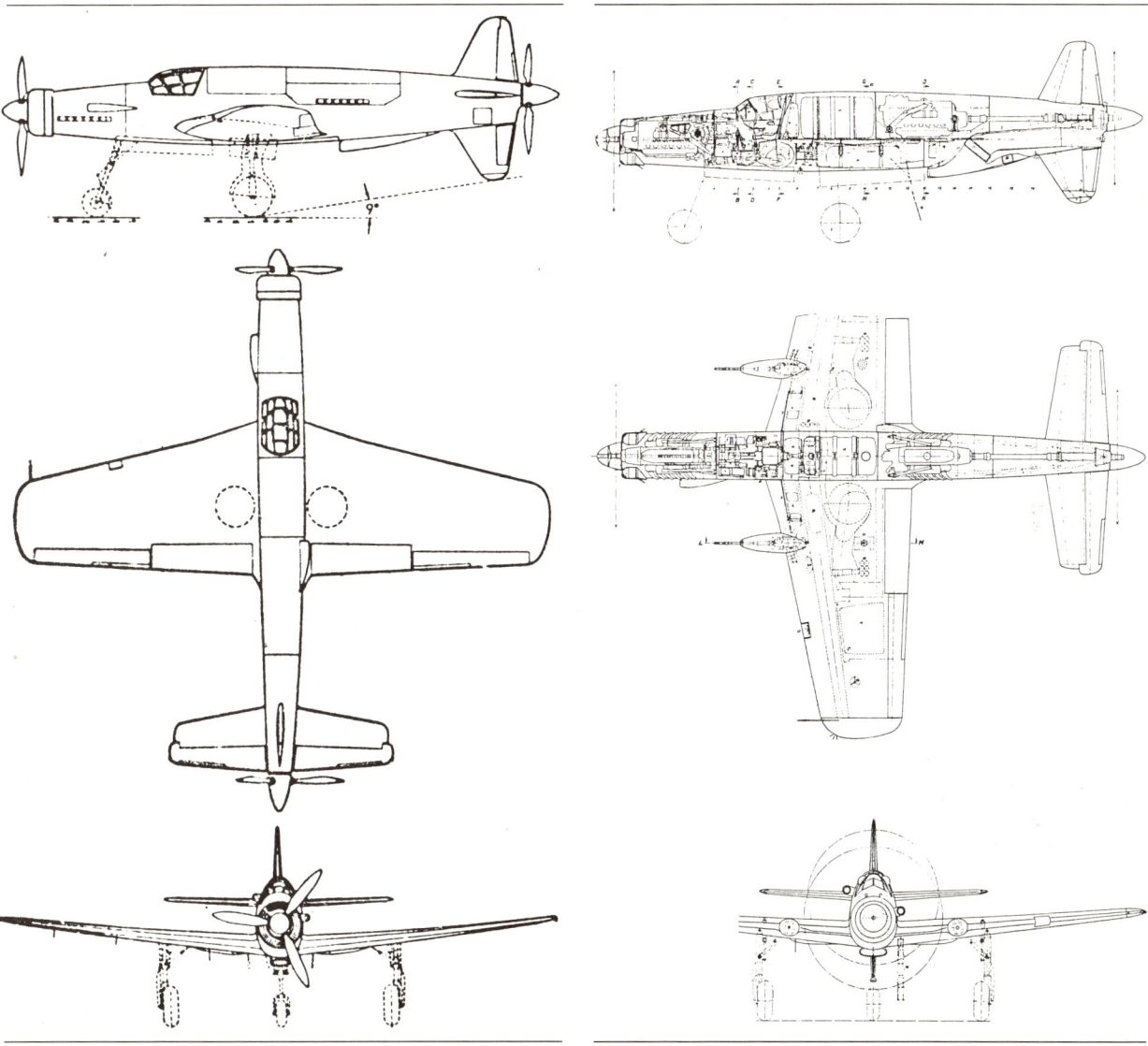

126. Dornier Do 335 A-0

127. Dornier Do 335 B-2

Kurz bevor die Russen in Rechlin eindrangen, setzte sich Flieger-Hauptingenieur Lerche mit der Maschine nach Prag, Lagerlechfeld und endlich nach Oberpfaffenhofen ab. Dann ging sie, wie geschildert, mit dem US-Träger »Reaper« nach USA und kam zum Test-Center der US Navy in Patuxent River. Von dort wanderte die Maschine zum National Air Museum-Smithsonian Institution in Washington, D.C. Da erst zwei Jahre nach der deutschen Niederlage vergangen waren, wollte man sie nicht ausstellen und schickte sie ins Depot nach Silver Hill, wo sie langsam vor sich hin rostete. Private Initiativen und die Hilfe der Deutschen Lufthansa

ermöglichten dann die Überführung nach Deutschland. In ihrer Heimat in Oberpfaffenhofen wurde die Maschine dann, größtenteils in freiwilliger Arbeit, wieder instandgesetzt. Auf der Luftfahrtschau in Hannover Anfang Mai 1976 wurde die Maschine dann ausgestellt, bis sie ihren Platz im Deutschen Museum in München erhielt, wo sie noch heute — als amerikanische »Leihgabe« — ein Zeugnis vom deutschen Schöpfergeist im Flugzeugbau ablegt.

Der Bau folgender Versuchsmuster war vorgesehen, konnte aber teilweise nicht mehr durchgeführt werden:

Baumuster	Kennung	Verwendung	Triebwerke	Bewaffnung	Bemerkungen
Do 335 V1	CP + UA	Erprobung	2 × DB 603A-1	—	Erstflug: 26. 10. 1943 in Mengen/Württ., Erprobung in Rechlin
Do 335 V2	CP + UB	Erprobung	V1	—	Erstflug: IV. Quartal, Erprobung in Oberpfaffenhofen, Absturz im Winter 1944/45
Do 335 V3	CP + UC T9 + ZH	Einsatz- erprobung	V1	—	Erstflug: I. Quartal 1944, Grunderprobung in Oberpfaffenhofen, an 1./Vers. Verb. ObdL
Do 335 V4	(CP + UD)	Versuch			Projektstudie, Fertigstellung ungewiß
Do 335 V5	CP + UE	Waffen- erprobung	2 × DB 603A-2	2 × MG 151/15 1 × MK 103	Erprobung in Oberpfaffenhofen, anschließend Waffenerprobung (Motorlafette) in Tarnewitz
Do 335 V6	CP + UF	Ausrüstungs- erprobung	V5	V5	Werkerprobungsmaschine, Verbleib beim Werk in Süddeutschland
Do 335 V7	CP + UG	Triebwerks- erprobung	2 × Jumo 213	—	Abgabe an JFM Dessau (Junkers), Verwendung als statischer Prüfstand, zerstört bei einem alliierten Luftangriff
Do 335 V8	CP + UH	Triebswerks- erprobung	2 × DB 603 E-1	—	Abgabe an DB nach Stuttgart-Echterdingen
Do 335 V9	CP + UI	A-0 Muster- maschine	2 × DB 603 A-2	V5	Abgabe an E-Stelle Rechlin für Mustergrunderprobung
Do 335 V10	CP + UK	Behelfs- nachtjäger	V9	V5	Versuchsausf. für Hochleistungsnachtjäger, Herstellung bei Heinkel Süd, Abgabe an E-Stelle Werneuchen zur Mustererprobung (A-6)
Do 335 V11	CP + UL	Schul- flugzeug	V9	—	Umbau bei Dornier aus A-0-Zelle, Abgabe nach Rechlin, Musterbau f. Do 335 A-10
Do 335 V12	CP + UM	Schul- flugzeug	V9	—	Umbau bei Dornier, Abgabe nach Rechlin, Musterbau für Do 335 A-10
Do 335 V13	RP + UA	Zerstörer	2 × DB 603 E-1	2 × MG 151/20 3 × MK 103	Musterbau für Do 335 B-1 (V1) mit EZ 42, 1949 franz. Kriegsbeute, nahe Lyon abgestürzt
Do 335 V14	RP + UB	Zerstörer	2 × DB 603 E	V13	Musterbau für Do 335 B-2 (V2), 1945 amerikan. Kriegsbeute, Verbleib unbekannt
Do 335 V15		Nachtjäger	2 × DB 603 E/ 2 × DB 603 LA	V13	Musterbau für Do 335 B-1 (V2), Endmontage April 1945 nahezu abgeschlossen
Do 335 V16		Nachtjäger	2 × DB 603 E/ 2 × DB 603 LA	V13	Musterbau für Do 335 B-2 (V2), Endmontage April 1945 nahezu abgeschlossen
Do 335 V17		Nachtjäger	2 × DB 603 E/ 2 × 603 LA	V13	Musterbau für Do 335 B-6 (V1), geänderte Kanzelverglasung (Meßfunker), Teile vorh.
Do 335 V18		Nachtjäger	2 × DB 603 LA	V13	Musterbau für Do 335 B-6 (V2), Baubeginn ungewiß
Do 335 V19		Zerstörer	2 × DB 603 LA	V13	Musterbau für Do 335 B-3 (V1), projektiert
Do 335 V20		Nachtjäger	2 × DB 603 LA	V13	Musterbau für Do 335 B-7 (V1) als Nachtjäger mit MW 50-Anlage, vergrößerte Spannweite
Do 335 V21		Nachtjäger	2 × DB 603 LA	V13	Musterbau für Do 335 B-8 mit nochmals vergrößerter Spannweite
Do 335 V22		Nachtjäger	2 × DB 603 LA	V13	Musterbau für Do 335 B-8

149. Versuchs-Jagdeinsitzer Do 335 V 13 (B-2)

Für den Serienbau waren folgende Baureihen vorgesehen:

A-0: Anlaufserie von 10 Maschinen

A-1: Erstes Serienmuster, etwa 12 Maschinen befanden sich bei Kriegsende im Bau oder standen kurz vor der Fertigstellung.

A-2: Geplante Version mit anderer Bewaffnung

A-3: Geplante Version mit anderer Bewaffnung

A-4: Eine A-0, umgebaut als unbewaffneter Langstreckenaufklärer, Bildgerät im Bombenraum, dessen Klappen durch Fenster ersetzt waren. Mit diesem Flugzeug sollte Lt. Zieser nach England fliegen, um dort Erkundigungen über die Vorbereitung zur Invasion anzustellen. Er soll aber nicht nach England gekommen sein.
10 Stück für Januar/Februar 1945 geplant, nur 2 oder 3 fertiggestellt.

A-6: Zweisitziger Nacht- und Allwetterjäger (V-10), Radar-Antenne FuG 217-J2 an Flügelvorderkante. (Die üblichen Funkantennen waren im Leitwerk). Fluggewicht 10 100 kg, Kraftstoff 2300 l, Höchstgeschwindigkeit 690 km/h in 5600 m. Der erste Einsatz des Nachtjägers soll im Raum Wien erfolgt sein.

A-10: Zweisitziges Umschulungsflugzeug

A-12: Zweisitziges Umschulungsflugzeug. Zwei zu Kriegsende fertiggestellt, mehrere in fortgeschrittenem Baustadium. Kein Schleudersitz für den Lehrer. Eine Maschine im Oktober in Farnborough ausgestellt, mit englischem Hoheitszeichen, später in England durch Absturz zerstört.

B-1: Schwerer Tagjäger (V-13). Bombenlast durch Zusatztank ersetzt.

B-2: Schwerer Tagjäger (V-14), zusätzlich rechts und links im Flügel eine 3-cm-Kanone (Werk-Nummer 105).

B-3: Schwerer Tagjäger (V-19), 2×2250 PS DB-603LA mit 2-Stufen-Lader.

B-4: Höhenversion der B-3, mit vergrößerter Spannweite von zweimal 2,3 m an den Flügelspitzen, Spannweite jetzt 18,4 m, Fläche 43 m².

B-5: Zweisitziger Trainer mit vergrößerter Spannweite wie B-4.

B-6: Zweisitziger Nacht- und Allwetterjäger, aus B-1 entwickelt, mit DB-603 E 1.

B-7: wie B-6, aber DB-603 LA

B-8: wie B-7, aber vergrößerte Spannweite der B-4, FuG wie A-1.

Konstruktionseinzelheiten:

Typ: Zweimotoriger schwerer Jäger und Jagdbomber.

Flügel: Freitragender Tiefdecker. Ganzmetall-Schalenbauweise, bestehend aus zwei Hälften, an das in den Rumpfverband eingegliederte Holmmittelstück angeflanscht. Einholmiger Aufbau mit kräftigem Kastenholm, verdrehsteifer Nase, Hilfsholm und abnehmbarem Randbogen. Enteisungsanlage in der Flügelnase. Hydraulisch betätigte Landeklappen zwischen Querruder und Rumpf. Im Flügel untergebracht sind der Hauptkompaß, Tanks für die hydraulische Anlage, Sauerstoff-Flaschen sowie Kraftstofftanks.

Rumpf: Ganzmetall-Schalenaufbau aus 24 Spanten mit Ausschnitten für Bugrad, Bombenraum und Hecktriebwerk. Die Abdeckbleche für die beiden letzten Ausschnitte sind in den tragenden

Verband des Rumpfes einbezogen, alle anderen Ausschnitte sind durch drucköl-betätigte Klappen verschließbar.

Leitwerk: Freitragendes, kreuzförmiges Leitwerk. Bis auf die hölzernen Seitenflossen-Nasen, in denen Antennen untergebracht sind, Ganzmetallaufbau. Sämtliche Ruder gewichtlich ausgeglichen und mit Trimmrudern versehen. Höhenflosse durch Umbau beschränkt einstellbar. Beide Seitenflossen lassen sich absprengen.

Fahrwerk: Einziehbares Dreiradfahrgestell. Bremsbare Haupträder nach innen in die Flügel, Bugrad nach hinten in den Rumpf (um 90° geschwenkt) einfahrbar. Hydraulische Betätigung des Einfahrens. Untere Seitenflosse am unteren Ende mit einer gefederten Spornkufe versehen.

Triebwerk: Zwei Daimler-Benz DB 603 E flüssigkeitsgekühlte Zwölfzylinder-∧-Motoren mit 2 × 1800 PS Startleistung als Wechseltriebwerke beide im Rumpf, einer im Rumpfbug mit Zugschraube, einer im letzten Rumpfdrittel, über eine hohe Fernwelle eine Druckschraube treibend. Kühlstoff- und Schmierstoffkühler beim vorderen Triebwerk als Ringkühler in dessen Stirnseite eingebaut, beim hinteren Triebwerk finden Tunnelkühler in besonderem Schacht Verwendung. VDM Dreiblatt-Metall-Verstell-Luftschrauben mit 3,5 m (vorne) und 3,3 m (hinten) Durchmesser. Die hintere Luftschraube ist mit den beiden Seitenflossen absprengbar. Kraftstoffkapazität 1850 Liter in einem Rumpftank (1230 Liter) und zwei Hilfstanks in den Flügelnasen, Schmierstoff 204 Liter in zwei Rumpftanks.

Besatzung: 1 Pilot in geschlossenem Führersitz vor der Flügelvorderkante mit Panzerglas-Stirnscheibe, Schleudersitz.

Militärische Ausrüstung: 1 × 30 mm MK 103 Motorkanone (60 Schuß) und 2 × 20 mm MG 151/20 oberhalb des Bugtriebwerkes. Bombenlast max. 500 kg (2 × SC 250 oder 1 × PC 500 oder 1 × SD 500) im Bombenraum. Zielanlage Revi C 12/D mit Schwenkplatte SP 1 A.

Dornier Do 417

1942 forderte der Generalstab der Luftwaffe bei Junkers, Heinkel, Blohm & Voß und Dornier den Entwurf eines »Arbeitsflugzeuges« an. Heinkel legte sein Projekt P. 1065, Blohm & Voß P. 163, Junkers die Ju 88 E, die dann zur Ju 188 wurde, vor und Dornier den Neu-Entwurf Do 417. Im Dezember schien die Entscheidung für den Dornier-Entwurf zu fallen. Die Do 417 V 1 sollte bis zum August 1943 fertiggestellt werden. Dann hätte der Serienbau im April 1944 beginnen können.

Aus Produktionsgründen und aufgrund höherer Geschwindigkeit fiel dann die Entscheidung zugunsten der Ju 188.

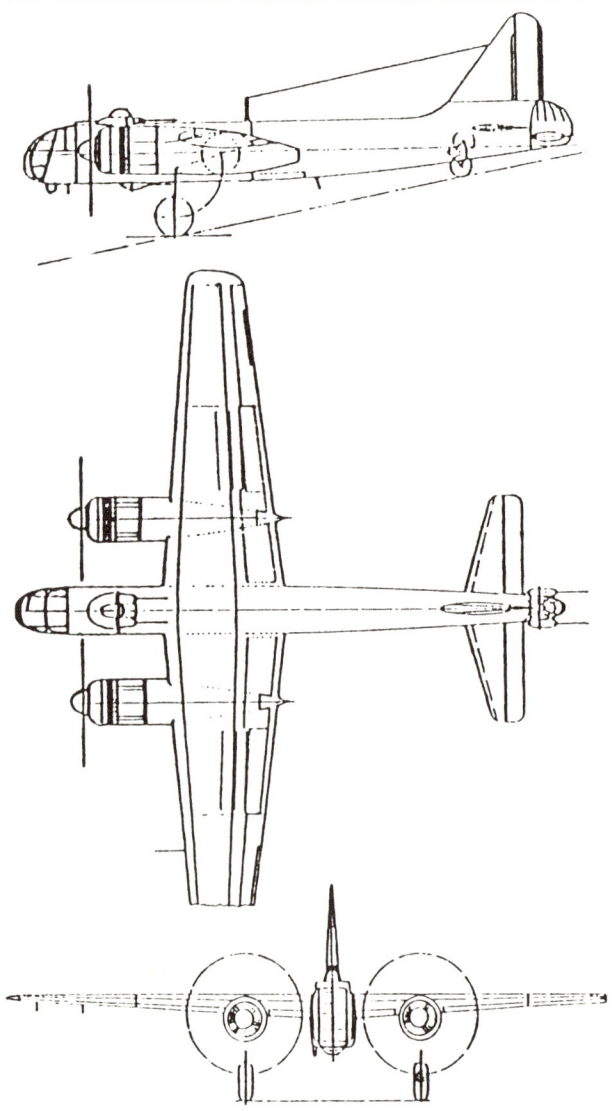

128. Dornier-Projekt Do 417 V 1

Typ: Horizontal- und Sturzbomber, Trägerflugzeug für Luft-Torpedos und Lenkbomben, Fernerkunderversion erwogen.

Besatzung:	4 Mann
Triebwerk:	Daimler-Benz DB 603 A
oder	BMW 801 G
Leistung:	1750 bzw. 1800 PS × 2
Bewaffnung:	3 MG 151 + 2 MG 131,
	später 5 MG 151
Bombenlast:	maximal 2750 kg
Funkausrüstung:	FuG XP, FuG 16,
	FuG 25a, FuG 101, FuBl 2

Spannweite:	21,40 m
Länge:	18,65 m
Höhe:	5,80 m
Flächeninhalt:	62 m²
Höchstgeschwindigkeit in 0 m:	445 km/h
Höchstgeschwindigkeit in 8000 m:	
	600 km/h
Dienstgipfelhöhe:	11 000 m
Reichweite normal:	1850 km
Reichweite maximal:	2050 km

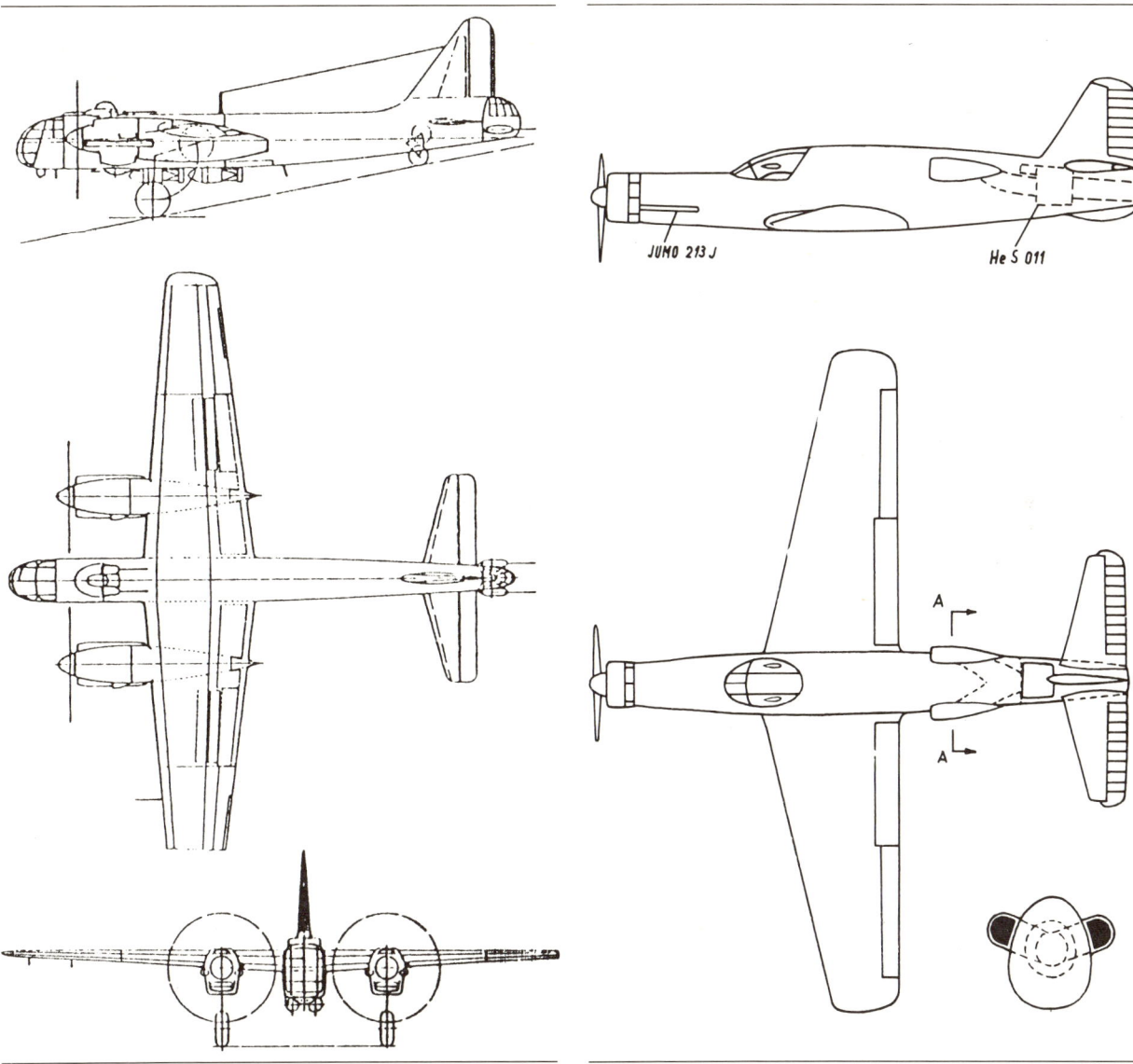

129. Dornier-Projekt Do 417 V 2

130. Dornier-Projekt Do 435

Dornier Do 435

Um den reinen Strahlflugzeugen anhaftenden Mangel der geringen Flugdauer zu überwinden, entstand Ende 1944 das Projekt Do 435 mit einem Mischantrieb aus Kolbenmotor und Strahlturbine. In eine normale Do 335-Zelle sollte im Heck eine Heinkel He S 011-Strahlturbine eingebaut werden. Das Ansaugen der Luft geschah durch zwei Hutzen seitlich an den Rumpfseitenwänden. Im Bug war ein normales Triebwerk DB 603 LA oder Jumo 213 J, wahlweise mit oder ohne gegenläufige Luftschrauben, vorgesehen. Die senk-

recht nach unten stehende Seitenflosse entfiel infolge des fehlenden Heckpropellers. Dafür wurde die normale Seitenflosse geringfügig vergrößert. Den Berechnungen zufolge ließ sich mit der Strahlturbine eine Geschwindigkeitserhöhung von 60 bis 70 km/h in Meereshöhe erreichen. Mit dem Kolbentriebwerk allein war die Reisegeschwindigkeit durch den fehlenden Kolbenmotor im Heck um 10% größer. Die vergrößerte Flugdauer beim Fliegen nur mit dem Kolbenmotor (acht Stunden bei einer Reisegeschwindigkeit von 420 km/h) drängte dem Flugzeug eine ideale Verwendung als Langstreckenaufklärer oder Schlechtwetterjäger auf. Zur praktischen Verwirklichung kam keine der geplanten Ausführungen, die wie die Do 335, mit normaler (38,5 m²) und großer (43,0 m²) Flügelfläche projektiert waren.

Dornier Do 635

Die Entwicklung der Nachtjägerreihe der Do 335 wurde vom RLM der Firma Heinkel übertragen, die auch die vergrößerte Fläche (B-4, B-8) durch Anfügung von zwei neuen Endteilen mit 2,3 m Spannweite schufen. 1944 verlangte das OKL nach hochwertigen Langstrecken-Aufklärern mit 7500 km Reichweite. Nach den guten flugtechnischen Erfahrungen, die Heinkel mit der Zwillingsmaschine He 111 Z (zwei He 111 H mit neuem Mittelstück und zusätzlichem Motor zu einer Maschine zusammengefügt) gemacht hatte, wurde nun eine Zwillingsausführung der Do 335 als Langstreckenaufklärer geplant. Zwei großflächige Do 335 B sollten mit einem neuen Mittelstück, das weitestgehend zur Kraftstoffaufnahme herangezogen werden sollte, zu einer einzigen Maschine verbunden werden. Die Kombination war als Zweisitzer ausgelegt. Im linken Rumpf sollte der Pilot, im rechten der Funker untergebracht werden. Eine Bewaffnung war nicht vorgesehen. Antrieb durch 4 × 1800 PS DB 603 E. Zuerst lief die Entwicklung unter der Projektbezeichnung He P. 1075, dann wurde als offizieller Name die RLM-Nummer Do 635 vergeben. Im fortgeschrittenen Entwicklungsstadium wurde die Do 635 an Junkers übergeben, der den Entwurf zur Ju 635 (siehe Bd. 3) wesentlich überarbeitete.

Dornier-Projekte

Die guten Ergebnisse, die mit der Do 335 und ihren in Tandemanordnung untergebrachten Motoren erzielt wurden, ließen bei Dornier eine Reihe weiterer Projekte mit reinem Heckantrieb entstehen. Daneben wurden noch einige reine Strahlantriebstudien gemacht.

Dornier P. 59

Erste Stufe der Entwicklungsreihe P. 231, P. 232, die zur Do 335 führte. Grundkonzeption der Do 335 bereits erkennbar. Triebwerk 2 DB 605. Bewaffnung noch nicht vorgesehen. Noch konventionelles Fahrwerk ohne Bugrad.

Dornier P. 231

Ergänzend zu den Informationen über die Entwicklung der Do 335 wurden noch folgende Einzelheiten bekannt:

Von dem obengenannten Projekt gab es drei Ausführungen:
P. 231/1 mit 2 DB 605 E
P. 231/2 mit 2 DB 603 G und neuer Flächengestaltung

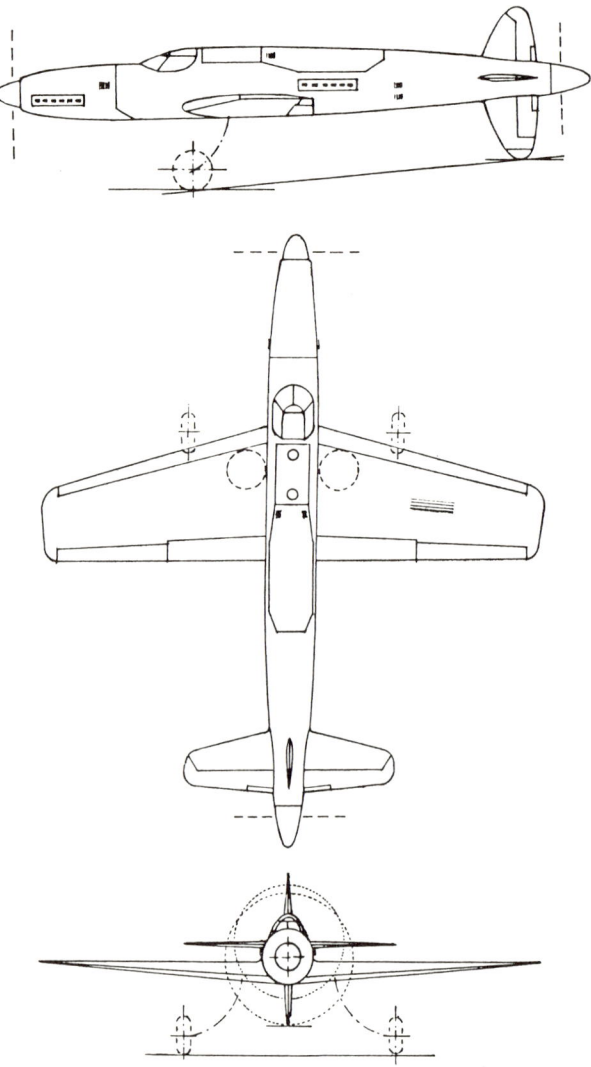

130 A. Dornier-Projekt P. 59

P. 231/3 mit gemischtem Antrieb: 1 DB 603 A vorn und Strahlturbine im Heck. Die Ansaugschächte für die letztere sollten in den Rumpfseitenwänden angebracht werden
P. 231 war aus dem bereits 1937 entstandenen
P. 59 entwickelt worden.

Dornier P. 232

Ab Mai 1943 wurde P. 231/3 weiter zum P. 232/2 entwickelt. Dieser Entwurf glich weitgehend der Do 335 B. Lediglich das Heck erhielt den Einbau eines Strahltriebwerkes Jumo 004 C.

Hierdurch wurde eine optimale Flugstrecke bei ausschließlicher Benutzung des Kolbenmotors, andererseits aber eine äußerst hohe Dauergeschwindigkeit von 646 km/h bei Einsatz beider Triebwerke erreicht. P. 232/2 wurde anschließend zum P. 232/3 entwickelt, das bei verstärkter Bewaffnung auch höhere Leistungen erzielte.

Als dann die Aussicht bestand, über das noch stärkere Triebwerk Heinkel-Hirth Hs 011 verfügen zu können, erfolgte eine erneute Umarbeitung des Entwurfs zur Do 435.

Technische Daten und Leistungsangaben Dornier Do P. 232

		Projekt 2	Projekt 3
Verwendung		Schnellbomber	
Triebwerk		1 Daimler-Benz DB 603 G	
		1 Junkers Jumo 004 C TL	
Triebwerksleistung		1 × 1900 PS Start-	
		1 × 1200 kp Standschub	
Besatzung		1 Mann	
Spannweite	m	13,80	13,80
Länge	m	14,00	13,80
Höhe	m	4,50	5,60
Flügelfläche	qm	38,50	33,50
Leergewicht	kg	5370	5100
Rüstgewicht	kg	5830	5560
Zuladung	kg	2620	2190
Startgewicht	kg	8450	7750
Flächenbelastung	kg/m²	219	231
Höchstgeschwindigkeit	km/h	660	675)
Höchstgeschwindigkeit	km/h	808	838
Steigzeit auf 2000 m	min	2,9	2,5
Steigzeit auf 4000 m	min	6,0	5,0
Steigzeit auf 8000 m	min	14,5	11,8
Startstrecke	m	740	580
Landegeschwindigkeit	km/h		148
Dienstgipfelhöhe	m	13 200	13 300
Volldruckhöhe	m		8700
Bombenlast	kg		1000
Bewaffnung		2 MG 151/20	2 MG 151/20
			1 MK 103

Do P. 247/6

Jagdbomberentwurf mit 1 × 2000 PS Jumo 213 T im Rumpf etwas hinter dem Schwerpunkt eingebaut. Kühllufteintritt an den beiden Flügelwurzeln der gepfeilten Flächen des freitragenden Tiefdeckers. Ladelufteintritt an der rechten Rumpfseite. Der Motor treibt über eine Fernwelle die Druckschraube im Heck hinter dem kreuzförmigen Leitwerk. Diese Anordnung war gewählt worden, weil die Druckschraube im Heck einen besseren Wirkungsgrad als eine Zugschraube im Bug besitzt. Weitere Vorteile waren der geräumige Führersitz, der mit einer Tropfenhaube abgedeckt werden sollte, eine freie Rumpfspitze für den Waffen- oder Radareinbau, verbesserte Sicht, vergrößerte Horizontal- und Steiggeschwindigkeit sowie größere Reichweite. Das hinten im Rumpf liegende Triebwerk war dabei noch wesentlich unempfindlicher gegen Erdbeschuß, während auf der anderen Seite das Triebwerk bei Beschuß von hinten dem Piloten

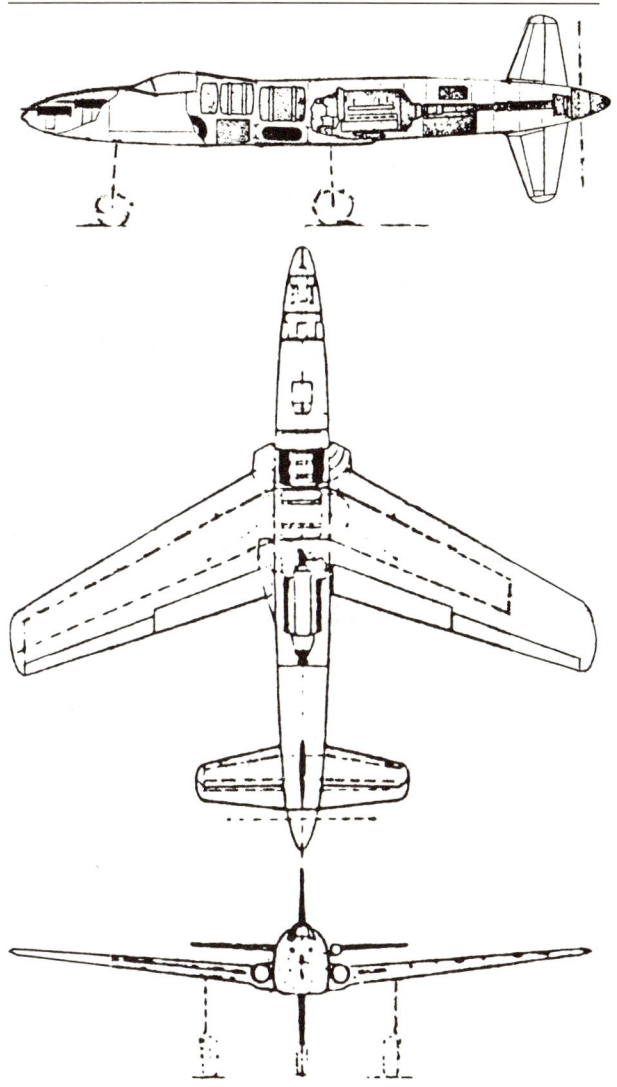

131. Dornier-Projekt P 247/6

einen zusätzlichen Schutz gab. Einziehbares Dreiradfahrgestell. Schlitzquerruder und Schlitzlandeklappen. Die militärische Ausrüstung bestand aus 3 × 30 mm MK 108 in der Nase.

Do P. 252

Als leistungsstärkere Abwandlung der Do P. 247 wurde die Do P. 252 entworfen, die zwei hintereinanderliegende Jumo 213 J-Triebwerke mit 2 × 1750 PS aufwies, die über Fernwellen zwei gegenläufige Druckschrauben im Heck antrieben. Aufbau sonst wie Do P 247, jedoch mit drei Mann

231

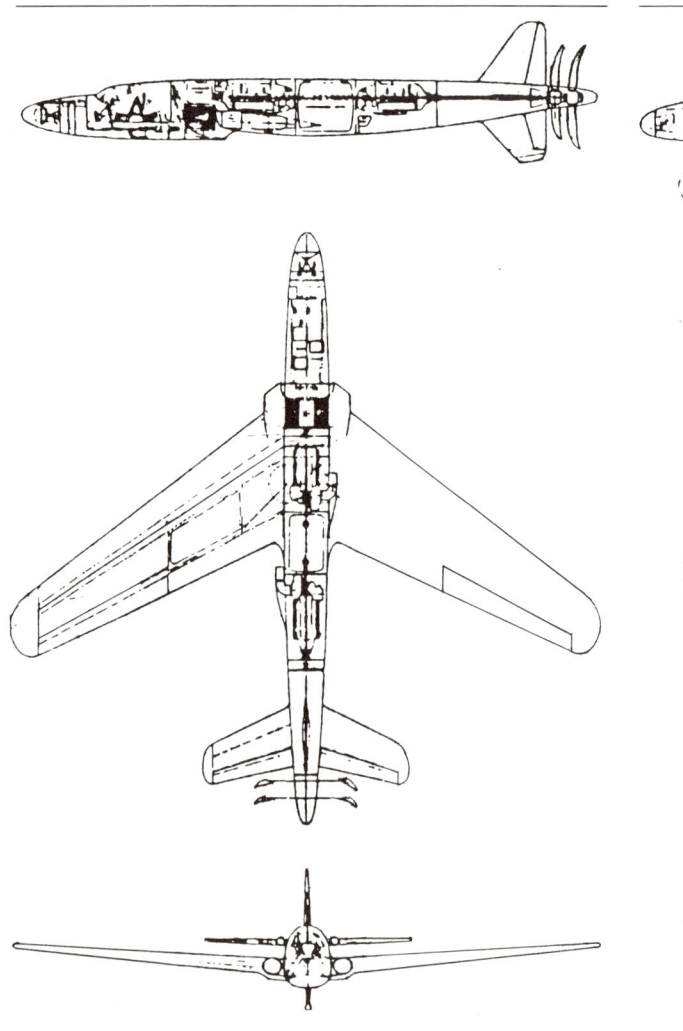

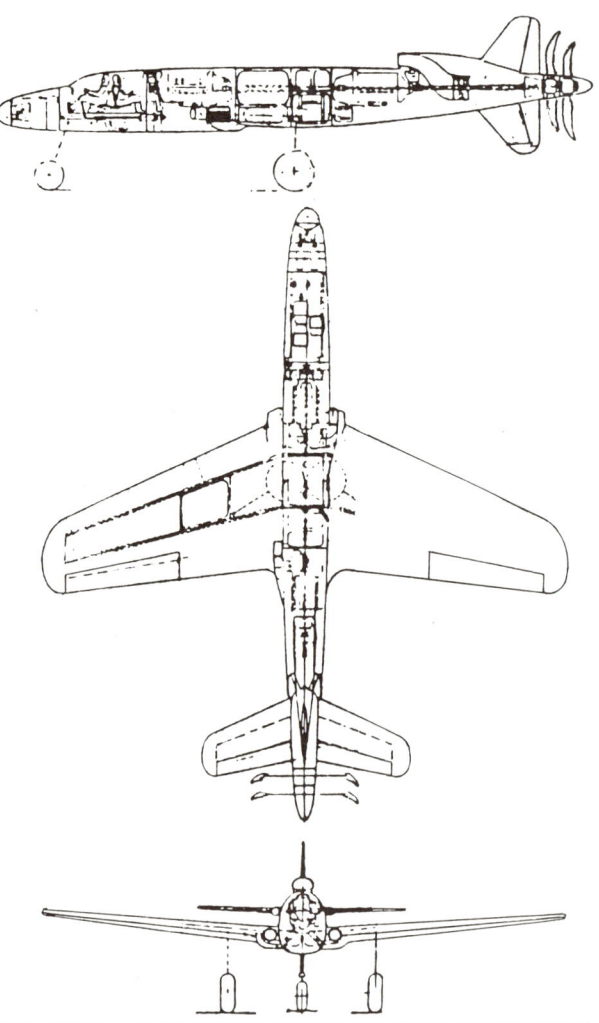

132. Dornier-Projekt P. 252/2-01

133. Dornier-Projekt P. 252/3-01

Besatzung und Radarausrüstung in der Rumpfspitze als Nachtjäger oder Schlechtwetterjäger. Die Version *Do P. 252/1* besaß als militärische Ausrüstung zwei schräg nach oben schießende MK 108, die *Do P. 252/2* dazu noch zwei weitere 30 mm MK 108 und 2 × 20 mm MG 213/20 im Bug. Sonst entsprach diese Version der P. 252/1. Die dritte projektierte Ausführung, die *Do P. 252/3,* war formlich etwas abgewandelt. Die Flächen, die bei den Vorgängern eine starke Pfeilform aufwiesen, waren gerader gehalten und von kleinerem Flächeninhalt. Die Kühlluft für den hinteren Motor, die bei den beiden anderen Versionen durch einen Hutzen auf der linken Rumpfseite angesaugt wurde, gelangte jetzt durch einen Hutzen in der verlängerten Seitenflosse in den Kühler. Radaranlage im Bug, drei Mann Besatzung. Die

Bewaffnung bestand aus 2 × 30 mm MK 108 schräg im Rumpf, 2 × 30 mm MK 108 im Rumpfbug und 2 × 50 mm MK 214 A in den unteren Rumpfseitenwänden. Sämtliche Versionen sollten in der Lage sein, 500 kg Bomben zu tragen.

Do P. 256/1

Diese Maschine war ein konventioneller schwerer Jäger mit zwei He S 011-Strahlturbinen in den Flügeln, die aus den verlängerten Flächen der Do 335 B-Reihe abgeleitet waren. Der Rumpf war ebenfalls eine Abwandlung des Do 335-Rumpfes, der eine feste Nase mit 4 × 30 mm MK 108 erhalten hatte und im Schwerpunkt drei große Kraftstoffbehälter

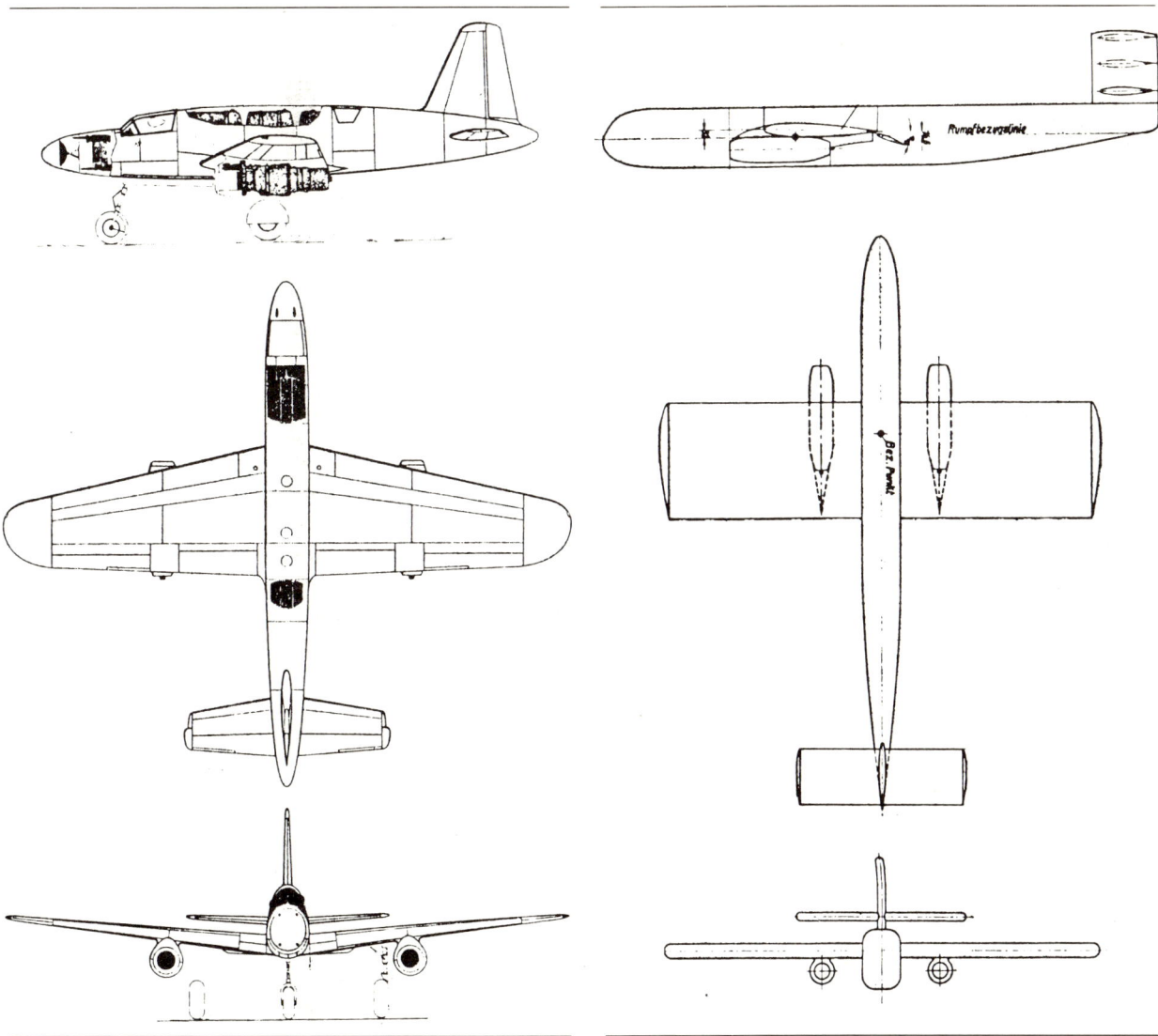

134. Dornier-Projekt P. 256/1

135. Dornier-Projekt Schnellbomber I

besaß. Weitere Kraftstoffbehälter befanden sich wie bei der Do 335 in den Flügelnasen. Das Leitwerk war normal ausgeführt. Die Do P.256/1 sollte zwei Mann Besatzung erhalten, die durch die Kraftstofftanks im Rumpf getrennt saßen.

Dornier Enten-Projekt

Ein Strahljäger in Entenform wurde vor Kriegsende noch als Entwurfsstudie ausgearbeitet. Drei He S 011-Strahltriebwerke waren im Rumpfende triangelförmig untergebracht. Die Verbrennungsluft wurde ihnen durch einen durchgehenden Schlitz über Flügeloberseite und Rumpf, der zur Grenzschichtabsaugung herangezogen wurde, zugeführt. An der Rumpfspitze befand sich die in die Rumpfkontur eingestaakte Abdeckhaube für den Pilotensitz. Das Seitenleitwerk war normal und saß auf dem Rumpfheck. Sämtliche Flächen besaßen Pfeilform. Einziehbares Dreiradfahrgestell. Der Vorteil dieses Musters wurde vom Dornier-Konstruktionsteam damit begründet, daß durch die Stillegung von zwei Turbinen die Reichweite wesentlich vergrößert werden kann, ohne daß sich der schädliche Widerstand erhöht.

233

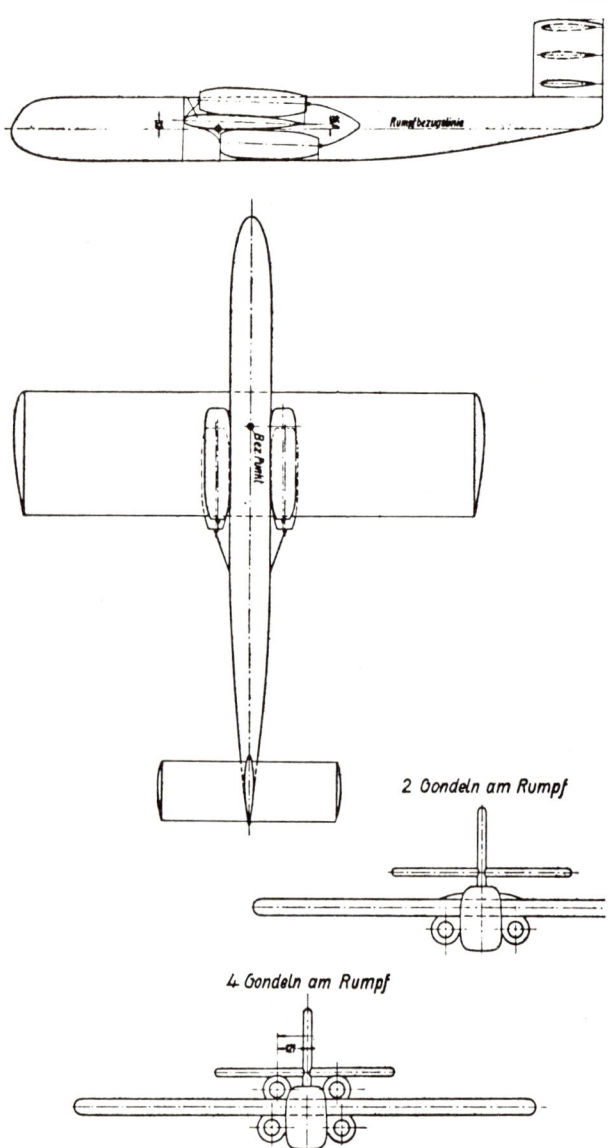

2 Gondeln am Rumpf

4 Gondeln am Rumpf

Dornier

Projekt eines strahlgetriebenen Hochgeschwindigkeitsflugzeugs mit verschiedenen Triebwerksanordnungen.

Es handelt sich um einen konventionellen Flugzeugentwurf mit Flächenprofil NACA 0012-63, bei dem zwei oder vier Strahltriebwerke dicht am Rumpf oder nur zwei unter den Flügeln angebracht sind. Dabei sollte die Ruderwirkung an Flächen- und Heckleitwerk untersucht werden.

136. Dornier-Projekt Schnellbomber II

Tabellenteil

Erläuterungen zu den Tabellen

Zweck (Type)

A = Aufklärer (Reconnaissance plane), B = Bomber (Bomber), H = Hubschrauber (Helicopter), J = Jäger (Fighter), JB = Jagdbomber (Fighter-Bomber), LS = Lastensegler (Cargo glider), LZ = Langstrecken-Zerstörer (Long range heavy fighter), M = Mehrzweckflugzeug (Utility plane), N oder NJ = Nachtjäger (Nightfighter), P = Postflugzeug (Mailplane), R = Reiseflugzeug (Touring plane), S oder Sp = Sportflugzeug (Sporting plane), Sc = Schlachtflugzeug (Ground-attack plane), Sch = Schulflugzeug (Basic trainer), SN = Seenotflugzeug (Sea rescue plane), T = Transporter (Cargo plane), Tr = Tragschrauber (Autogyro), Ü = Übungsflugzeug (Advanced trainer), V = Verkehrsflugzeug (Airliner), Wa = Wandelflugzeug (VTOL-Convertiplane), X = Versuchsflugzeug (Experimental plane), Z = Zerstörer (Heavy fighter).

B = Besatzung (Crew)

Triebwerk (Power plant)
Muster (Type)
$\times$ N = Anzahl der Triebwerke $\times$ Leistung (Number of engines $\times$ Power)
(PS = H.P.)

Abmessungen (Dimensions)

b = Spannweite (Span)	h = Höhe (Height)
l = Länge (Lenght)	F = Flügelfläche (Wing area)

Gewichte (Weights)

G_1 = Leergewicht (Weight empty)
G = Fluggewicht (Weight loaded)

Leistungen (Performance)
V_{max} = Höchstgeschwindigkeit (Max. speed)
V_{reise} = Reisegeschwindigkeit (Cruising speed)
V_{lande} = Landegeschwindigkeit (Landing speed)
V_{steig} = Steiggeschwindigkeit in Bodennähe (Initial rate of climb)
min für m = Steigzeit in Minuten für Höhe in Meter (Time of climb)
RW = Reichweite (Range)
H = Gipfelhöhe (Service Ceiling)

Militärische Ausrüstung (Armament)

Type	Zweck	B	Triebwerk		Abmessungen			
			Muster	× N	b (m)	l (m)	h (m)	F (m²)
AEG Hubschrauber	Beobachtung	—	Elektromotor	1 × 200 PS	7,93	—	—	—
AO 192 A } B	Reise	2 + 6	Argus As 10 E	2 × 270 PS	13,54	11,35 } 10,98	3,64	25,04
Al 101	Schulung	2	Argus As 8 a	1 × 100 PS	12,50	8,50	—	—
Al 102 L } W	Schulung	2	Argus As 10C	1 × 240 PS	13,30	— 9,37	— —	— —
Al 103	Jagd	2	Argus As 10C	1 × 240 PS	—	—	—	—
Ar 64		1	Siemens Jupiter	1 × 530 PS	—	—	—	—
Ar 65	Jagd	1	BMW VI U	1 × 750 PS	11,20	6,40	3,42	30,00
Ar 66 b } c	Schulung	2	Argus As 10C	1 × 240 PS	10,00	8,75 8,30	3,25 } 2,93	29,63
Ar 67	Jagd	1	R. R. Kestrel	1 × 448 PS	9,68	7,90	3,10	25,06
Ar 68 F E H	Jagd	1	Jumo 210 D BMW VI U BMW 132 H	1 × 640 PS 1 × 750 PS 1 × 800 PS	11,00	9,50 —	3,30 3,30	27,30 27,30
Ar 69 A } B	Schulung	2	Hirth HM 504 A Bramo Sh 14 A	1 × 105 PS 1 × 150 PS	9,00	7,20	2,70	20,70
Ar 76	Übung	1	Argus As 10 C	1 × 240 PS	9,50	7,20	2,55	13,34
Ar 77 A } B	Schulung	4	Argus As 10 C	2 × 240 PS	19,20	12,50	3,20	50,50
Ar 79	Sport	2	Hirth HM 504 A 2	1 × 105 PS	10,00	7,60	2,10	14,00
Ar 80 V-1 } V-2	Jagd	1	R. R. Kestrel V Jumo 210C	1 × 695 PS 1 × 610 PS	11,80	10,27 } 10,10	2,95	21,00
Ar 81 V-1 V-2 V-3	Stuka	2	Jumo 210C	1 × 610 PS	11,20	11,65	3,57	35,60
Ar 95 A } L	Mehrzweck	3	BMW 132 Dc	1 × 845 PS	12,50	11,10 10,80	5,20 } 3,90	45,40
Ar 195	Mehrzweck	2	BMW 132 K	1 × 812 PS	12,50	10,50	3,60	46,00
Ar 96 A } B	Übung	2	Argus As 10 C Argus As 410 A	1 × 240 PS 1 × 465 PS	11,00	8,78 } 9,13	2,64	17,10
Ar 396	Übung	2	Argus As 411	1 × 600 PS	11,00	9,29	3,72	18,30
Ar 196 A	Aufklärer	2	BMW 132 K	1 × 900 PS	12,40	11,00	4,45	28,40
Ar 197 V-1 V-2 V-3	Jagd	1	Jumo 210 c BMW 132 J BMW 132 Dc	1 × 610 PS 1 × 815 PS 1 × 880 PS	11,00	9,20	3,60	27,80

Gewichte		Leistungen									Militärische Ausrüstung
G_L (kg)	G_F (kg)	V_{max} (km/h)	in H (m)	V_{Reise} (km/h)	V_{Lande} (km/h)	V_{Steig} (m/min)	V_{Steig} (min f. m)		Rw. (km)	Gipfh. (m)	
.	.	—	—	—	—	.	.	.	—	.	—
1640	2860	330	0	285	90	.	3,2	1000	1100	5200	—
515	830	171	—	—	70	—	—	—	930	.	—
961	1050	182	.	.	80	.	.	.	.	.	—
—	—	—	—	.	.	.	.	.	.	.	—
.	.	250	.	.	.	.	.	.	.	.	—
1530	1950	300	.	.	.	.	.	.	.	7600	2 MG 17
1060	1440	192	0	158	80	180	6,4	1000	570	3000	—
905	1330	210	0	175	80	260	4,1	1000	716	4500	—
1270	1660	340	3770	.	95	.	1,5	1000	.	.	.
1600	2020	335	2650	.	95	755	16	6000	415	8100	2×MG 17
		330	0	.	97	780	10	6000	500	7400	
—		—	—	.	.	.	.	.	—	—	
540	680	184	0	150	72	.	3,4	1000	.	5 600	—
750	1070	267	0	220	100	432	2,5	1000	470	6400	—
1930	2940	240	0	200	84	.	3,5	1000	720	5000	—
526	800	230	0	205	68	240	3,8	1000	1025	4500	—
1630 }	2100	430	4000	.	96	.	10	6000	.	10 500	.
1645 }		425	4000	.	96	.	9,5	6000	.	10 000	.
1925	3070	330	4000	.	97	.	11	4000	690	6600	2×MG 17, 1×MG 15, 1×250 kg B.
2069	3198	345	4000	.	97	.			790	7700	
2450	3570	302	3000	260	91	390	11	4000	2200	7300	1×MG 15, 1×MG 17
2235	3300	308	3000	268	88	450	9,8	4000	1400	800	
2380	3746	282	2000	250	90	.	14	4000	650	6000	1×MG 15, 1×MG 17, 500 kg B.
1045	1 500	275	0	225	96	305	13,3	3000	950	4900	—
1295	1700	330	0	295	100		6,8	3000	990	7100	—
1440	2060	354	0	274	114	540	—	—	—	8000	1 MG 17, 100 kg B.
2990	3730	310	4000	—	—	300	—	—	1070	7020	2×MG FF, 1×MG 17, 1×MG 812, 2×50 kg B.
—	—	—	—	—	—	—	—	—	—	—	—
1800	2 425 }	400	2 500	354	95	—	5,3	4000	695	9 200	—
1840	2 475 }								1640	8 600	4×MG 17, 4×50 kg B.

Type	Zweck	B	Triebwerk Muster	× N	b (m)	l (m)	h (m)	F (m²)
Ar 198 V-1	Aufklärer	3	BMW-Bramo 323 A	1 × 900 PS	14,90	11,80	4,60	35,20
Ar 199 A	Übung	2	Argus As 410 C	1 × 450 PS	12,70	10,57	4,36	30,40
Ar 231 V-1	Aufklärer	1	Hirth HM 501 A	1 × 160 PS	10,18	7,81	3,12	15,20
Ar 232 A B	Transporter	4	BMW 801 BMW-Bramo 323	2 × 1600 PS 4 × 1000 PS	32,00 33,50	23,52	6,60	135 142,50
Ar 233 V-1	Reise	2 + 8	G & R 14 M	2 × 700 PS	17,00	12,65	4,50	30,00
Ar 234 B-1 B-2	Aufklärer	4	BMW 801 BMW-Bramo 323 R-2	2 × 1600 PS 4 × 1000 PS				
C-1 C-2 C-3	Bomber	2 + 8	G & R 14 M	2 × 700 PS				
C-4 C-5	Aufklärer Bomber		Jumo 004 B	2 × 890 kp	14,41	12,62	4,42	26,40
C-6 C-7 C-8 D-1 D-2	Aufklärer Nachtjagd Bomber Aufklärer Bomber	1 2	BMW 003 A-1	4 × 800 kp				
P-1 P-2		1 2	He S 011 A	4 × 1350 kp		13,26		
P-3 P-4 P-5	Nachtjagd	1	Jumo 004 D He S 011 A	2 × 930 kp 2 × 1350 kp				
Ar 240 A B C	Jagd	2	DB 601 E DB 605 AM DB 603 A	2 × 1175 PS 2 × 1400 PS 2 × 1750 PS	14,33 14,33 16,59	12,81 12,81 13,45	3,95	31,30 31,30 35,00
Ar 340	Bomber	4	Jumo 222	2 × 2000 PS	32,38	20,29	—	—
Ar 430	Amphibium	2 + 8	G & R 14 M	2 × 700 PS	17,00	12,65	4,50	30,00
Ar 440	Höhen	2	DB 603 G	2 × 1750 PS	16,60	14,30	3,97	35,0
Ar 532	Transport	4–5	BMW 801	4 × 1600 PS	—	—	—	—
Ar 632	Transport	4–5	BMW 801	4 × 1600 PS	—	—	—	—
Ar E 370/I	Bomber	4	Jumo 004	4 × 800 kp	23,00	—	—	—
Ar E 381	Jagd	1	HWK 109 – 509 B	1 × 350 kp	5,00	5,70	—	5,50
Ar E 390	Verkehr	2+20–24	Jumo 208	2 × 2 × 1500 PS	29,80	24,50	5,65	110
Ar E 441	Transport	4	BMW 801	4 × 1600 PS	37,90	26,28	—	—
Ar E 500	Zerstörer	4	DB 603	2 × 1750 PS	—	—	—	—
Ar E 530	Bomber	1	DB 603 G	2 × 1900 PS	16,25	14,15	—	—

Gewichte		Leistungen								Militärische Ausrüstung
G_L (kg)	G_F (kg)	V max (km/h)	in H (m)	V Reise (km/h)	V Lande (km/h)	V Steig (m/min)	(min f. m)	Rw. (km)	Gipfh. (m)	
—	—	—	—	—	—	—	—	—	—	2×MG 15, 2×MG 17, 4×50 kg B.
1676	2060	260	3000	212	80	—	11	6000	740	650 · —
833	1050	170	0	130	80	—	—	—	500	3000 · —
11235	13500	296	—	275	—	—	—	1500	7600	} 1 MG 131, 1 MG 151/20, 2 MG 151
12780	20000	308	—	288	—	—	—	1340	6900	
3100	4150	310	0	270	120	320	—	800	6000	—
—	—	—	—	—	—	—	—	1950	—	
4650	9410	745	6000	—	145	30	8000	1600	9500	2×MG 151/20
—	9900	870	6000	—	—			1475	—	} 1000 kg B.
—	10100	895	6000	—	156			1600	11520	—
5850	11555	892	6000	—	—	1098		1230		2-4×MG 151/20
—	9100	880	6000	—	—			—		2×MG 151/20
—	—	—	—	—	—			—	—	1000 kg B.
—	11555	—	—	—	—			—		2×MK 108, 2×MG 151/20
—	9800	755	6000	—	150			—	—	2×MG 151/20, 1000 kg B.
—	—	—	—	—	—			—	—	
—	11700	850	6000	—	174			1125	—	} 1×MK 108, 1×MG 151/20
—								1125	—	
—	10650	820	6000	—	162			1690	—	} 2×MK 108, 2×MG 151/20
—	10520	710	6000	—	158			1725	—	
—	—	—	—	—	—			—	—	4×MK 108, 1×MG 151/20
6350	9980	668	3000	—	—	—	—	2200	10200	} 4×MG 151, 2×MG 81 Z
6350	9980	668	7000	—	—	—	—	2200	10000	
6480	10700	670	7000	—	—	—	—	2090	9800	6×MG 151, 2×EDL 131 Z
—	24000	540	6000	—	—	—	—	3600	—	3 MG 151/20, 2 EDL 131 Z, 6 Raketen
3100	4150	310	0	270	120	320	—	800	6000	—
—	12200	708	7000	—	—	—	—	2500	—	2 MK 108, 3 MG 151/20
—	—	—	30000	—	—	—	—	—	—	
—	—	—	30000+	—	—	—	—	—	—	
9850	24000	—	—	800	125	—	—	3000	—	2000 – 4000 kg B.
745	1200	900	8000	—	—	—	—	—	—	6×R 4 M
17170	24000	500	—	450	—	—	—	4000	10000	—
—	29667	—	—	380	—	—	—	—	—	
—	—	—	—	—	—	—	—	—	—	4 MK 20 mm
—	10410	723	—	—	—	—	—	1800	—	500 kg B.

Type	Zweck	B	Triebwerk		Abmessungen			
			Muster	× N	b (m)	l (m)	h (m)	F (m²)
Ar E 555/I	Bomber	1 – 2	BMW 003	8 × 800 kp	21,2	—	—	125
Ar E 560	Mehrzweck	2	—	—	18,00	19,10	5,49	—
Ar E 561	Zerstörer	4	—	—	—	—	—	—
Ar E 580	Jagd	1	BMW 003 A-1	800 kp	7,62	7,86	—	10,03
Ar E 581	Jagd	1	Me S 011	1300 kp	8,00	5,65		22,5
Ar TEW 16/43-23	Jagd	1	Me S 011		10,6	—	—	20,0
Ar TEW 16/43-19	Mehrzweck	2	TL 1500	2 ×	16,20	18,00	3,00	46,60
Ar TEW 16/43-13	Jagd	1	HWK 109-509	2 × 350 kp	8,50	—	—	14,0
Arado I	Nachtjagd	2	BMW 003 A-1	2 × 800 kp	18,38	12,95	—	66,0
Arado II	Nachtjagd	2	BMW 003 A-1	2 × 800 kp	14.98	17,30	—	42,80
Ba 349 A B	J J	1	HWK 109-559 HWK 109-509 D	1 × 1700 kp 1 × 2000 kp	3,60	6,00	.	3,60
Blohm u. Voß BV 40	Gleitjäger	1	—	—	7,90	5,70	1,63	8,70
Ha 135	S	1	BMW-Bramo Sh 14 A	160 PS	9,90	6,83	—	—
Ha 136 A B	Ü	1	BMW-Bramo Sh 14 A Argus As 8 R	1 × 100 PS 1 × 135 PS	6,60	5,50 .	2,00	8,30
HA 137 A B	St	1	BMW 132 E-1 Jumo 210 C	1 × 650 PS 1 × 540 PS	11,15	9,47 9,55	4,00	23,50
Bv 138 A-1 C-1	A	6	Jumo 205 C Jumo 205 D	3 × 600 PS 3 × 700 PS	26,94	19,85	5,91	112,00
Ha 139 A B	P	5	Jumo 205 C	4 × 660 PS	27,00 29,50	19,50 19,65	4,50 4,80	117,00 130,00
Ha 140	M	3	BMW 132 L	2 × 800 PS	21,00	17,60	5,50	92,00
Bv 141A B	A	3	BMW 132 N BMW 801 A-0	1 × 865 PS 1 × 1600 PS	15,45 17,46	12,15 13,90	4,20 3,60	42,85 53,00
Ha 142	T	5	BMW 132 H-1	4 × 880 PS	29,50	19,50	5,05	130,00
Bv 144	V	3 + 18	BMW 801 MA	2 × 1600 PS	27,00	21,80	5,10	89,40
Bv 155 B C	J	1	DB 603 U + TKL 15	1 × 1810 PS	20,50 20,33	12,00 12,10	4,17	41,50 39,00
Bv 222 A B C	V T	6 + 16 11 + 110 10 + 110	BMW-Bramo 323 R Jumo 207	6 × 1000 PS 6 × 1000 PS	46,00 46,00	36,50 36,50	10,90 10,90	255,00 225,00

Gewichte		Leistungen									Militärische Ausrüstung
G_L (kg)	G_F (kg)	V max (km/h)	in H (m)	V Reise (km/h)	V Lande (km/h)	V Steig (m/min)	(min f. m)		Rw. (km)	Gipfh. (m)	
—	25 000	715	—	—	—	—	—	—	—	—	4000 kg B.
—	—	—	—	—	—	—	—	—	—	—	5 MG 151, 2000 kg B.
—	—	—	—	—	—	—	—	—	—	—	2 MG 81 Z
	2 492	744	—	—	153	—	—	—	508	—	2 MK 108
2 045	2 857	—	—	—	—	—	—	—	—	—	2 MK 108
4 480	7 000	—	—	—	—	—	—	—	—	—	2 MG 151/20
—	16 000	—	—	—	—	—	—	—	—	—	variierend
—	—	—	—	—	—	—	—	—	—	—	2 MK 108
—	—	800	6 000	—	—	—	—	—	—	—	4 MK 108
—	13 200	750	0	—	—	—	—	—	—	—	4 MK 108
.	2 200	800	0	.	—	11 300	.	—	40	16 000	34 × R 4 M oder
	2 250	1 020	(l 1000)	.	—	11 600	.	—	90		24 × Föhn
836	950	900	—	—	125	—	—	—	—	—	2 MK 108
520	860	205	0	—	—	—	—	—	795	5 750	—
.	.	.	.	.	.	.	.	.	.	.	—
.	570	.	.	.	.	.	.	.	.	.	—
1 815	2 350	330	0	—	105	—	—	—	580	7 000	2 MG 17 + 2 MG/FF
1 850	2 400	340	0	—	105	—	1,5	1 000	600	8 500	
8 620	13 750	265	0	250	—	—	—	—	2 400	3 800	2 MG 151/20, 1 MG 131
8 955	14 390	285	0	250	—	—	—	—	5 000	4 200	
10 360	17 500	315	0	260	105	—	—	—	5 300	5 000	—
10 410	17 550	325	0	270	95	—	4	1 000	6 000	5 500	—
6 300	8 500	320	0	295	110	430	1,5	1 000	2 000	5 000	2 MG 15, 1-2 LT
3 105	3 900	388	3 500	—	100	505	—	—	1 140	9 000	2 MG 15, 2 MG/FF
4 700	5 800	410	0	—	110	—	—	—	1 200	10 000	4 × 50 kg B.
9 200	15 700	400	0	350	100	410	2,5	1 000	4 400	6 800	—
9 910	14 100	470	—	410	118	—	—	—	1 550	8 600	—
4 869	5 521	690	16 000	—	135	—	—	—	1 440	16 950	1 MK 108, 2 MG 151/20
—	—	—	—	—	—	—	—	—	—	—	
25 900	43 500	345	—	310	125	—	—	—	3 400	6 700	—
27 000	45 000	345	—	320	125				7 000	6 500	5 MG 81, 6 MG 131
29 680	45 000	350	—	305	125				6 100	7 300	4 MG 81, 4 MG 131

Type	Zweck	B	Triebwerk		Abmessungen			
			Muster	× N	b (m)	l (m)	h (m)	F (m²)
Bv 237	St	1	BMW 801 D	1 × 1700 PS	14,46	10,75	—	—
Bv 238 V-1	A, T	12	DB 603 G	6 × 1900 PS	60,17	43,36	10,90	362,00
FG 227	Versuch	2	ILO FL-2	6 × 21 PS	15,25	12,00	3,54	24,20
Bv 250	T	11/150	DB 603 A	6 × 1750 PS	57,75	46,05	—	347,00
Bv P. 45	T	4–24	Jumo 205 C	6 × 500 PS	46,00	33,30	6,60	310,00
Bv P. 110	A	4	Jumo 208	3 × 800 PS	29,00	22,25	5,85	123,00
Bv P. 111	A	4	Jumo 208	3 × 800 PS	29,00	22,25	5,85	123,00
Bv P. 144	A	10	Jumo 223	4 × 1650 PS	53,00	40,00	6,20	280,00
Bv P. 146	T	10-32	Jumo 223	4 × 1650 PS	53,00	39,65	6,35	280,00
Bv P. 150	T	4-20	Jumo 223	4 × 1650 PS	43,00	31,50	—	185,00
Bv P. 163.01	JB	4	DB 613	1 × 3900 PS	20,50	15,60	4,20	55,00
Bv P. 163.02	JB	4	BMW 803	1 × 4000 PS	20,50	15,00	4,20	55,00
Bv P. 170	JB	2	BMW 801	3 × 1600 PS	16,00	14,30	3,45	44,00
Bv P. 177	JB	1	Jumo 213	1 × 1750 PS	11,95	.	.	.
Bv P. 178	JB	1	Jumo 004	1 × 890 kp	12,00	.	.	.
Bv P. 179	St	1	BMW 801 D	1 × 1600 PS	10,39	.	.	.
Bv P. 184	A	4/5	BMW 801 E	4 × 1600 PS	35,00	17,00	.	82,00
Bv P. 187	T	11	BMW 801	6 × 1600 PS	46,00	34,30	9,50	.
Bv P. 188.01	B	2	Jumo 004 C	4 × 930 kp m. Nachbrenner	27,00	17,45	3,00	
Bv P. 188.02	B	2	Jumo 004 C		27,00	17,60	3,45	
Bv P. 188.03	B	2	Jumo 004 C	4 × 1200 kp	27,00	17,60	3,45	
Bv P. 188.04	B	2	Jumo 004 C		27,00	17,55	3,50	
Bv P. 192	St.	1	DB 603 G	1 × 1750 PS	13,00	11,70	—	
Bv P. 193	St.	1	Jumo 213 A	1 × 1750 PS	11,40	10,30	—	
Bv P. 194.00	Mehrzweck	2	BMW 801 D + Jumo 004	1 × 1600 PS + 18890 kp	16,00	12,75	—	36,40
Bv P. 194.01	Mehrzweck	1	BMW 801 D + Jumo 004	1 × 1600 PS + 18890 kp	15,30	12,10	3,70	36,40
Bv P. 194.02	Mehrzweck	2	BMW 801 D + Jumo 004	1 × 1600 PS + 18890 kp	15,30	11,80	—	36,40
Bv P. 194.03	Mehrzweck	1	BMW 801 D + Jumo 004	1 × 1600 PS + 18890 kp	14,30	11,94	3,92	36,40
Bv P. 196	Schlachtflz.	1	BMW 003	2 × 800 kp	15,00	11,70	3,25	—
Bv P. 197	J	1	BMW 003	2 × 800 kp	11,10	9,00	3,64	—
Bv P. 198	J	1	Jumo 004	1 × 890 kp	15,00	12,80	—	—
Bv P. 200	T	15–120	BMW 803	8 × 4000 PS	85,00	70,40	10,00	715,00
Bv P. 202	J	1	BMW 003	2 × 800 kp	11,98	—	—	—
Bv P. 203	A	2	BMW 801 D + He S 011	2 × 1600 PS + 2 × 1300 kp	—	—	—	—
Bv P. 204	JB	1	BMW 801 + He S 011	1 × 1600 PS + 1 × 1300 kp	14,33	—	—	—
Bv P. 205	J	1	DB 603 G	1 × 1750 PS	—	—	—	—
Bv P. 207	J	1	Jumo 213	1 × 1800 PS	—	—	—	—
Bv P. 208.03	J	1	DB 603 L	1 × 2100 PS	12,08	9,20	3,46	13,00
Bv P. 209.02	J	1	He S 011	1 × 1300 kp	8,10	8,78	3,38	14,00
Bv P. 210	J	1	BMW 003	1 × 800 kp	7,00	8,06	3,30	15,00
Bv P. 211	J	1	BMW 003	1 × 800 kp	10,00	—	—	14,00
Bv P. 212	J	1	He S 011	1 × 1300 kp	9,50	7,55	2,75	—
Bv P. 213	J	1	As 014	1 × 335 kp	6,00	6,20	2,28	5,00
Bv P. 214	Totaleinsatz	1	—	—	7,00	7,25	—	10,00
Bv P. 215	J	1	He S 011	2 × 1300 kp	15,80	11,60	5,00	55,00
BV Ae. 607	J	1	He S 011	1 × 1290 kp	8,00	7,10	2,60	26,00
BV M. R. P	B	1	Rakete	—	6,00	8,00	—	6,00
BMW TLJ 1	J	1	BMW 003	1 × 800 kp	—	—	—	15,00

Gewichte		Leistungen									Militärische Ausrüstung
G_L (kg)	G_F (kg)	V max (km/h)	in H (m)	V Reise (km/h)	V Lande (km/h)	V Steig (m/min)	(min)	(f. m)	Rw. (km)	Gipfh. (m)	
—	6685	579	—	—	—	—	—	—	2000	—	2 MG 151, 2 MG 131
54 660	94 340	355	—	355	135	—	—	—	6100	6300	—
1 250	1 640	—	—	—	—	—	—	—	—	—	
74 960	95 255	420	—	350	125	—	—	—	1995	6100	4 MG 151/20, 4 MG 131
26 000	51 000	410	—	—	—	—	—	—	8000	—	—
—	—	—	—	—	—	—	—	—	—	—	2 DL 151, 1 MG 131
—	—	—	—	—	—	—	—	—	—	—	2 DL 151, 1 MG 131
38 300	56 000	—	—	—	—	—	—	—	—	—	1 FDL 151, 3 FDL 131
38 000	66 100	380	—	325	—	—	—	—	7000	5900	—
27 000	47 000	525	—	420	—	—	—	—	7750	10000	—
.	14 970	543	.	.	140	.	.	.	2415	9000	} 6 × MG 151 + 2000 kg B.
6 400	15 150	570	.	.	145	.	.	.	2255	10000	
4 360	13 300	820	.	.	.	.	.	.	2000	.	2000 kg B.
.	5 909	.	.	.	.	.	.	.	.	.	6 × MG 151/20
.		.	.	.	.	.	.	.	.	.	2 × MG 151
.		.	.	.	.	.	.	.	.	.	2 × MG 151/20
.	39 235	500	.	.	.	.	.	.	6500	8840	1 × MK 108 + 2 MG 131
.	77 000	525	.	.	.	.	.	.	7000	.	8 × MG 131 + 2 MG 151/20
13 300	23 800										2 × 500 kg B.
13 400	24 000	820	10000	705	172	—	—	—	2270	11700	} 1 FDL 151 Z, 1000 kg B.
13 400	24 000										
13 800	24 400										2 FDL 131 Z, 2000 kg B.
—	5 868	—	—	—	—	—	—	—	—	—	4 MG 151/20, 500 kg B.
—	5 724	520	—	—	—	—	—	—	—	—	2 MK 103, 2 MG 151/20, 1000 kg B.
6 500	9 350	775	6900	—	150	—	15	9000	1070	11100	} 2 MK 103, 2 MG 151
—	9 000	—	—	—	—	—	—	—	—	—	2 MK 103, 2 MG 151/20, 1000 kg B.
—	—	1 000	—	—	—	—	—	—	—	—	2 MK 103, 2 MG 151/20
—	—	—	—	—	—	—	—	—	—	—	1 MK 103, 2 MG 151/20
115 000	210 000	400	—	—	—	—	—	—	—	—	—
—	—	—	—	—	—	—	—	—	—	—	1 MK 103, 2 MG 151/20
—	—	900	—	—	—	—	—	—	—	—	2 MG 151/20, 4 MG 131
—	8 695	—	7000	—	145	—	—	—	—	9540	4 MG 151/20, Bv 246
—	—	—	—	—	—	—	—	—	—	—	1 MK 108, 2 MG 151/20
—	—	—	—	—	—	—	—	—	—	—	4 MK 108
4 145	5 010	794	10000	.	.	1550	13	10000	1060	12000	3 MK 108
.	3 500	988	9000	.	.	1545	13	10500	1025	12100	3 MK 108
2 480	3 400	767	6000	—	150				550	—	2 MK 108
—	3 530	1 034	15000	—		—	—	—	1075	18000	2 MK 108
—	4 180	965	7000	770	—	1570	31	12100	1125	12200	3 MK 108
755	1 280	705	—	570	—	—	—	—	135	—	1 MG 151/20
—	3 600	—	—	—	—	—	—	—	—	—	—
—	14 600	930	5000	—	—	—	—	—	—	15500	5 MK 108
—	—	—	—	—	—	—	—	—	—	—	3 MK 108
—	4 000	—	—	720	—	—	—	—	1000	—	—
—	2 800	—	—	—	—	—	—	—	—	—	2 MK 108

Type	Zweck	B	Triebwerk Muster	× N	Abmessungen b (m)	l (m)	h (m)	F (m²)
BMW TLJ 2	J	1	BMW 003	1 × 800 kp	—	—	—	—
BMW TLJ 3	J	1	BMW 003	1 × 800 kp	—	—	—	19,00
BMW TLJ 4	J	1	BMW 018	1 × 3450 kp	—	—	—	60,00
BMW Schnell. I	B	3	BMW 018 / BMW 028	2 × 3450 kp / 2 × 3100 PS	50,60	32,50	9,20	250,00
BMW Schnell. II	B	2	BMW 028	2 × 3100 PS	35,70	21,50	6,50	—
BMW Strahl. I	B	2	BMW 003	6 × 800 kp	26,50	18,50	5,70	100,00
BMW Strahl. II	B	3	BMW 018	2 × 3450 kp	34,50	18,00	4,60	115,70
Bü 131	Ü	2	HM 504 A-2	1 × 105 PS	7,40	6,62	2,25	13,50
Bü 133	Ü	1	BMW-Bramo Sh 14A-4	1 × 160 PS	6,60	6,02	2,20	12,00
Bü 134	S	2	HM 504	1 × 105 PS	—	—	—	—
Bü 180	S	2	Zündapp 0-092	1 × 50 PS	11,50	7,25	1,90	15,00
Bü 181	Ü	2	HM 504 A	1 × 105 PS	10,60	7,85	2,06	13,50
Bü 181/2	Ü	2	HM 504 A	1 × 105 PS	10,53	7,97	2,10	13,90
Bü 182 C	Ü	1	BüM 700	1 × 80 PS	8,60	6,67	1,85	9,80
DB Proj. A I	T	.	He S 021	4 × 3300 kp	94,00	.	.	480,00
Proj. A II	B	3–4	BMW 018	2 × 3450 kp	26,16	.	.	145,00
DB Proj. B	T	3–4	DB 603	6 × 1750 PS	54,00	35,00	11,20	500,00
DB Proj. C	B	2	DB S 06	1 × . kp	22,00	30,75	8,50	140,00
DB Proj. D	B	—	Staustrahl	1 × . kp	8,85	12,95	.	.
Deicke ADM 11	S	1	ADM 7	1 × 22 PS	9,85	5,30	1,35	8,00
DFS 39 d	Versuch	2	Pobjoy	1 × 85 PS	9,60	5,40	1,80	13,40
DFS 40	Versuch	1	—	—	12,00	5,10	.	.
DFS 193	Versuch	2	As 10c	1 × 240 PS	11,06	5,97	3,10	17,08
DFS 194	Versuch	1	HWK RI-203	1 × 300 kp	9,30	.	.	17,52
DFS 228	A	1	HWK 109-509 A-1	1 × 1600 kp	17,60	10,59	.	30,00
DFS 230 A-1	LS	2 + 8	—	—	21,98	11,24	2,74	41,30
D-1	LS	2 + 15	—	—	19,40	12,50	2,90	39,50
DFS 331	LS	.	—	—	23,00	15,81	3,55	60,0
DFS 332	Versuch	2	HWK 109-509	2 × 800 kp	15,00	12,25	3,06	37,50
DFS 346	X	1	HWK 109-509 B-1	2 × 2000 kp	8,98	11,65	3,50	20,00
Doblhoff WNF 342 V-1	XH	1	Walter Mikron II	1 × 60 PS	9,00	.	.	63,50
V-2	XH	1	.	1 × 90 PS	9,00	.	.	63,50
V-3	XH	2	BMW-Bramo Sh 14 A	1 × 140 PS	9,75	—	.	76,50
V-4	XH	2	BMW-Bramo Sh 14 A	1 × 140 PS	9,96	.	.	78,50

Gewichte		Leistungen									Militärische Ausrüstung
G_L (kg)	G_F (kg)	V max (km/h)	in H (m)	V Reise (km/h)	V Lande (km/h)	V Steig (m/min)	(min	f. m)	Rw. (km)	Gipfh. (m)	
—	2 800	—	—	—	—	—	—	—	—	—	2 MK 103
—	2 800	—	—	—	—	—	—	—	—	—	2 MK 103
—	10 600	—	—	—	—	—	—	—	—	—	2 MK 108
.	74 840	850	.	.	.	.	16	9 350	5 500	.	15 000 kg B.
.	24 950	820	6 400	.	.	.	24	9 500	2 600	.	4 000 kg B.
.	31 480	950	.	.	.	.	13	8 600	4 000	.	5 000 kg B.
390	680	183	0	170	82	192	6,3	1 000	650	3 000	—
425	615	220	0	200	90	395	2,8	1 000	500	4 500	—
—	—	—	—	—	—	—	—	—	—	—	—
310	540	170	0	155	65	126	8,9	1 000	650	4 000	—
475	765	210	0	200	80	.	5,3	1 000	850	5 000	—
—	—	—	—	—	—	—	—	—	—	—	—
315	510	205	0	195	80	275	3,9	1 000	850	5 000	4 × 1,5 kg B.
.	50 000	.	.	.	.	.	.	.	.	.	
24 000	71 800	1 000	.	.	.	.	.	.	.	.	30 000 kg B.
48 500	122 000	.	.	.	.	.	.	.	.	.	.
22 000	70 000	.	.	.	.	.	.	.	.	.	30 000 kg B.
.	10 275	1 050	.	.	.	.	.	.	.	.	3 000 kg B.
140	230	125	—	—	60	—	—	—	425	2 500	—
390	600	220	0	180	70	350	3	1 000	1 350	6 300	—
.	.	.	.	.	.	.	.	.	.	.	—
750	1 065	—	—	—	—	—	—	—	—	—	—
.	2 100	550	0	.	.	.	.	.	.	.	—
1 710	4 180	900	10 000	.	.	.	.	.	1 050	24 400	2 Kameras
860	2 100	290	Vschlepp 210 km/h, Gleitwinkel 1 : 18								.
1 253	2 400	320	Vschlepp 300 km/h, Gleitwinkel 1 : 20								.
2 270	4 770	330	Vschlepp 270 km/h, Gleitwinkel 1 : 18								.
1 425	3 200	500	.	.	98	.	.	.	.	9 800	—
.	.	2 270	20 000	.	.	.	.	.	.	30 500	—
227	450	.	.	.	.	.	.	.	.	.	—
339	.	.	.	.	.	.	.	.	.	.	—
.	550	.	.	.	.	.	.	.	.	.	—
430	640	40	.	.	.	.	.	.	.	.	—

Type	Zweck	B	Triebwerk Muster	× N	b (m)	l (m)	h (m)	F (m²)
Do 10	Mzw	2	BMW VI U	1 × 710 PS	15,00	10,50	4,30	33,00
Do 11	B	4	Siemens Jupiter	2 × 600 PS	28,00	18,64	5,40	111,00
Do 12	S	2	G&R Titan S ke	1 × 300 PS	13,00	9,01	3,87	28,00
12 A	S	2	Argus As 10	1 × 220 PS				
Do 13	B	4	Siemens Jupiter	2 × 600 PS	28,00	18,75	5,65	112,00
Do 14	X	4	BMW VI	2 × 660 PS	25,00	18,00	7,35	89,00
Do Wal 33	A	4	BMW VI	2 × 700 PS	23,20	18,30	5,35	96,0
Do 17 V-1	R	3	BMW VI	2 × 750 PS		17,10		
V-9	B							
E-1	B							
F-1	A					16,25		
Ka-1	B	3	G&R 14 NO	2 × 985 PS		16,82	4,62	
L	X		BMW-Bramo 323 P	2 × 1010 PS		16,25		
MV-1	X		DB 600 G	2 × 1050 PS		16,82		55,00
MV-3	B		BMW-Bramo 323 A	2 × 840 PS	18,00	16,25		
P-1	A		BMW 132 N	2 × 870 PS				
S-0	A		DB 601 A	2 × 1100 PS				
U-0	Pf	5				15,79		
Z-2	B		BMW-Bramo 323 P	2 × 1050 PS			4,56	
Z-3	A	4						
Z-5	B							
Z-10	N	3				15,72		
DO 18 V-1	X	4–5	Jumo 5	2 × 540 PS	23,70	19,25	5,35	98,0
E	P	4–5	Jumo 205 C	2 × 600 PS	23,70	19,25	5,35	98,0
F	X	4–5	Jumo 205 C	2 × 600 PS	26,30	19,25		111,2
L	X	4	BMW 132 M	2 × 880 PS	23,85	19,40	5,80	98,7
D	A	4	Jumo 205 C	2 × 600 PS		19,23		98,0
G	A	4	Jumo 205 C	2 × 600 PS	23,70	19,40	5,35	98,0
H	Blindflugsch.	4				19,40		98,0
Do 19 V-1	B	5	BMW-Bramo 323 J 2	4 × 715 PS	35,00	25,45	5,78	162,0
Do 20	V	8 + 60		8 × 800 PS	49,00	40,00	9,50	450,0
Do 22 W	M	3	Hispano 12 Y brs	1 × 860 PS	16,20	13,12	4,83	45,0
L						12,85	4,42	
Do 23	B	4	BMW VI V	2 × 750 PS	25,60	18,80	5,40	
Do 24 K-1	A	6	Wright Cyclone	3 × 760 PS	27,00	21,95	5,75	108,0
DO 24 T		6	BMW-Bramo 323 R-2	3 × 1000 PS	27,00	21,95	5,75	108,0
Do 26 V 1	P	4	Jumo 205 E	4 × 600 PS	30,00	24,60	6,85	120,0
Do 26 C	A	7	Jumo 205 Ea/D	4 × 700 PS / 880 PS				
Do 212	R	4	HM 512 B-0	1 × 450 PS	10,30	10,15	4,40	23,1
Do 214	V	12 + 40	DB 613 A	8 × 3500 PS	60,00	51,60	14,30	500,0
Do 215 A-1	A	4	DB 601 A a	2 × 1175 PS	18,00	15,79	4,56	55,0
B-0								
B-1								
B-2								
B-3								
B-4								

Gewichte		Leistungen									Militärische Ausrüstung
G_L (kg)	G_F (kg)	V max (km/h)	in H (m)	V Reise (km/h)	V Lande (km/h)	(m/min)	V Steig (min f. m)		Rw. (km)	Gipfh. (m)	
2 200	2 640	288	4 750	—	—	—	12,8	5 000	400	7 500	
.	8 215	260	2 200	225	102	.	7	1 000	1 200	4 000	3 × MG 15, 1 000 kg B.
} 980	} 1 400	} 210	:	} 180	} 103	255	4	1 000	600	5 100	—
						235	5	1 000	800	5 600	—
5 530	8 000	245	—	—	—	—	27,4	3 000	1 300	3 600	
6 120	11 400	227	.	.	.	.	.	.	.	.	
4 700	8 000	230	.	200	105	180	7	1 000	1 900	3 000	2 × MG 15
4 200	6 500	435	} 4 000	390	} 110	.	.	.	.	5 000	—
4 250	6 800	430		380		.	.	.	.	.	—
} 4 500	} 7 040	} 355		330	} 121	} 414	2,6	1 000	} 1 590	} 5 500	} 3 × MG 15, 500 kg B. 1 Kamera
.	7 500	420	3 500	.	.	.	.	.	.	8 500	2 × MG FN, 1 × MG 15
5 160	8 800	420	4 000	382	} 125	.	3,3	1 000	2 830	6 900	3 × MG 15
.	.	458	1 000	410		.	.	.	.	.	—
5 640	7 650	410	4 000	392	125	.	.	.	170	6 400	} 3 × MG 15
.	8 600	500	4 800	.	.	.	.	.	.	8 200	
.	.	.	.	.	.	.	.	.	.	.	—
5 230	8 890	410	4 000	376	} 125	.	} 3,3	1 000	} 2 000	} 6 900	} 4 × MG 15, 1000 kg B. 500 kg B.
5 570	8 910	415	4 000	380		.					
5 390	8 890	442	5 000	395		.	.	.	1 700	9 000	1000 kg B. 4 × MG FF, 4 × MG 17
5 500	} 10 000	255		210		175	9		} 5 700	4 000	—
5 575		260		225		205	6			4 200	—
5 848	11 000	250		220		210	5		7 250	4 200	—
5 880	12 000	260	} 0	240	} 90	252	4	} 1 000	3 650	—	—
5 800		25		215		205	6		4 225	4 350	2 MG 15
5 850	} 10 000	250		220					.	4 350	1 MG/F, 1 MG 131
5 600		255		225		} 215	} 5		.	3 750	
11 000	18 500	314	.	270	112	.	30,5	5 000	1 450	5 500	4–5 MG 15, 3 000 kg B.
29 500	50 000	290	0	250	.	.	.	.	4 000	.	—
2 850	3 700	350	3 000	} 310	} 85	.	3	1 000	2 000	8 500	.
2 600	4 000	360	3 000			.	2,8	1 000	1 500	8 600	.
5 600	9 200	260	1 200	210	85	270	4	1 000	1 500	4 200	3 × MG 15, 1 000 kg B.
9 200	12 400	300	—	—	—	—	10,5	3 000		5 100	2 MG
10 750	16 200	300	3 000	275	122	.	20	3 000	2 900	5 900	2 × MG 15, 1 × MK 101
11 240	15 000	335	0	305	115	.	3	1 000	7 000	6 000	—
13 050	20 000	345	0	310	115	—	—	—	—	6 500	1 MG 204, 5 MG 15
1 895	2 400	.	.	.	.	.	.	.	.	.	—
76 000	145 000	490	0	425	155	.	3,2	1 000	6 200	7 000	—
5 600		} 480		} 455			} 2,3	1 000	} 3 000	} 8 800	} 4 × MG 15 } 1000 kg B.
} 5 775	} 8 800		} 4 000		} 125						
5 800											3 Kameras
5 775		} 485		} 460			} 2,0	1 000	} 2 450	} 9 000	1000 kg B.
5 800											3 Kameras

			Triebwerk		Abmessungen			
Type	Zweck	B	Muster	× N	b (m)	l (m)	h (m)	F (m²)
Do 216	A	10	DB 603 C	6 × 1750 PS	48,00	42,00	7,90	310,0
Do 217 A-1	A	4	DB 601 A	2 × 1100 PS	19,15	17,22	5,00	56,60
C	B							
E-2								
J-1	JB	3	BMW 801 A	2 × 1600 PS		17,68		
J-2	NJ							
K-1								
K-2		4			24,50	17,22		.
K-3	B							
M-1					19,15			56,60
M-2			DB 603 A	2 × 1750 PS	24,50	17,68		.
N-1	NJ				19,00	18,10	4,72	56,60
P-0	A	3	DB 603 A / DB 605 T	2 × 1750 PS / 1 × 1400 PS	19,00	17,53	5,00	56,60
Do 317 A	B	4	DB 603 A	2 × 1750 PS	20,64	16,80	5,45	68,00
B			DB 603 A/B	2 × 2950 PS	26,00			.
Do 318								
Do 335 A-0	J	1	DB 603 E	2 × 1800 PS	13,80		5,00	38,50
A-1								
A-4	A					13,85	5,25	
A-6	N	2	DB 603 A	2 × 1750 PS			5,25	
A-10	Ü							
B-4	J	1	DB 603 LA	2 × 2000 PS	18,40		5,25	43,00
B-8	N	2					5,25	
Do 417 V 1	B	4	DB 603 A	2 × 1750 PS	21,40	18,65	5,80	62,00
Do 435	J	1	Jumo 213 J / He S 011	1 × 2000 PS / 1 × 1300 kp	13,80	13,20	5,00	38,50
Do 635	A	2	DB 603 E	4 × 1800 PS	27,43	13,85	5,00	.
Do P. 59	X	1	DB 605	2 × 1100 PS	—	—	—	—
Do P. 231	X	1	DB 603 G	2 × 1900 PS				
Do P. 232	X	1	DB 603 G					
Do P. 247.6	JB	1	Jumo 213 T	1 × 2000 PS	12,50	12,00	—	26,00
Do P. 252-1	J	3	Jumo 213 J	2 × 1740 PS	—	—	—	43,20
Do P. 256.1	J	2	He S 011	2 × 1300 kp	15,44	13,70	—	43,00
Do Enten-Proj.	X	1	He S 011	3 × 1300 kp	—	—	—	—
Do Hochgeschw.P.	X	—	—	2 × . kp	17,00	21,66	—	
Do Hochgeschw.P.	X	—	—	4 × . kp				

Gewichte		Leistungen									Militärische Ausrüstung
G_L (kg)	G_F (kg)	V max (km/h)	in H (m)	V Reise (km/h)	V Lande (km/h)	V Steig (m/min)	(min	f. m)	Rw. (km)	Gipfh. (m)	
40 000	71 300	445	0	415	132	.	4	1 000	4 100	7 500	7 Gefechtsstände
.	.	}500	}6 000	.		.	.	.	}3 000	.	.
8 855	16 465	515	4 000	460						2 300		1×MG 151, 3×MG 15, 2×MG 131
}8 730	15 900	}520	}4 000	}465	148	320	3,5	1 000	}2 050	7 300	4×MG FF, 4×MG 17, 2×MG 131
8 900	16 580	515	4 000	460						2 300	8 200	4×MG 151/20, 4×MG 17, 2×MG 131
9 000	}16 610	}505	}4 000	450			.	.	.	.	.	1×MG 151, 3×MG 81, 2×MG 131
9 065	16 700	}528	}6 800	492		330	3,3	1 000	2 150	8 235	1×MG 81 Z, 2×MG 131, 4×MG 81
.	.					270	4	1 000	3 840	8 400	
		536	6 800	510	150	350	3	1 000	2 050	8 200	8×MG 151/20 + 4×MG 17
10 425	17 550	660	13 000	.	145	.	29,5	10 000	2 600	14 800	3×MG 81 Z
.	20 140	560	6 000	420	133				.	.	1×MG 151, 3×MG 131, 1×MG 81 Z
.	24 000	540	0	.	.				3 600	.	1×MG 151 J, 2×MG 131 Z, 1×MG 81 Z
7 320	9 580	775	6 400	693	}180	660	}1,3	1 000	}1 380	}11 400	1×MK 103, 2×MG 151/20, 1000 kg B.
7 400	9 610	763	6 400	685							— 1×Rb 20/30
7 360	9 600	785	6 400	.		.	.	.	.	.	
7 730	10 090	688	5 500	606	179				2 065	10 190	1×MK 103,2, 2×MG 151/20
7 700		695	5 500	.	.	.	.	.	1 480		
.	.	.	.	.	.	.	.	.	.	.	3×MK 103, 2×MG 151/20
9 140	15 600	600	8 000	425	—	—	23	6 000	2 050	11 000	5 MG 151
											1×MK 103, 2×MG 151/20
.	32 900	725	6 400	.	.	.	.	.	7 600	.	—
—	—	—	—	—	—	—	—	—	—	—	—
—	—	835	0	—	—	—	—	—	—	—	3 MK 108
—	11 150	900	7 000	—	—	—	—	—	—	—	4 MK 108
—	12 225	830	0	—	170	—	—	—	1 000	12 500	2 MG 213/20, 4 MK 108
—	—	—	—	—	—	—	—	—	—	—	—
—	—	—	—	—	—	—	—	—	—	—	—

Verzeichnis der Fotos

Verzeichnis der Zeichnungen

Der Autor

Heinz J. Nowarra, 1912 in Berlin geboren, 1919–1928 Besuch des Treitschke-Gymnasiums in Berlin-Wilmersdorf, 1928–1930 Lehre als Handlungsgehilfe. 1930 bis Ende 1933 arbeitslos. Dezember 1933 bis Januar 1936 Kontorist und Kassierer, 1936 bis Anfang 1940 Lagerbuchhalter und Terminbearbeiter bei Siemens-Schuckert, Schaltwerk.
1941 bis Mitte 1942 Gesellschaft für Luftfahrtbedarf in Berlin (Ersatzteilbewirtschaftung für Me 109, Januar 1942 für Ju 88). Ab Mitte 1942 in gleicher Funktion abgestellt zu Junkers-Flugzeug- und Motorenwerke, Werft Leipzig, als Gruppenleiter beim Ringführer Ju 88, später auch für Ju 188 zuständig, Mistel-Programm.
Nach 1945 Ausübung verschiedener Berufe, ab 1949 Wiederaufbau des im Kriege zerstörten Luftfahrt-Bild- und Informationsarchivs, zur Zeit größtes Luftfahrt-Bildarchiv in privater Hand (über 30 000 Negative. 1968 bis Ende 1977 Mitarbeiter der Abteilung »Marktforschung und Verkehrsentwicklung« am Flughafen Frankfurt/Main, Arbeitsgebiet Interner Informationsdienst und Archiv. Seit 1958 umfangreiche Tätigkeit als Luftfahrtschriftsteller.

Bisherige Veröffentlichungen als Autor bzw. Mitautor:

Jahr	Verlag	Titel
1958	Harleyford, England	Richthofen and his Flying Circus
1959	Harleyford, England	Air Aces Germany 1914/18
1959	J. F. Lehmanns, München	Entwicklung der Flugzeuge 1914–1918
1960	Moewig, München	Jagdgeschwader 2
1960	Moewig, München	Nachtjagd
1961	J. F. Lehmanns, München	Die deutschen Flugzeuge 1933–1945 (Co-Autor: K. Kens)
1961	Eigenverlag	50 Jahre deutsche Luftwaffe, Bd. 1
1961	Moewig, München	Fliegerasse 1914/18
1961	Moewig, München	Bombengeschwader 1
1961	Moewig, München	6 Fliegergeschichten
1963	Harleyford, England	Messerschmitt 109
1964	J. F. Lehmanns, München	Die deutschen Flugzeuge (2. Auflage)
1964	Interconair, Genua	50 Jahre deutsche Luftwaffe, Bd. 2
1965	Harleyford, England	Marine Aircraft 1914/18
1966	Harleyford, England	Focke-Wulf Fw 190
1966	Aero Publishers, USA	Dornier Do 335
1966	Aero Publishers, USA	Junkers Ju 87
1966	Aero Publishers, USA	Tigers-Tanks
1967	Aero Publishers, USA	Heinkel He 177
1967	Aero Publishers, USA	Messerschmitt Me 262
1967	Caler, USA	Junkers Ju 87
1967	Caler, USA	Junkers Ju 88
1967	Interconair, Genua	50 Jahre deutsche Luftwaffe Bd. 3
1967	J. F. Lehmanns, München	Sowjetflugzeuge
1968	J. F. Lehmanns, München	Die deutschen Flugzeuge (3. Auflage)
1968	Hoffmann, Mainz	Eisernes Kreuz und Balkenkreuz
1968	Caler, USA	Marseille
1969	Hoffmann, Mainz	Deutsche Flughäfen
1970	Harleyford, England	Russian Civil & Military Aircraft
1971	Doubleday, New York	German Combat Planes (Co-Autor Ray Wagner)
1971	Jan Allen, England	Junkers (Co-Autor J. Hunter)
1972	J. F. Lehmanns, München	Die deutschen Flugzeuge (4. Auflage)
1975	J. F. Lehmanns, München	Heinkel und seine Flugzeuge
1977	J. f. Lehmanns, München	Die deutschen Flugzeuge (5. Auflage)
1977	Podzun, Friedberg	Spitfire (Bildband)
1977	Podzun, Friedberg	Uboot Typ VII (Bildband)
1978	Podzun, Friedberg	Deutsche Lastensegler (Bildband)
1978	Podzun, Friedberg	Russische Jagdflugzeuge (Bildband)
1978	Podzun, Friedberg	Fliegende Bleistifte (Bildband)
1978	Podzun, Friedberg	Junkers Ju 88 (Bildband)
1978	Podzun, Friedberg	Heinkel He 111 (Bildband)
1978	Podzun, Friedberg	Focke-Wulf Fw 200 (Bildband)
1978	Podzun, Friedberg	Luftschlacht um England (Bildband)
1978	Podzun, Friedberg	Geleitzugschlachten i. Mittelmeer
1978	Motorbuch, Stuttgart	Ju 88 und Folgemuster

1979 Motorbuch, Stuttgart — Die He 111
1979 Podzun, Friedberg — Blohm & Voß Bv 138 (Bildband)
1979 Podzun, Friedberg — Junkers Ju 87 (Bildband)
1979 Podzun, Friedberg — Fieseler Fi 156 »Storch«
1979 Podzun, Friedberg — Luftwaffeneinsatz »Barbarossa«
1980 Jane's, England — Heinkel He 111 (Motorbuch-Lizenz)
1980 Motorbuch, Stuttgart — Die verbotenen Flugzeuge
1980 Podzun, Friedberg — Die ersten Strahlbomber (Bildband)
1980 Podzun, Friedberg — Blohm & Voß Bv 222/238 (Bildband)
1980 Podzun, Friedberg — Deutsche Hubschrauber (Bildband)
1981 Motorbuch, Stuttgart — Junkers Ju 88 (2. Auflage)
1981 Motorbuch, Stuttgart — Nahaufklärer
1981 Podzun, Friedberg — Fokker Dr. I & D VII (Bildband)
1981 Podzun, Friedberg — Fremde Vögel
1981 Podzum, Friedberg — Die Bomber kommen
1981 Podzun, Friedberg — Heinkel He 219 (Bildband)
1982 Motorbuch, Stuttgart — Fernaufklärer
1982 Motorbuch, Stuttgart — Gezielter Sturz (Sturzbomber)
1983 Podzun, Friedberg — Die großen Dessauer (Bildband)
1983 Podzun, Friedberg — Udet
1983 Podzun, Friedberg — Die Flugzeuge d. A. Baumann
1984 Podzun, Friedberg — Heinkel He 162 (Bildband)
1984 Podzun, Friedberg — Me 109 II (Bildband)
1984 Podzun, Friedberg — Dornier Do X (Bildband)
1984 Motorbuch, Stuttgart — Torpedoflugzeuge
1984 Podzun, Friedberg — Die Flugzeuge des Alexander Baumann
1985 Podzun, Friedberg — Deutsche Jagdflugzeuge 1915–1945

Mitarbeit an mehreren Werken ausländischer Autoren; Artikel in »Flugrevue«, »Der Flieger« und »Le Fanatique de l'Aviation« (Frankreich)